- Nous connaissons déjà des centaines de flavonoïdes d'origine végétale; bon nombre d'entre eux peuvent servir d'œstrogènes naturels et d'antioxydants.
- Les aliments sans gras peuvent vous faire prendre du poids.
- Les acides gras essentiels gardent votre peau hydratée et en santé.
- Des études montrent que certains produits à base de fèves de soja inhibent efficacement l'apparition des cancers du sein ou de la prostate, en plus de soulager l'inconfort de la ménopause.
- De faibles niveaux de potassium peuvent déclencher un désir intense de caféine et de sucre.
- Le magnésium aide à combattre la dépression et à prévenir les crises cardiaques.
- Les antioxydants ne sont pas seulement bons pour nous, mais bon nombre d'entre eux sont essentiels à la bonne santé de votre animal familier.
- La vitamine B6, l'acide folique et la vitamine B12 peuvent vous sauver la vie.

VOUS TROUVEREZ TOUT CE QUE VOUS VOULEZ SAVOIR SUR LES VITAMINES, LES ASTUCES SANTÉ, LES THÉRAPIES ET LES SUPPLÉMENTS DANS CETTE ÉDITION COMPLÈTE ET MISE À JOUR DE

LE GUIDE DES VITAMINES DE EARL MINDELL

Autres ouvrages de EARL MINDELL, R.PH., PH.D.

Dr. Earl Mindell's Amazing Apple Cider Vinegar
Dr. Earl Mindell's Natural Remedies for 101 Ailments
Earl Mindell's Allergy Bible
Earl Mindell's Anti-Aging Bible
Earl Mindell's Diet Bible
Earl Mindell's Food as Medicine
Earl Mindell's New Herb Bible
Earl Mindell's Peak Performance Bible
Earl Mindell's Pill Bible
Earl Mindell's Secret Remedies
Earl Mindell's Shaping Up With Vitamins
Earl Mindell's Soy Miracle
Earl Mindell's Soy Miracle Cookbook
Parent's Nutrition Bible : A Guide to Raising Healthy Children

En collaboration avec CAROL COLEMAN
Earl Mindell's Supplement Bible

En collaboration avec VIRGINIA HOPKINS, M.A.
Arthritis Miracle
Prescription Alternatives
Dr. Earl Mindell's Complete Guide to Natural Cures
Dr. Earl Mindell's The Power of MSM
Dr. Earl Mindell's What You Should Know
Health Management Series

En collaboration avec HESTER MUNDIS
Dr. Earl Mindell's Unsafe at Any Meal

En collaboration avec ELIZABETH RENAGHAN
Earl Mindell's Nutrition and Health for Dogs

En collaboration avec DONALD R. YANCE
Dr. Earl Mindell's Russian Energy Secret

LE GUIDE DES VITAMINES ET SUPPLÉMENTS

Dr Earl Mindell, R.PH., PH.D.
et Hester Mundis

INFORMATION MISE À JOUR SUR LES NUTRACEUTIQUES, LES HERBES, LES THÉRAPIES PARALLÈLES, LES SUPPLÉMENTS ANTIVIEILLISSEMENT ET PLUS ENCORE !

MODUS VIVENDI

Les régimes présentés dans ce livre sont de simples recommandations et ne constituent pas des prescriptions. Il ne remplacent pas non plus une consultation médicale. Parlez à votre médecin ou à un spécialiste de la nutrition (*voir la rubrique 383*) avant d'entreprendre tout nouveau régime, surtout si vous souffrez d'un trouble physique précis ou que vous prenez des médicaments.

Paru sous le titre original de : NEW VITAMIN BIBLE

LES PUBLICATIONS MODUS VIVENDI INC.
55, rue Jean-Talon Ouest, 2e étage
Montréal (Québec)
Canada
H2R 2W8

Design de la couverture : Marc Alain
Infographie : Modus Vivendi
Traduction : Ghislaine René de Cotret
Révision : Nicole Blanchette

Dépôt légal : 1er trimestre 2006
Bibliothèque nationale du Québec
Bibliothèque nationale du Canada

ISBN : 2-89523-374-8

Nous reconnaissons l'aide financière du gouvernement du Canada par l'entremise du Programme d'aide au développement de l'industrie de l'édition (PADIÉ) pour nos activités d'édition.

Gouvernement du Québec — Programme de crédit d'impôt pour l'édition de livres — Gestion SODEC

Nous dédions ce livre à GAIL, à ALANNA et à EVAN, ainsi qu'à nos parents, à nos familles, à nos amis et à l'avenir.

La plus grande richesse est la santé.
(traduction libre)

Ralph Waldo Emerson
"The Conduct of Life"

Remerciements

J'aimerais offrir mes remerciements sincères à tous nos amis et collègues qui nous ont appuyés dans la préparation de cet ouvrage, et ce, depuis sa toute première parution. Je cite entre autres Linus Pauling, Ph.D; Harold Segal, Ph.D; Bernard Bubman, R.Ph; Mel Rich, R.Ph; Sal Messineo, Pharm.D; Allan Kashan, R.Ph.D; Dr Arnold Fox; Dr Dennis Huddleson; Dr Stuart Fisher; Dr Robert Mendelson; Dr Gershon Lesser; Dr David Velkoff; Dr Rory Jaffee; Dr Vickie Hufnagel; Donald Cruden, O.D.; Joel Strom, D.D.S; Nathan Sperling, D.D.S; Ray Faltinsky; Kevin Fournier; Rick Handel; Linda Chae; Finn Jegard; Morten Weidner, Ph.D; Peter Mallory; Teri Cox; Carol Coleman Gerber et Hester Mundis.

J'aimerais aussi remercier la Nutrition Foundation; le International College of Applied Nutrition; l'American Medical Association; l'American Pharmacists Association; le New York Blood Center; l'American Academy of Pediatrics; l'American Dietetic Association; la National Academy of Sciences; le National Dairy Council; la Society for Nutrition Education; la United Fresh Fruit and Vegetable Association; l'Albany College of Pharmacy; Edward Leavitt, D.V.M; Jane Bicks, D.V.M; Betty Haskins; Shelby Zoad; Jim Zeeperman; Stephanie Marco; Susan Towlson; Ronald Borenstein; Laura Borenstein; Glenn Williams; Eleanor Rawson et Richard Curtis, sans lesquels je n'aurais jamais pu réaliser un ouvrage de cette envergure.

Table des matières

Note au lecteur à propos de cette édition entièrement revue pour son 25e anniversaire

Cette nouvelle édition de *La bible des vitamines* marque son 25e anniversaire de publication. L'ouvrage en est à sa troisième révision en vue de garder son contenu à jour faire en sorte qu'il demeure une source fiable d'information nutritionnelle, ce qu'il a été depuis plus de deux décennies pour des millions de lectrices et de lecteurs du monde entier. Ma mission consiste depuis le début à promouvoir la santé. J'espère que vous trouverez dans cette édition marquante les renseignements et les conseils qui vous assureront, à vous et à votre famille, une santé optimale.

Savoir ce qu'il faut chercher et ce dont il faut se méfier est plus important que jamais compte tenu de la multitude de sites Internet qui vendent des suppléments sans être soumis à une réglementation. Dans les passages où je souligne la possibilité d'interactions avec des médicaments, je suggère aussi comment les éviter; de plus, je recommande de consulter un spécialiste de la nutrition qui saura remplacer les médicaments sur ordonnance par des remèdes naturels. J'ai ajouté des nouvelles sections qui fournissent des réponses rapidement. J'ai enrichi les rubriques « Des questions sur le chapitre ? » à la fin de chaque chapitre afin de traiter des troubles de santé actuels et de nouveaux usages des suppléments.

J'ai révisé tous mes régimes de suppléments afin d'y inclure les formules de plantes médicinales les plus récentes et les tout nouveaux nutraceutiques. J'ai ajouté 40 rubriques qui traitent de sujets touchant les femmes de près : les substituts naturels à l'hormonothérapie substitutive, le ralentissement du processus de vieillissement, le renforcement du système immunitaire, la maîtrise du poids, la prévention des cancers et la façon de surmonter les troubles chroniques. En outre, à la lumière de nouvelles études montrant un lien entre l'inflammation et la maladie, j'ai élaboré les rubriques sur les anti-inflammatoires naturels en y suggérant des régimes spécifiques et des suppléments.

J'ai conservé l'ancien format pratique et de consultation facile de *La bible des vitamines*. Des renvois dans le texte vous permettent de consulter facilement d'autres rubriques pour en apprendre davantage sur divers sujets. Rappelez-vous ceci : lorsqu'il s'agit de votre bien-être, plus vous en savez sur les bienfaits des vitamines et des suppléments, plus vous pouvez en tirer le maximum (et plus vous pouvez agir) pour atteindre la santé optimale.

RAPPEL IMPORTANT

Les régimes présentés dans ce livre sont de simples recommandations et ne constituent pas des prescriptions. Il ne remplacent pas non plus une consultation médicale. Parlez à votre médecin ou à un spécialiste de la nutrition (*voir la rubrique 383*) avant d'entreprendre tout nouveau régime, surtout si vous souffrez d'un trouble physique précis ou que vous prenez des médicaments.

Préface

J'ai préparé cet ouvrage pour vous, hommes et femmes qui, dans l'ombre, s'appliquent à respecter les normes de santé statistiquement établies pour ensuite découvrir que lesdites normes concernent une personne moyenne idéale qui est toujours plus grande, plus petite, plus grosse, plus maigre, plus active ou moins active que vous. Il s'agit d'un guide pour la santé des individus, non d'un relevé statistique. Je donne quelques conseils tirés de mon expérience personnelle lorsque cela semble approprié. Je crois que c'est la seule façon d'aider une personne à atteindre la santé optimale, ce qui est mon objectif ultime.

J'ai réuni ici mes connaissances pharmaceutiques et nutritionnelles afin d'expliquer plus en détail l'interaction obscure, souvent dangereuse, entre les médicaments et les vitamines. J'ai visé la plus grande précision pour éliminer le plus possible la confusion au sujet des vitamines découlant de généralisations trop fréquentes.

Au fil de cet ouvrage, vous découvrirez que vos besoins vitaminiques concernent différents aspects de votre santé. Dans ce cas, faites confiance au bon sens. (Par exemple, si vous prenez déjà de la vitamine B6, il est inutile de doubler la dose à moins qu'une condition ne le requière.) Mes recommandations ne constituent pas des prescriptions; elles peuvent plutôt s'intégrer à un programme que vous mettrez au point avec votre médecin. Aucun livre ne peut remplacer des soins professionnels.

J'espère sincèrement vous fournir ici l'information qui vous permettra de vivre longtemps, heureux et en santé.

EARL L. MINDELL, R.Ph., Ph.D.

CHAPITRE 1

À la découverte des vitamines

1. POURQUOI JE M'INTÉRESSE AUX VITAMINES

Ma formation professionnelle en regard des vitamines se limitait aux protocoles préétablis. Mes cours en pharmacologie, en biochimie, en chimie organique, en chimie inorganique et en santé publique ne faisaient mention des vitamines qu'en lien avec des maladies par carence. Manque de vitamine C ? Scorbut. Carence en vitamine B1 ? Béribéri. Insuffisance en vitamine D ? Rachitisme. En fait, mes cours suivaient les tendances de l'époque, avec la définition classique d'une alimentation équilibrée (et une carte plastifiée remplie d'illustrations peu alléchantes).

Jamais ne nous parlait-on de l'usage préventif des vitamines ou de leur utilité pour maintenir une santé optimale.

J'ai ouvert ma première pharmacie en 1965. Jusque-là, je ne m'étais jamais rendu compte que les gens consommaient autant de médicaments non pas en raison d'une maladie, mais juste pour passer à travers la journée. (Un de mes clients assidus me présentait des ordonnances pour toutes les pilules possibles alors qu'il n'était même pas malade.)

Mon associé de l'époque croyait très fort aux vitamines. Nous travaillions tous les deux quinze heures chaque jour, mais les effets n'étaient visibles que chez moi. Quand je lui ai demandé son secret pour paraître en aussi bonne forme, il m'a répondu que ce n'était pas un secret. Il prenait des vitamines. J'ai alors saisi que les vitamines pouvaient faire beaucoup plus pour moi que m'éviter le scorbut et le béribéri. Je suis immédiatement devenu un élève modèle et ne l'ai jamais regretté. Mon associé m'a enseigné les biensfaits que nous pouvions soutirer des aliments que nous offre dame Nature, sous la forme de vitamines, comment les complexes de vitamines B et C pouvaient soulager la tension (le stress), comment la vitamine E augmenterait mon endurance et ma résistance et comment la vitamine B12 éliminerait toute trace de fatigue. J'ai alors adopté le programme vitaminique le plus élémentaire, et en un rien de temps, j'étais non seulement convaincu, mais également converti.

L'alimentation est devenue ma plus grande préoccupation. J'ai lu tous les ouvrages que j'ai pu trouver sur le sujet. J'ai recueilli des articles de revues et recherché leurs sources. J'ai repris mes manuels de pharmacologie et j'ai découvert qu'il y avait un lien étroit entre la biochimie et la nutrition. J'ai assisté à presque tous les colloques sur la santé. C'est d'ailleurs à l'une de ces occasions que j'ai entendu parler du complexe nucléique ARN/ADN et de ses propriétés antivieillissement. (Je prends ces suppléments tous les jours depuis, de même que de la superoxyde dismutase, ou SOD. Grâce à ces produits, les gens me disent que je parais de 5 à 10 ans plus jeune que mon âge.) Bref, chaque nouvelle découverte sur les vitamines m'emballait, et mon enthousiasme était contagieux.

Les vitamines ont complètement changé ma vie et je tiens à partager leurs bienfaits avec les autres. Mon associé était tout à fait d'accord avec moi. Nous avons commencé à donner des échantillons de vitamines du complexe B et de vitamines B12 à nos clients, leur suggérant de réduire leur accoutumance aux tranquillisants, aux dopants et aux somnifères, et de les remplacer par des vitamines et des aliments riches en vitamines.

Les résultats ne se sont pas fait attendre ! Nos clients revenaient nous dire à quel point ils se sentaient mieux, pleins d'énergie. L'humeur négative et la résignation souvent associées aux thérapies médicamenteuses se sont vues remplacées par un positivisme notable. Une femme qui avait pris du Librium® presque toute sa vie de jeune adulte, allant de médecin en thérapeute, mène maintenant un vie saine, heureuse et sans médicaments; un architecte de 60 ans, sur le point de prendre sa retraite à cause de sa mauvaise santé a retrouvé son bien-être et a même accepté un nouveau mandat, soit le design de l'un des immeubles à bureaux les plus prestigieux à Los Angeles, aux États-Unis; un acteur d'âge moyen avec une accoutumance aux pilules s'est débarrassé de ce fardeau et a décroché un rôle de soutien fort important dans une série télévisée très lucrative.

Dès 1970, j'avais mis toute ma foi dans la nutrition et la médecine préventive. Reconnaissant qu'il y avait très peu d'information disponible, je me suis associé à un autre pharmacien dans le but premier de faire connaître au grand public tout ce qu'il fallait savoir sur les vitamines naturelles et la bonne nutrition.

Aujourd'hui nutritionniste, conférencier et auteur, je m'intéresse tout autant au monde merveilleux qui s'est ouvert à moi il y a plus de 30 ans — et ce monde continue d'évoluer grâce à de nouvelles découvertes chaque jour. J'ai toujours l'intention de le partager.

2. CE QUE SONT LES VITAMINES

Quand je prononce le mot *vitamine*, la plupart des gens pensent à des *comprimés*, à des médicaments ou à des drogues. Bien que les vitamines puissent avoir et aient souvent les effets visés par ces substances, elles ne sont ni l'une ni l'autre.

- En bref, les vitamines sont des substances organiques vitales. Elles sont essentielles au bon fonctionnement de l'organisme et, sauf quelques exceptions, l'organisme ne peut pas les produire ni les synthétiser lui-même. Nécessaires à notre croissance, à notre vitalité et à notre bien-être global, elles se trouvent en infimes quantités dans tous les aliments provenant de la nature. Nous devons nous procurer les vitamines à partir de ces aliments ou prendre des suppléments nutritionnels.

Il faut se rappeler que les suppléments, qu'on les prenne sous forme de comprimés, de gélules, de liquide, de poudre, de vaporisateur, de timbres ou d'injection, ne sont que des substances alimentaires et, à moins d'être synthétiques, peuvent aussi provenir de plantes ou d'animaux vivants.

- Il est impossible d'assurer la vie sans *toutes* les vitamines essentielles.

3. CE QUE LES VITAMINES NE SONT PAS

Bon nombre de personnes pensent que les vitamines remplacent la nourriture. C'est faux. En réalité, il est impossible d'assimiler les vitamines sans nourriture. Beaucoup d'idées fausses circulent au sujet des vitamines. J'espère en corriger un bon nombre au moyen de ce livre.

- Les vitamines ne sont pas des dopants ni des stimulants; elles ne contiennent aucune valeur calorique ni énergétique.

- Les vitamines ne remplacent pas les protéines ni les autres nutriments tels les minéraux, les gras, les glucides ou l'eau; elles ne se substituent pas les unes aux autres.

- En elles-mêmes, les vitamines ne font pas partie de la structure corporelle.

- Personne ne peut prendre des vitamines, cesser de manger et espérer rester en santé.

4. LE RÔLE DES VITAMINES

Visualisez votre corps comme le moteur à combustion d'une voiture et les vitamines, comme les bougies d'allumage. Cela vous donne un aperçu du rôle de ces minuscules substances alimentaires.

Les vitamines font partie intégrante de nos systèmes enzymatiques qui, à la façon de bougies d'allumage, activent et équilibrent notre métabolisme. Elles nous aident à fonctionner à notre meilleur.

En comparaison de la quantité d'autres nutriments que nous consommons, comme les protéines, les gras et les glucides, nos besoins en vitamines se révèlent plutôt faibles, même dans les thérapies mégavitamines. En revanche, une carence d'une seule vitamine peut mettre une vie en danger.

5. DEVEZ-VOUS PRENDRE DES SUPPLÉMENTS ?

Toutes les substances organiques contiennent des vitamines. Les types de vitamines et les quantités varient toutefois. Il y a une idée répandue dans la population à l'effet qu'une alimentation équilibrée va fournir toutes les vitamines nécessaires. C'est vrai en théorie. Le hic est que bien peu de gens réussissent à se composer ce menu idéal. Le Dr Daniel T. Quigley, auteur de l'ouvrage *The National Malnutrition*, souligne que toute personne qui a consommé, à un moment quelconque, du sucre raffiné, de la farine blanche ou des aliments en boîte (en conserve) aura une maladie par carence, la gravité de la maladie étant proportionnelle à l'importance de la carence. En outre, en octobre 2002, le *Journal of the American Medical Association* a publié une étude indiquant que chaque adulte devrait prendre des multivitamines, car l'alimentation moderne ne fournit pas tous les nutriments essentiels.

La plupart des restaurants ont tendance à réchauffer les aliments ou à les garder au chaud sous des lampes. Si vous prenez souvent vos repas au restaurant ou des repas à emporter, vous avez des risques de souffrir de carences en vitamines A, B1 et C.

De plus, puisque nous consommons une grande quantité d'aliments génétiquement modifiés (soit 75 % des aliments du commerce), il y a une épidémie de calcium, d'acide folique et de magnésium. (Plus encore, si vous êtes une femme entre 13 et 40 ans, ce type d'alimentation pourrait vous coûter de graves carences en calcium et en fer essentiels à vos os.)

Les aliments transformés ont perdu presque tous leurs nutriments. Citons en exemple le pain et les produits céréaliers. La plupart de ceux qu'on trouve dans le commerce contiennent principalement des glucides, bien qu'ils portent la mention « enrichi ».

Qu'entend-on par enrichi ? Cela signifie que les nutriments jadis présents dans un aliment ont disparu sous les effets de la chaleur, de l'entreposage ou d'autres facteurs. L'enrichissement des aliments vise à les ramener au niveau d'avant leur transformation. Malheureusement, les normes en cette matière laissent vraiment à désirer d'un point de vue nutritionnel. Par exemple, la farine blanche enrichie remplace 22 nutriments naturels par 3 vitamines du complexe B, de la vitamine D, du calcium et des sels de fer. Voilà une piètre substitution, voire un affront à la santé.

Comprenez-vous maintenant pourquoi j'insiste sur un apport plus substantiel en suppléments ?

6. LA DÉFINITION DES NUTRIMENTS

Les nutriments sont beaucoup plus que des vitamines, bien que bon nombre de gens les confondent. Les glucides, les protéines (composées d'acides aminés), les gras, les minéraux, les vitamines et l'eau sont tous des nutriments — des composantes assimilables des aliments — essentiels à la santé. Les nutriments assurent la production d'énergie, le bon fonctionnement des organes, la synthèse des aliments et la croissance cellulaire.

7. LA DIFFÉRENCE ENTRE LES MICRONUTRIMENTS ET LES MACRONUTRIMENTS

Comme les vitamines et les minéraux, les micronutriments ne procurent pas directement d'énergie. C'est là la fonction des macronutriments — les glucides, les graisses et les protéines. Toutefois, ces derniers doivent être en quantité suffisante pour enclencher le processus de libération d'énergie.

La quantité de micronutriments et de macronutriments essentiels à la bonne santé varie grandement, mais chacun a une importance égale. (*Voir la rubrique 73, « La relation protéines/acides aminés »*.)

8. LE RÔLE DES NUTRIMENTS

La digestion réalise la synthèse des nutriments. Elle se définit comme un processus biochimique continu de synthèse de toute substance absorbée par la bouche et de son acheminement dans l'organisme. Des enzymes décomposent les substances en fragments chimiques plus petits et plus simples, dès lors assimilables par les parois du tube digestif — un tube musculaire aux deux extrémités ouvertes, mesurant près de 9 m (30 pieds) — d'où ils passent dans le sang.

9. COMPRENDRE LE SYSTÈME DIGESTIF

Le fait de comprendre le fonctionnement de votre système digestif va éliminer les idées fausses les plus communes au sujet de l'action des nutriments.

La bouche et l'œsophage

La digestion commence dans la bouche. La mastication assure le broyage des aliments et l'ajout de salive. Une enzyme de la salive, appelée ptyaline, enclenche la synthèse des féculents en glucides simples. La nourriture est repoussée dans la gorge et dans l'œsophage. À ce moment commence le péristaltisme.

Ce mouvement consiste à pétrir la nourriture pour la ramollir grâce à la contraction et au relâchement des muscles qui propulsent les substances dans l'appareil digestif. Le tube digestif comporte des valvules aux intersections cruciales pour prévenir tout reflux œsophagien et permettre la libération des enzymes essentielles, puisque chaque enzyme a une fonction qui lui est propre.

La valvule à l'embout de l'œsophage s'ouvre suffisamment pour laisser pénétrer les particules de nourriture décomposées dans l'estomac. Parfois, après l'absorption de nourriture, cette valvule se détend, ce qui permet d'éructer. Toutefois, une valvule détendue peut aussi entraîner un reflux œsophagien, soit un reflux de l'acide gastrique dans l'œsophage. On appelle cette condition le reflux gastro-œsophagien (RGO) ou, plus communément, les aigreurs. (*Voir la rubrique 262.*)

L'estomac

Vous savez peut-être déjà que l'estomac est l'organe le plus volumineux du système digestif. Il se trouve cependant plus haut que bien des gens le pensent, soit sous les côtes inférieures, et non sous le nombril. Il ressemble à une poche souple entourée de muscles qui se contractent et il change continuellement de forme.

Les parois de l'estomac n'absorbent presque rien, sauf l'alcool.

L'estomac évacue rapidement les substances aqueuses comme les soupes. Il retient plus longuement le gras. Il faut *de trois à cinq heures* en moyenne à l'estomac pour digérer un repas normal de glucides, de protéines et de graisses. Des glandes gastriques et des cellules spécialisées produisent du mucus, des enzymes, de l'acide chlorhydrique ainsi qu'un facteur permettant l'assimilation de la vitamine B12 dans les parois intestinales, puis son transfert dans le sang. Un estomac dit normal contient une grande quantité d'acide et le suc gastrique, spécifique à l'estomac, est constitué de maintes substances :

La *pepsine* : l'enzyme gastrique principale, aussi un digesteur puissant des viandes et d'autres protéines. Elle ne peut agir que dans un milieu acide.

La *rennine* : elle coagule le lait.

L'*acide chlorhydrique* est produit par les cellules gastriques et crée un stade acide.

L'estomac n'est pas un outil indispensable à la digestion, car presque tout le processus de digestion s'effectue à l'extérieur de l'organe.

L'intestin grêle

L'intestin grêle, qui mesure plus de 6 mètres (22 pieds) est l'endroit où s'effectue la digestion et où se fait pratiquement toute l'absorption des nutriments. Il présente un milieu alcalin qui est principalement formé de la bile, de sucs pancréatiques et de sécrétions des parois intestinales. Le milieu alcalin est l'endroit le plus propice au processus de digestion et d'absorption. Le *duodénum*, qui se trouve à l'orifice de l'estomac, est la partie initiale de l'intestin grêle. Il se lie au *jéjunum* mesurant environ 3 mètres (10 pieds) de longueur qui, à son tour, se rattache à l'iléon, long d'environ 2,5 à 4 mètres (10 à 12 pieds). Lorsque le mouvement péristaltique pousse le contenu quasi liquide dans l'intestin grêle, il nous arrive d'entendre des sons. Beaucoup de gens pensent que ces *borborygmes* proviennent de l'estomac, alors qu'en fait, l'estomac se situe plus haut.

Le gros intestin (le côlon)

Les substances qui sortent de l'iléon pour entrer dans le *cæcum* (partie où se joignent l'intestin grêle et le gros intestin) sont plutôt liquides. Une valvule musculaire prévient tout reflux à cet endroit.

Le gros intestin absorbe bien peu de substances mis à part l'eau.

Le côlon est avant tout un organe de stockage et de déshydratation.

Les substances qui y pénètrent à l'état liquide deviennent semi-solides une fois que le côlon en a retiré l'eau. Il faut environ de 12 à 14 heures à ces substances pour parcourir l'intestin en entier.

Contrairement à l'estomac, qui est libre de tous germes, le côlon abrite un grand nombre de bactéries qui vivent dans la flore intestinale. Les bactéries constituent une grande partie des fèces, de même que des substances non digestibles, surtout de la cellulose et d'autres substances expulsées du sang et des parois intestinales.

Le foie

Le foie est l'organe plein de l'organisme le plus massif. Il pèse près de 2 kg (4 lb). Il s'agit d'une usine chimique incomparable. Il peut transformer presque toutes les structures biochimiques. C'est un détoxifiant qui décompose une grande variété de molécules toxiques et les rend inoffensives. Il agit aussi comme réservoir sanguin et comme entrepôt de vitamines A et D ainsi que de glucides emmagasinés (le glycogène) et libérés en vue de réguler le taux de glycémie. Le foie fabrique aussi des enzymes, le cholestérol, les protéines et la vitamine A (à partir de la carotène), de même que les facteurs de coagulation sanguine.

L'une des principales fonctions du foie est la production de la bile, qui contient des sels favorisant un bon métabolisme des graisses grâce à une action détersive. Cette dernière permet d'émulsionner les gras.

La vésicule biliaire

Ce petit réservoir en forme de poche mesure à peine 7,6 cm (3 po) de long. Il retient la bile, la modifie chimiquement et multiplie sa concentration par dix. Le goût ou parfois même la simple vue d'un aliment peut suffire à déclencher son déversement. Les composantes liquides de la vésicule biliaire peuvent se cristalliser et former des calculs biliaires.

Le pancréas

Cette glande d'environ 15 cm (6 po) de longueur se trouve dans la courbe du duodénum. Son groupement de cellules a pour but de sécréter l'insuline, qui accélère la consommation de glucose par l'organisme. L'insuline sécrétée se déverse dans le sang et non dans le tube digestif. La partie la plus massive du pancréas produit et sécrète le suc pancréatique, lequel contient bon nombre d'enzymes digestives importantes — les *lipases*, qui fractionnent les gras; les *protéases*, qui fractionnent les protéines et les *amylases*, qui fractionnent les féculents.

10. QUELLE EST CETTE VITAMINE ?

Au moment de leur découverte, personne ne connaissait la structure chimique des vitamines. Puisqu'on ne pouvait par conséquent leur donner un nom scientifique, on les a désignées par une lettre de l'alphabet. Nous connaissons les vitamines suivantes aujourd'hui, mais il en reste beaucoup à découvrir : la vitamine A (rétinol, carotène); les vitamines du complexe B : B1 (thiamine), B2 (riboflavine), B3 (niacine, niacinamide), B4 (adénine), B5 (acide pantothénique), B6 (pyridoxine), B10, B11 (facteurs de croissance), B12 (cobalamine, cyanocobalamine), B13 (acide orotique), B15 (acide pangamique), B17 (amygdaline), Bc (acide folique), Bt (carnitine), Bx ou PABA (acide para-aminobenzoïque); la choline; l'inositol; la vitamine C (acide ascorbique); la vitamine D (calciférol 2, viostérol, ergocalciférol); la vitamine E (tocophérol); la vitamine F (acides gras); la vitamine G (lactoflavine, riboflavine); la vitamine H (biotine); la vitamine K (ménadione); la vitamine L (essentielle à la lactation); la M (acide folique); la vitamine P (bioflavonoïdes); la vitamine Pp (nicotinamide); la vitamine P4 (troxérutine); la vitamine T (substances de croissance); la vitamine U (extrait de jus de chou).

Parmi les vitamines récemment découvertes : des scientifiques japonais de l'Institute of Physical and Chemical Research à Tokyo, au Japon, ont montré que la PQQ (pyrroloquinoline quinone), une substance découverte en 1979 qui semble accroître la fertilité chez la souris et peut-être chez l'être humain, serait une vitamine. Si cela s'avère vrai, ce serait la première vitamine découverte depuis 55 ans.

La PQQ ferait partie du complexe B, sa principale source naturelle étant le *natto* (un mets japonais épicé à base de fèves de soja fermentées). Elle se trouve aussi dans le persil, le thé vert, les poivrons verts, les kiwis et la papaye. (Un conseil personnel : si vous voulez inclure la PQQ à votre alimentation de façon naturelle, consommez du persil, du thé vert, des poivrons, de la papaye et du kiwi.)

11. QUEL EST CE MINÉRAL ?

Bien que l'organisme requière environ 18 minéraux essentiels pour le bon fonctionnement de ses fonctions régulatoires, les RAR américaines (RDA) ou rations alimentaires recommandées n'en mentionnent que sept, soit le calcium, l'iode, le fer, le magnésium, le phosphore, le sélénium et le zinc.

Les minéraux actifs dans l'organisme sont le calcium, le chlore, le chrome, le cobalt, le cuivre, le fluor, l'iode, le fer, le magnésium, le manganèse, le molybdène, le phosphore, le potassium, le sélénium, le sodium, le soufre, le vanadium et le zinc. Les oligo-éléments comme le bore, le silicium, le nickel et l'arsenic sont aussi essentiels à la croissance optimale et à la fonction membranaire.

12. L'ORGANISME EXIGE UN GRAND SYNCHRONISME

Autant les vitamines sont essentielles, autant elles ne servent à rien sans les minéraux. Je me plais à surnommer les minéraux « les Cendrillon de la nutrition », car, bien que bon nombre de gens l'ignore, les vitamines ont besoin d'eau pour être efficaces et être assimilées par l'organisme. Et bien que l'organisme réussisse à synthétiser certaines vitamines, il lui est impossible de produire un *seul* minéral.

13. QUEL EST CET ANTIOXYDANT ?

Les *antioxydants* comprennent les enzymes, les acides aminés, contre les radicaux libres (les faux amis) ainsi que contre les processus d'oxydation hors contrôle qui endommagent les cellules et affaiblissent le système immunitaire. L'organisme génère des radicaux libres quotidiennement juste en convertissant du gras en énergie. Autrement dit, les radicaux libres sont à la fois essentiels et indésirables. Diverses sources de tension d'ordre physique et environnemental — depuis la pollution de l'air jusqu'au tabagisme, à la consommation d'alcool et aux maladies liées aux aliments cuits sur le charbon de bois, le vieillissement et l'exercice vigoureux — génèrent un surplus de radicaux libres. Pour contrôler les radicaux libres, notre organisme doit générer différents types d'antioxydants naturels. Parmi les plus efficaces, mentionnons la catalase, la coenzyme-Q10, le glutathion, la mélatonine, la vitamine A et le bêtacarotène, la vitamine C, la vitamine E, l'acide lipoïque, le sélénium, la superoxyde dismutase (SOD) et le zinc. En vieillissant, malheureusement, nous accumulons davantage de radicaux libres et nous produisons moins d'antioxydants naturels, ce qui augmente grandement le risque de cancer et de maladies du cœur. À cet effet, les aliments riches en antioxydants et certains suppléments comme le ginkgo, l'extrait de pépins de raisin, l'extrait de thé vert, les isoflavones, la lutéine et le lycopène doivent absolument faire partie de notre alimentation. En outre, plus tôt vous les inclurez dans votre alimentation, plus longtemps vous en ressentirez les bienfaits. (*Voir le chapitre VIII.*)

14. QUELS SONT CES NUTRACEUTIQUES ?

Les *nutraceutiques* sont vraisemblablement la découverte de la médecine préventive la plus captivante des dernières décennies. Ils proviennent de substances naturelles (aliments ou parties d'aliments) qui procurent des bienfaits thérapeutiques similaires à ceux de produits pharmaceutiques. Mentionnons les isoflavones du soja aux propriétés anticancéreuses, et l'*hypericum* et les polyphénols contenus dans le millepertuis, riche en propriétés antidépressives.

Ces substances naturelles d'origine végétale, extraites d'algues ou d'autres sources biologiques, sont concentrées en comprimés, en poudre ou en gélules. Elles servent à prévenir de nombreuses affections en plus de traiter des troubles courants, un rôle qu'on réservait auparavant aux médicaments sur ordonnance. Par exemple, les nutraceutiques comme le 5-HTP remplacent avantageusement les antidépresseurs Paxil® et Prozac® (produits américains), des inhibiteurs sélectifs du recaptage de la sérotonine (ISRS). (*Voir la rubrique 79.*) Le 5-HTP provient de l'extrait naturel des graines du *Griffonia simplicifolia*, un arbre d'origine africaine.

Les nutraceutiques peuvent aussi concentrer les meilleurs éléments chimiques des aliments consommés chaque jour. Ces suppléments jouent un rôle de plus en plus important d'un point de vue santé, surtout chez les Américains dont seulement 9 % consomment 5 portions de fruits et légumes chaque jour. On peut se procurer des aliments enrichis de phytochimiques. Il existe des barres auxquelles on a ajouté des phytochimiques de soja (les phytoestrogènes) qui peuvent alléger les bouffées de chaleur chez la femme ménopausique et prévenir les troubles de la prostate chez l'homme. La margarine enrichie de nutraceutiques aide à réduire le cholestérol sérique sanguin. Des friandises pour enfants, enrichies de phytochimiques, sont idéales pour les jeunes qui n'aiment pas les légumes. Il y a maintes façons, de nos jours, d'aller chercher les nutriments dont nous avons besoin.

15. QUELLE EST CETTE THÉRAPIE PARALLÈLE ?

Aucun supplément ne peut tout régler; de même, aucune thérapie parallèle ne convient à tout le monde. De nos jours, nous avons accès à des douzaines de thérapies parallèles à la médecine traditionnelle. Elles gagnent en popularité auprès des gens et montrent des résultats remarquables. (*Voir la rubrique 383 pour trouver un médecin spécialiste de la nutrition ou des professionnels de théra-*

pies parallèles.) Parmi les thérapies parallèles les plus populaires, mentionnons :

La médecine ayurvédique La médecine ayurvédique est l'une des pratiques médicales les plus anciennes du monde. On la pratique toujours en Inde. On la décrit comme le « berceau de toutes les techniques de guérison » vu son incidence notable sur presque toutes les autres formes de médecine. Elle ne traite pas que les symptômes d'une maladie, mais vise une guérison du corps dans son ensemble, y compris la pensée, l'esprit et le mode de vie. Elle repose sur la croyance selon laquelle il est aussi important de préserver la santé que de guérir la maladie et qu'une intervention précoce, avant même l'apparition des symptômes, est essentielle au bien-être. La médecine ayurvédique utilise plus de 2 000 spotions. Les plantes médicinales sont généralement combinées à d'autres plantes. En fait, les guérisseurs ayurvédiques utilisent la plante entière, s'opposant au concept occidental selon lequel on extrait d'une plante donnée un ou deux de ses ingrédients chimiques. Ils croient que toutes les substances chimiques de la plante sont conçues pour agir en harmonie avec le corps. La médecine ayurvédique vise à soutenir, voire à renforcer tous les systèmes et appareils de l'organisme.

L'acuponcture L'acuponcture est une branche de la médecine chinoise traditionnelle (le Qi, prononcé *tchi*) fondée sur le principe selon lequel une force vitale parcourt l'organisme le long des 14 méridiens du corps. Le traitement consiste à stimuler cette force vitale à l'aide d'aiguilles fines insérées à certains des 360 points précis de la surface du corps pour rétablir l'équilibre énergétique d'une personne. On a prouvé que l'acuponcture, dans bien des cas, renverse des malaises temporaires, voire des maladies organiques. Les acuponcteurs utilisent aussi les plantes médicinales pour guérir, soigner différentes maladies ou provoquer un effet analgésique. Aux États-Unis, la plupart des États exigent un certificat d'études reconnu et un brevet de pratique avant de permettre la pratique de l'acuponcture ou des médecines orientales. Les docteurs en naturopathie peuvent aussi pratiquer l'acuponcture aux États-Unis.

La chiropratique Cette méthode thérapeutique se fonde sur la manipulation des vertèbres pour favoriser la santé. Bon nombre de chiropraticiens pratiquent également la médecine nutritionnelle. Les chiropraticiens font des études d'une durée de quatre ou cinq ans dans un établissement reconnu, après au moins deux années d'études supérieures. Ils sont diplômés et peuvent pratiquer dans tous les États américains, de même qu'en Australie, en Nouvelle-Zélande, au Canada et presque partout en Europe, en Afrique et au Moyen Orient. Ils ne peuvent pas toutefois prescrire de médicaments ni exécuter d'interventions chirurgicales.

Les plantes médicinales L'usage des plantes médicinales est la forme de traitement la plus répandue depuis des milliers d'années. De nos jours, il s'agit de thérapie parallèle la plus populaire en matière d'autoguérison. La thérapie par les plantes médicinales puise aux mêmes sources que la pharmacologie. D'ailleurs, plus de 50 % des médicaments couramment prescrits sont d'origine végétale ou contiennent des composés imitant les substances végétales. Aujourd'hui, l'efficacité de bon nombre de plantes médicinales est un fait établi et bien documenté. (*Voir le chapitre X.*)

L'homéopathie Fondée sur les découvertes de Samuel Hahnemann, l'homéopathie utilise des médicaments en vue de stimuler les mécanismes de défense naturels de l'organisme selon le principe « le mal contre le mal ». Par exemple, une substance qui peut déclencher des symptômes chez une personne saine si elle est prise en grande quantité peut guérir des symptômes semblables chez une personne malade en doses infinitésimales. L'approche homéopathique consiste à envisager la personne malade dans son ensemble (corps, esprit et émotions), car on croit que les symptômes expriment l'effort de l'organisme pour recouvrer la santé. Au lieu de supprimer ces symptômes, les remèdes homéopathiques (de sources naturelles végétales, animales ou minérales, et non toxiques) agissent rapidement pour stimuler et réguler les défenses de l'organisme *sans effets secondaires si on respecte la posologie.* (*Voir la rubrique 192.*) À ce jour, il n'y a pas de brevet requis pour pratiquer l'homéopathie. Un médecin (M.D., D.O., N.D. ou D.C.) peut pratiquer l'homéopathie après un cours de six semaines.

La naturopathie La naturopathie réunit les plantes médicinales, les massages, l'acuponcture et un éventail d'autres thérapies parallèles. Les naturopathes doivent obtenir un diplôme après avoir suivi un cours spécialisé de quatre ans dans une institution spécialisée en naturopathie et avoir réussi un examen d'accréditation nationale (aux États-Unis).

La thérapie orthomoléculaire Cette thérapie parallèle a comme objectif d'amener à leur niveau optimal les substances qui composent l'organisme. Outre l'utilisation de divers suppléments qui aideront le corps à générer les substances biochimiques essentielles à la santé, la thérapie orthomoléculaire permet aussi l'élimination de substances nocives comme les médicaments, les polluants et les allergènes de l'organisme. En grande partie (bien que pas tous), les praticiens de thérapie orthomoléculaire sont aussi médecins.

L'ostéopathie Les ostéopathes sont aussi médecins et peuvent exécuter les mêmes fonctions médicales que ces derniers, y compris la chirurgie. Ce qui les distingue est que, contrairement à la médecine traditionnelle (allopathique) où les médecins se spécialisent dans certaines disciplines (maladies ou organes précis), les ostéopathes adoptent une approche holistique de la santé. En règle générale, ils sont davantage expérimentés dans la nutrition préventive.

16. FAITS NUTRITIONNELS RÉVÉLATEURS

- Une cigarette détruit entre 25 et 100 mg de vitamine C.

- Le lait additionné de vitamine D synthétisée, soit presque tout le lait du commerce, peut réduire les réserves de magnésium de l'organisme.

- Une tasse de glace au café Haagen-Dazs (produit américain) contient plus de caféine qu'une boîte-boisson (canette) de cola.

- Les habitants des villes aux prises avec le smog (États-Unis) n'obtiennent pas la même quantité de vitamine D que leurs compatriotes ruraux, car le smog absorbe les rayons solaires ultraviolets.

- La plupart des aînés montrent une carence en vitamine D en raison d'une alimentation déficiente ou parce qu'ils ne sortent pas assez au soleil.

- Prendre plus d'un cocktail à l'heure de l'apéritif peut entraîner une carence en vitamines B1 et B6 ainsi qu'en acide folique.

- Les femmes qui consomment une boisson alcoolisée par jour augmentent leurs risques de cancer du côlon et du sein, car l'alcool nuit à l'absorption de l'acide folique.

- Quatre-vingt pour cent des femmes américaines présentent une carence en calcium.

- Dix millions de femmes américaines prennent des contraceptifs oraux. La plupart d'entre elles ignorent que ces contraceptifs peuvent intervenir dans l'action des vitamines B6, B12, de l'acide folique et de la vitamine C.

- Les hommes américains se classent au treizième rang au monde quant à leur santé; les femmes, au sixième rang.

- Les enfants requièrent une fois et demi à deux fois plus de protéines par kilogramme (livre) de masse corporelle que les adultes; les nourrissons, trois fois plus.

- Des recherches sur le cancer ont montré que les vitamines C et E, de même que certaines substances chimiques appelées indoles se trouvant dans le chou, le chou de Bruxelles et d'autres légumes de la famille des crucifères, sont des inhibiteurs à la fois sûrs et puissants de certains carcin gènes.

- La vitamine B1 peut aider à combattre le mal des transports dans les airs et sur l'eau.

- Vous devez augmenter votre apport en vitamine B6 si vous faites un régime riche en protéines.

- Les oignons, l'ail, les radis et le poireau contiennent tous un antibiotique naturel appelé *allicine*, lequel détruit les germes des maladies sans éliminer simultanément les bonnes bactéries.

- L'aspirine peut tripler le taux d'élimination de la vitamine C.

- Dix-huit moitiés de pacanes peuvent procurer la quantité quotidienne requise de vitamine F.

- La consommation fréquente d'aliments contenant des arômes ou des colorants artificiels, du glutamate monosodique (MSG) et d'autres additifs peut réduire l'efficacité du système immunitaire.

- Les cacahuètes (arachides) nature contiennent un inhibiteur enzymatique qui nuit au métabolisme des protéines par l'organisme.

- Le son n'est pas un aliment équilibré.

- Les dommages dus au tabagisme vont au-delà de la réduction de sept ans de l'espérance de vie établie par l'American Cancer Society. RETIREZ ONZE ANNÉES DE PLUS À L'ESPÉRANCE DE VIE ! De nouvelles études montrent que l'espérance de vie des fumeurs est maintenant écourtée de 18 ans.

- Le bore, un minéral qui se trouve dans les pommes, les raisins, le jus de raisin et les raisins secs, peut ralentir l'ostéoporose chez la femme après la ménopause. Le bore aide aussi les fe mes suivant une hormonothérapie substitutive à garder leur œstrogène dans le sang plus longtemps.

- L'élimination du café noir peut aider à éviter un cancer de l'œsophage. Le tanin contenu dans le café ou le thé est un carcinogène possible. La protéine du lait, bien qu'elle neutralise le tanin, le rend non assimilable dans l'organisme.

- L'illustre personnage de dessins animés Bugs Bunny avait raison. Les carottes peuvent empêcher la formation de plaque dans les parois artérielles et prévenir les crises cardiaques. La consommation d'une grosse carotte par jour fournit 1 000 UI de vitamine A provenant du bêta-carotène.

- Les personnes qui boivent des boissons gazeuses de régime et qui consomment des aliments à base de succédanés de sucre semblent compenser leur perte de calories provenant des glucides en mangeant en moyenne un excès de gras de 11 %.

- Le brossage des dents moins d'une heure après la consommation d'une boisson gazeuse régulière ou de régime (ou toute boisson à la fois acide et faible en calcium) peut causer une détérioration des couches des dents.

- Selon une étude de quatre ans menée aux Pays-Bas, vous pouvez réduire vos risques d'un cancer de l'estomac de 50 % en mangeant la moitié d'un oignon par jour. Les *sulfures d'allyle* (des composés anticancéreux) semblent activer les enzymes qui neutralisent les substances pouvant entraîner le cancer.

- Manger de trois ou quatre portions de sauce à la tomate par semaine peut réduire les risques de cancer de la prostate vu la grande quantité de *lycopène* dans les produits à base de tomate.

- La plupart des gens perdent leurs enzymes digestives du lait après 12 ans. C'est pourquoi bon nombre d'adultes ressentent des flatulences ou de l'indigestion après qu'ils boivent du lait.

- Prenez des suppléments de vitamine E afin de réduire vos risques de maladies cardiaques.

- Les végétariens qui consomment des noix cinq fois ou plus par semaine ont un risque plus faible de développer une maladie cardiaque que ceux qui en mangent moins qu'une fois par semaine.

- Selon une étude à long terme menée par le USDA Human Nutrition Research Center on Aging de la Tufts University, aux États-Unis, la prise d'un supplément de vitamine C tous les jours semble réduire le risque de formation de cataractes.

- Les flavonoïdes des raisins rouges sont plus de mille fois plus efficaces que la vitamine E pour inhiber l'oxydation du cholestérol LDL chez les humains.

- L'acide aminé arginine aide à renforcer l'érection.

- Cent milligrammes de suppléments phospholipides de phosphatidylsérine par jour peut aider les personnes aux prises avec des troubles de la mémoire dus au vieillissement à récupérer l'équivalent de 12 années de facultés cérébrales.

- Des recherches récentes montrent que des taux de sélénium suffisants peuvent ralentir le VIH de façon significative.

- Le syndrome du canal carpien et un déséquilibre hormonal peuvent manifester une carence en vitamine B6.

- L'antioxydant N-acétylcystéine (NAC) pourrait se révéler plus efficace que la vitamine C pour soulager les symptômes de la grippe.

- Les pâtes alimentaires emballées dans une pellicule cellulosique transparente ou dans une boîte à fenêtre en cellophane sont plus sensibles à une perte de nutriments.

- Les adoucisseurs d'eau peuvent mener à une augmentation malsaine de votre apport en sel quotidien.

- L'un des principaux ingrédients de la margarine — l'huile végétale hydrogénée, un acide gras *trans* — est plus dangereux pour la santé que le gras saturé dans le beurre.

- Les myrtilles (bleuets), les mûres et le chou rouge sont meilleurs si on les fait cuire.

- Les oignons jaunes ou rouges et le brocoli sont riches en quercétine, un agent anticancéreux. Les laboratoires de la University of California ont mené des études montrant que la quercétine peut éliminer des cellules malignes avant qu'elles ne s'agglomèrent en tumeurs.

- Les huiles d'olive et de canola, riches en gras monoinsaturés, sont le meilleur aliment naturel disponible contre les maladies du cœur.

- La façon la plus efficace d'éliminer votre excès de sodium est de boire de six à huit verres d'eau sans sel par jour.

- Il pourrait y avoir un lien entre le dentifrice (ses agents abrasifs cristallins, ses agents mousseux et d'autres additifs) et des maladies de l'intestin comme la colite ulcéreuse, la maladie de Crohn et le syndrome du côlon irritable. Prenez soin de toujours bien vous rincer la bouche après le brossage de dents. Essayez de ne pas avaler de dentifrice.

- Le magnésium est un myorelaxant et l'équivalent naturel des inhibiteurs calciques.

- Des études récentes montrent que les hommes qui boivent plus de 4 verres d'eau par jour peuvent réduire leurs risques de cancer du côlon de 32 %.

- L'apport de fortes doses de stéroïdes, soit par voie orale, injection ou inhalation, en vue de traiter l'asthme peut causer des cataractes et une résorption osseuse menant à l'ostéoporose.

- Le besoin en calcium s'accroît chez les personnes alitées pendant une semaine ou plus. L'organisme perd de sa densité osseuse lorsqu'il reste immobile pendant une période prolongée.

17. DES QUESTIONS SUR LE CHAPITRE 1 ?

J'ai remarqué qu'il y a plusieurs marques de suppléments d'acides aminés dans les boutiques d'alimentation naturelle. S'agit-il de nutriments ? Sont-ils aussi importants que les vitamines ?

Oui, oui et oui ! Les acides aminés (*voir la rubrique 73*) sont les constituants de l'un de nos plus importants nutriments, les protéines.

Chaque cellule de l'organisme comprend (et requiert) des protéines, lesquelles servent à fabriquer de nouveaux tissus et à réparer les cellules endommagées, en plus de produire des hormones et des enzymes, de maintenir l'équilibre acide-alcalin du sang et de faciliter l'élimination des déchets inutiles, entre autres. Pendant la digestion, les protéines sont dégradées en composés plus petits qu'on appelle acides aminés. Une fois qu'ils rejoignent les cellules du corps, ces acides redeviennent des protéines. Ce cycle est merveilleux.

L'importance des vitamines et des acides aminés dans la nutrition est équivalente, car vous ne soutirerez aucun bienfait des unes sans les autres. Quant aux suppléments d'acides aminés et à ce qu'ils peuvent faire pour vous, je vous invite à consulter les rubriques 73 et 78 qui traitent de quelques bienfaits notables qu'ils peuvent vous apporter.

Je sais que les vitamines ont besoin de minéraux pour jouer pleinement leur rôle. Y a-t-il des minéraux qui sont plus efficaces que d'autres à cet effet ?

Oui. La vitamine A, par exemple, est à son meilleur avec le calcium, le magnésium, le phosphore, le sélénium et le zinc. Les vitamines B agissent au maximum en compagnie des minéraux tout juste nommés en plus du cobalt, du cuivre, du fer, du manganèse, du potassium et du sodium. Les cinq minéraux connus qui semblent renforcer le plus la vitamine C sont le calcium, le cobalt, le cuivre, le fer et le sodium. Dans le cas de la vitamine D, il s'agit du calcium, du cuivre, du magnésium, du sélénium et du sodium; et pour la vitamine E, on note le calcium, le fer, le manganèse, le phosphore, le potassium, le sélénium, le sodium et le zinc. Reportez-vous aux rubriques 29 à 52 pour savoir quels minéraux — et autres vitamines — augmentent l'efficacité d'une vitamine donnée.

Qu'est-ce que le bore ?

Le bore est un oligo-élément qui n'est malheureusement pas reconnu à sa juste valeur. L'organisme en a besoin en très petites quantités. Il n'y a par ailleurs pas de norme quotidienne. Cela ne réduit en rien l'importance du rôle qu'il joue avec le calcium, le magnésium et la vitamine D dans la prévention de l'ostéoporose. Le bore se révèle même favorable pour le cerveau. On en trouve dans la plupart des fruits et des légumes, mais les fruits séchés comme les pruneaux et les abricots en contiennent le plus. Je recommande d'en prendre un supplément de 3 mg par jour. (N'excédez pas 10 mg par jour.)

Quelle est la différence entre les nutraceutiques et les aliments fonctionnels ?

Nutraceutiques et aliments fonctionnels sont des termes interchangeables qui désignent des composants des aliments dotés de propriétés favorisant la santé, préventives ou médicales au-delà de leurs fonctions nutritionnelles élémentaires. Alors que l'aliment fonctionnel est semblable à un aliment traditionnel, le nutraceutique peut en être isolé pour la vente sous forme posologique.

Que sont les phytochimiques ?

Les phytochimiques sont des substances chimiques des plantes; ces substances favorisent les nutriments qui donnent aux fruits et aux légumes, aux produits céréaliers et aux légumineuses leur couleur et leur saveur, en plus de procurer une protection naturelle contre la maladie. On peut les décrire comme le système immunitaire des plantes. Ils sont aussi de puissants antioxydants et protègent l'organisme contre les radicaux libres en aidant le corps à éviter des maux comme le cancer ou la maladie du cœur.

Je souffre d'un prolapsus valvulaire mitral et je dois souvent prendre des antibiotiques. J'ai entendu parler des probiotiques, mais j'ignore de quoi il s'agit. Devrais-je en prendre ?

Oui, bien sûr ! *Probiotique* signifie vivant. Ce terme générique sert à désigner des micro-organismes reconnus comme de bonnes bactéries, lesquels soutiennent les mécanismes d'autodéfense de l'organisme contre l'infection et la maladie. Notre organisme contient des milliards de bonnes bactéries qui réalisent des merveilles; notamment elles aident à la digestion, améliorent la fonction immunitaire, gardent les taux hormonaux stables, protègent l'organisme contre les infections fongiques ou à levure (les levures peuvent s'infiltrer dans la circulation sanguine, puis contribuer à l'apparition d'autres maladies graves) et produisent certaines vitamines B.

Malheureusement, les antibiotiques ne distinguent pas les bonnes et les mauvaises bactéries. Une surdose d'antibiotiques peut développer des souches pharmacorésistantes et vous assujettir davantage à la maladie. Vous pouvez augmenter votre taux de bonnes bactéries en ajoutant des fibres à votre alimentation (l'intestin reçoit les fibres alimentaires et les métabolise en des acides qui inhibent l'apparition des mauvaises bactéries) et en consommant du yaourt — sans gras ou faible en gras — fait de cultures vivantes. (On vend aussi des probiotiques sans produits laitiers.) La meilleure méthode consiste à prendre un supplément quotidien de probiotiques durant les périodes où vous ne prenez pas d'antibiotiques, puis un mois suivant la fin de l'ordonnance en vue de refaire le plein de bonnes bactéries. Je recommande 1 capsule ou 15 mL (1 c. à soupe) trois fois par jour 30 minutes avant les repas. *NOTE* : Vous pouvez ressentir des flatulences ou des ballonnements quand vous commencez à prendre des probiotiques. Cela indique que les bonnes bactéries fermentent. L'inconfort devrait disparaître en une semaine environ lorsque votre corps se sera habitué au changement. (*Voir la rubrique 122.*)

Je sais que les antioxydants combattent l'oxydation dans l'organisme. Qu'est-ce que l'oxydation et quels sont ses effets ?
L'oxydation est le phénomène qui survient lorsqu'un métal rouille ou qu'une pomme vire au brun. Des molécules d'oxygène instables, appelées radicaux libres, empruntent des électrons à d'autres molécules afin de se stabiliser. Durant ce processus, les radicaux libres endommagent les cellules, réduisant leur durée de vie et accélérant le processus de vieillissement. L'oxydation une fois en marche est difficile à interrompre et ses effets nocifs vont des infections à diverses affections dégénératives, y compris les maladies du cœur, l'arthrite et le cancer.

Quelle est la cause de l'oxydation ? Il y en a des douzaines. Mentionnons parmi les plus courantes les polluants, les produits chimiques et les toxines comme la fumée de cigarette. (*Voir la rubrique 104.*)

On dit que certains nutriments favorisent la fonction cérébrale. Est-ce vrai ? Si oui, quels sont ces nutriments ?
Il existe en effet des nutriments favorables qui protègent les fonctions cérébrales en plus de les affiner. Si vous en prenez déjà, c'est bon signe ! Le niveau normal d'antioxydants générés naturellement pour protéger le cerveau des radicaux libres destructeurs s'atténue avec l'âge. Par conséquent, les suppléments d'antioxydants — comprenant les vitamines, les minéraux, les acides aminés et les plantes médicinales — peuvent les remplacer. (*Voir le chapitre VIII.*)

Entre autres, il convient de rechercher, seuls ou en combinaison, la vitamine E, l'extrait de pépins de raisin, l'acide lipoïque, la NADH (coenzyme 1), la vitamine B1 (thiamine), la vitamine B3 (niacine), la vitamine B6 (pyridoxine), la vitamine B12, l'acide folique, la choline, la L-carnitine, la phénylalanine, le DHA (l'acide docosahexænoïque), le DMAE (diméthylamino-éthanol), la phosphatidyléthanolamine, la phosphatidylcéphaline, les racines de renouée multiflore (Fo-ti), les baies de schizandra, la L-glutamine, le vinpocetin, le ginkgo, le gotu kola, l'huperzine A, le magnésium, le prégnénolone, la phosphatidylsérine, la phosphatidylcholine, l'inositol et le zinc. Aucun de ces éléments ne fera de vous un Einstein, mais ils aiguiseront votre mémoire.

Les organismes génétiquement modifiés (OGM) sont-ils sains ? Comment savoir si ce que nous mangeons a été génétiquement modifié ?
Je crois personnellement qu'il est préférable d'éviter les OGM. Malheureusement, c'est plus facile à dire qu'à faire puisque les deux tiers des aliments transformés du commerce en contiennent. Aux États-Unis, la Food and Drug Administration (FDA) n'exige pas encore leur indication sur les étiquettes. Quant à leur sécurité, une étude menée en 1998 a montré que l'ADN d'organismes génétiquement modifiés donnés à des souris de laboratoire durant la grossesse aboutissait dans les parois intestinales des souris, dans leurs leucocytes, dans leurs cellules cérébrales ainsi que dans celles de leur fœtus. La même chose se produit chez l'être humain et nous n'en connaissons pas les effets à long terme. En règle générale, je recommande d'acheter des produits biologiques, de consommer le moins possible de produits transformés et de réduire vos visites aux restaurants minute. Dans le doute, communiquez avec le fabricant du produit et demandez-lui de vous confirmer que l'aliment en question ne contient aucun OGM ou aucun ingrédient à base d'OGM.

CHAPITRE

2 De vitamine en vitamine

18. D'OÙ VIENNENT LES VITAMINES?

Étant donné que les vitamines sont des substances naturelles présentes dans les aliments, les suppléments vendus sous forme de comprimés, de poudre ou de liquide proviennent aussi de la nourriture. La plupart des vitamines sont extraites de sources naturelles élémentaires, bien qu'on puisse en synthétiser un bon nombre.

Par exemple, on tire habituellement la vitamine A de l'huile de foie de poisson; les vitamines du complexe B, de la levure ou du foie, et la vitamine C de la meilleure qualité, des fruits du rosier — les baies sur la rose une fois les pétales tombés — ou du manioc. La vitamine E provient le plus souvent des pousses de soja, du germe de blé ou du maïs.

19. POURQUOI LES VITAMINES ONT-ELLES DIFFÉRENTES FORMES?

Chaque personne a des besoins différents; c'est pourquoi les fabricants produisent une grande variété de vitamines, dans de nombreuses formes.

Les *comprimés* sont les plus courants et les plus pratiques. Ils sont faciles à stocker et à transporter. En outre, ils ont une durée de conservation plus longue que les poudres ou les liquides et sont à l'abri de tout frelatage.

Les « caplets » sont des comprimés en forme de capsules. On les kératinise parfois pour qu'ils se dissolvent dans l'intestin plutôt que dans l'estomac, qui contient de l'acide.

Les *capsules*, comme les comprimés, sont pratiques et faciles à conserver. On s'en sert le plus souvent pour les vitamines liposolubles, par exemple A, D et E. Elles contiennent moins d'excipients que les comprimés.

Comme leur nom l'indique, les *capsules de gélatine* sont faites de gélatine, un produit animal. Il faut les conserver dans un endroit sombre et frais afin de prévenir l'oxydation.

Les *capsules végétales* ne contiennent aucun produit animal, aucun amidon, aucun glucide ni aucun allergène. On les fait de cellulose et de fibres végétales des arbres, résistantes aux infections fongiques et bactériennes. Elles supportent des températures élevées sans fondre ou s'agglutiner les unes aux autres. Elles ne sont pas touchées par le froid ni les climats secs qui peuvent rendre la gélatine friable. Malheureusement, elles peuvent réagir avec les ingrédients qu'elles contiennent. C'est pourquoi on en produit moins que les capsules de gélatine. De plus, elles coûtent plus cher.

Les *capsules molles* comportent une enveloppe de gélatine souple. Beaucoup de gens les trouvent plus faciles à avaler que les capsules ordinaires.

Comme les comprimés ou les capsules, elles doivent traverser le système digestif, donc elles agissent plus lentement que leurs équivalents sous forme liquide ou en poudre.

Les *poudres* présentent l'avantage de la puissance (5 mL/1 c. à thé de vitamine C en poudre fournit jusqu'à 4 000 mg), en plus de ne contenir aucun agent liant ou de remplissage ni aucun allergène.

On trouve des *préparations liquides* faciles à diluer dans une boisson pour les personnes incapables d'avaler les capsules ou les comprimés.

Les *pulvérisateurs buccaux* libèrent de *faibles doses* de nutriments directement dans la bouche, sous la langue. Ces nutriments pénètrent dans la circulation sanguine à travers les muqueuses, passant outre le tractus gastro-intestinal, en environ quinze minutes.

Les *comprimés sublinguaux* sont des comprimés qui se dissolvent sous la langue. (Je recommande ces comprimés pour la vitamine B12, car c'est ainsi que l'organisme l'absorbe le mieux.)

Les *timbres* et les *implants* libèrent de façon continue des doses égales de nutriments. Toutefois, au moment de rédiger cet ouvrage, on n'en fabrique que pour un nombre limité de suppléments nutritionnels. Aux États-Unis, ils sont considérés comme un mode d'administration de médicaments.

20. LES VITAMINES À BASE D'HUILE, SÈCHES OU HYDROSOLUBLES

Les vitamines liposolubles, notamment A, D, E et K, sont offertes sous formes sèche ou hydrosoluble, recommandées aux personnes ayant une sensibilité gastrique à l'huile, aux personnes souffrant d'acné ou d'une condition de la peau pour laquelle les produits de consommation à base d'huile sont à déconseiller, ainsi qu'aux personnes faisant une diète faible en gras. (L'organisme a besoin de gras pour assimiler les vitamines liposolubles. Si vous faites un régime faible en gras et que vous prenez de la vitamine A, D, E ou des suppléments, je vous recommande de les prendre sous forme sèche.)

21. LES VITAMINES : SYNTHÉTIQUES OU NATURELLES ? INORGANIQUES OU ORGANIQUES ?

Lorsqu'on me demande s'il y a une différence entre les vitamines synthétiques et naturelles, je précise qu'il n'y en a qu'une seule — et vous en décidez. Bien que les vitamines et minéraux synthétiques donnent des résultats satisfaisants, les vitamines naturelles les surpassent à bien des égards. Les compositions chimiques des deux formes sont semblables, mais les vitamines d'origine naturelle ont l'avantage de contenir plus que la vitamine proprement dite.

La vitamine C synthétique est de l'acide ascorbique, rien de plus. La vitamine C naturelle, en revanche, contient des bioflavonoïdes, le complexe C en entier, ce qui accroît son efficacité.

La vitamine E naturelle, qui comprend non seulement des tocophérols de type alpha, mais aussi bêta, gamma et delta, est plus puissante et a une meilleure absorption par l'organisme que sa forme synthétique, de l alpha tocophérol.

Selon le Dr Theron G. Randolph, un allergologue chevronné : « *Toute substance à base synthétique peut provoquer une réaction chez une personne sensible aux substances chimiques, alors que l'équivalence naturelle ne pose aucun problème, bien que les deux formes possèdent la même structure chimique.* » (traduction libre)

D'autre part, les gens allergiques au pollen peuvent éprouver une réaction indésirable à la vitamine C naturelle si elle contient des impuretés polliniques.

Quel que soit votre choix, les personnes qui ont essayé les deux types de vitamines le diront, les versions naturelles causent moins d'inconfort gastro-intestinal et encore moins de réactions toxiques en cas de dépassement de la posologie recommandée.

La différence entre les vitamines organiques ou inorganiques n'est pas la même qu'entre les vitamines naturelles et synthétiques, contrairement à l'idée répandue. Toutes les vitamines sont organiques, car leurs composants contiennent du carbone.

22. LA CHÉLATION : SA DÉFINITION

La chélation est un processus biochimique qui transforme les substances minérales sous une forme assimilable. Les suppléments de minéraux sont souvent non chélatés. Ils doivent d'abord passer par le système digestif, qui en fera des chélates utiles à l'organisme. Le processus de chélation ne se déroule pas toujours aussi bien d'une personne à une autre. Pour cette raison, bon nombre de suppléments de minéraux ont peu d'efficacité.

Compte tenu du fait que l'organisme n'utilise pas tout ce qu'il ingère, que la plupart d'entre nous ne digèrent pas les aliments adéquatement, que l'organisme ne synthétise que 2 à 10 % du fer inorganique absorbé et qu'il élimine 50 % de ce faible pourcentage, on peut reconnaître l'importance de prendre des minéraux chélatés. *Les minéraux chélatés liés d'acides aminés ont une assimilation de trois à dix fois meilleure que leurs équivalents non chélatés.*

23. LA LIBÉRATION PROGRESSIVE

Un progrès important dans la fabrication de vitamines est la mise au point de suppléments à libération progressive. Suivant ce processus, les vitamines enrobées de microgranules (petites granules à action progressive) sont combinées à une base spéciale; elles sont ainsi libérées en continu pendant trois à six heures. La plupart des vitamines sont hydrosolubles, donc l'organisme ne peut les emmagasiner. Sans la libération progressive, elles passent rapidement dans le sang et, peu importe la dose, sont éliminées dans l'urine en deux à trois heures.

Les suppléments à libération progressive offrent une efficacité optimale, génèrent une excrétion minimale et stabilisent les taux de glycémie nuit et jour. (Lisez l'étiquette d'un produit pour connaître son temps de libération prévu, car si le processus de libération progressive s'effectue en deux heures ou moins, le produit n'est pas plus efficace que les comprimés réguliers, habituellement moins chers.)

24. LES AGENTS LIANTS, DE REMPLISSAGE, ET QUOI ENCORE ?

Les suppléments vitaminiques contiennent plus que des vitamines, et parfois plus que ce que l'étiquette indique. La réglementation n'exige pas que les fabricants inscrivent les agents de remplissage, de liaison, les lubrifiants et autres sur les étiquettes, et la plupart ne le font pas. La liste qui suit vous permet de savoir ce que vous avalez.

Les *diluants* et les *agents de remplissage* sont des matières inertes ajoutées aux comprimés pour en augmenter le volume et faciliter la compression. Le phosphate dicalcique, une excellente source de calcium et de phosphore, est utilisé par les meilleures marques.

Cette poudre blanche provient de minéraux purifiés. À l'occasion, on utilise du sorbitol et de la cellulose (fibre végétale).

Les *agents liants* donnent de la cohésion aux produits en poudre. Les agents liants et les agglutinants lient ensemble les ingrédients d'un comprimé. La cellulose et l'éthylcellulose sont les plus courantes. La cellulose est le constituant principal des fibres végétales. On emploie parfois de la lécithine et du sorbitol. L'*acacia* (*gomme arabique*), est une gomme végétale désignée comme sûre selon les normes de la FDA américaine, mais il faut s'en méfier. L'acacia peut entraîner des crises d'asthme allant de légères à graves et provoquer des éruptions cutanées chez les personnes asthmatiques, les femmes enceintes ou toute personne souffrant d'allergies.

Les *lubrifiants* sont des substances lisses ajoutées aux comprimés pour éviter qu'ils collent aux machines qui les produisent. Les plus courants sont le stéarate de calcium et la silice. Le stéarate de calcium provient d'huiles végétales naturelles, et la silice est une poudre blanche d'origine naturelle. On utilise aussi le stéarate de magnésium.

Les *désintégrants* sont des substances comme la gomme arabique, l'algine et l'alginate, ajoutées aux comprimés, qui facilitent leur désintégration dans l'organisme après l'ingestion.

Les *couleurs* donnent aux comprimés une apparence plus intéressante ou élégante. Privilégiez les couleurs provenant de sources naturelles, comme la chlorophylle.

Les *saveurs* et les *édulcorants* se limitent aux comprimés à croquer. Les édulcorants consistent habituellement en fructose (sucre de fruits), en dextrine de malt, en sorbitol ou en maltose. On trouve rarement du sucrose (saccharose) dans les meilleures marques.

Les *substances d'enrobage* servent à protéger les comprimés de l'humidité. De plus, elles masquent la saveur ou l'odeur déplaisante, ce qui rend les comprimés plus faciles à avaler. La zéine joue ce rôle. Cette prolamine du maïs est d'origine naturelle et permet de fabriquer une pellicule transparente. La cire de carnauba, un dérivé naturel des palmiers du Brésil, sert aussi à l'enrobage.

Les *agents de séchage*. Ces substances empêchent les matières hygroscopiques d'absorber l'humidité durant le processus de fabrication. Le gel de silice est l'agent de séchage le plus courant.

25. LE STOCKAGE ET LA CONSERVATION

Il faut conserver les suppléments de vitamines et de minéraux dans des endroits frais et sombres, à l'abri de la lumière, de préférence dans des contenants hermétiques et opaques.

Il est inutile de les garder dans le réfrigérateur, à moins de vivre dans un climat désertique. Mettez quelques grains de riz au fond du contenant de vitamines afin d'éviter une humidité excessive. Le riz agit comme absorbant naturel.

Des vitamines conservées au frais et dans un endroit sombre, dans un contenant hermétique, ont une durée de conservation de deux à trois ans. Pour vous assurer de leur fraîcheur, choisissez les produits portant une date de péremption. Une fois le contenant ouvert, la durée de conservation est de six mois.

L'organisme a tendance à éliminer dans l'urine toute substance ingérée en moins de quatre heures; c'est particulièrement vrai pour les vitamines liposolubles, comme les vitamines B et C. Prises à jeun, ces vitamines peuvent être éliminées aussi tôt que deux heures après leur ingestion.

Les vitamines liposolubles (A, D, E et K) restent dans l'organisme environ 24 heures, et les surplus s'emmagasinent dans le foie pour une durée plus longue. Les vitamines A et E sous forme sèche ne restent pas dans le corps aussi longtemps.

26. QUAND ET COMMENT PRENDRE DES SUPPLÉMENTS

Le corps humain a un cycle de 24 heures. Vos cellules ne dorment pas en même temps que vous et elles ne peuvent pas subsister sans un apport continu en oxygène et sans nutriments. Autant que possible, prenez vos suppléments à intervalles réguliers au cours de la journée en vue de favoriser leur efficacité.

Le meilleur moment pour prendre un supplément est pendant ou après un repas. Les vitamines sont des substances organiques et seront mieux absorbées si vous les prenez avec des aliments et des minéraux. Puisque l'organisme élimine rapidement dans l'urine les vitamines hydrosolubles, notamment les vitamines C et du complexe B, le fait de les prendre au petit déjeuner, au déjeuner et au dîner permet de les maintenir au niveau maximal.

S'il n'est pas pratique de les prendre après chaque repas, je vous suggère d'en prendre la moitié après le petit déjeuner et l'autre moitié après le dîner.

Si vous devez prendre vos nutriments en une seule fois, faites-le lors du repas le plus copieux de la journée.

Rappelez-vous que les minéraux sont essentiels au bon métabolisme des vitamines. Assurez-vous donc de prendre vos vitamines et vos minéraux ensemble.

27. LES SUPPLÉMENTS QUI VOUS CONVIENNENT

Les besoins en suppléments varient selon le sexe, l'âge, l'état de santé, le mode de vie, les tensions quotidiennes (stress) et les restrictions alimentaires. Les changements au travail, la maladie, de même que les traumatismes physiques et émotionnels ont aussi un grand effet sur l'alimentation. Il n'y a aucune raison de nos jours pour ne pas viser la santé optimale. Il y a aujourd'hui plus de suppléments offerts que jamais; à vous de choisir ceux qu'il vous faut dans la forme que vous préférez.

Devez-vous prendre une poudre ? un liquide ? une gélule ? un comprimé ? de la vitamine E régulière ou sèche ? des suppléments trois fois par jour ? Je vous conseille de faire des essais pour trouver la formule qui vous convient. Si la recette choisie ne vous va pas, essayez-en une autre. La vitamine C en poudre diluée dans une boisson s'avale plus facilement que des comprimés quand un rhume s'annonce. Si la vitamine E cause une éruption au visage, prenez plutôt la version sèche (hydrosoluble). Consultez la rubrique 19 pour connaître les différentes formes que prennent les suppléments. En outre :

• Assurez-vous de bien connaître les suppléments que vous prenez. (*Voir les rubriques 29 à 72 et les avertissements de la rubrique 374.*)

• Si vous prenez un médicament sur ordonnance ou en vente libre, informez-vous au sujet des médicaments qui épuisent les nutriments et des nutriments qui interagissent avec les médicaments. (*Voir la rubrique 331.*)

• Associez vos besoins vitaminiques aux catégories présentées au chapitre 13.

28. DES QUESTIONS SUR LE CHAPITRE II ?

Les vitamines qui sentent mauvais sont-elles éventées ? Peuvent-elles être dommageables ?

Une mauvaise odeur ne signifie pas que le produit est éventé (mettez de six à huit grains de riz dans le fond du contenant pour prévenir les odeurs), mais c'est possible. Si vous gardez vos vitamines dans un endroit chaud et éclairé (bon pour vous, mais mauvais pour les vitamines), c'est encore plus possible. Toutefois, des vitamines, même éventées, ne sont pas nocives. Au pire, elles ont perdu de leur puissance.

Il m'arrive de trouver des comprimés de vitamine B fendillés. Puis-je les prendre quand même ?

Vous pouvez les prendre sans danger, comme les vitamines C et toutes les autres. Un enrobage de faible qualité peut fendiller, mais la vitamine même garde ses propriétés. Cherchez une marque avec un meilleur enrobage, comme la zéine ou un enrobage végétal modifié à base d'acide alphalipoïque, un antioxydant universel reconnu pour contrer la rancidité.

Si la FDA américaine désigne les agents liants tels que la gomme d'acacia ou l'acide alginique comme sûrs, pourquoi ne le sont-ils pas ?
Un additif, même approuvé par la FDA, n'est pas forcément sûr. En 1958, les États-Unis ont adopté une loi sur les additifs alimentaires. Cette loi exigeait que toute substance chimique soit testée afin d'assurer l'utilisation de substances saines dans les aliments. La FDA a alors dressé la liste des substances GRAS (*Generally Recognized As Safe*) pour éviter des analyses coûteuses, car on estimait à l'époque que lesdites substances chimiques étaient sûres, notamment le sucre, les féculents, le sel, le bicarbonate de soude et d'autres). Par suite de la décision de la FDA, les additifs existant avant 1958 sont inclus dans la liste des substances GRAS, alors qu'on a montré des années plus tard que certains éléments ne devraient pas en faire partie.

Puis-je, d'une façon quelconque, déterminer si je prends un bon supplément ?
Assurez-vous que l'étiquette du produit indique « CL Approved » ou « USP Verified » (aux États-Unis) avant de l'acheter. Aux États-Unis, la United States Pharmacopeia (une organisation indépendante responsable d'assurer la qualité des médicaments sur ordonnance) s'occupe d'évaluer les suppléments.

Consultez son site : *wwwprevention.com/links*. Si vous voulez recevoir des analyses de laboratoire indépendantes, des rappels et des avertissements de *ConsumerLab.com*, cet organisme offre un abonnement annuel au coût de 17,95 $US pour un rapport complet ou de 7,25 $US pour un supplément sur demande.

CHAPITRE 3

Tout ce que vous avez toujours voulu savoir sur les vitamines, sans avoir quelqu'un à qui demander...

29. LA VITAMINE A

FAITS

La vitamine A est liposoluble. Il faut des gras et des minéraux pour que le tube digestif l'absorbe efficacement.

Elle peut s'emmagasiner dans l'organisme sans qu'on ait besoin de la remplacer tous les jours.

On la trouve sous deux formes, soit la vitamine A préformée, appelée rétinol (présente strictement dans les aliments d'origine animale), et la provitamine A, connue sous le nom de carotène (qui provient de sources végétales et animales).

L'unité de mesure est l'unité USP (pharmacopée des États-Unis), l'UI (unité internationale) et l'ER (équivalent rétinol). (*Voir la rubrique 202.*)

On recommande aux hommes adultes de prendre 1 000 ER (5 000 UI) quotidiennement en vue de prévenir les carences. Chez la femme, on suggère de prendre 800 ER (4 000 UI). Dans le cas d'une grossesse, les normes RDI et RDA américaines ne recommandent pas d'augmentation, mais conseillent aux mères allaitantes de prendre 500 ER supplémentaires pendant les six premiers mois et 400 ER supplémentaires les six mois suivants.

Il n'y a pas encore de normes RDI ou RDA officielles pour le bêta-carotène, car il n'est pas (encore) homologué comme nutriment essentiel. Cependant, une posologie de bêta-carotène allant de 10 000 à 15 000 UI se révèle nécessaire pour satisfaire les normes RDI et RDA pour la vitamine A.

NOTA : Dans cet ouvrage, nous privilégions le bêta-carotène comme source de vitamine A. Nous faisons ce choix, car la toxicité du bêta-carotène est moindre que celle de la vitamine A. De plus, on a montré à plusieurs reprises qu'il joue un rôle préventif contre certains cancers, qu'il favorise la réduction des taux de mauvais cholestérol, qu'il rehausse le système immunitaire en augmentant le nombre de lymphocytes-T ou cellules T qui combattent l'infection et, enfin, qu'il est essentiel à la réduction des risques de maladies du cœur.

Bienfaits

La vitamine A agit contre la cécité nocturne et la vision faible, en plus de contribuer au traitement de plusieurs troubles des yeux. (Elle permet la formation du pourpre rétinien.)

Elle favorise la résistance aux infections pulmonaires.

Elle favorise le bon fonctionnement du système immunitaire.

Elle raccourcit la durée des maladies.

Elle garde les couches externes des tissus et des organes en bonne santé.

Elle aide à faire disparaître les taches séniles ou de vieillesse.

Elle favorise la croissance, une bonne ossature ainsi que la santé de la peau, des cheveux, des dents et des gencives.

Elle aide au traitement de l'acné, des rides superficielles, de l'impétigo, des furoncles, de l'anthrax et des plaies ouvertes lorsqu'on l'applique topiquement.

Elle contribue au traitement de l'emphysème et de l'hyperthyroïdie.

Maladies de carence

Xérophtalmie, cécité nocturne. (*Voir la rubrique 197 pour les symptômes.*) Les carences résultent souvent d'une malabsorption chronique des lipides. Elles se manifestent souvent chez les enfants de moins de cinq ans en raison d'un apport alimentaire inadéquat.

Meilleures sources naturelles

L'huile de foie de poisson, le foie, les carottes, les légumes feuillus vert foncé et les légumes jaunes, les œufs, le lait et les produits laitiers, la margarine et les fruits jaunes. (*Nota* : il n'y a aucun lien viable entre l'intensité de la couleur d'un fruit ou d'un légume et son contenu en bêta-carotène.)

Suppléments

Le bêta-carotène est généralement offert sous deux formes. L'une est dérivée de l'huile naturelle du foie de poisson et l'autre est hydrodispersable. Les suppléments hydrodispersables sont des acétates ou des palmitates. Je les recommande à toute personne qui présente une intolérance à l'huile, surtout les personnes qui font de l'acné. Les posologies quotidiennes recommandées varient entre 5 000 et 10 000 UI.

L'acide de vitamine A (rétine A), souvent utilisé dans le traitement de l'acné, est maintenant vendu en tant que produit qui efface les rides superficielles. On ne peut l'obtenir que sous ordonnance aux États-Unis.

Toxicité et mise en garde contre les excès

Une quantité excédant 50 000 UI par jour, si on la prend durant des mois, peut causer des effets toxiques chez les adultes.

Une quantité excédant 18 500 UI par jour peut causer des effets toxiques chez les jeunes enfants.

Plus de 34 000 UI de bêta-carotène par jour peut faire jaunir la peau.

Parmi les symptômes d'un excès de vitamine A, on trouve l'alopécie, la nausée, les vomissements, la diarrhée, la peau squameuse, la vision brouillée, les règles irrégulières, la fatigue, les maux de tête et l'élargissement du foie. (*Voir la rubrique 374, Avertissements.*)

Ennemis

Les acides gras polyinsaturés qui contiennent de la carotène agissent à l'encontre de la vitamine A, sauf en présence d'antioxydants. (*Voir les rubriques 104 à 121 au sujet des antioxydants et la rubrique 331 au sujet des médicaments qui épuisent les vitamines.*)

Conseils personnels

Vous devriez prendre au moins 10 000 UI de vitamine A si vous prenez plus de 400 UI de vitamine E chaque jour.

Vous avez *moins* besoin de vitamine A si vous prenez un contraceptif oral.

Si votre régime alimentaire hebdomadaire comprend une grande quantité de foie, de carottes, d'épinards, de patates douces ou de cantaloup, vous n'avez probablement pas besoin d'un supplément de vitamine A.

Il *ne* faut *pas* prendre la vitamine A avec de l'huile minérale.

La vitamine A est plus efficace si on la prend de pair avec les vitamines du complexe B, la vitamine D, la vitamine E, le calcium, le phosphore et le zinc. (Le zinc est essentiel pour que le foie libère la vitamine A emmagasinée.)

La vitamine A prévient aussi l'oxydation de la vitamine C.

Ne donnez pas de supplément de vitamine A à votre chien ou à votre chat, à moins que le vétérinaire vous le demande expressément.

Les analyses indiqueront un niveau de vitamine A à la baisse si vous prenez un hypocholestérolémiant tel que le Questran® (*cholestyramine*). Vous devrez peut-être alors prendre un supplément.

La vitamine A par voie orale prescrite pour des problèmes de peau est un médicament puissant qui peut entraîner des anomalies congénitales. Les femmes enceintes doivent l'éviter.

30. LA VITAMINE B1 (THIAMINE)

FAITS

La vitamine B1 est hydrosoluble. Comme toutes les vitamines du complexe B, l'organisme élimine tout excédent. Il faut donc absorber cette vitamine chaque jour.

L'unité de mesure est le milligramme (mg).

Vu leurs propriétés synergiques, les vitamines du complexe B sont plus puissantes prises ensemble que séparément. Les quantités de B1, de B2 et de B6 devraient être équivalentes, par exemple 50 mg de vitamine B1, 50 mg de B2 et 50 mg de B6, pour plus d'efficacité.

Les normes RDI et RDA américaines pour les adultes recommandent de 1,0 à 1,5 mg. (Durant une grossesse et l'allaitement, nous suggérons une posologie de 1,5 à 1,6 mg.).

Vous devez augmenter la posologie de cette vitamine en cas de maladie, d'épisodes de tension (stress) et de chirurgie.

Certains nomment la vitamine B1 la « vitamine du moral » en raison de ses bienfaits sur le système nerveux et l'état d'esprit.

La vitamine B1 a un léger effet diurétique.

BIENFAITS

Elle favorise la croissance.

Elle aide à la digestion, surtout la digestion des glucides.

Elle améliore l'état d'esprit.

Elle favorise le bon fonctionnement du système nerveux, des muscles et du cœur.

Elle aide à combattre le mal des transports, dans les airs et sur l'eau.

Elle soulage la douleur dentaire postopératoire.

Elle contribue au traitement du zona.

Maladies de carence

Béribéri. (*Voir la rubrique 197 pour les symptômes.*)

Meilleures sources naturelles

La levure de houblon (bière), l'écorce de riz, les produits céréaliers bruts, le blé complet, les fèves de soja, les jaunes d'œufs, le poisson, l'avoine, les cacahuètes (arachides), les viandes biologiques, le porc maigre, la plupart des légumes, le son et le lait.

Suppléments

Les suppléments se vendent en formats de basse ou haute puissance — par exemple, 50 mg, 100 mg ou 500 mg. Ils ont une plus grande efficacité avec d'autres vitamines du complexe B, par exemple avec des quantités égales de vitamines B2 et B6. Leur efficacité augmente encore si la formule contient de l'acide pantothénique anti-stress, de l'acide folique et de la vitamine B12. On recommande le plus souvent des doses de 100 et 300 mg.

Toxicité et mise en garde contre les excès

Cette vitamine hydrosoluble n'a aucune toxicité connue. Tout surplus est éliminé dans l'urine, et l'organisme n'en emmagasine pas dans les tissus ni les organes.

De rares symptômes liés aux excès peuvent apparaître (au-delà de 5 à 10 g par jour). Il s'agit de tremblements, de crises de zona (d'herpès), d'œdème, de nervosité, d'un rythme cardiaque accéléré et d'allergies. (*Voir la rubrique 374*)

Ennemis

La chaleur de la cuisson détruit facilement cette vitamine B. D'autres ennemis de la vitamine B1 sont la caféine, l'alcool, la transformation des aliments, l'air, l'eau, l'œstrogène, les antiacides et les sulfamides. (*Voir la rubrique 331, Les escroqueries de la médecine traditionnelle.*)

Conseils personnels

Vous avez besoin de plus de vitamine B1 si vous fumez, prenez de l'alcool ou consommez beaucoup de sucre.

Vous avez besoin de plus de vitamine B1 si vous êtes enceinte, allaitez ou prenez un contraceptif oral.

Vous perdez la thiamine que vous avez pu absorber pendant le repas si vous prenez un antiacide tout de suite après.

Vous devez prendre davantage de vitamines du complexe B, y compris la thiamine, pour toutes les situations liées à la tension (au stress) telles que la maladie, l'anxiété, les traumatismes et l'après-chirurgie.

31. LA VITAMINE B2 (RIBOFLAVINE)

Faits

La vitamine B2, hydrosoluble, s'absorbe aisément. L'organisme en élimine une quantité directement liée à ses besoins et perd parfois des protéines par la même occasion. Comme les autres vitamines B, la vitamine B2 ne s'emmagasine pas dans le corps. Il faut donc la remplacer régulièrement par l'alimentation ou des suppléments.

On l'appelle aussi vitamine G.

L'unité de mesure est le milligramme (mg).

Contrairement à la thiamine, la riboflavine *résiste* à la chaleur, à l'oxydation ou à l'acide. Par contre, la lumière peut la détruire.

Les normes RDI et RDA suggèrent une posologie de 1,2 à 1,7 mg pour les adultes normaux et une posologie de 1,6 mg durant la grossesse. Dans le cas des mères allaitantes, on recommande 1,8 mg pendant les 6 premiers mois, puis 1,7 mg pendant 6 mois subséquents.

Les besoins augmentent dans des situations de tension (stress).

La vitamine dont la carence est la plus courante en Amérique du Nord est la riboflavine.

Bienfaits

La vitamine B2 favorise la croissance et la reproduction.

Elle stimule la santé de la peau, des ongles et des cheveux.

Elle aide à soulager la bouche, la langue et les lèvres sensibles.

Elle favorise une bonne vision, en plus de soulager la fatigue oculaire.

Elle agit de concert avec d'autres substances pour métaboliser les glucides, les gras et les protéines.

Elle aide à soulager la douleur des migraines.

Maladies de carence

Ariboflavinose — lésions à la bouche, aux lèvres, sur la peau et dans la zone génitale. (*Voir la rubrique 197 pour les symptômes.*)

Meilleures sources naturelles

Le lait, le foie, le rognon, le fromage, les légumes feuillus verts, le poisson, les œufs, le yaourt, les légumineuses.

Suppléments

La vitamine B2 se trouve en doses puissantes ou faibles, le plus fréquemment en doses de 100 mg. Comme la plupart des vitamines du complexe B, elle est plus efficace si on la prend avec d'autres dans une formule équilibrée.

L'apport quotidien le plus courant varie entre 100 et 300 mg.

Toxicité et mise en garde contre les excès

Il n'y a aucune toxicité connue.

Parmi les symptômes d'un léger excès de riboflavine figurent les démangeaisons, l'engourdissement et les sensations de brûlure ou de picotement. (*Voir la rubrique 374, Avertissements.*)

Ennemis

La lumière — surtout les rayons ultraviolets — et les alcalins détruisent la riboflavine. (Les boîtes à lait en carton protègent maintenant la riboflavine du lait, auparavant éliminée dans les bouteilles en verre.) Parmi d'autres ennemis naturels, il y a l'eau (la vitamine B2 se dissout dans le liquide de cuisson), les sulfamides, l'œstrogène et l'alcool.

Conseils personnels

Vous avez besoin de plus de vitamine B2 si vous prenez un contraceptif oral, êtes enceinte ou allaitez.

Augmentez votre apport si vous consommez peu de viande rouge ou de produits laitiers.

Il y a une forte possibilité de carence si vous faites depuis un moment un régime restrictif conçu pour combattre les ulcères ou le diabète. (Consultez votre médecin avant de modifier votre régime alimentaire ou d'en adopter un nouveau, surtout si vous subissez des traitements contre une maladie précise.)

Toutes les conditions liées à la tension (au stress) exigent davantage de vitamines du complexe B.

La vitamine B2 est plus efficace si on la prend avec la vitamine B6, la vitamine C et la niacine.

Un excès de vitamine B2 peut nuire à l'action des antinéoplasiques (anticancéreux) comme le *méthotrexate*.

Les antibiotiques nuisent à l'apport en vitamine B2.

Les gens qui consomment de l'alcool doivent accroître leur apport en vitamine B2, car l'alcool réduit son absorption.

Des études menées au New England Center for Headache à Stamford, Connecticut, aux États-Unis, ont montré que les patients qui prenaient plus de 400 mg de vitamine B2 par jour connaissaient une diminution de 50 %, soit de la fréquence, de la durée ou de l'intensité de leurs migraines. Cependant, ces résultats ne s'observent qu'après trois ou quatre mois d'un apport régulier en vitamine B2.

32. LA VITAMINE B3 (NIACINE, NIACINAMIDE, ACIDE NICOTINIQUE, NICOTINAMIDE)

FAITS

La vitamine B3 est hydrosoluble et fait partie du complexe vitaminique B.

L'unité de mesure est généralement le milligramme (mg).

L'organisme peut produire sa propre niacine à partir de tryptophane, un acide aminé.

Une personne qui a une carence en vitamines B1, B2 et B6 est incapable de produire de la niacine à partir de tryptophane.

Une carence en niacine peut mener à des changements négatifs de la personnalité.

Les normes RDI et RDA pour la niacine sont de 13 à 19 mg pour les adultes. Elles recommandent une posologie de 20 mg aux mères allaitantes.

La vitamine B3 est essentielle à la synthèse des hormones sexuelles (œstrogène, progestérone, testostérone), ainsi qu'à celle de la cortisone, de la thyroxine et de l'insuline.

Elle est essentielle à la santé du système nerveux et au bon fonctionnement du cerveau.

Elle est l'une des quelques vitamines qui sont relativement stables dans les aliments. Elle supporte la cuisson et se conserve sans perte notable de ses propriétés.

BIENFAITS

Elle aide à réduire les taux de cholestérol et de triglycérides.

Elle aide à métaboliser les gras et favorise la santé de l'appareil digestif, en plus de soulager les troubles gastro-intestinaux.

Elle donne à la peau une apparence saine.

Elle aide à prévenir les migraines et à réduire leur intensité.

Elle augmente la circulation sanguine et diminue la tension artérielle.

Elle soulage certains épisodes de diarrhée.

Elle atténue les symptômes de vertige déplaisants dans la maladie de Ménière.

Elle accroît l'énergie que procure une bonne alimentation.

Elle aide à éliminer les aphtes buccaux et, souvent, l'halitose (la mauvaise haleine).

Maladies de carence

Pellagre, dermatite grave. (*Voir la rubrique 197 pour les symptômes.*)

Meilleures sources naturelles

Le poisson, les viandes maigres, les produits de blé complet, la levure de houblon (bière), le foie, le germe de blé, le poisson, les œufs, les cacahuètes (arachides) rôties, la viande blanche de la volaille, les avocats, les dattes, les figues et les pruneaux.

Suppléments

La vitamine B3 se trouve sous forme de niacine, d'hexanicotinate d'inositol (une forme à libération prolongée) et de niacinamide. (La niacine — acide nicotinique — peut causer des bouffées de chaleur et des rougeurs, contrairement à la niacinamide et à l'hexanicotinate d'inositol, qui contiennent de la niacine et de l'inositol. Si vous préférez la niacine, vous pouvez réduire les bouffées de chaleur en la prenant après un repas ou avec une quantité équivalente d'inositol.)

On la trouve habituellement sous forme de comprimés, de capsules ou en poudre, en doses allant de 50 à 1 000 mg.

Les meilleures formules de vitamines du complexe B et préparations multivitaminées contiennent en général entre 50 et 500 mg. (Lisez les étiquettes.)

Toxicité et mise en garde contre les excès

De grandes quantités de niacine peuvent nuire au contrôle de l'acide urique, provoquant des crises de goutte chez les personnes sujettes.

Un niveau trop élevé de niacine peut réduire la capacité de l'organisme à métaboliser les glucides, bouleversant ainsi le contrôle du glucose sanguin aux stades initiaux de diabète (ce qui mènerait au plein développement de la maladie), en plus de favoriser des anomalies hépatiques.

La niacine ne présente à peu près aucune toxicité, mis à part quelques effets secondaires telles des rougeurs et des démangeaisons causées par des doses au-delà de 100 mg.

Il ne faut pas donner de la niacine aux animaux, surtout aux chiens. Elle peut entraîner des bouffées de chaleur et une transpiration excessive, en plus de causer un grand inconfort. (*Voir la rubrique 374*)

Ennemis

L'eau, les sulfamides, l'alcool, les somnifères, l'œstrogène. (*Voir la rubrique 331.*)

Conseils personnels

Ne vous inquiétez pas si vous prenez des antibiotiques et que les rougeurs causées par la niacine s'aggravent; ce phénomène est fréquent. (Les rougeurs disparaissent après 20 minutes en moyenne. Boire un verre d'eau peut aider.) Toutefois, vous serez plus à l'aise si vous passez à un supplément à base d'hexanicotinate d'inositol.

Ne prenez pas de niacine à jeun ou avec des boissons chaudes afin d'éviter les troubles gastro-intestinaux.

L'augmentation de l'apport en niacine peut aider à contrer un problème de cholestérol. (Je recommande toutefois de n'augmenter la posologie que sous supervision médicale, surtout si vous prenez des médicaments.)

Une peau plus sensible aux rayons solaires est souvent un indice d'une carence en niacine.

33. LA VITAMINE B6 (PYRIDOXINE)

FAITS

La vitamine B6 est hydrosoluble. L'organisme l'élimine dans les huit heures suivant son absorption. Comme les autres vitamines du complexe B, il faut continuellement la remplacer par des aliments complets ou des suppléments.

La vitamine B6 est en fait un groupe de substances, notamment la pyridoxine, le pyridoxal et la pyridoxamine, lesquelles sont étroitement liées et agissent conjointement.

L'unité de mesure est le milligramme (mg).

Les besoins en vitamine B6 augmentent lorsqu'on suit des régimes riches en protéines.

L'organisme en a besoin pour produire des anticorps et des globules rouges (hémoglobine).

On a observé sa synthèse par des bactéries intestinales. Le régime végétarien avec supplément de cellulose en serait la cause.

La posologie recommandée chez l'adulte est de 1,6 à 2,0 mg chaque jour; de 2,2 mg chaque jour chez la femme enceinte et de 2,1 mg chaque jour durant l'allaitement.

La vitamine B6 est essentielle pour bien absorber la vitamine B12.

Elle est nécessaire à la production d'acide chlorhydrique et de magnésium.

Les produits laitiers sont de piètres sources de vitamine B6.

BIENFAITS

Combinée à l'acide folique, la vitamine B6 aide à dégrader l'acide aminé homocystéine, réduisant ainsi de façon *notable* les risques de maladies du cœur.

Elle renforce le système immunitaire.

Elle aide à prévenir les calculs rénaux.

Elle assimile les protéines et les gras efficacement.

Elle aide à la conversion du tryptophane, un acide aminé essentiel, en niacine.

Elle aide à prévenir bon nombre de troubles nerveux et cutanés.

Elle soulage la nausée (plusieurs formules contre les nausées du matin prescrites aux femmes enceintes contiennent de la vitamine B6).

Elle favorise une bonne synthèse des acides nucléiques antivieillissement.

Elle aide à diminuer la sécheresse de la bouche et les troubles de miction causés par les antidépresseurs tricycliques.

Elle réduit les spasmes musculaires nocturnes, les crampes dans les jambes, l'engourdissement des mains, certaines formes de névrites aux extrémités.

Elle agit aussi comme un diurétique naturel.

Maladies de carence

Anémie, parakératose séborrhéique, glossite. (*Voir la rubrique 197 pour les symptômes.*)

Meilleures sources naturelles

La levure de houblon (bière), le son de blé, le germe de blé, le foie, le poisson, les fèves de soja, le cantaloup, le chou, la mélasse, le riz non blanchi, les œufs, l'avoine, les cacahuètes (arachides) et les noix de Grenoble.

Suppléments

On trouve la vitamine B6 dans une grande variété de doses, allant de 50 à 500 mg, seule ou dans des formules de vitamines du complexe B et des préparations multivitaminées.

Pour prévenir une carence des autres vitamines du complexe B, il est recommandé de prendre la pyridoxine avec des quantités égales de vitamines B1 et B12.

Il existe des formules à désintégration lente qui garantissent une libération de la vitamine échelonnée sur 10 heures.

Toxicité et mise en garde contre les excès

Un apport quotidien de 2 à 10 g peut entraîner des troubles neurologiques.

Parmi les symptômes d'un excès de vitamine B6 figurent le sommeil agité, un rappel trop précis des rêves, un engourdissement des pieds et des secousses musculaires. Une posologie excédant 500 mg est à proscrire. (*Voir la rubrique 374*)

Ennemis

Une conservation prolongée, la mise en conserve, le rôtissage et le mijotage des viandes, la congélation des fruits et des légumes, l'eau, la transformation des aliments, l'alcool et l'œstrogène. (*Voir la rubrique 331*.)

Conseils personnels

La prise de contraceptif oral peut accroître les besoins en vitamine B6.

Les grands consommateurs de protéines doivent augmenter leur apport en vitamine B6.

Augmentez votre apport en vitamine B6 et en acide folique pour diminuer vos risques de crise cardiaque.

La vitamine B6 peut réduire le besoin d'insuline chez les diabétiques. Un faible taux de glycémie peut survenir si la dose d'insuline n'est pas ajustée en conséquence.

Les personnes souffrant d'arthrite qui prennent de la pénicillamine doivent prendre des suppléments de vitamine B6.

La vitamine B6 agit plus efficacement avec la vitamine B1, la vitamine B2, l'acide pantothénique, la vitamine C et le magnésium.

Il faut *éviter* les suppléments de vitamine B6 chez toute personne qui prend de la *lévodopa* contre la maladie de Parkinson. (Consultez votre médecin au sujet de Sinemet®, un médicament offert aux États-Unis qui ne semble pas avoir d'interaction indésirable avec la vitamine B6.)

34. LA VITAMINE B12 (COBALAMINE)

Faits

La vitamine B12 est hydrosoluble et efficace à très petites doses.

On l'appelle souvent la « vitamine rouge » ou la cyanocobalamine.

La cyanocobalamine, entrant dans la préparation des comprimés, est la forme commerciale de la vitamine B12.

L'unité de mesure est le microgramme (mg).

C'est la seule vitamine qui contienne des éléments minéraux essentiels.

L'estomac assimile mal la vitamine B12. On doit la combiner à du calcium pour faciliter son absorption et permettre à l'organisme de profiter de ses bienfaits.

On recommande des doses de 2 mg pour les adultes, de 2,2 mg pour les femmes enceintes et de 2,6 mg pour les mères allaitantes.

Une alimentation faible en vitamine B1 et riche en acide folique, par exemple les régimes végétariens, camoufle souvent une carence en vitamine B12.

Une glande thyroïde qui fonctionne bien favorise l'absorption de la vitamine B12.

Les symptômes d'une carence en vitamine B12 peuvent mettre plus de cinq ans à se manifester après que le corps a épuisé ses réserves.

Les humains tirent principalement la vitamine B12 de sources animales, car les végétaux, sauf quelques exceptions, n'en contiennent pas.

De toutes les vitamines hydrosolubles, la vitamine B12 est la seule que l'organisme peut emmagasiner; il peut s'écouler plus de trois ans avant qu'une personne épuise ses réserves.

BIENFAITS

La vitamine B12 favorise la production et la régénération des globules rouges (hémoglobine), prévenant ainsi l'anémie.

Elle aide à la synthèse de l'homocystéine, un acide aminé qui réduit les risques de maladies du cœur.

Elle stimule la croissance chez l'enfant et augmente son appétit.

Elle accroît l'énergie.

Elle maintient le système nerveux en bonne santé.

Elle utilise adéquatement les gras, les glucides et les protéines.

Elle soulage l'irritabilité.

Elle améliore la concentration, la mémoire et l'équilibre.

Elle aide à protéger contre le cancer causé par le tabagisme.

Une petite quantité (80 mg) aide à renforcer les os et contribue à prévenir l'ostéoporose.

Maladies de carence

Anémie pernicieuse, troubles nerveux. (*Voir la rubrique 197 pour les symptômes.*)

Meilleures sources naturelles

Le foie, le bœuf, le porc, les œufs, le lait, le fromage, le poisson.

Suppléments

Puisque l'estomac assimile mal la vitamine B12, je recommande de la prendre en comprimés sublinguaux ou à libération progressive — avec sorbitol — pour permettre son assimilation complète dans l'intestin grêle.

On trouve des suppléments de différentes doses allant de 50 à 2 000 mg.

Les médecins administrent de façon régulière des injections de vitamine B12. Ce traitement se révéle la meilleure méthode de supplémentation en cas de carence marquée en vitamine B12 ou de fatigue excessive.

Les posologies quotidiennes vont de 5 à 100 mg.

Toxicité et mise en garde contre les excès

On n'a rapporté aucun cas de toxicité causée par la vitamine B12, même après une absorption massive (mégadose). (*Voir la rubrique 374, Avertissements.*)

Les substances acides et alcalines, l'eau, les rayons solaires, l'alcool, l'œstrogène et les somnifères. (*Voir la rubrique 331.*)

Conseils personnels

Vous devez prendre un supplément de vitamine B12 si vous êtes végétarien et que vous excluez les œufs et les produits laitiers de votre alimentation.

La vitamine B12 est importante pour vous si vous consommez beaucoup d'alcool.

Combinée à l'acide folique, la vitamine B12 peut être un stimulant très puissant.

Curieusement, les gens qui consomment beaucoup de protéines ont aussi besoin d'augmenter leur apport en vitamine B12, qui agit en synergie avec les autres vitamines du complexe B, de même qu'avec les vitamines A, E et C.

Les aînés ont souvent de la difficulté à absorber la vitamine B12 et doivent recevoir leurs suppléments sous forme d'injection.

Pour les femmes, un supplément de vitamine B12 intégré à un supplément de vitamines du complexe B peut se révéler utile juste avant ou pendant les règles.

35. LA VITAMINE B13 (ACIDE OROTIQUE)

FAITS

La vitamine B13 n'est pas disponible aux États-Unis.

Elle métabolise l'acide folique et la vitamine B12.

Il n'y a pas de norme RDI et RDA établie à son sujet.

BIENFAITS

La vitamine B13 pourrait prévenir certains troubles hépatiques et le vieillissement prématuré.

Elle est aussi utile dans le traitement de la sclérose en plaques.

Maladies de carence

On ne connaît pas encore bien les symptômes et les maladies de carence liés à cette vitamine.

Meilleures sources naturelles

Les légumes racines, le lactosérum (petit-lait), la partie liquide du lait acidulé ou caillé.

Suppléments

La vitamine B13 est offerte sous forme de suppléments d'orotate de calcium, sauf aux États-Unis.

Toxicité et mise en garde contre les excès

On connaît trop peu cette vitamine à l'heure actuelle pour établir des lignes directrices à son sujet. (*Voir la rubrique 374, Avertissements.*)

Ennemis

L'eau et les rayons solaires.

Conseils personnels
La recherche presque inexistante sur cette vitamine ne permet pas de formuler des recommandations à son égard.

36. LA VITAMINE B15 (ACIDE PANGAMIQUE, DIMÉTHYLGLYCINE OU DMG)

Faits

Vitamine hydrosoluble.

Il ne s'agit pas d'une vitamine à proprement parler, car on n'a pas montré son caractère essentiel en regard de l'alimentation.

L'unité de mesure est le milligramme (mg).

La vitamine B15 agit un peu comme la vitamine E, car elle est un antioxydant.

Les Russes, qui l'ont fait connaître, se réjouissent de ses résultats positifs; aux États-Unis, la FDA l'a retirée du marché au moment de rédiger cet ouvrage.

Son action gagne en efficacité si on la prend avec les vitamines A et E.

Bienfaits

Elle prolonge la durée de vie cellulaire.
Elle neutralise le désir d'alcool.
Elle permet de récupérer rapidement de la fatigue.
Elle abaisse les taux de cholestérol sanguin.
Elle offre une protection contre les polluants.
Elle soulage les symptômes d'angine et d'asthme.
Elle protège le foie contre la cirrhose.
Elle réduit la gueule de bois.
Elle stimule la réponse immunitaire.
Elle favorise la protéogenèse.

Maladies de carence

Une fois de plus, la recherche est limitée, mais les résultats connus semblent indiquer des troubles glandulaires et nerveux, des maladies du coeur et une oxygénation déficiente des tissus vivants.

Meilleures sources naturelles

La levure de houblon (bière), le riz brun complet, les céréales complètes, les graines de citrouille, les graines de sésame.

Suppléments

On les trouve le plus souvent en doses d'environ 50 mg.

La posologie varie entre 50 et 150 mg chaque jour.

Toxicité et mise en garde contre les excès

On n'a rapporté aucun cas de toxicité. Certaines personnes ont indiqué avoir eu des nausées quand elles ont commencé à prendre de la vitamine B15, mais ce symptôme est disparu après quelques jours. Pour le soulager, on peut prendre les suppléments de vitamine B15 après le repas le plus copieux de la journée. (*Voir la rubrique 374, Avertissements.*)

Ennemis

L'eau et les rayons solaires.

Conseils personnels

En dépit de la controverse qui entoure la vitamine B15, je crois en son efficacité et je suis d'avis qu'elle peut améliorer la plupart des régimes alimentaires.

Je suggère de prendre un comprimé de 50 g avec le petit déjeuner, puis un autre avec le dîner, si vous êtes un athlète ou souhaitez vous sentir en forme comme un athlète.

37. LA VITAMINE B17 (LAÉTRILE, AMYGDALINE, NITRILOSIDES)

Pendant bon nombre d'années, ce composé grandement controversé de deux molécules de glucose (le benzaldéhyde et le cyanure) fut, à tort, appelé la « vitamine » B17. Fait à base de noyaux d'abricots et riche en propriétés préventives anticancéreuses, elle est, au moment d'écrire ces lignes, interdite presque partout aux États-Unis. Je la mentionne dans cette édition en vue de corriger toute idée fausse à son sujet.

38. LA BIOTINE (COENZYME R OU VITAMINE H)

Faits

Elle est hydrosoluble; elle contient du soufre; c'est un autre membre de la famille du complexe B.

L'unité de mesure est le microgramme (µg).

La synthèse de l'acide ascorbique requiert de la biotine.

Elle est essentielle au bon métabolisme du gras et des protéines.

Les recommandations RDI/RDA pour l'adulte varient entre 100 et 300 µg.

Les bactéries intestinales peuvent synthétiser la biotine.

Les œufs crus empêchent son absorption.

Elle agit en synergie avec la vitamine B2, la vitamine B6, la niacine et la vitamine A; elle aide aussi à maintenir la peau en santé.

Bienfaits

La biotine aide à ralentir le grisonnement des cheveux.

Elle contribue au traitement préventif de la calvitie.

Elle soulage les douleurs musculaires.

Elle atténue les crises d'eczéma et la dermatite.

Elle aide à prévenir les ongles craquelés, fendillés et cassants.

Maladies de carence

Eczéma sur le visage et le corps; fatigue extrême; dérèglement du métabolisme des gras; anorexie; alopécie; dépression. (*Voir la rubrique 197 pour les symptômes*).

Meilleures sources naturelles

Le foie de bœuf, le jaune d'œuf, la farine de soja, la levure de houblon (bière), le lait, le beurre de cacahuètes (arachides) et le riz non décortiqué.

Suppléments

On trouve habituellement la biotine dans les suppléments de vitamines du complexe B et les comprimés multivitaminés.

La posologie quotidienne habituelle varie entre 25 et 300 µg.

Toxicité et mise en garde contre les excès

Il n'y a aucune toxicité connue. (*Voir la rubrique 374, Avertissements.*)

Ennemis

Le blanc d'œuf cru, ou albumine (qui contient de l'avidine, une protéine pouvant nuire à l'absorption de la biotine), l'eau, les sulfamides, l'œstrogène, les techniques de transformation alimentaire et l'alcool. (*Voir la rubrique 331.*)

Conseils personnels

Si vous prenez des boissons frappées hyperprotéiques à base d'œufs crus, vous avez sans doute besoin d'un supplément de biotine.

Assurez-vous d'absorber au moins 25 µg de biotine par jour si vous prenez des antibiotiques ou des sulfamides.

Les hommes qui perdent leurs cheveux pourraient voir la chute des cheveux ralentir avec un supplément de biotine.

Rappelez-vous que la biotine travaille en synergie – et plus efficacement – avec la vitamine B2, la vitamine B6, la niacine et la vitamine A.

Les taux de biotine diminuent graduellement au fil de la grossesse. Je recommande de consulter votre médecin au sujet d'un supplément de biotine qui vous stimulera, bien qu'on n'ait encore montré aucun lien entre la biotine et un faible poids à la naissance.

Prenez 300 µg de biotine chaque jour pendant trois mois pour guérir vos ongles craquelés, fendillés ou cassants. Réduisez la dose dès que vous notez une amélioration. Si vous n'observez aucun effet, interrompez la prise du supplément et consultez un dermatologue.

39. LA CHOLINE

Faits

La choline est une vitamine du complexe B; c'est un lipotropique (émulsifiant des gras).

De concert avec l'inositol (un autre membre du complexe B), elle participe à l'utilisation des gras et du cholestérol.

C'est l'une des seules substances en mesure de franchir la barrière hémato-encéphalique qui protège habituellement le cerveau contre les écarts alimentaires quotidiens. Elle passe directement aux cellules du cerveau et produit une substance chimique qui favorise la mémoire.

Il n'y a encore aucune recommandation RDI/RDA à son sujet, bien que l'on estime que l'alimentation quotidienne de l'adulte moyen en contient entre 500 et 900 mg par jour.

La choline semble provoquer l'émulsion du cholestérol, ce qui l'empêche de s'accumuler sur les parois artérielles ou dans la vésicule biliaire.

L'utilisation de la choline par l'organisme dépend de la présence de vitamine B12, d'acide folique et de l'acide aminé carnitine.

La choline aide à maîtriser l'accumulation de cholestérol.

Elle favorise la transmission des influx nerveux, surtout ceux du cerveau qui servent à activer la mémoire.

Elle aide à subjuguer les problèmes de perte de mémoire qui surviennent à la vieillesse (doses de 1 à 5 g par jour).

Elle aide à éliminer les poisons et les médicaments de l'organisme en assistant le foie.

Elle procure un effet de soulagement.

Elle contribue au traitement de la maladie d'Alzheimer.

Maladies de carence

Une carence en choline peut causer une cirrhose hépatique avec une dégénérescence graisseuse du foie, un durcissement des artères et l'apparition possible de la maladie d'Alzheimer. (*Voir la rubrique 197 pour les symptômes.*)

Meilleures sources naturelles

Les jaunes d'œufs, la cervelle, le cœur, les légumes feuillus verts, la levure, le foie, le germe de blé et la lécithine (en petites quantités).

Suppléments

La choline porte parfois les noms phosphatidylcholine ou phosphatidyl-inositol dans le commerce.

Six capsules de lécithine à base de fèves de soja contiennent 244 mg d'inositol et de choline respectivement.

Les suppléments de complexe B communs contiennent environ 50 mg d'inositol et de choline respectivement.

Les posologies quotidiennes les plus courantes varient entre 500 et 1 000 mg.

Toxicité et mise en garde contre les excès

Il n'y a aucune toxicité connue. (*Voir la rubrique 374, Avertissements.*)

Ennemis

L'eau, les sulfamides, l'œstrogène, la transformation des aliments et l'alcool. (*Voir la rubrique 331.*)

Conseils personnels

Prenez toujours la choline avec les autres vitamines du complexe B.

Il peut être bon d'augmenter votre apport en choline si vous êtes nerveux et sursautez souvent.

Optez pour un supplément de calcium chélaté si vous prenez de la lécithine afin de garder vos taux de phosphore et de calcium en équilibre, car la choline tend à faire augmenter le phosphore corporel.

Essayez d'intégrer la choline à votre alimentation afin de favoriser votre mémoire.

Assurez-vous de fournir à votre foie toute la choline supplémentaire dont il a besoin si vous consommez beaucoup d'alcool.

40. L'ACIDE FOLIQUE (FOLACINE, FOLATE)

FAITS

L'acide folique est hydrosoluble; c'est un autre membre du complexe B. On le nomme parfois Bc ou vitamine M.

L'unité de mesure est le microgramme (µg).

L'acide folique est essentiel à la formation d'érythrocytes (globules rouges).

Il contribue au métabolisme des protéines.

Les recommandations RDI/RDA pour l'adulte varient entre 180 et 200 µg par jour et atteignent le double pour la femme enceinte. Pour les mères allaitantes, elles sont de 280 µg les six premiers mois puis de 260 µg les six mois subséquents. (Les embryons sont grandement protégés contre les anomalies du tube neural comme le spina-bifida lorsque la femme absorbe les doses suggérées par les recommandations RDI/RAR au moment de la conception et durant les premiers mois de la grossesse.)

Il est important pour la production des acides nucléiques (ARN et ADN).

Il est essentiel à la division cellulaire.

Il participe à l'utilisation du glucose et des acides aminés.

Il perd ses propriétés si on le garde sans protection à la température de la pièce pendant de longues périodes.

BIENFAITS

L'acide folique diminue les taux d'homocystéine ainsi que les risques de maladies du cœur.

Il protège contre les anomalies congénitales.

Il améliore la lactation.

Il protège contre les parasites intestinaux et l'intoxication alimentaire.

Il améliore l'apparence de la peau.

Il agit comme analgésique.

Il peut ralentir le grisonnement des cheveux si on le prend avec de l'acide pantothénique et du PABA.

Il augmente l'appétit en cas de fatigue ou d'épuisement.

Il peut prévenir les aphtes buccaux.

Il aide à éviter l'anémie.

Maladies de carence

Anémie macrocytaire. (*Voir la rubrique 197 pour les symptômes*).

Meilleures sources naturelles

Les légumes feuillus vert foncé, les carottes, la levure de houblon (bière), le foie, les jaunes d'œufs, le cantaloup, les artichauts, les abricots, la citrouille, les avocats, les légumineuses ainsi que les farines de blé complet et de seigle foncé.

Suppléments

On trouve habituellement l'acide folique en doses de 400 et de 800 µg. On vend des doses de 1 mg (1 000 µg) aux États-Unis, mais sous ordonnance seulement.

À l'occasion, des suppléments du complexe B en contiennent 400 µg, mais la plupart du temps, ils en contiennent seulement 100 µg. (Lisez les étiquettes.)

Les posologies quotidiennes les plus courantes varient entre 400 µg et 5 mg.

Optez pour des suppléments qui contiennent aussi du folate et de la vitamine B12.

Toxicité et mise en garde contre les excès

Il n'y a aucune toxicité connue, bien que certaines personnes aient souffert de réactions allergiques cutanées.

Un excès d'acide folique peut cacher l'anémie causée par une carence en vitamine B12. (*Voir la rubrique 374, Avertissements.*)

Ennemis

L'eau, les sulfamides, les rayons solaires, l'œstrogène, la transformation des aliments (surtout l'ébullition), la chaleur. (*Voir la rubrique 331.*)

Conseils personnels

Conseil aux femmes : assurez-vous d'un apport adéquat d'acide folique et de vitamine B6. À peine 400 µg d'acide folique et de 2 à 10 mg de vitamine B6 peuvent réduire les risques de crise cardiaque de 42 % !

Il est préférable d'augmenter votre apport en acide folique si vous consommez beaucoup d'alcool.

Un apport important en vitamine C augmente l'excrétion de l'acide folique. Toute personne qui absorbe plus de 2 g de vitamine C devrait accroître son apport en acide folique.

Je vous suggère d'augmenter votre apport en acide folique si vous prenez du Dilantin®, de l'œstrogène, des sulfamides, du phénobarbital ou de l'aspirine.

J'ai découvert que plusieurs personnes prenant ce supplément en doses de 1 à 5 mg pendant une brève période ont réussi à inverser différents types de problèmes de décoloration cutanée. Consultez un spécialiste de la nutrition pour en savoir davantage si vous êtes atteint d'un tel trouble.

L'acide folique pris en doses massives peut intervenir dans l'action de certains médicaments contre le cancer.

Assurez-vous que vos suppléments contre la tension (stress) contiennent amplement d'acide folique si vous êtes malade. Moins d'acide folique signifie aussi moins d'anticorps.

L'acide folique en grandes quantités peut provoquer des convulsions chez les épileptiques qui prennent de la phénytoïne.

41. L'INOSITOL

Faits

Il est hydrosoluble, fait partie du complexe B et est lipotropique.

L'unité de mesure est le milligramme (mg).

Il se combine à la choline pour former la lécithine.

Il métabolise les gras et le cholestérol.

Il n'y a pas encore de recommandations alimentaires quotidiennes, mais un adulte moyen en santé en absorbe environ 1 g par jour.

Comme pour la choline, on a montré que l'inositol est une substance importante pour les cellules du cerveau.

Bienfaits

L'inositol aide à abaisser les taux de cholestérol.

Il favorise la santé des cheveux et ralentit la perte capillaire.

Il aide à prévenir l'eczéma.

Il favorise la répartition du gras corporel.

Il a un effet calmant.

Maladies de carence

Eczéma. (*Voir la rubrique 197 pour les symptômes.*)

Meilleures sources naturelles

Le foie, la levure de houblon (bière), les fèves de Lima séchées, la cervelle et le cœur de bœuf, le cantaloup, le pamplemousse, le raisin, le germe de blé, la mélasse brute, les cacahuètes (arachides) et le chou.

Suppléments

Tout comme dans le cas de la choline, six capsules de lécithine à base de soja contiennent 244 mg d'inositol et de choline respectivement.

On peut se procurer l'inositol sous forme de poudres de lécithine qui se diluent bien dans du liquide. La plupart des suppléments du complexe B contiennent environ 100 mg de choline et d'inositol respectivement.

Les posologies les plus courantes varient entre 250 et 500 mg par jour.

Toxicité et mise en garde contre les excès

Aucune toxicité connue. (*Voir la rubrique 374, Avertissements.*)

Ennemis

L'eau, les sulfamides, l'œstrogène, la transformation des aliments, l'alcool et le café. (*Voir la rubrique 331.*)

Conseils personnels

Prenez votre inositol avec de la choline et les autres vitamines B.

Vous devez prendre de l'inositol additionnel si vous consommez beaucoup de café.

Je recommande un supplément de calcium chélaté si vous prenez de la lécithine afin de garder l'équilibre de vos taux de phosphore et de calcium. L'inositol et la choline semblent tous deux élever les taux de phosphore.

Une bonne façon de maximiser l'efficacité de votre vitamine E est de prendre suffisamment d'inositol et de choline.

42. LE PABA (ACIDE PARA-AMINOBENZOÏQUE)

FAITS

Le PABA est hydrosoluble; c'est l'un des membres les plus récents du complexe B.

L'unité de mesure est le milligramme (mg).

L'organisme peut le synthétiser.

Aucune recommandation RDI/RDA n'a été établie à son sujet.

Il aide à la production de l'acide folique et joue un rôle majeur dans l'utilisation des protéines.

Il favorise l'assimilation, donc l'efficacité, de l'acide pantothénique.

BIENFAITS

Il réduit la douleur des brûlures.

Il aide à garder une peau saine et hydratée.

Il ralentit l'apparition des rides.

Il aide à restaurer la couleur naturelle des cheveux.

Maladies de carence

Eczéma. (*Voir la rubrique 197 pour les symptômes.*)

Meilleures sources naturelles

Le foie, la levure de houblon (bière), les rognons, les produits céréaliers complets, le riz, le son, le germe de blé et la mélasse.

Suppléments

On trouve le PABA en doses variant entre 30 et 1 000 mg, à libération régulière ou progressive.
Les posologies courantes varient entre 30 et 100 mg, de une à trois fois par jour.

Toxicité et mise en garde contre les excès

Il n'y a aucune toxicité connue, mais on recommande d'éviter les programmes à long terme.

Parmi les symptômes qui indiquent un excès de PABA figurent la nausée et les vomissements. (*Voir la rubrique 374, Avertissements.*)

Ennemis

L'eau, les sulfamides, les techniques de transformation des aliments, l'alcool et les œstrogènes. (*Voir la rubrique 331.*)

Conseils personnels

Certaines personnes prétendent qu'une combinaison d'acide folique et de PABA leur a permis de retrouver leur couleur de cheveux naturelle. On a montré que cet effet se produit chez les animaux. Il vaut donc la peine d'en faire l'essai avant d'opter pour un colorant capillaire. À cette fin, prenez 1 000 mg de cette concoction six jours par semaine.

Vous devrez augmenter votre apport en PABA, soit par les aliments, soit par des suppléments, si vous prenez de la pénicilline.

43. L'ACIDE PANTOTHÉNIQUE (PANTHÉNOL, PANTOTHÉNATE DE CALCIUM, VITAMINE B5)

FAITS

L'acide pantothénique est hydrosoluble; c'est un autre membre du complexe B.

Il aide à la production de cellules, au maintien d'une croissance normale et au développement du système nerveux central.

Il joue un rôle vital dans le bon fonctionnement des surrénales.

Il est essentiel pour transformer les gras et le glucose en énergie.

Il est nécessaire à la synthèse des anticorps, et à l'utilisation du PABA et de la choline.

Les recommandations RDI/RDA (de la FDA) préconisent 10 mg pour les adultes.

L'organisme synthétise l'acide pantothénique grâce à ses bactéries intestinales.

BIENFAITS

Il favorise la guérison des lésions.

Il aide à combattre l'infection en produisant des anticorps.

Il aide à traiter le choc post-opératoire.

Il prévient la fatigue.

Il réduit les effets indésirables et toxiques de plusieurs antibiotiques.

Il réduit le cholestérol et les triglycérides.

Maladies de carence

Hypoglycémie, ulcères duodénaux, affections cutanées et sanguines. (*Voir la rubrique 197 pour les symptômes.*)

Meilleures sources naturelles

La viande, les produits céréaliers complets, le germe de blé, les rognons, le foie, le cœur, les légumes verts, la levure de houblon (bière), les noix, la volaille et la mélasse brute.

Suppléments

On trouve le plus souvent l'acide pantothénique dans les suppléments du complexe B, dans des doses allant de 10 à 100 mg.

La posologie varie entre 10 et 300 g par jour.

Toxicité et mise en garde contre les excès

Aucune toxicité connue. (*Voir la rubrique 374, Avertissements.*)

Ennemis

La chaleur, les techniques de transformation des aliments, la mise en conserve, la caféine, les sulfamides, les somnifères, l'œstrogène et l'alcool. (*Voir la rubrique 331.*)

Conseils personnels

Il peut être bon d'augmenter votre apport en acide pantothénique, en plus des autres vitamines du complexe B, si vous ressentez fréquemment des picotements dans les mains et les pieds.

Les médecins peuvent prescrire ce supplément (jusqu'à 1 000 mg) aux personnes qui doivent faire baisser leur taux de cholestérol.

L'acide pantothénique peut aussi défendre l'organisme contre la tension (stress) présente ou à venir.

On a montré qu'une dose quotidienne de 1 000 mg réduit efficacement les douleurs arthritiques dans certains cas.

Aux prises avec des allergies ? Les vitamines B5 et C sont ce qu'il vous faut. Essayez de prendre 1 000 mg de chacune le matin et le soir avec de la nourriture.

44. LA VITAMINE C (ACIDE ASCORBIQUE)

FAITS

La vitamine C est hydrosoluble et est un antioxydant puissant.

La plupart des animaux synthétisent leur propre vitamine C, sauf l'être humain, les singes et les cobayes, qui doivent la tirer de sources alimentaires.

La vitamine C joue un rôle majeur dans la production du collagène, essentiel à la croissance et à la réparation des tissus cellulaires, des gencives, des vaisseaux sanguins, des os et des dents.

Elle aide à l'absorption du fer par le corps.

L'unité de mesure est le milligramme (mg).

La vitamine C s'épuise plus rapidement dans des conditions de tension (stress).

Les recommandations RDI/RDA pour l'adulte sont de 60 mg. Prenez des doses plus fortes durant la grossesse et la lactation, soit de 70 à 95 mg.

Le besoin en vitamine C augmente chez les fumeurs et les aînés. (Chaque cigarette détruit de 25 à 100 mg de vitamine C.)

Elle aide à prévenir l'oxydation du mauvais cholestérol, le LDL.

Bienfaits

Elle favorise la guérison des blessures, des brûlures et de la gingivite.

Elle augmente l'efficacité des médicaments prescrits contre les infections urinaires.

Elle accélère la guérison postchirurgicale.

Elle aide à diminuer les taux de cholestérol sanguin.

Elle aide à prévenir divers types d'infections virales et bactériennes et renforce le système immunitaire en général.

Elle fournit une protection contre de nombreuses formes de cancer.

Elle déstabilise la formation des nitrosamines (substances cancérigènes).

Elle agit comme laxatif naturel.

Elle diminue l'incidence de caillots dans les veines.

Elle aide à traiter et à prévenir les rhumes communs.

Elle prolonge la vie en permettant aux cellules protéiniques de se lier les unes aux autres.

Elle améliore l'absorption de fer inorganique par l'organisme.

Elle réduit les effets déplaisants de plusieurs allergènes.

Elle aide à réduire les tensions artérielles systolique et diastolique.

Elle prévient le scorbut.

Maladies de carence

Scorbut. (*Voir la rubrique 197 pour les symptômes.*)

Meilleures sources naturelles

Les agrumes, les baies, les légumes feuillus verts, les tomates, le cantaloup, le chou-fleur, les pommes de terre et les poivrons.

Suppléments

La vitamine C est l'un des suppléments les plus populaires. On peut se la procurer sous forme de comprimés, de capsules, de pastilles, de comprimés à libération progressive, de sirops, de poudres, de gaufrettes à croquer, bref sous toutes les formes imaginables.

La vitamine C *pure* provient du dextrose de maïs, mais il n'y reste aucune trace de dextrose ou de maïs.

La différence entre les vitamines C « naturelles » ou « organiques » et l'acide ascorbique régulier réside dans la capacité de chaque individu de la digérer.

Les meilleurs suppléments de vitamine C contiennent les vitamines du complexe C, des bioflavonoïdes, de l'hespéridine et de la rutine (parfois appelés sels d'agrumes).

Les comprimés et les capsules sont vendus en doses allant jusqu'à 1 000 mg. Certaines poudres fournissent 5 000 mg par 5 mL (1 c. à thé).

La posologie quotidienne varie entre 500 mg et 4 g.

La vitamine C de baies de rosier contient des bioflavonoïdes et d'autres enzymes qui favorisent son assimilation. Il s'agit de la source naturelle de vitamine C la plus riche. (La vitamine se forme sous le bouton de la rose, aussi appelé cynorhodon.)

La vitamine C dite acérola provient des cerises des Antilles.

Toxicité et mise en garde contre les excès

Prise à l'excès, la vitamine C peut entraîner la formation de calculs rénaux dus à l'acide oxalique et à l'acide urique (bien que vous puissiez éviter ces problèmes en prenant du magnésium, de la vitamine B6 et une quantité suffisante d'eau chaque jour). Des doses importantes (plus de 10 g par jour) peuvent parfois causer des effets secondaires déplaisants comme la diarrhée, une miction abondante et des irritations cutanées. Si ces problèmes surviennent, réduisez immédiatement votre apport.

Les personnes en traitement de chimiothérapie ou par radiations pour un cancer doivent éviter la vitamine C, car elle peut modifier les résultats des tests. (*Voir la rubrique 374, Avertissements*.)

Ennemis

L'eau, la cuisson, la chaleur, la lumière, l'oxygène, la cigarette. (*Voir la rubrique 331*.)

Conseils personnels

Il est important de maintenir en tout temps un taux élevé de vitamine C dans la circulation sanguine, puisque l'organisme l'élimine en deux ou trois heures selon la quantité de nourriture présente dans l'estomac. Je recommande de la prendre au petit déjeuner et au dîner. De fortes doses de vitamine C peuvent modifier les résultats de tests en laboratoire, y compris les tests Pap. Informez votre médecin que vous prenez de la vitamine C lors d'analyses sanguines ou urinaires éminentes pour éviter des erreurs de diagnostic. (La vitamine C masque la présence de sang dans les fèces, ce qui compromet le dépistage d'un cancer du côlon.)

Les personnes qui font du diabète doivent savoir que leurs analyses d'urine en vue de déceler du glucose sanguin peuvent s'avérer erronées si elles prennent de fortes doses de vitamine C.

(Certaines trousses ne subissent pas l'effet de la vitamine C. Consultez votre médecin ou votre pharmacien.)

Les médicaments contre le diabète comme le chlorpropamide (Diabinese®) et les sulfamides peuvent perdre de leur efficacité si on les prend avec de la vitamine C.

Les personnes souffrant d'un diabète de type 2 ou d'hypertension artérielle peuvent diminuer de façon notable leurs tensions systolique et diastolique avec un simple apport de 500 mg de vitamine C par jour.

Les fortes doses de vitamine C sont déconseillées aux personnes qui ont un fardeau génétique menant à une surcharge en fer comme la thalassémie et l'hémochromatose.

Je vous suggère de prendre un supplément de magnésium si vous absorbez plus de 750 mg de vitamine C par jour. Il agit comme modérateur dans la formation des calculs rénaux.

Le monoxyde de carbone détruit la vitamine C. Les citadins doivent par conséquent augmenter leur apport.

Vous devez prendre plus de vitamine C si vous prenez un contraceptif oral.

Rappelez-vous que la vitamine C est plus efficace avec les bioflavonoïdes, le calcium et le magnésium.

Je recommande d'augmenter vos doses de vitamine C si vous prenez de l'aspirine, car cette dernière triple la vitesse d'excrétion de la vitamine C.

Il est préférable de prendre le ginseng deux heures avant ou après avoir consommé des aliments riches en C ou pris un supplément.

Prenez 1 000 mg de vitamine C deux fois par jour pour atténuer un rhume. On a montré que la vitamine C diminue de 40 % les taux d'histamines dans l'organisme. (L'histamine est la substance qui cause le larmoiement et l'écoulement nasal.)

45. LA VITAMINE D (CALCIFÉROL, VIOSTÉROL, ERGOSTÉROL, «VITAMINE SOLEIL»)

FAITS

La vitamine D est liposoluble et provient de la lumière du soleil ou de l'alimentation. Les rayons ultraviolets interagissent avec les huiles de la peau afin de générer la vitamine D qui est ensuite absorbée par l'organisme.

Prise par voie orale, la vitamine D est absorbée avec les gras par la paroi intestinale.

L'unité de mesure est l'unité internationale (UI) ou le microgramme de colécalciférol.

Les recommandations RDI/RDA pour l'adulte sont de 200 à 400 UI, ou de 5 à 10 µg.

L'*American Academy of Pediatrics* recommande 200 UI de vitamine D par jour pour tous les enfants allaités à moins qu'ils prennent au moins 500 mL par jour de formule ou de lait enrichis de vitamine D, et pour les enfants non allaités buvant moins de 500 mg par jour de formule ou de lait enrichis de vitamine D.

Le smog réduit les rayons solaires générateurs de vitamine D.

La production de vitamine D par la peau s'arrête dès l'apparition d'un hâle.

BIENFAITS

Consommez correctement le calcium et le phosphore essentiels à des os et des dents en bonne santé.

La vitamine D, prise avec les vitamines A et C, contribue à la prévention des rhumes.

Elle aide au traitement de la conjonctivite.

Elle favorise l'assimilation de la vitamine A.

Maladies de carence

Rachitisme, carie dentaire grave, ostéomalacie, ostéoporose attribuable à l'âge. (*Voir la rubrique 197 pour les symptômes.*)

Meilleures sources naturelles

Les huiles de foie de poisson, les sardines, le hareng, le saumon, le thon, le lait et les produits laitiers.

Suppléments

On trouve habituellement la vitamine D en capsules de 400 UI; la vitamine même est un dérivé des huiles de foie de poisson.

La posologie quotidienne varie entre 400 et 1 000 UI.

Toxicité et mise en garde contre les excès

Des doses de 20 000 UI par jour sur une période prolongée peuvent avoir des effets toxiques chez les adultes.

Des doses d'au-delà de 1 800 UI par jour peuvent causer l'hypervitaminose D chez l'enfant.

Les signes d'excès sont une soif inhabituelle, une sensibilité des yeux, des démangeaisons, des vomissements, de la diarrhée, des envies pressantes d'uriner, des dépôts calciques anormaux dans les vaisseaux sanguins, le foie, les poumons, les reins et l'estomac. (*Voir la rubrique 374, Avertissements.*)

Ennemis

L'huile minérale, le smog. (*Voir la rubrique 331.*)

Conseils personnels

Les citadins, surtout dans les villes à smog dense, devraient augmenter leur apport en vitamine D.

Les travailleurs de nuit et les personnes dont le mode de vie les empêche d'aller au soleil devraient consommer plus d'aliments riches en vitamine D.

Vous devez également augmenter votre apport en vitamine D si vous prenez un anticonvulsivant.

Les enfants ou les adolescents qui ne boivent pas au moins 500 mL (2 tasses) de lait enrichi de vitamine D quotidiennement doivent consommer plus d'autres aliments riches en vitamine D ou prendre un supplément multivitaminé contenant au moins 200 UI de vitamine D par jour.

Les personnes au teint foncé vivant dans des climats nordiques doivent habituellement absorber plus de vitamine D.

Vous pouvez présenter une carence en vitamine D si vous avez plus de 65 ans ou que vous êtes obèse.

Assurez-vous de protéger votre peau si vous tirez votre vitamine D de la lumière du soleil. N'exposez votre peau que 25 % du temps qu'elle met à rougir sans écran solaire.

Ne donnez pas de vitamine D à votre chien ou à votre chat sauf si le vétérinaire vous le prescrit.

La vitamine D est plus efficace avec la vitamine A, la vitamine C, la choline, le calcium et le phosphore.

46. LA VITAMINE E (TOCOPHÉROLS/TOCOTRIÉNOLS)

FAITS

La vitamine E est liposoluble et s'emmagasine dans le foie, les tissus adipeux, le cœur, les muscles, les testicules, les surrénales et l'hypophyse.

On l'a longtemps mesurée selon sa masse, mais aujourd'hui, on considère surtout son action biologique en unités internationales (UI). Pour la vitamine E, 1 UI équivaut à 1 mg.

La vitamine E se compose d'un groupe de composés naturels appelés les tocophérols et les tocotriénols. Les quatre tocophérols sont des alpha, bêta, gamma et delta; les quatre tocotriénols sont aussi désignés par alpha, bêta, gamma et delta.

Des huit composés ci-dessus, l'alpha-tocophérol est le plus actif d'un point de vue biologique, bien que le gamma-tocophérol soit plus puissant pour augmenter la quantité d'enzymes superoxyde dismutase (SOD), un antioxydant (*voir la rubrique 120*) et sa protection contre des maladies associées à des inflammations chroniques comme le cancer, la maladie d'Alzheimer, les maladies du cœur et le vieillissement.

Dans les suppléments nutritionnels, la teneur indiquée en unités internationales ne concerne que les alpha-tocophérols. On établit à 0 UI les autres tocophérols et les tocotriénols.

Le nombre d'unités internationales inscrit sur un produit n'indique pas s'il s'agit seulement d'alpha-tocophérols ou d'autres tocophérols et tocotriénols.

La vitamine E est un antioxydant puissant qui prévient l'oxydation des composés adipeux aussi bien que la vitamine A, le sélénium, deux acides aminés de soufre et certaines formes de vitamine C.

Elle favorise l'action de la vitamine A.

Les recommandations RDI/RDA pour l'adulte vont de 8 à 10 UI. (Ces recommandations se fondent sur les toutes dernières indications du National Research Council.)

De 60 à 70 % de la vitamine E prise chaque jour est éliminée dans les fèces. Contrairement à d'autres vitamines liposolubles, la vitamine E ne reste dans l'organisme que durant une brève période, tout comme les vitamines B et C.

Elle est un vasodilatateur et un anticoagulant importants.

Les produits contenant 25 µg de sélénium par 200 unités de vitamine E augmentent la puissance de cette dernière.

BIENFAITS

La vitamine E contribue à une apparence jeune, car elle retarde le processus du vieillissement causé par l'oxydation.

Elle prévient l'oxydation du « mauvais » cholestérol.

Elle fournit à l'organisme l'oxygène nécessaire pour accentuer l'endurance.

Elle protège vos poumons contre la pollution de l'air, et ce, de concert avec la vitamine A.

Elle aide à prévenir diverses formes de cancer.

Elle amplifie la puissance des lymphocytes T dans leur combat contre la maladie.

Elle aide à inhiber la croissance cellulaire d'un cancer du sein.

Elle prévient et dissout les caillots sanguins.

Elle allège la fatigue

Elle diminue le risque de cataractes.

En usage topique, elle prévient la formation de tissus cicatriciels externes épais, car la peau l'absorbe d'abord en surface, puis à l'intérieur.

Elle accélère la guérison des brûlures.

Elle agit comme diurétique et peut réduire la tension artérielle.

Elle aide à prévenir la fausse-couche.

Elle aide à soulager les crampes dans les jambes et les contusions musculaires.

Elle réduit les risques de cardiopathie ischémique et d'accident vasculaire cérébral.

Elle diminue les risques et la progression de la maladie d'Alzheimer.

Maladies de carence

Destruction des érythrocytes (globules rouges); dégénération musculaire; certaines formes d'anémie; troubles des organes reproducteurs. (*Voir la rubrique 197 pour les symptômes.*)

Meilleures sources naturelles

Le germe de blé, les pousses de soja, les huiles végétales, les noix (les noix de Grenoble et les cacahuètes (arachides) sont particulièrement riches en gamma-tocophérol), le chou de Bruxelles, les légumes feuillus verts, les épinards, la farine enrichie, le blé complet, les produits céréaliers complets et les œufs.

Suppléments

On trouve la vitamine E sous forme de capsules à base d'huile ainsi que sous forme de comprimés hydrodispersables.

Les suppléments d'alpha-tocophérol naturels sont deux fois plus puissants d'un point de vue biologique que leur version synthétique.

Les suppléments sont habituellement offerts en doses variant entre 100 et 1 500 UI. La forme sèche convient bien aux personnes qui tolèrent mal l'huile ou dont la condition de peau empire avec l'huile. On la recommande aussi aux personnes de plus de 40 ans.

La posologie quotidienne va de 200 à 1 200 UI.

Toxité et mise en garde contre les excès

La vitamine E est essentiellement non toxique. (*Voir la rubrique 374, Avertissements.*)

Ennemis

La chaleur, l'oxygène, les températures au point de congélation, la transformation des aliments, le fer, le chlore et l'huile minérale. (*Voir la rubrique 331.*)

Conseils personnels

Vous pouvez avoir besoin de plus de vitamine E si votre alimentation est riche en huiles polyinsaturées.

De fortes doses de vitamine E renforcent l'action des anticoagulants et peuvent nuire à l'absorption de la vitamine K, qui favorise la coagulation sanguine. Cessez de prendre tout supplément de vitamine E deux semaines avant et deux semaines après une chirurgie, à moins d'indication contraire de votre médecin.

L'organisme absorbe deux fois plus de vitamine E sous sa forme naturelle que sa forme synthétique. Les étiquettes des suppléments naturels mentionnent « d-alpha-tocophérol »; les suppléments synthétiques présentent l'inscription « dl-alpha-tocophérol ».

Il est impératif de prendre les tocotriénols avec une forme d'huile (gras) ou des aliments qui en contiennent.

De fortes doses d'alpha-tocophérol peuvent épuiser la concentration plasmique du gamma-tocophérol, lequel procure une protection contre les radicaux libres à base d'azote. (Les radicaux libres à base d'azote sont présents dans la maladie d'Alzheimer et les maladies du cœur.)

La prise de gamma-tocophérols augmente à la fois les niveaux d'alpha-tocophérol et de gamma-tocophérol.

Les gamma-tocotriénols sont des plus efficaces pour inhiber la croissance des cellules cancéreuses.

Le fer inorganique (sulfate de fer) détruit la vitamine E. Il est donc préférable de prendre ces deux suppléments séparément. En fait, il faudrait prendre la vitamine E en moyenne huit heures avant ou après le supplément contenant du sulfate de fer.

Le gluconate ferreux, le peptonate ferreux, le citrate ferreux ou le fumarate ferreux (composés de fer organique) ne détruisent pas la vitamine E.

Il faut prendre davantage de vitamine E si l'eau potable de votre région est traitée au chlore.

Les femmes enceintes, qui allaitent ou qui prennent des contraceptifs oraux doivent augmenter leur apport en vitamine E.

Je suggère aux femmes à la ménopause d'accroître leur apport en vitamine E. (Une dose de 400 UI suffit si vous avez moins de 40 ans; après 40 ans, je recommande 800 UI par jour, sous forme sèche de préférence.)

47. LA VITAMINE F (ACIDES GRAS NON SATURÉS : ACIDES LINOLÉIQUE, LINOLÉNIQUE ET ARACHIDONIQUE)

FAITS

La vitamine F est liposoluble. Elle provient des acides gras non saturés tirés des aliments.

L'unité de mesure est le milligramme (mg).

Il n'y a à ce jour aucune recommandation RDI/RDA, mais le National Research Council a suggéré qu'au moins 1 % des calories consommées contiennent des acides gras non saturés essentiels.

Le gras non saturé aide à utiliser le gras saturé, selon un apport de deux à un.

Soixante millilitres (12 c. à thé) de graines de tournesol ou 18 moitiés de pacanes peuvent combler les exigences quotidiennes.

Les deux autres acides gras peuvent être synthétisés s'il y a de l'acide linoléique en quantité suffisante.

Les besoins en vitamine E sont plus importants chez les personnes qui consomment beaucoup de glucides.

Bienfaits

La vitamine F aide à prévenir les dépôts de cholestérol dans les artères.

Elle favorise la santé de la peau et des cheveux.

Elle procure une certaine protection contre les effets dévastateurs des radiographies.

Elle participe à la croissance et au bien-être en influant sur l'action glandulaire et en acheminant le calcium aux cellules.

Elle combat les maladies du cœur.

Elle aide à la perte du poids en utilisant les gras saturés.

Maladies de carence

Eczéma; acné. (*Voir la rubrique 197 pour les symptômes.*)

Meilleures sources naturelles

Les huiles végétales — germe de blé, graines de lin, tournesol, carthame, pousses de soja et noix — les cacahuètes (arachides), les graines de tournesol, les noix de Grenoble, les pacanes, les amandes et les avocats.

Suppléments

On trouve la vitamine F en capsules, dans des doses variant entre 100 et 150 mg.

Toxicité et mise en garde contre les excès

Il n'y a aucune toxicité connue, mais tout surplus peut faire engraisser. (*Voir la rubrique 374, Avertissements.*)

Ennemis

Les gras saturés, la chaleur, l'oxygène. (*Voir la rubrique 331.*)

Conseils personnels

Prenez de la vitamine E aux repas avec la vitamine F afin de mieux l'absorber.

Vous avez davantage besoin de vitamine E si vous consommez beaucoup de glucides.

Toute personne qui surveille son cholestérol doit s'assurer un apport adéquat en vitamine F.

Bien que la majorité de noix soient des sources adéquates d'acides gras non saturés, les noix du Brésil et de cajou *n*'en sont *pas*.

Attention aux régimes à la mode riches en gras saturés.

48. LA VITAMINE K (MÉNADIONE)

FAITS

La vitamine K est liposoluble.

L'unité de mesure est le microgrammes (µg).

La vitamine K est en fait un trio de vitamines : la vitamine K1 (phylloquinone), qui se trouve dans les légumes feuillus verts; la vitamine K2 (ménaquinone), qui se forme depuis des bactéries naturelles probiotiques dans les intestins et la vitamine K3 (dihydrophylloquinone), une forme synthétique.

Les vitamines K1 et K2 sont essentielles à différents aspects de la santé.

La vitamine K3 génère des radicaux libres. Elle n'agit pas comme les « vraies » vitamines K dans l'organisme et n'est pas en soi une bonne source de la vitamine.

Les recommandations RDI/RDA pour l'adulte vont de 65 à 80 µg.

La vitamine K est essentielle à la production de prothrombine, particule chimique à propriété coagulante.

BIENFAITS

La vitamine K aide à prévenir les hémorragies internes et externes.

Elle aide à réduire le flux menstruel excessif.

Elle favorise une bonne coagulation sanguine.

Elle protège contre l'effritement des os.

Maladies de carence

Maladie cœliaque; sprue; colite. (*Voir la rubrique 197 pour les symptômes.*)

Meilleures sources naturelles

Les légumes feuillus verts, le yaourt, la luzerne, le jaune d'œuf, l'huile de carthame, l'huile de soja, l'huile de foie de poisson et le varech.

Suppléments

La vitamine K se trouve en comprimés de 100 µg.

Il y en a dans certaines préparations multivitaminées.

Toxicité et mise en garde contre les excès

On recommande de ne pas prendre plus que 500 µg de cette vitamine dans sa forme synthétique, bien qu'elle ne s'accumule pas dans l'organisme, contrairement aux autres nutriments liposolubles. (*Voir la rubrique 374, Avertissements.*)

Ennemis

Les radiographies et les radiations, les aliments surgelés, l'aspirine, la pollution de l'air et l'huile minérale. (*Voir la rubrique 331.*)

Conseils personnels

Les personnes souffrant de calculs biliaires, d'une maladie du foie ou de troubles gastro-intestinaux sont plus sujets à une carence en vitamine K.

Des quantités massives de vitamine E peuvent interagir avec l'absorption de la vitamine K.

La diarrhée aiguë peut être un symptôme de carence en vitamine K. Voyez cependant votre médecin avant de vous procurer des suppléments.

Les légumes feuillus verts sont la meilleure défense contre une carence en vitamine K.

Essayez d'augmenter votre apport en vitamine K de source alimentaire si vous êtes sujet à l'épistaxis (saignement du nez). Les comprimés de luzerne peuvent s'avérer utiles.

Sachez que cette vitamine (même sous forme alimentaire naturelle) peut provoquer un effet contraire si vous prenez un anticoagulant.

Les hypocholestérolémiants peuvent mener à une carence en vitamine K. Vous êtes davantage à risque si vous suivez un régime antibiotique polyvalent et prolongé. Consommez donc des aliments riches en vitamine K; je vous conseille de consulter un médecin intéressé à la nutrition afin de choisir le bon supplément. (*Voir la rubrique 383.*)

49. LA VITAMINE P (COMPLEXE C, BIOFLAVONOÏDES D'AGRUMES, RUTINE, HESPÉRIDINE)

FAITS

La vitamine P est hydrosoluble et comprend de la citrine, de la rutine et de l'hespéridine, de même que des flavones et des flavonols.

L'unité de mesure est le microgramme (µg).

Elle est essentielle au bon fonctionnement et à l'absorption de la vitamine C.

Les flavonoïdes sont les substances qui donnent leur couleur jaune ou orangé aux agrumes. (*Voir la rubrique 108.*)

La vitamine P porte aussi le nom de facteur de perméabilité capillaire (d'où le P). La fonction première des bioflavonoïdes est d'augmenter la puissance des capillaires et d'en réguler l'absorption.

Elle aide la vitamine C à garder les tissus conjonctifs en santé.

Il n'y a pas de recommandations RDI/RDA pour le moment, mais la plupart des nutritionnistes s'entendent sur le fait que pour 500 mg de vitamine C, il faut absorber 100 mg de bioflavonoïdes.

La vitamine P travaille en synergie avec la vitamine C.

BIENFAITS

La vitamine P prévient l'élimination de la vitamine C par oxydation.

Elle renforce les parois des capillaires, prévenant ainsi les contusions.

Elle aide à accroître la résistance contre l'infection.

Elle contribue à prévenir le saignement des gencives.

Elle accroît l'efficacité de la vitamine C.

Elle participe au traitement de l'œdème et des étourdissements causés par une condition de l'oreille interne.

Maladies de carence

Fragilité des capillaires. (*Voir la rubrique 197 pour les symptômes.*)

Meilleures sources naturelles

La pulpe blanche et les segments des agrumes comme les citrons, les oranges et le pamplemousse. Également, les abricots, le sarrasin, les mûres, les cerises et les baies de rosier.

Suppléments

On trouve habituellement la vitamine P dans les suppléments du complexe C ou toute seule. On observe le plus souvent un rapport de 500 mg de bioflavonoïdes à 50 mg de rutine et d'hespéridine. (Si les rapports pour la rutine et l'hespéridine sont différents, il devrait y avoir deux fois plus de rutine.)

Tous les suppléments de vitamine C sont plus efficaces avec des bioflavonoïdes.

La posologie la plus courante pour la rutine et l'hespéridine est de 100 mg trois fois par jour.

Toxicité et mise en garde contre les excès

Aucune toxicité connue. (*Voir la rubrique 374, Avertissements.*)

Ennemis

L'eau, la cuisson, la chaleur, la lumière, l'oxygène, le tabagisme. (*Voir la rubrique 331.*)

Conseils personnels

Les femmes à la ménopause voient leurs bouffées de chaleur quelque peu soulagées quand elles augmentent leur apport de bioflavonoïdes et de vitamine D.

Des saignements des gencives fréquents lors du brossage des dents indiquent un apport insuffisant en rutine et en hespéridine.

Toute personne chez qui des contusions apparaissent facilement devrait prendre un supplément de vitamine C avec bioflavonoïdes, rutine et hespéridine.

50. LA VITAMINE T

On sait très peu de choses au sujet de cette vitamine, sauf qu'elle contribue à la coagulation sanguine et à la formation plaquettaire. En raison de ces caractéristiques, elle joue un rôle majeur dans l'éradication de certaines formes d'anémie et d'hémophilie. Il n'y a pas de recommandations RDI/RDA pour la vitamine T; on ne trouve pas non plus de suppléments dans le commerce. Il y a de la vitamine T dans les graines de sésame et les jaunes d'œufs. En outre, il n'y a aucune toxicité connue.

51. LA VITAMINE U

On en sait encore moins sur la vitamine U que sur la vitamine T. On lui confère une action importante dans la guérison des ulcères, bien que les opinions médicales à ce sujet restent controversées. Il y a de la vitamine U dans le chou cru. Elle n'a aucune toxicité connue.

52. DES QUESTIONS SUR LE CHAPITRE III ?

Ma mère a soixante-dix ans et est en assez bonne santé, mis à part le fait qu'elle semble attraper tous les rhumes ou les virus qui circulent. Manque-t-elle d'une vitamine particulière ?

C'est fort possible, car le système immunitaire décline avec l'âge. Des études récentes ont montré que les aînés dont le sérum sanguin était faible en vitamine E étaient davantage sujets aux infections. En fait, une étude publiée dans le *Journal of Clinical Nutrition* rapporte que la prise à court terme de fortes doses de vitamine E renforce grandement la réponse immunitaire chez les sujets en santé de plus de soixante ans. Je suggère que votre mère mette toutes les chances de son côté et qu'elle complète son alimentation par une préparation multivitaminée très puissante contenant des minéraux chélatés à base d'acides aminés et d'au moins 400 ou 500 UI de vitamine E sous forme sèche. En outre, elle devrait prendre un complexe de tocotriénols chaque jour.

J'ai lu que les régimes riches en brocoli, en chou de Bruxelles et en carottes contribuent à réduire le risque de cancers. Toutefois, je déteste chacun de ces légumes. Par quelles vitamines puis-je les remplacer ?

Vous pouvez vous procurer des concentrations de crucifères (chou, brocoli, chou de Bruxelles, chou-fleur) et de légumes riches en carotène (épinards et carottes) sous forme de comprimés. Prenez-en tous les jours. Ces concentrations sont faites à partir de légumes fraîchement cueillis, lavés avec soin puis déshydratés sans cuisson, en plus de se voir ajouter des vitamines A, C et E, du bêta-carotène et du sélénium. Ils ont donc une valeur nutritionnelle optimale.

Pouvez-vous me dire comment la choline est efficace dans le traitement de la maladie d'Alzheimer ?

La maladie d'Alzheimer, qui se manifeste par une perte progressive des facultés mentales, semble résulter d'une baisse des réserves du neurotransmetteur acétylcholine dans le système nerveux central.

On a observé que les personnes atteintes la maladie montrent une carence non seulement d'acétylcholine, mais aussi de l'enzyme responsable de sa production, la choline acétyltransférase. Une ingestion accrue de choline semble prévenir la décomposition de l'acétylcholine présente. À l'heure actuelle, on recommande la phosphatidylcholine, un nouveau supplément fort puissant.

On n'a pas encore trouvé de traitement contre la maladie, mais on a découvert que certains médicaments peuvent aggraver la condition, par exemple le flurazépam (Dalmane®), les médicaments contre les maladies du cœur et les médicaments contre les crampes intestinales.

Qu'est-ce que le bêta-carotène ? Pourquoi n'y a-t-il aucune recommandation RDA à son sujet ?
Je vais d'abord répondre à votre deuxième question. Il n'y a aucune recommandation RDI/RDA pour le bêta-carotène, car ce dernier n'est pas une vitamine en soi. Ce n'est qu'une fois ingéré qu'il se transforme en vitamine A. Le bêta-carotène provient principalement de végétaux jaunes et orangés (carottes, citrouille, patates douces, cantaloup). On a montré son efficacité dans la prévention des maladies du cœur et de nombreux cancers. Les niveaux de bêta-carotène chutent avec l'âge, mais les régimes minceur, le tabagisme et une grande consommation d'alcool peuvent aussi épuiser les réserves de bêta-carotène. (*Voir la rubrique 107.*)

J'ai entendu parler de la rutine et de l'hespéridine, mais je ne connais pas la quercétine. De quoi s'agit-il ?
Vous allez de plus en plus entendre parler de la quercétine. Membre de la famille des bioflavonoïdes, partie de la vitamine P, la quercétine est un antioxydant très puissant. On la trouve dans l'oignon rouge ou jaune, les raisins et la courge italienne. On estime qu'il s'agit de l'une des substances anticancéreuses les plus puissantes découvertes à ce jour. Elle peut interrompre la progression d'un cancer à son stade précoce en empêchant la formation des cellules précancéreuses et en contribuant à inhiber la propagation des cellules cancéreuses. En outre, on a montré que la quercétine peut bloquer la libération d'histamines, traiter efficacement les allergies et les troubles inflammatoires. On la trouve sous forme de supplément. On recommande une capsule de 400 mg avant chaque repas.

CHAPITRE
4 Les minéraux essentiels

53. LE CALCIUM

FAITS

Le corps contient plus de calcium que tout autre minéral.

Le calcium et le phosphore travaillent ensemble pour assurer une ossature forte et une dentition saine.

Le calcium et le magnésium travaillent de concert pour assurer la santé du système cardiovasculaire.

Presque tout le calcium de l'organisme, soit de 1 à 1,36 kg (2 à 3 lb), se trouve presque entièrement dans les os et les dents.

Environ 20 % du calcium des os de l'adulte est réabsorbé et remplacé chaque année. (De nouvelles cellules osseuses remplacent celles qui disparaissent au fur et à mesure.)

Il doit y avoir deux fois plus de calcium que de phosphore (un rapport de 2 à 1).

Le corps doit contenir assez de vitamine D pour bien absorber le calcium.

Les recommandations RDI et RDA pour l'adulte ont augmenté et atteignent de 800 à 1 200 mg. En outre, le National Institute of Health, aux États-Unis, suggère maintenant un apport variant entre 1 200 et 1 500 mg pour les femmes de plus de 50 ans et pour les hommes de plus de 65 ans.

Le calcium et le fer sont les deux minéraux qui manquent le plus à l'alimentation des femmes nord-américaines.

Le calcium favorise une ossature forte et une dentition en santé.

Il diminue les risques de perte osseuse et de fractures.

Il aide à réduire les risques de cancer du côlon.

Il assure une fréquence cardiaque régulière.

Il soulage l'insomnie.

Il favorise le métabolisme du fer dans l'organisme.

Il assiste le système nerveux, surtout pour la transmission des influx nerveux.

Il aide à gérer le poids.

Maladies de carence

Rachitisme; ostéomalacie; ostéoporose, plus communément appelée fragilité osseuse. (*Voir la rubrique 197 pour les symptômes.*)

Meilleures sources naturelles

Le lait et les produits laitiers, tous les fromages, les fèves de soja, le tofu, les sardines, le saumon, les cacahuètes (arachides), les noix de Grenoble, les graines de tournesol, les légumineuses sèches, le chou fourrager, le brocoli et les feuilles de chou vert.

Suppléments

On trouve le plus souvent le calcium sous forme de comprimés variant entre 250 et 500 mg.

Il est le plus efficace sous forme d'hydroxyapatite, de citrate de calcium et d'hydrogénophosphate de calcium. (C'est le citrate de calcium qui procure la plus grande concentration utile par comprimé.)

Les suppléments de citrate de calcium à croquer se présentent dans de nombreux parfums.

Le citrate de calcium se vend aussi en comprimés effervescents qui, en se diluant dans l'eau, donnent une boisson agréable au goût.

La poudre d'os, jadis l'un des suppléments les plus populaires, a perdu de son attrait. On l'évite surtout chez l'enfant, vu sa teneur potentiellement élevée en plomb. (Vous pouvez demander au fabricant de vous soumettre l'analyse du produit.)

Le gluconate de calcium (une source végétale) ou le lactate de calcium (un produit dérivé du lactose) ne contiennent aucun plomb et s'absorbent facilement. (Le gluconate est plus puissant que le lactate.)

Les lettres USP (pharmacopée des États-Unis) sur les étiquettes des produits américains montrent que le calcium satisfait les normes de qualité établies, car il se dissout dans un délai de trente minutes.

La plupart des préparations multivitaminées et des minéraux de qualité contiennent du calcium.

Le calcium combiné à du magnésium doit présenter un rapport de deux parts de calcium pour une part de magnésium.

Toxicité et mise en garde contre les excès

Une dose excédant 2 500 mg par jour peut causer de l'hypercalcémie. (*Voir la rubrique 374, Avertissements.*) Un apport exagéré peut aussi entraîner de la constipation et augmenter les risques de calculs rénaux et d'infections urinaires.

Ennemis

Un apport excessif en gras, en acide oxalique (chocolat, épinards, bette à cardes, persil, feuilles de betterave et rhubarbe) ainsi qu'en acide phytique contenu dans les produits céréaliers peuvent nuire à la bonne absorption du calcium. (*Voir la rubrique 331.*)

Conseils personnels

Sachez que la prise d'antibiotiques tels que la tétracycline peut inhiber l'efficacité des suppléments de calcium. (Consultez votre médecin ou votre pharmacien.)

Les suppléments de calcium chélatés peuvent s'avérer efficaces contre les douleurs chroniques au dos.

Les femmes qui souffrent de douleurs menstruelles trouvent souvent un soulagement en augmentant leur apport en calcium.

Vous avez de la chance si vous aimez mâchouiller les os de volaille ou de dinde, car ils sont riches en calcium.

Si votre apport en calcium quotidien est de 1 500 mg et que vous êtes sujets aux infections urinaires, je vous propose de prendre vos suppléments avec du jus de canneberge. Ce jus contient des composés qui empêchent les bactéries responsables de ces infections d'adhérer aux parois des voies urinaires.

Les adolescents qui souffrent de douleurs de croissance découvriront que ces dernières disparaissent quand ils prennent un supplément de calcium.

Un apport riche et à long terme en calcium provenant des produits laitiers peut accélérer la vitesse d'élimination du gras alimentaire.

Les personnes hypoglycémiques devraient prendre plus de calcium. (Je propose le citrate de calcium qui s'absorbe le mieux, et ce, en doses variant entre 1 000 et 1 500 mg par jour.)

Si vous buvez des colas en grande quantité, sachez que leur contenu en acide phosphorique peut faire baisser vos niveaux de calcium et augmenter vos risques d'ostéoporose.

Le calcium est plus efficace avec les vitamines A, C, et D ainsi qu'avec le fer, le magnésium et le phosphore. (Un excès de phosphore, comme je l'ai mentionné précédemment, peut réduire les réserves de calcium.)

Les suppléments de calcium s'absorbent mieux après les repas ou avant d'aller au lit. Il est préférable de choisir le citrate de calcium et l'hydroxyapatite si vous prenez vos suppléments l'estomac vide ou que vous avez plus de 60 ans.

Les suppléments mal assimilés peuvent apporter plus de problèmes que de solutions, notamment des raideurs aux articulations et le durcissement des artères.

L'organisme n'absorbe pas efficacement plus que 500 mg de suppléments de calcium à la fois. Répartissez donc votre apport au cours de la journée. En fait, l'absorption quotidienne se fera encore mieux si vous prenez de plus petites doses au cours de la journée. Vous avez besoin de calcium supplémentaire si vous avez gardé le lit pendant une semaine ou plus, car l'organisme perd de sa densité osseuse pendant un repos prolongé.

Un supplément de calcium et de magnésium pris le soir au coucher peut favoriser une bonne nuit de sommeil.

54. LE CHLORE

Faits

Le chlore régit l'équilibre alcalin et acide de l'organisme.

Il travaille de concert avec le sodium et le potassium dans un composé.

Il aide à éliminer les déchets du corps en favorisant la fonction hépatique.

Aucune recommandation alimentaire n'a été formulée, mais si vous consommez une quantité de sel moyenne chaque jour, votre apport en calcium sera suffisant.

Bienfaits

Il favorise la digestion.

Il aide à conserver la souplesse.

Maladies de carence

Perte des cheveux et des dents.

Meilleures sources naturelles

Le chlorure de sodium (sel de table), le varech et les olives.

Suppléments
La plupart des bonnes préparations de minéraux multiples contiennent du chlore.

Toxicité et mise en garde contre les excès
Un apport de plus de 15 g peut engendrer des effets secondaires déplaisants. (*Voir la rubrique 374, Avertissements.*)

Conseils personnels
Vous n'obtenez pas toute la vitamine E qu'il vous faut si l'eau potable de votre région contient du chlore, car le chlore détruit la vitamine E.

Dans cette situation, nous suggérons de manger du yaourt, une façon naturelle de remplacer les bactéries intestinales détruites par le chlore.

55. LE CHROME
Le chrome travaille avec l'insuline pour métaboliser les sucres.

Il aide à acheminer les protéines là où elles doivent agir.

Il n'y a aucune recommandation alimentaire officielle établie à ce jour, bien que l'on suggère un apport approximatif qui varie pour l'adulte entre 50 et 200 mg.

Le corps retient moins de chrome en vieillissant.

Bienfaits
Le chrome contribue à la croissance.

Il aide à prévenir la hausse de la tension artérielle et à réduire l'hypertension.

Il sert de frein au diabète.

Il aide à prévenir les désirs de sucre et les chutes soudaines d'énergie.

Maladies de carence

On pense qu'une carence en chrome peut contribuer à l'artériosclérose et au diabète.

Meilleures sources naturelles

Le foie de veau, le germe de blé, la levure de houblon (bière), la volaille, le maïs, l'huile et les palourdes.

Suppléments

Il y a du chrome dans la plupart des bonnes préparations de minéraux multiples. (Privilégiez le glycinyldinicotinate de chrome.)

Toxicité et mise en garde contre les excès

Aucune toxicité connue. (*Voir la rubrique 374, Avertissements.*)

Conseils personnels

Si votre niveau de chrome est faible (et 90 % des adultes affichent une telle carence nutritionnelle), prenez un supplément de zinc. Pour une raison inconnue, le zinc semble être un substitut adéquat au chrome.

Une alimentation variée qui vous procure les nutriments essentiels en quantité adéquate reste la meilleure façon d'obtenir un apport suffisant en chrome.

56. LE COBALT

FAITS

Le cobalt est un minéral compris dans la vitamine B12.

L'unité de mesure est le microgramme (mg).

Il est essentiel à l'hémoglobine (aux globules rouges).

Il doit provenir de sources alimentaires.

Il n'y a aucune recommandation établie quant à ce minéral et l'organisme n'en requiert qu'une très faible quantité. (*Voir la rubrique 374, Avertissements.*)

BIENFAITS

Le cobalt évite l'anémie.

Maladies de carence
Anémie.

Meilleures sources naturelles
La viande, le rognon, le foie, le lait, les huîtres et les palourdes.

Suppléments
On trouve rarement le cobalt sous forme de supplément.

Toxicité et mise en garde contre les excès
Aucune toxicité connue. (*Voir la rubrique 374, Avertissements.*)

Ennemis
Tout ce qui nuit à la vitamine B12.

Conseils personnels
Une personne végétarienne stricte risque davantage de connaître une carence en cobalt qu'une personne qui consomme de la viande et des crustacés.

57. LE CUIVRE

FAITS

Le cuivre est essentiel pour transformer le fer du corps en hémoglobine.

Il peut parvenir à la circulation sanguine 15 minutes après son ingestion.

Il fabrique la tyrosine utilisable, un acide aminé lui permettant d'agir comme facteur pigmentaire des cheveux et de la peau.

Il est présent dans la cigarette, les contraceptifs oraux et les gaz d'échappement des voitures.

Il est essentiel à l'utilisation de la vitamine C.

L'Academy of Science/National Research Council n'a émis aucune recommandation RDI et RDA pour le cuivre, mais on suggère le plus souvent aux adultes entre 1,5 à 3 mg.

BIENFAITS

Il maintient un bon niveau d'énergie en contribuant à l'absorption efficace du fer.

Maladies de carence

Anémie; œdème; malformations squelettiques; possiblement, polyarthrite rhumatoïde.

Meilleures sources naturelles

Les légumineuses séchées, les pois, le blé complet, les pruneaux, les abats, les crevettes et la plupart des fruits de mer.

Suppléments

Les préparations multivitaminées et de minéraux contiennent habituellement 2 mg de cuivre.

Toxicité et mise en garde contre les excès

Les cas de toxicité sont rares. (*Voir la rubrique 374, Avertissements.*)

Ennemis

Le cuivre est difficile à éliminer.

Conseils personnels

Aussi essentiel soit-il, la plupart des gens ne tirent pas assez de cuivre de leur alimentation. Je recommande de prendre un comprimé de préparation multivitaminée et de minéraux contenant 2 mg de glycinate de cuivre. Un excès de cuivre semble diminuer les réserves de zinc et causer de l'insomnie, la perte des cheveux, des règles (menstruations) irrégulières et la dépression.

Ne vous souciez pas de vos réserves de cuivre si vous consommez régulièrement des produits céréaliers, des légumes feuillus verts et des abats.

La cuisson ou le rangement des aliments acides dans des contenants en cuivre peuvent ajouter du cuivre à votre apport quotidien.

58. LE FLUOR

FAITS

Le fluor fait partie du composé synthétique de fluorure de sodium (parfois ajouté à l'eau potable) et du fluorure de calcium (une substance naturelle).

Il diminue les risques de caries dentaires, mais, à l'excès, il peut causer la décoloration des dents.

Il n'y a à ce jour aucune recommandation RDI et RDA, mais la plupart des gens en tirent 1 mg de l'eau potable additionnée de fluor.

(Le National Academy of Sciences/National Research Council propose une posologie qui varie entre 1,5 et 4 mg.)

BIENFAITS

Le fluor réduit l'incidence de la carie dentaire et renforce les os.

Maladies de carence

Carie dentaire.

Meilleures sources naturelles

L'eau potable additionnée de fluor, les fruits de mer et le thé.

Suppléments

Les suppléments de minéraux multiples ne contiennent habituellement pas de fluor.

On le trouve en préparations multivitaminées sur ordonnance pour les enfants là où l'eau potable ne contient pas de fluor.

Toxicité et mise en garde contre les excès

Se limiter à des doses entre 20 et 80 mg chaque jour. (*Voir la rubrique 374, Avertissements.*)

Ennemis

Les ustensiles de cuisson en aluminium.

Conseils personnels

Ne prenez pas de fluor additionnel sans une ordonnance de votre médecin ou de votre dentiste.

La teneur en fluor des aliments augmente de façon significative quand on les fait cuire dans de l'eau additionnée de fluor ou dans un instrument de cuisson à revêtement de Teflon®.

59. L'IODE (IODURE)

FAITS

Les deux tiers du contenu en iode de l'organisme se trouvent dans la glande thyroïde.

Une carence en iode peut réduire l'acuité mentale, faire prendre du poids et causer un manque d'énergie, du fait que la glande thyroïde régule le métabolisme et que l'iode influe sur la glande thyroïde.

Les recommandations RDI et RDA du National Research Council préconisent 150 mg pour l'adulte (soit 1 mg par kilogramme de poids corporel), et de 175 et 200 mg pour la femme enceinte et la mère allaitante, respectivement.

BIENFAITS

L'iode aide à éliminer le gras durant un régime minceur.
Il favorise une bonne croissance.
Il rehausse l'énergie.
Il améliore l'acuité mentale.
Il favorise la santé des cheveux, des ongles, de la peau et des dents.

Maladies de carence

Goitre, hypothyroïdie.

Meilleures sources naturelles

Le varech, les légumes cultivés dans des sols riches en iode, les oignons et tous les fruits de mer.

Suppléments

On trouve l'iode sous forme de minéraux multiples ou de suppléments vitaminiques très puissants, en doses de 0,15 mg.

Le varech nature est une excellente source additionnelle d'iode.

Toxicité et mise en garde contre les excès

Il n'y a aucune toxicité connue concernant l'iode naturel; toutefois, on recommande de ne pas dépasser 2 mg par jour. En outre, l'iode absorbé comme médicament peut se révéler nuisible si la prescription n'est pas adéquate. (*Voir la rubrique 374, Avertissements.*)

Ennemis

La transformation des aliments, les sols pauvres en nutriments.

Conseils personnels

Je recommande de ne pas prendre de suppléments d'iode outre le varech et l'iode contenu dans les préparations multivitaminées et de minéraux, à moins d'indication contraire de votre médecin.

Assurez-vous que vous utilisez du sel avec iode ajouté si vous en consommez et vivez dans le Mid-West américain, où les sols contiennent peu d'iode.

Une carence en iode peut se manifester si vous consommez de grandes quantités de chou cru, car ce dernier contient des substances qui nuisent à l'efficacité de l'iode. Dans un tel cas, je vous propose un supplément de varech.

60. LE FER

FAITS

Le fer est essentiel à la vie, car il est indispensable à la production de l'hémoglobine (globules rouges), de la myoglobine (pigment rouge du muscle) et de certaines enzymes.

Seulement 8 % environ de votre apport en fer est absorbé par l'organisme, puis acheminé dans le sang.

Le corps d'un adulte d'une masse moyenne de 70 kg (154 lb) contient environ 4 g de fer. L'hémoglobine (globules rouges), qui contient le plus de fer, est recyclée et réutilisée à mesure que les cellules se régénèrent à peu près tous les 120 jours. Le fer lié aux protéines (la ferritine) s'emmagasine dans l'organisme, de même que le fer tissulaire (présent dans la myoglobine) en très faible quantité.

Les recommandations RDI et RDA, selon le National Research Council, varient entre 10 et 15 mg pour l'adulte et sont de 30 mg pour la femme enceinte. Les recommandations RDI et RDA pour les mères allaitantes et pour les femmes adultes sont les mêmes, soit 15 mg.

Le cuivre, le cobalt, le manganèse et la vitamine C sont tous indispensables à l'assimilation du fer.

Le fer est essentiel au bon métabolisme des vitamines du complexe B.

Des excès de zinc et de vitamine E peuvent perturber l'absorption du fer.

Trop de fer dans le sang peut provoquer la formation de radicaux libres et augmenter les risques de maladies du cœur, surtout chez l'homme.

BIENFAITS

Le fer contribue à la croissance.

Il accroît la résistance à la maladie.

Il prévient la fatigue.

Il guérit l'anémie et prévient l'apparition d'anémie ferriprive.

Il favorise un beau teint de peau.

Maladies de carence

Anémie ferriprive. (*Voir la rubrique 197 pour les symptômes.*)

Meilleures sources naturelles

Le porc, le bœuf, le foie, la viande rouge, les palourdes, les pêches séchées, la semoule de blé tendre, les jaunes d'œufs, les huîtres, les noix, les légumineuses, les asperges, la mélasse et l'avoine.

Suppléments

Les acides aminés chélatés sont la forme la plus assimilable du fer, c'est-à-dire du fer organique traité en vue de favoriser son assimilation. En outre, elle n'entraîne pas de constipation et elle agit doucement sur les systèmes sensibles.

Le sulfate de fer, du fer inorganique, entre dans la composition de plusieurs suppléments de vitamines et minéraux et peut détruire la vitamine E. (Il faut laisser huit heures entre l'absorption de ces deux suppléments.) Lisez les étiquettes, car bon nombre de formules de pharmacies contiennent du sulfate de fer.

Les suppléments additionnés de fer organique — gluconate ferreux, fumarate ferreux, nitrate ferreux ou peptonate ferreux — ne neutralisent pas la vitamine E. On les trouve dans des doses variées allant jusqu'à 320 mg.

Toxicité et mise en garde contre les excès

Les cas de toxicité sont rares chez les personnes en santé. La posologie prévue pour les adultes peut cependant mettre un enfant en danger. Une dose de 3 g peut être mortelle pour un enfant de deux ans. (*Voir la rubrique 374, Avertissements.*) Les personnes souffrant d'hémochromatose idiopathique ont une prédisposition génétique à accumuler trop de fer. Gardez les vitamines à croquer pour enfants hors de leur portée. Apprenez aux enfants que les suppléments ne sont pas des bonbons.

Ennemis

Les phosphoprotéines des œufs et les phytates du pain de blé complet sans levain réduisent la biodisponibilité du fer.

Conseils personnels

Les femmes ayant des saignements abondants lors de leurs règles, les végétariens ou les personnes qui suivent un régime hypocalorique extrême ont besoin d'un supplément de fer. Lisez l'étiquette de votre préparation multivitaminée et évaluez la quantité de fer que vous prenez déjà afin d'ajuster votre posologie en conséquence. (Vous voudrez peut-être faire vérifier votre niveau de fer par un médecin pour éviter tout excès.)

Vous avez peut-être besoin de plus de fer si vous prenez le médicament américain Indocin® ou de l'aspirine tous les jours. (Consultez votre médecin.)

Gardez vos suppléments de fer hors de la portée des enfants.

Mise en garde aux buveurs de thé et de café : sachez qu'en grandes quantités, ces boissons peuvent inhiber l'absorption de fer.

Consultez un médecin avant de prendre un supplément ou une vitamine fortifiée en fer si vous êtes enceinte, car on a observé des intoxications chez les jeunes enfants dont les mères avaient pris trop de fer durant leur grossesse.

Évitez les suppléments de fer si vous souffrez d'une infection. Les bactéries ont besoin de fer pour croître, et du fer supplémentaire favoriserait leur prolifération.

Après la ménopause, les femmes n'ont habituellement plus besoin de suppléments de fer.

61. LE MAGNÉSIUM

FAITS

Le magnésium est indispensable au métabolisme du calcium et de la vitamine C, de même qu'à celui du phosphore, du sodium et du potassium.

L'unité de mesure est habituellement le milligramme (mg).

Le magnésium est indispensable au bon fonctionnement des nerfs et des muscles.

Il est crucial pour la conversion du glucose sanguin en énergie.

On l'appelle le minéral antistress.

Les alcooliques ont en général une carence en magnésium.

Les besoins de l'adulte varient entre 250 et 500 mg par jour. Le National Research Council recommande aux femmes enceintes et aux mères allaitantes de prendre 300 et 355 mg de magnésium par jour, respectivement.

Le corps humain contient environ 21 g de magnésium.

Le magnésium aide à éliminer le gras et à produire de l'énergie.

Il aide à combattre la dépression.

Il favorise une meilleure santé du système cardiovasculaire et aide à prévenir les crises cardiaques.

Il régule les taux de cholestérol.

Il aide à prévenir les spasmes musculaires.

Il contribue à soulager les douleurs intenses de l'angine.

Il aide à prévenir le déclenchement précoce du travail chez la femme enceinte.

Il assure une dentition saine.

Il aide à prévenir les dépôts calciques ainsi que les calculs rénaux et biliaires.

Il soulage l'indigestion.

Combiné au calcium, il peut agir comme tranquillisant naturel.

Il soulage le syndrome prémenstruel (SPM).

Maladies de carence

Voir la rubrique 197 pour les symptômes.

Meilleures sources naturelles

Les produits céréaliers non moulus, les figues, les amandes, les noix, les graines, les légumes vert foncé et les bananes.

Suppléments

Des comprimés de calcium et de magnésium en parts égales, soit 50 % de chacun, constituent la meilleure option.

On trouve du magnésium dans les préparations multivitaminées et de minéraux.

Il se vend aussi sous forme d'oxyde de magnésium, en doses de 250 mg, qui fournissent 150 mg de magnésium par comprimé.

Le magnésium se trouve couramment en doses de 133,3 mg à prendre quatre fois par jour.

Ne prenez pas vos suppléments de magnésium après les repas, car ce minéral neutralise les acides gastriques.

Toxicité et mise en garde contre les excès

Ce minéral pris en grande quantité pendant une période prolongée peut s'avérer toxique avec un apport important de calcium et de phosphore ou encore si vous souffrez d'insuffisance rénale. (*Voir la rubrique 374, Avertissements.*)

Ennemis

Les diurétiques, l'alcool. (*Voir la rubrique 331.*)

Conseils personnels

Je recommande aux personnes qui consomment beaucoup d'alcool d'augmenter leur apport en magnésium.

Si vos exercices quotidiens sont épuisants, vous avez sans doute besoin de plus de magnésium.

Les femmes qui prennent un contraceptif oral ou une forme quelconque d'œstrogène devraient manger plus d'aliments riches en magnésium. (Sachez que la viande, le poisson et les produits laitiers sont de piètres sources de magnésium.)

Votre apport en magnésium est suffisant si vous êtes un grand consommateur de noix, de graines et de légumes verts. Il en va de même pour toutes les personnes qui vivent dans des régions où l'eau est dure.

L'adoption d'un régime riche en magnésium peut contribuer à réduire votre tension artérielle si vous souffrez de diabète insulino-résistant. (Consultez votre médecin avant de prendre tout supplément.)

Le magnésium est le plus efficace combiné avec la vitamine A, le calcium et le phosphore.

Pris seul, le magnésium peut causer de la diarrhée; assurez-vous de le prendre avec du calcium, dans une préparation multivitaminée, ou sous forme de glycinate de magnésium, de gluconate de magnésium ou de citrate de magnésium.

Rappelez-vous que parce que le magnésium active l'enzyme qui utilise les vitamines B1, B2 et B6, une carence de ce minéral peut faire apparaître des symptômes associés à une insuffisance en vitamine B, souvent des convulsions.

ATTENTION : Le médicament américain Digitalis® pour traiter les maladies du cœur peut se révéler toxique si vous présentez une carence en magnésium ou en potassium. Sachez que bon nombre de médicaments épuisent les réserves de magnésium (voir la rubique 331), surtout les aminosides, le cisplatine, les corticostéroïdes, la cyclosporine, les diurétiques, le foscarnet, la gentamicine et la pentamidine.

62. LE MANGANÈSE

FAITS

Le manganèse aide à activer les enzymes de l'organisme essentielles à la bonne utilisation de la biotine, de la vitamine B1 et de la vitamine C.

Il est indispensable à une bonne ossification.

L'unité de mesure est le milligramme (mg).

Le manganèse est important pour la production de la thyroxine, hormone principale de la glande thyroïde.

Il est essentiel à la bonne digestion et au métabolisme des aliments.

Il n'y a aucune recommandation officielle à ce jour, mais le National Research Council estime les besoins d'un adulte moyen entre 2 et 5 mg.

Le manganèse joue un rôle important dans la reproduction et dans le fonctionnement du système nerveux.

BIENFAITS

Le manganèse aide à éliminer la fatigue.
Il soutient les réflexes musculaires.
Il aide à prévenir l'ostéoporose.
Il améliore la mémoire.
Il atténue l'irritabilité nerveuse.

Maladies de carence
Ataxie.

Meilleures sources naturelles
Les produits céréaliers complets, les noix, les légumes feuillus verts, les pois, les betteraves.

Suppléments
Le manganèse se trouve surtout dans les préparations multivitaminées et de minéraux dans des doses variant entre 1 et 9 mg.

Toxicité et mise en garde contre les excès
Les cas de toxicité sont rares, sauf ceux de sources industrielles. (*Voir la rubrique 374, Avertissements.*)

Ennemis
De grandes quantités de calcium et de phosphore nuisent à l'absorption du manganèse, de même que les fibres et l'acide phytique du son et des légumineuses. (*Voir la rubique 331.*)

Conseils personnels
Vous pouvez augmenter votre apport alimentaire en manganèse si vous ressentez des étourdissements fréquents.

Je recommande aux personnes distraites ou ayant des troubles de mémoire de vérifier si leur apport en manganèse est suffisant.

Les grands consommateurs de produits laitiers et de viandes ont besoin de plus de manganèse.

63. LE MOLYBDÈNE

FAITS

Le molybdène contribue au métabolisme des glucides et des gras.

Il constitue une partie essentielle de l'enzyme responsable de l'utilisation du fer.

Il n'y a aucune recommandation alimentaire à ce jour, mais un apport quotidien entre 75 et 250 mg est généralement reconnu pour satisfaire les exigences de l'organisme humain.

BIENFAITS

Le molybdène aide à prévenir l'anémie et favorise le bien-être général.

Maladies de carence

Aucune maladie connue.

Meilleures sources naturelles

Les légumes feuillus vert foncé, les produits céréaliers complets et les légumineuses.

Suppléments

Habituellement non disponibles.

Toxicité et mise en garde contre les excès

Les cas de toxicité sont rares, bien qu'un apport variant entre 5 et 10 mg par jour puisse s'avérer toxique. (*Voir la rubrique 374, Avertissements.*)

Conseils personnels

Bien que le molybdène soit essentiel, il n'est pas nécessaire de prendre des suppléments, à moins que tous vos aliments proviennent d'un sol pauvre en nutriments.

64. LE PHOSPHORE

Faits

Le phosphore est présent dans toutes les cellules du corps.

La vitamine D et le calcium sont essentiels au bon fonctionnement du phosphore.

Le calcium et le phosphore doivent présenter un rapport de 2 à 1 pour être efficace : deux parties de calcium pour une partie de phosphore.

Le phosphore participe à pratiquement toutes les réactions chimiques et physiologiques.

Il est essentiel à une ossature et à une dentition normales.

La niacine exige du phosphore pour son assimilation.

Le phosphore joue un rôle majeur dans la régularité de la fréquence cardiaque.

Il est indispensable au fonctionnement rénal normal.

Il est essentiel à la transmission des influx nerveux.

Les recommandations RDI/RDA varient entre 800 et 1 200 mg pour l'adulte. Les posologies sont plus élevées pour les femmes enceintes ou allaitantes.

Bienfaits

Le phosphore contribue à la croissance et à la réparation des tissus.

Il procure de l'énergie et de la vigueur en métabolisant les graisses et les féculents.

Il atténue les douleurs arthritiques.

Il favorise la santé des gencives et des dents.

Maladies de carence

Rachitisme, pyorrhée.

Meilleures sources naturelles

Le poisson, la volaille, la viande, les produits céréaliers complets, les œufs, les noix et les graines.

Suppléments

La farine d'os est une excellente source naturelle de phosphore. (Assurez-vous qu'elle comprend de la vitamine D pour favoriser son assimilation *et qu'elle est exempte de plomb.*)

Toxicité et mise en garde contre les excès

Aucune toxicité connue. (*Voir la rubrique 374, Avertissements.*)

Ennemis

Un excès de fer, d'aluminium et de magnésium peut nuire à l'efficacité du phosphore. (*Voir la rubrique 331.*)

Conseils personnels

Trop de phosphore peut détruire votre équilibre minéral et faire baisser vos réserves de calcium. L'alimentation occidentale est assez riche en phosphore, car la plupart des aliments naturels en contiennent, ce qui cause en revanche une carence en calcium. Adaptez votre alimentation en conséquence.

À partir de 40 ans, il est bon de diminuer votre apport en viande rouge et de consommer plus de légumes feuillus verts et de produits laitiers. À partir de cet âge, les reins ne participent plus à l'élimination du phosphore excédentaire; il s'ensuit un épuisement du calcium. Portez une attention particulière aux aliments conservés avec des phosphates. Incluez-les dans votre apport en phosphore.

65. LE POTASSIUM

FAITS

De concert avec le sodium, le potassium régule le bilan hydrique de l'organisme ainsi que la fréquence cardiaque. (Le potassium agit à l'intérieur de la cellule, alors que l'action du sodium se concentre à l'extérieur.)

Les fonctions nerveuses et musculaires sont affectées par une perturbation de l'équilibre sodium/potassium.

L'hypoglycémie (faible taux de glucose sanguin) contribue à la perte de potassium, de même qu'un jeûne prolongé ou une diarrhée grave.

Il n'y a aucune recommandation alimentaire à ce jour, mais on considère qu'un apport variant entre 1 600 et 2 000 mg par jour est suffisant pour un adulte en santé.

Les tensions (stress) d'ordres mental et physique peuvent entraîner une carence en potassium.

BIENFAITS

Le potassium garde les idées claires en acheminant l'oxygène au cerveau.

Il aide à éliminer les déchets du corps.

Il permet de réduire la tension artérielle.

Il contribue au traitement des allergies.

Maladies de carence

Œdème; hypoglycémie. (*Voir la rubrique 197 pour les symptômes.*)

Meilleures sources naturelles

Les agrumes, le cantaloup, les tomates, le cresson, tous les légumes feuillus verts, les feuilles de menthe, les graines de tournesol, les bananes et les pommes de terre.

Suppléments

Il y a du potassium dans la plupart des préparations multivitaminées et de minéraux à haute puissance.

Parmi les sels de potassium inorganiques figurent le sulfate de potassium (alun), le chlorure de potassium, l'oxyde de potassium et le carbonate de potassium. Le potassium organique consiste en gluconate, en citrate et en fumarate de potassium.

On peut se procurer le potassium sous forme de potassium, de citrate de potassium, de gluconate de potassium ou de chlorure de potassium. Les doses vont jusqu'à 600 mg, fournissant 99 mg de potassium élémentaire. Le citrate de potassium glycinate est la forme la plus populaire.

Toxicité et mise en garde contre les excès

Un apport de 18 g peut avoir des effets toxiques. (*Voir la rubrique 374, Avertissements.*)

Ennemis

L'alcool, le café, le sucre et les diurétiques. (*Voir la rubrique 331.*)

Conseils personnels

Si vous buvez beaucoup de café, il se peut que la fatigue que vous cherchez à surmonter découle d'une carence en potassium.

Sachez que votre taux de potassium est sans doute faible si vous consommez beaucoup d'alcool ou d'aliments sucrés.

Un faible taux de glycémie peut entraîner une perte de potassium associée à de la rétention d'eau. Vous perdrez davantage de potassium si vous prenez un diurétique. Surveillez votre alimentation, mangez plus de légumes verts et prenez assez de magnésium pour maintenir votre équilibre minéral.

Vous ne perdez pas que du poids avec un régime faible en glucides. Vos réserves de potassium baissent également. Soyez à l'affût de signes de faiblesse et de perte de réflexes.

Les reins éliminent habituellement le potassium excédentaire. Toutefois, les personnes souffrant d'insuffisance rénale devraient éviter les aliments riches en potassium, de même que les suppléments.

66. LE SÉLÉNIUM

Faits

La vitamine E et le sélénium fonctionnent en synergie, c'est-à-dire qu'ils augmentent la puissance l'un de l'autre.

La vitamine E et le sélénium sont deux antioxydants qui préviennent ou du moins ralentissent le durcissement des tissus causé par l'oxydation.

Le sélénium est indispensable à la production de la glutathion-peroxidase, le principal oxydant de l'organisme présent dans toutes les cellules.

Les hommes semblent avoir besoin d'une plus grande quantité de sélénium. Près de la moitié de leur réserve se trouve dans les testicules et les parties des canalicules séminifères adjacentes à la prostate. L'homme élimine du sélénium dans le sperme.

Les recommandations RDI/RDA pour ce minéral sont de 50 µg pour la femme et 70 µg pour l'homme; de 65 µg pour la femme enceinte et de 75 µg pour la mère allaitante.

Bienfaits

Le sélénium offre une protection contre divers types de cancer.

Il aide à réduire les risques de maladies du cœur et d'accidents vasculaires cérébraux.

Il contribue à préserver l'élasticité des tissus.

Il soulage les bouffées de chaleur et l'inconfort causés par la ménopause.

Il aide au traitement et à la prévention des squames (pellicules).

Il augmente le compte de spermatozoïdes et favorise la fertilité chez l'homme.

Maladies de carence

Perte prématurée de résistance; maladie de Keshan (cardiomyopathie).

Meilleures sources naturelles

Les fruits de mer, les rognons, le foie, le germe de blé, le son, le thon, les oignons, les tomates, le brocoli, l'ail et le riz brun.

Suppléments

Le sélénium est vendu en petites doses mesurées en microgrammes : 25, 50, 100 et 200 µg.

On le trouve aussi combiné à la vitamine E et à d'autres antioxydants.

La forme la plus populaire est la sélénométhionine.

Toxicité et mise en garde contre les excès

De fortes doses peuvent entraîner des effets toxiques, y compris des troubles gastro-intestinaux, une haleine d'ail, des ongles cassants, un goût métallique dans la bouche et une peau jaunâtre. Je recommande de ne pas excéder 400 mg par jour. (À ce jour, les études montrent une toxicité à partir de 2 400 mg par jour, mais je vous conseille la prudence jusqu'à l'établissement de recommandations claires.) (*Voir la rubrique 374, Avertissements.*)

Ennemis

Les procédés de transformation alimentaire. (*Voir la rubrique 331.*)

Conseils personnels

Si des aliments normalement riches en sélénium sont cultivés dans des sols pauvres en sélénium, vous n'obtiendrez pas une quantité suffisante de sélénium de ces aliments.

Je recommande de prendre un supplément contenant du sélénium, en plus de consommer des aliments riches en sélénium, à raison de 100 et 200 µg par jour en vue de prévenir la maladie. La FDA aux États-Unis a enfin approuvé ses propriétés favorables à la santé et sa capacité à protéger contre certains cancers. C'est un pas dans la bonne direction, toutefois, les exigences alimentaires restent très faibles.

67. LE SODIUM

Faits

On a découvert le sodium et le potassium en même temps. Les deux sont essentiels à une croissance normale.

Un apport important en sodium (sel) résulte en un épuisement du potassium.

Les régimes riches en sodium sont responsables de nombreux cas d'hypertension artérielle.

Il n'y a aucune recommandation alimentaire officielle à ce jour, mais le National Research Council suggère à l'adulte en santé un apport en chlorure de sodium de 500 mg par jour. Le sodium aide à préserver le calcium et d'autres minéraux solubles dans le sang.

Bienfaits

Le sodium aide à prévenir les coups de chaleur ou les insolations.

Il contribue au bon fonctionnement des nerfs et des muscles.

Maladies de carence

Digestion des glucides perturbée; parfois, névralgie.

Meilleures sources naturelles

Le sel, les crustacés, les carottes, les betteraves, les artichauts, le bœuf séché, la cervelle, les rognons et le bacon.

Suppléments

Un supplément est rarement requis, mais dans le cas contraire, le supplément de varech est à la fois nutritif et sécuritaire.

Toxicité et mise en garde contre les excès

Un apport de plus de 14 g de chlorure de sodium par jour peut avoir des effets toxiques. (*Voir la rubrique 374, Avertissements.*)

Conseils personnels

Si vous pensez consommer peu de sel, consultez les rubriques 351 et 352 pour faire le point.

Si vous souffrez d'hypertension artérielle, réduisez votre apport en sodium en lisant les étiquettes des produits que vous achetez. Vérifiez la valeur en sel ou en sodium, souvent représentée par son symbole chimique, *Na*.

Ajouter du sodium à son alimentation est plutôt facile, en enlever l'est moins. Évitez les charcuteries, les saucissons, les viandes saumurées telles que le jambon, le bacon et le bœuf salé, ainsi que certains condiments — ketchup, sauce chili, sauce de soja et moutarde. Évitez la levure chimique et le bicarbonate de soude dans la cuisson.

68. LE SOUFRE

FAITS

Le soufre est indispensable à la santé des cheveux, de la peau et des ongles.

Il aide à maintenir l'équilibre d'oxygène nécessaire au bon fonctionnement du cerveau.

Combiné aux vitamines du complexe B, il stimule le métabolisme de base du corps; il fait partie des acides aminés constituant les tissus.

Il favorise la sécrétion biliaire par le foie.

Il n'y a aucune recommandation RDI/RDA à ce jour, mais une alimentation suffisante en protéines comble en général les besoins en soufre.

BIENFAITS

Le soufre éclaircit le teint et rend les cheveux plus lustrés.

Il aide à combattre les infections bactériennes.

Maladies de carence

Aucune maladie connue.

Meilleures sources naturelles

Le bœuf maigre, les haricots séchés, le poisson, les œufs, le chou, le chou fourrager, l'ail et le chou de Bruxelles.

Suppléments

Le MSM (méthylsulfonylméthane) est un soufre organique vendu en comprimés de 1 000 mg, additionné de vitamines du complexe C.

Le MSM entre dans la composition de lotions pour les problèmes de peau.

Toxicité et mise en garde contre les excès

Le soufre organique ne présente aucune toxicité connue, bien que des effets nocifs puissent se produire avec de grandes quantités de soufre inorganique. (*Voir la rubrique 374, Avertissements.*)

Conseils personnels

Le soufre organique, MSM, est non allergénique. Ne le confondez pas avec les médicaments de synthèse *sulfamides* qui peuvent déclencher une réaction allergique chez bon nombre de personnes.

Le MSM réduit grandement les douleurs et les raideurs arthritiques si on le prend de pair avec la glucosamine, un autre composé du soufre.

Le MSM additionné de vitamines du complexe C est idéal pour combattre les allergies et les infections parasitaires, en plus d'accélérer la récupération après l'exercice. (Je propose aux personnes souffrant d'allergies un apport variant entre 1 000 et 3 000 mg de deux à trois fois par jour, en mangeant, durant les manifestations allergiques ou lorsque les lectures de pollen sont à la hausse.)

Les crèmes ou pommades à base de soufre ont permis de traiter avec succès divers troubles cutanés. Vérifiez le contenu des pommades ou crèmes que vous utilisez à l'heure actuelle. On trouve plusieurs excellents produits dans les magasins d'alimentation naturelle.

69. LE VANADIUM

Faits

Le vanadium inhibe la formation de cholestérol dans les vaisseaux sanguins.

Il est indispensable à la formation des dents et des os.

Il n'y a aucune recommandation alimentaire à ce jour.

Le vanadium copie l'action de l'hormone insuline.

Bienfaits

Le vanadium aide à prévenir les crises cardiaques.

Il permet de contrôler l'insulinorésistance et le diabète de type 2.

Il favorise l'acheminement des nutriments vers les cellules et augmente l'énergie.

Maladies de carence

Aucune maladie connue.

Meilleures sources naturelles

Le poisson, les olives, les produits céréaliers complets.

Suppléments

L'acide aminé chélaté de vanadium est la forme préférée.

Le vanadium se vend aussi comme sulfate de vanadyle, la forme biologiquement active du minéral.

La posologie quotidienne courante est de 50 µg de vanadium élémentaire par jour.

Les diabétiques doivent consulter leur médecin en vue d'arrêter une posologie adéquate.

Toxicité et mise en garde contre les excès

La forme synthétique du minéral peut se révéler toxique. (*Voir la rubrique 374, Avertissements.*)

Conseils personnels

Il n'est pas essentiel de prendre des suppléments de vanadium. Un bon repas à base de poisson vous procurera tout le vanadium nécessaire.

Il existe une forme biologiquement active de vanadium, le sulfate de vanadyle, un oligo-élément qui copie l'action de l'hormone insuline, que les praticiens de médecine douce utilisent pour traiter le diabète. (*ATTENTION* : évitez l'automédication si vous faites du diabète. Le vanadyle peut réduire votre glucose sanguin trop rapidement, causant des problèmes. Consultez la rubrique 383 pour une liste de praticiens de médecine douce ou parallèle.)

Le sulfate de vanadyle se trouve comme suppléments. Les culturistes prétendent qu'il contribue à l'hypertrophie des muscles, en plus d'augmenter la résistance et l'endurance. La posologie recommandée aux culturistes est de 10 mg environ 30 minutes avant de commencer l'entraînement.

70. LE ZINC

Faits

Le zinc agit comme directeur de la circulation, veillant au bon déroulement des fonctions du corps ainsi qu'à l'entretien des systèmes enzymatiques et cellulaires.

Il est indispensable à la synthèse des protéines et à la formation du collagène.

Il régit la contraction musculaire.

Il aide à la formation de l'insuline.

Il est un élément constitutif de plusieurs enzymes vitales, y compris la SOD, ou l'antioxydant superoxyde dismutase.

Il joue un rôle majeur dans la stabilité sanguine, en maintenant un pourcentage adéquat de vitamine E dans le sang et en équilibrant le rapport acide/alcalin du corps.

Il procure un effet normalisateur sur la prostate et est important dans le développement de tous les organes reproducteurs.

Certaines études soulignent son importance dans la fonction cérébrale et dans le traitement de la schizophrénie.

Des résultats montrent son importance dans la synthèse de l'ADN.

Les recommandations RDI/RDA du National Research Council varient entre 12 et 15 mg pour l'adulte et un peu plus chez la mère allaitante.

Une transpiration excessive peut éliminer jusqu'à 3 mg de zinc par jour.

Presque tout le zinc des aliments est éliminé lors de leur transformation, ou en est absent en raison d'un sol pauvre en nutriments.

Le zinc accélère le temps de guérison des blessures internes et externes.

Il élimine les taches blanches sur les ongles.

Il aide à restaurer le goût.

Il contribue au traitement de l'infertilité.

Il aide à éviter les problèmes de prostate.

Il favorise la croissance et la vivacité d'esprit.

Il aide à diminuer les dépôts de cholestérol.

Il contribue au traitement des troubles mentaux.

Il aide à diminuer la durée et la gravité d'un rhume.

Maladies de carence

Parfois hypertrophie de la prostate (un développement non cancéreux de la glande de la prostate); artériosclérose; hypogonadisme.

Meilleures sources naturelles

La viande, le foie, les fruits de mer (surtout les huîtres), le germe de blé, la levure de houblon (bière). Les graines de citrouille, les œufs, le lait en poudre sans gras et la moutarde sèche moulue.

Suppléments

Il y a du zinc dans toutes les préparations multivitaminées et de minéraux.

Il se vend sous forme de sulfate de zinc, de gluconate de zinc ou de picolinate de zinc en doses fournissant entre 15 et 50 mg de zinc élémentaire.

Le sulfate de zinc et le gluconate de zinc semblent être les formes les plus efficaces, alors que le picolinate de zinc est le composé le plus facilement toléré.

Le citrate de zinc glycinate est le meilleur supplément de zinc.

On trouve aussi du zinc combiné à la vitamine C, au magnésium et aux vitamines du complexe B.

Les pastilles de zinc contre le rhume doivent fondre dans la bouche afin d'être efficaces.

Toxicité et mise en garde contre les excès

Un apport excessif de zinc peut provoquer de l'irritation gastro-intestinale, affecter la fonction immunitaire et mener à une carence en cuivre. Des doses de 1 000 mg ou plus peuvent avoir des effets toxiques. (*Voir la rubrique 374, Avertissements.*)

Ennemis

Les phytates, composés présents dans les produits céréaliers et les légumes, se lient au zinc, limitant ainsi son absorption. (*Voir la rubrique 331.*)

Conseils personnels

Vous devez augmenter votre apport en zinc si vous prenez de grandes quantités de vitamine B6. Il en va de même pour les grands consommateurs d'alcool ou les diabétiques.

Je recommande aux hommes souffrant de problèmes de la prostate, ou non, de s'assurer que leurs niveaux de zinc sont élevés.

J'ai remarqué de bons résultats dans des cas d'impuissance grâce à un programme de suppléments comprenant de la vitamine B6 et du zinc.

Un supplément de zinc et de manganèse peut s'avérer bénéfique pour les aînés inquiets à propos de la sénilité.

Si vous avez des règles irrégulières, essayez un supplément de zinc avant d'avoir recours à des traitements hormonaux en vue de réguler votre cycle menstruel.

La diarrhée peut abaisser les réserves de zinc, de même qu'une grande consommation de fibres.

Rappelez-vous que si vous prenez plus de zinc, vous devez également prendre plus de vitamine A. (Le zinc est plus efficace avec la vitamine A, le calcium et le phosphore.)

Si vous prenez du fer et du zinc, prenez vos suppléments à des heures différentes, car ces minéraux peuvent nuire à l'action l'un de l'autre.

> *ATTENTION : Bien que le zinc soit un minéral rehaussant l'immunité, des doses excédant 150 mg par jour pourraient inhiber la réponse immunitaire.*

71. L'EAU

FAITS

Sans aucun doute, l'eau est le nutriment le plus important de notre organisme. De 50 à 80 % de notre masse corporelle se compose d'eau.

L'être humain peut survivre des semaines sans nourriture, mais seulement quelques jours sans eau.

L'eau est le solvant basique de tous les produits de la digestion.

Elle régule la température corporelle.

Elle est indispensable à l'élimination des déchets.

Il n'y a aucune recommandation quotidienne établie, car la perte en eau varie selon le climat, la région et la personne. Cependant, en toutes circonstances, on devrait boire de six à huit verres d'eau chaque jour. Je recommande de huit à dix verres d'eau filtrée chaque jour. (*Voir le paragraphe « Conseils personnels ».*) Les mères allaitantes doivent augmenter leur apport hydrique vu la quantité d'eau utilisée pour la production du lait.

Les aînés ressentent moins la soif quand leur organisme a besoin de fluides.

Une urine jaune foncé peut indiquer le besoin de fluides.

BIENFAITS

L'eau assure le bon déroulement des fonctions vitales.

Elle contribue à la perte de poids en réduisant l'appétit avant le repas.

Elle aide à prévenir la constipation.

Elle aide aussi à prévenir les calculs rénaux.

Maladies de carence

Déshydratation.

Meilleures sources naturelles

L'eau potable, les jus, les fruits et les légumes.

Suppléments

La plupart des liquides potables peuvent combler nos besoins quotidiens en eau.

Toxicité et mise en garde contre les excès

Il n'y a aucune toxicité connue, mais un apport variant entre 16 et 24 verres en une heure peut s'avérer dangereuse pour l'adulte et même causer la mort d'un enfant.

Conseils personnels

Je conseille, surtout aux personnes qui veulent maigrir, de boire entre 8 et 10 verres d'eau filtrée par jour, et ce, 30 minutes avant les repas. Buvez beaucoup d'eau si vous faites de la fièvre afin de prévenir la déshydratation et d'éliminer les déchets du corps. Augmentez votre apport hydrique lorsque votre urine est plus foncée qu'à l'habitude.

Plus vous avalez d'eau avec vos médicaments, notamment l'aspirine, l'ibuprofène et les antibiotiques, moins vous risquez les problèmes gastriques.

Le café et l'alcool ont tendance à favoriser la déshydratation. Ne les comptez pas dans votre apport total en fluides.

Le lait est un aliment. Il ne remplace pas l'eau.

Ne buvez pas l'eau du robinet d'eau chaude. L'eau chaude dissout davantage le plomb que l'eau froide. Le matin, laissez couler l'eau quelques minutes afin d'éliminer le plomb qui se serait accumulé durant la nuit.

Vous absorbez davantage de calcium et de magnésium que vous le croyez si vous vivez dans une région où l'eau est dure.

La méthode de filtration d'eau la plus économique est le pichet avec filtre. Vous n'avez qu'à verser l'eau à travers le filtre. Il existe bien sûr des dispositifs haut de gamme qui éliminent les métaux lourds et d'autres substances carcinogènes, mais le pichet avec filtre a un coût abordable et l'eau obtenue est plus saine que l'eau du robinet.

Comment déterminer vos besoins hydriques quotidiens

Unités métriques : Divisez votre poids corporel par 7 pour obtenir le nombre de verres d'eau (250 mL) que vous devez boire par jour. Par exemple :

Homme de 84 kg ÷ 7 : 11 verres d'eau
Femme de 66 kg ÷ 7 : entre 9 et 10 verres d'eau

Unités impériales : Divisez votre poids corporel par 2 pour connaître la quantité approximative d'eau, en onces, que vous devez boire par jour. Par exemple :

Homme de 185 lb ÷ 2 = 92 oz, ou 11 verres d'eau de 8 oz
Femme de 145 lb ÷ 2 = 72 oz, ou 9 verres d'eau

(L'eau peut aussi provenir de certains aliments ou de certaines boissons.)

Autres avertissements au sujet de l'eau

Ne surgelez pas les bouteilles d'eau en plastique, car cela peut libérer des dioxines — excessivement carcinogènes et toxiques — dans le plastique.

Faites analyser votre eau par l'organisme sanitaire de votre région si votre domicile contient de vieux tuyaux en plomb. Une eau au pH non adéquat peut dissoudre le plomb des tuyaux et causer une

intoxication au plomb chez les enfants. (Même les raccords brasés des résidences construites avec une tuyauterie en cuivre peuvent être de plomb, ce qui peut affecter l'eau potable.)

Les solvants chlorés ou les pesticides présents dans votre eau peuvent être absorbés par la peau et sont volatils. *Une douche de 15 minutes peut être tout aussi toxique que 8 verres d'eau contaminée !*

Bon nombre de systèmes de filtration à domicile présentent des inconvénients et peuvent même être mauvais pour la santé. Par exemple :

• Les filtres au charbon actif peuvent se contaminer si on ne les remplace pas de façon régulière.

• Testez régulièrement vos systèmes d'osmose inversée, qui éliminent les substances chimiques, mais peuvent se charger des contaminants inorganiques. Le filtre peut alors contenir bon nombre de bactéries sans montrer une réduction dans le débit d'eau.

• Les appareils de distillation ou distillateurs sont plus efficaces pour éliminer les contaminants inorganiques qu'organiques. Il faut les détartrer à intervalles réguliers, sinon l'eau sera plus contaminée que potable ! Souvenez-vous d'entretenir tout système de purification domestique de façon régulière. Procurez-vous des appareils de marques connues.

72. DES QUESTIONS SUR LE CHAPITRE IV ?

Je suis une femme de 40 ans et je bois 3 verres de lait par jour. Ai-je besoin de plus de calcium ?
Oui, si le lait est votre seule source de calcium. Trois verres de lait entier ne fournissent que 776 mg de calcium, ce qui est insuffisant. En outre, ils fournissent 360 mg de sodium, 33 mg de cholestérol, 15 g de gras saturés ainsi que 577 calories. Le lait écrémé ou sans gras, le lait faible en gras et le babeurre réduiront la quantité de gras et de calories, mais ne vous procureront pas le calcium nécessaire. (*Voir la rubrique 53 pour d'autres sources naturelles.*)

J'ai lu que l'eau traitée au chlore pouvait provoquer le cancer. Est-ce vrai ? Si c'est le cas, pourquoi traite-t-on l'eau ainsi ?
Malheureusement, on a associé le processus de chloration de notre eau à un groupe de substances chimiques cancérigènes (trihalométhanes). Selon les normes américaines de l'Environmental Protection Agency, les avantages surpassent de beaucoup les inconvénients, surtout en matière de prévention d'épidémies de typhoïde ou d'autres maladies causées par une eau contaminée. Les dispositifs de filtration d'eau à domicile peuvent retirer le chlore de l'eau du robinet une fois les bactéries éliminées. Consultez la rubrique 71 pour plus de détails.

La pollution de nos ruisseaux et rivières me préoccupe. Comment puis-je savoir si l'eau du robinet est potable ?
Communiquez avez le bureau local d'assainissement des eaux et demandez que l'on vous soumette les tout derniers relevés sanitaires pour connaître la qualité de votre eau et son degré de contamination. Demandez aussi que l'on vous fournisse une copie des normes établies aux fins de comparaison. Vous pouvez de plus faire analyser votre eau afin de dépister toute contamination. La plupart des laboratoires d'hôpitaux offrent ce service.

Entre temps, en attendant d'avoir l'heure juste, vous pouvez appliquer ces quelques mesures préventives :

- Laissez l'eau du robinet couler trois ou quatre minutes avant de la boire. Cela permet d'éliminer le plomb, le cadmium et le cobalt accumulés dans la tuyauterie.

- Faites bouillir votre eau sans couvercle pendant au moins 20 minutes avant de la boire. L'ébullition détruit les bactéries et élimine certaines substances chimiques organiques.

- Si vous redoutez la présence de trihalométhanes (des substances carcinogènes présentes dans l'eau chlorée), passez votre eau au mélangeur sans couvercle pendant 15 minutes. Ce processus d'aération permet d'éliminer le chlore et les substances organiques chlorées.

- Procurez-vous un système de filtration d'eau.

Je suis confus quand j'arrive au supermarché. L'eau minérale est-elle meilleure pour moi que l'eau de source ?

Meilleure ? Pas vraiment. Certaines eaux minérales contiennent moins de minéraux dissous que l'eau potable du robinet. En fait, l'expression « eau minérale » sert souvent à décrire toutes les eaux mises en bouteilles, sauf l'eau en vrac, le soda club et l'eau de Seltz. L'eau de source, selon les normes, doit effectivement provenir d'une source. Cette eau peut également contenir des minéraux. Le mot clé ici est « naturel ». L'indication « naturel » doit apparaître sur l'étiquette. Sinon, cela signifie qu'on a éliminé des minéraux de l'eau ou qu'on en a ajouté. Dans ces cas, aussi bien choisir vous-même les nutriments que vous allez prendre !

Je sais que je dois prendre du calcium, mais je suis allergique aux produits laitiers. Quelles options me proposez-vous ?
Du jus d'orange : environ 180 mL (6 oz) additionné de calcium vous procurera 200 mg de calcium. Une boîte de sardines avec arêtes de 85 g (3 oz) contient entre 200 et 300 mg de calcium. Le tofu, fait de sulfate de calcium, est une autre source (150 mg par portion de 114 mg ou 4 oz), ainsi que les amandes, les noix du Brésil et les noisettes (environ 200 à 300 mg par 250 mL ou tasse). Pourquoi ne pas essayer les amanoris ou d'autres algues comestibles ? Leurs saveurs sont inhabituelles, mais elles sont riches en calcium.

J'ai entendu dire que le calcium allait m'aider à perdre du poids. Est-ce vrai ? Combien devrais-je en prendre, en aliments ou en suppléments ?
Je suis désolé de vous décevoir, mais c'est faux ! Le calcium ne fait pas perdre du poids. Il contribue cependant à accroître la perte de poids et de gras lors d'un régime faible en calories. Cela vous semble-t-il contradictoire ? Voyons. Des études ont montré qu'à mesure que le calcium alimentaire augmente dans l'organisme, les taux de calcium dans les cellules adipeuses diminuent. Des taux de calcium plus faibles dans la cellule même agissent sur le métabolisme du gras, ce qui favorise la perte de poids. La synthèse du gras ralentit alors que la dégradation du gras s'accroît. Il en résulte une accumulation moindre de gras et une diminution du poids corporel. Les personnes obèses qui font un régime minceur faible en calories, mais riche en calcium, ont perdu plus de poids que celles qui ont fait un régime amincissant faible en calories et plus faible en calcium. Mieux encore, l'effet du calcium sur la perte de poids s'est vu amplifié par la consommation de produits laitiers faibles en gras au lieu de suppléments. (Voir la rubrique 53 pour les meilleures sources naturelles.)

CHAPITRE 5 Les protéines et ces merveilleux acides aminés

73. LA RELATION PROTÉINES/ACIDES AMINÉS

Les protéines sont des éléments vitaux de l'alimentation humaine et animale. Plus précisément, ce ne sont pas les protéines en soi qui sont si indispensables, mais les acides aminés qui les constituent.

Les acides aminés se combinent à l'azote pour produire des milliers de protéines variées. En plus d'être les constituants des protéines, ils sont les produits finals de la digestion protéique.

On connaît 23 acides aminés. Huit d'entre eux font partie des *acides aminés essentiels*. Ces derniers *doivent* provenir des aliments ou des suppléments, car l'organisme *ne* peut *pas* les générer. On considère l'histidine, le neuvième acide aminé, comme essentielle chez les nourrissons et les enfants seulement.

L'organisme a besoin de tous les acides aminés en quantités adéquates pour utiliser et synthétiser efficacement les protéines. L'absence même brève d'un seul acide aminé essentiel peut perturber le processus de synthèse protéique. En fait, dès que la quantité d'un acide aminé baisse, l'efficacité des autres diminue proportionnellement.

LES ACIDES AMINÉS

(Un astérisque indique les acides aminés essentiels.)

Alanine
Arginine
Asparagine
Acide aspartique
Cystéine
Cystine
Acide glutamique
Glutamine

Glycine
*Histidine (nourrissons et enfants)
*Isoleucine
*Leucine
*Lysine
*Méthionine
Ornithine
*Phénylalanine
Proline
Sérine
Taurine
*Thréonine
*Tryptophane
Tyrosine
*Valine

74. DE COMBIEN DE PROTÉINES AVEZ-VOUS RÉELLEMENT BESOIN ?

Les besoins protéiques de chacun varient selon divers facteurs tels l'état de santé, l'âge et la taille. Plus vous êtes jeune et grand, plus vous avez besoin de protéines. Consultez le tableau ci-dessous pour déterminer vos besoins quotidiens selon les normes établies.

Âge	1-3	4-6	7-10	11-14	15-18	19 et plus
CLÉ DE CONVERSION						
Métrique	1,82	1,51	1,22	1,00	0,88	0,80
Impérial	0,82	0,68	0,55	0,45	0,40	0,36

- Trouvez la clé de conversion qui correspond à votre groupe d'âge, selon que vous utilisez votre poids en unités métriques ou impériales.

- Multipliez ce nombre par votre poids.

- Le résultat correspond à vos besoins quotidiens en protéines, en grammes.

Unités métriques — Vous pesez 45 kg et vous avez 33 ans. Votre clé de conversion est 0,80.

0,80 x 45 = 36 g
soit vos besoins quotidiens en protéines.

Unités impériales — Vous pesez 100 lb et vous avez 33 ans. Votre clé de conversion est 0,36.

0,36 x 100 = 36 g
soit vos besoins quotidiens en protéines.

Les exigences minimales moyennes de protéines sont d'environ 45 g par jour, ou l'équivalent de 15 g (1/2 oz) par repas. Vous n'avez pas besoin de manger beaucoup de viande pour les obtenir. Une escalope de volaille de 113 g (4 oz) fournit entre 30 et 35 g de protéines; 250 mL (1 tasse) de yaourt en donnent 12 g; deux galettes de céréale de blé extrudé en filaments (Shredded Wheat®) arrosées de 250 mL (1 tasse) de lait 2 % vous font commencer la journée du bon pied avec 14 g de protéines.

75. LES TYPES DE PROTÉINES : QU'EST-CE QUI LES DISTINGUE ?

Bien qu'elles proviennent toutes des mêmes 23 acides aminés, les protéines diffèrent les unes des autres. Elles ont des fonctions différentes et agissent sur diverses parties du corps.

Il y a deux types de protéines, soit les protéines de haute valeur biologique et les protéines de basse valeur biologique.

Les *protéines de haute valeur biologique* procurent un bon équilibre des huit acides aminés essentiels dont la fonction est de générer les tissus. Elles se trouvent dans les aliments de source animale, notamment les viandes, la volaille, les fruits de mer, les œufs, le lait et le fromage.

Pour leur part, les ***protéines de basse valeur biologique*** sont privées de certains acides aminés et sont peu efficaces lorsqu'on les consomme seules. Toutefois, elles deviennent des protéines de haute valeur biologique une fois combinées à de petites quantités de protéines de sources animales. Il y en a dans les graines, les noix, les pois, les céréales complètes et les légumineuses.

La combinaison des deux types de protéines constitue une meilleure alimentation que des protéines d'un seul type. Un bon mets de riz et de légumineuses avec du fromage est tout aussi nutritif, plus économique et plus faible en gras qu'un steak.

76. DES MYTHES SUR LES PROTÉINES

Beaucoup de gens semblent croire que les protéines n'entraînent pas de prise de poids. Cette idée fausse a frustré plus d'une personne au régime qui pense bien faire en évitant le pain et en mangeant des portions généreuses de steak. Ces personnes se demandent ensuite d'où vient leur excès de poids. Voici :

- 1 g de protéines = 4 calories

- 1 g de glucides = 4 calories

- 1 g de gras = 9 calories

En résumé, les protéines et les glucides contiennent le même nombre de calories, gramme pour gramme.

Une autre idée répandue est la capacité des protéines de consommer le gras. C'est là une autre idée fausse qui laisse les personnes bouche bée sur leur pèse-personne. Il est faux de croire que vous perdrez du poids en absorbant plus de protéines. Croyez-le ou non, mais un taco au bœuf maison ou une pointe de pizza au fromage vous procurera plus de protéines que deux œufs, quatre tranches de bacon ou même un grand verre de lait. (Bien sûr, si le taco ou la pizza contient de nombreux additifs, il vaut mieux vous en tenir aux oeufs.)

77. DES SUPPLÉMENTS PROTÉIQUES

Les suppléments protéiques sont un substitut idéal pour toute personne qui ne tire pas la quantité requise de protéines de ses aliments chaque jour. Les meilleurs suppléments sont dérivés des fèves de soja, du blanc d'œuf, du lactosérum et du lait allégé, des éléments qui contiennent tous les acides aminés essentiels. On les trouve sous forme liquide ou en poudre, sans glucides ou gras. Ils fournissent 26 g de protéines par 30 mL ou (2 c. à soupe). C'est l'équivalent d'un steak de 84 g (3 oz).

Ces suppléments s'ajoutent bien aux boissons et aux aliments. On peut mélanger la protéine végétale texturée (PVT) au bœuf haché pour compléter, voire rehausser le « hamburger ». Cette recette est économique et meilleure pour la santé, car elle réduit la teneur en gras saturés.

78. DES SUPPLÉMENTS D'ACIDES AMINÉS

Les acides aminés libres se trouvent en formules équilibrées ou comme suppléments individuels depuis qu'on a observé, chez nombre d'entre eux, des propriétés favorables à la santé, depuis le renforcement du système immunitaire jusqu'à la réduction de la dépendance aux drogues. (*Voir les rubriques 79 à 86 pour plus de détails.*)

Il est sage de prendre, avec les suppléments d'acides aminés, les principales vitamines qui participent à leur métabolisme, notamment les vitamines B6, B12 et la niacine. Avant de prendre une formule, assurez-vous qu'elle est bien équilibrée. *Lisez l'étiquette !* Il faut un certain équilibre entre les acides aminés essentiels et non essentiels, et entre les acides aminés essentiels mêmes- pour que la synthèse protéique ait lieu. (On devrait trouver un rapport lysine/méthionine de 2 à 1, un rapport lysine/tryptophane de 3 à 1, et ainsi de suite. Consultez votre pharmacien ou un nutritionniste chevronné en cas de doute. (*Voir la rubrique 383.*) Recherchez une formule qui simulera le processus naturel de formation de protéines pour en tirer le maximum.

> *ATTENTION : Il est dangereux de remplacer des aliments par un supplément sur une base régulière ou de prendre des mégadoses de suppléments sans l'approbation d'un médecin. Gardez tout supplément hors de la portée des enfants.*

79. À PROPOS DU TRYPTOPHANE – ET DU 5-HTP

Le tryptophane est un acide aminé essentiel utilisé par le cerveau — avec la vitamine B6, la niacine (ou niacinamide) et le magnésium — pour produire de la sérotonine, un neurotransmetteur qui achemine les messages entre le cerveau et l'un des mécanismes biochimiques du sommeil.

Bienfaits

Le tryptophane entraîne le sommeil naturel.

Il réduit la sensibilité à la douleur.

Il agit comme antidépresseur naturel.

Il soulage la migraine.

Il aide à réduire l'anxiété et la tension (le stress).

Il contribue au soulagement de certains symptômes de troubles associés à l'alcool et aide à la maîtrise de l'alcoolisme.

Meilleures sources naturelles

Le fromage blanc (cottage), le lait, la viande, le poisson, la dinde, les bananes, les dattes séchées, les cacahuètes (arachides) et tous les aliments riches en protéines.

Suppléments

Le L-tryptophane ne se trouve plus en vente libre aux États-Unis, mais seulement sur ordonnance. (En 1988, la FDA a dû effectuer un rappel après qu'un lot contaminé du Japon a causé plusieurs décès. Le problème ne provenait pas du tryptophane même, mais de graves lacunes dans les procédés de fabrication.

Examinons le 5-HTP (5-hydroxytryptophane), un supplément très semblable au tryptophane que certains appellent le « Prozac® » naturel. Il s'agit d'un inhibiteur sélectif du recaptage de la sérotonine (ISRS) qui, comme le Prozac, accroît l'activité de la sérotonine. Contrairement aux antidépresseurs sur ordonnance et aux agents d'endormissement, le 5-HTP n'a pas d'effets secondaires déplaisants tels que la bouche sèche ou une perte de la libido. On a *non seulement* trouvé que le 5-HTP soulage la dépression et qu'il agit comme somnifère, mais aussi qu'il aide à supprimer l'appétit. (C'est une bonne nouvelle pour les personnes au régime.)

Sous forme de supplément, je recommande de prendre un ou deux comprimés de 50 mg par jour, à jeun.

Conseils personnels

Assurez-vous de prendre un supplément équilibré de vitamines du complexe B (de 50 à 100 mg de vitamines B1, B2 et B6) au petit déjeuner et au dîner afin de tirer le meilleur parti du 5-HTP ou du L-tryptophane.

80. LA FABULEUSE PHÉNYLALANINE

La phénylalanine est un acide aminé essentiel et un neurotransmetteur, soit une substance chimique qui transmet les signaux entre les cellules nerveuses et le cerveau. Une fois dans l'organisme, elle se transforme en norépinéphrine et en dopamine, deux neurotransmetteurs excitateurs qui favorisent la vivacité et la vitalité. (*À ne pas confondre avec la dl-phénylalanine; voir la rubrique 81.*) Elle représente aussi la moitié de l'édulcorant aspartame (composé de phénylalanine et d'acide aspartique) et se trouve dans presque toutes les boissons de régime sauf le Dr Pepper® (boisson américaine) de même que dans la plupart des aliments de régime et des médicaments.

BIENFAITS

La phénylalanine réduit la faim.
Elle augmente l'appétit sexuel.
Elle améliore la mémoire et la vivacité d'esprit.
Elle soulage la dépression.

Meilleures sources naturelles

Tous les aliments riches en protéines, la farce au pain, les produits de soja, le fromage blanc (cottage), le lait allégé en poudre, les amandes, les cacahuètes (arachides), les haricots de Lima, les graines de sésame et les graines de citrouille.

Suppléments

La phénylalanine se vend en comprimés de 250 à 50 mg. Pour maîtriser l'appétit, prenez ces comprimés une heure avant le repas avec du jus ou de l'eau (sans protéines).

Prenez les comprimés entre les repas en vue d'augmenter la vivacité générale, mais toujours avec de l'eau ou du jus, sans protéines.

ATTENTION : la phénylalanine est contre-indiquée durant la grossesse et pour les personnes souffrant de phénylcétonurie (PCU) ou de cancer de la peau.

Conseils personnels

Je vous conseille d'essayer ce produit naturel avant de vous tourner vers les médicaments sur ordonnance ou les drogues. (Rappelez-vous cependant qu'une carence en vitamine C empêche son métabolisme.)

La phénylalanine ne crée pas d'accoutumance, ***mais elle peut faire augmenter la tension artérielle***. Si vous souffrez d'hypertension artérielle ou d'un trouble du cœur, je vous recommande de consulter votre médecin avant d'utiliser la phénylalanine. (La plupart du temps, les personnes qui font de l'hypertension artérielle peuvent en prendre ***après*** les repas, mais il est essentiel d'obtenir d'abord l'approbation de votre médecin.)

81. LA DL-PHÉNYLALANINE (DLPA)

Cette forme de l'acide aminé essentiel phénylalanine combine en parts égales la d-phénylalanine (synthétique) et la l-phénylalanine (naturelle). Elle renforce et prolonge la réaction analgésique de l'organisme face à la douleur causée par les blessures, les accidents et la maladie, car elle génère, puis active les hormones simulant la morphine dites *endorphines*.

Certains systèmes enzymatiques détruisent continuellement les endorphines, mais la dl-phénylalanine inhibe efficacement ces enzymes, ce qui permet aux endorphines analgésiques d'effectuer leur tâche.

Les gens aux prises avec des douleurs chroniques ont un faible niveau d'endorphines dans le sang et de liquide céphalorachidien. La DLPA peut ramener les endorphines à un niveau normal; ce faisant, elle aide l'organisme en réduisant la douleur de façon naturelle, sans médicaments.

Mieux encore, la DLPA a une action sélective. Elle peut soulager efficacement une douleur chronique à long terme tout en maintenant les mécanismes de défense du corps pour reconnaître les douleurs aiguës à court terme (brûlures, coupures, etc.).

L'effet de la DLPA égale et souvent dépasse celui de la morphine ou d'autres dérivés analgésiants; cependant, la DLPA diffère des médicaments en vente libre ou sur ordonnance sur les points suivants :

- Elle ne crée pas d'accoutumance.
- Son effet analgésiant *s'accentue* avec le temps (sans apparition de tolérance).
- Elle a un puissant effet antidépresseur.
- Elle peut avoir un effet analgésiant pendant près d'un mois sans autre médication.
- Elle est non toxique.
- Elle peut se combiner à d'autres médicaments ou traitements afin d'en accroître l'efficacité sans effets indésirables.

Bienfaits

La dl-phénylalanine agit comme analgésiant naturel dans des cas tels que le coup de fouet cervical, l'ostéoarthrose, la polyarthrite rhumatoïde, les douleurs au bas du dos, les migraines, les crampes musculaires et aux jambes, la douleur postchirurgicale et la névralgie.

Suppléments

La dl-phénylalanine se trouve habituellement en comprimés de 375 mg. Les posologies adéquates varient selon l'intensité de la douleur ressentie par la personne.

La meilleure façon de commencer à prendre de la DLPA consiste à avaler 6 comprimés par jour (2 comprimé 15 minutes avant chaque repas). La douleur devrait commencer à se résorber après les quatre premiers jours, quoique l'effet ne se fasse parfois sentir qu'après trois ou quatre semaines. (Si vous n'observez aucun soulagement après trois semaines, doublez la posologie initiale pour les deux ou trois semaines suivantes. Si vous ne ressentez toujours aucun soulagement, cessez de prendre les comprimés. On a montré que de 5 à 15 % des gens ne réagissent pas aux propriétés analgésiques de la DLPA.)

> *ATTENTION : La dl-phénylalanine est contre-indiquée durant la grossesse et chez les personnes souffrant de phénylcétonurie. Les personnes souffrant de maladies du cœur ou d'hypertension artérielle doivent consulter leur médecin avant de prendre de la dl-phénylalanine, car elle fait augmenter la tension artérielle. Habituellement, il est possible d'en prendre* après *les repas.*

Conseils personnels

La DLPA réduit habituellement la douleur dès la première semaine. Vous pouvez diminuer les doses graduellement jusqu'au minimum requis. Peu importe la quantité prise, vous devez la répartir également au cours de la journée.

Certaines personnes ont besoin de dl-phénylalanine une semaine par mois seulement, alors que d'autres doivent en prendre de façon continue. (J'ai remarqué avec intérêt que bien des personnes qui ne réagissent pas aux analgésiques traditionnels sur ordonnance, comme Empirin® ou Valium®, ***ressentent*** l'effet de la DLPA.)

82. COUP D'OEIL SUR LA LYSINE

Cet acide aminé essentiel est vital dans la production des protéines critiques de l'organisme. Il en faut pour assurer la croissance, la réparation des tissus ainsi que la production des anticorps, des hormones et des enzymes.

BIENFAITS

La lysine aide à diminuer l'incidence ou à prévenir l'apparition de l'herpès (boutons de fièvre).

Elle stimule la concentration.

Elle utilise adéquatement les acides gras requis dans la production de l'énergie.

Elle favorise l'absorption du calcium.

Elle contribue à la prévention et au traitement de l'ostéoporose.

Elle aide à corriger certains problèmes d'infertilité.

Meilleures sources naturelles

Le poisson, le lait, les haricots de Lima, la viande, le fromage, les produits de soja et tous les aliments riches en protéines.

Suppléments

La l-lysine se vend le plus souvent en capsules ou en comprimés de 500 mg. La posologie courante est de un ou deux comprimés par jour, trente minutes avant les repas.

Conseils personnels

Vous avez peut-être une carence en lysine si vous êtes souvent fatigué et incapable de vous concentrer, si vous avez souvent les yeux injectés de sang, des nausées, des étourdissements, si vous perdez vos cheveux et faites de l'anémie.

Les personnes âgées, surtout les hommes, requièrent plus de lysine que les jeunes.

Certains produits céréaliers protéiques, comme la gliadine (du blé) et la zéine (du maïs), ne contiennent pas de lysine. L'ajout de lysine aux aliments à base de blé rehausse leurs qualités protéiques. (*Voir la rubrique 75 au sujet des protéines de haute valeur biologique et des protéines de basse valeur biologique.*)

Ne donnez pas de suppléments de lysine aux enfants de moins de 10 ans à moins qu'un médecin le prescrive. (Des allergies non connues chez l'enfant peuvent causer des effets secondaires indésirables.)

Dans un cas d'herpès, un supplément de lysine à raison de 3 à 6 g par jour — en plus d'une alimentation riche en lysine — peut faire beaucoup de bien. Pour prévenir les boutons de fièvre, prenez entre 500 et 1 000 mg de lysine par jour, entre les repas.

83. À PROPOS DE L'ARGININE, LE «VIAGRA NATUREL»

Cet acide aminé est nécessaire au fonctionnement normal de l'hypophyse. De concert avec l'ornithine, la phénylalanine et d'autres neurochimiques, l'arginine est nécessaire à la synthèse et à la libération de l'hormone de croissance produite par l'hypophyse. (*Voir la rubrique 85.*) Les guérisseurs naturels suggèrent souvent l'arginine comme supplément aux hommes aux prises avec des troubles de la fonction érectile. L'arginine augmente le flux sanguin dans le pénis, ce qui se traduit par une érection plus ferme. Malheureusement, l'arginine ne fonctionne pas chez tous les hommes et ses effets sont de courte durée. Pour une efficacité optimale, prenez ce supplément 45 minutes avant la relation sexuelle. L'arginine peut aussi augmenter le compte de spermatozoïdes (le liquide séminal est formé d'au moins 80 % de ce constituant protéique) et peut aider au traitement de l'infertilité masculine. En outre, elle peut améliorer la fonction immunitaire en stimulant le thymus, dans lequel les lymphocytes T, qui combattent l'infection, sont emmagasinés jusqu'à leur entrée en action. En fait, des études ont montré que l'arginine peut faire augmenter le nombre de lymphocytes T et peut même déclencher la production de cellules destructrices qui favorisent l'autodéfense du corps contre le cancer.

Bienfaits

L'arginine stimule la libération de l'hormone de croissance. (*Voir la rubrique 85.*)

Elle augmente le compte de spermatozoïdes et améliore la performance sexuelle chez l'homme.

Elle favorise la réponse immunitaire et la guérison des blessures.

Elle aide à métaboliser les gras corporels et à tonifier le tissu musculaire.

Elle favorise la vivacité physique et mentale.

Elle aide à réduire les taux de LDL, « le mauvais cholestérol ».

Meilleures sources naturelles

Les noix, le maïs soufflé, la caroube, les desserts à base de gélatine, le chocolat, le riz brun, l'avoine, les raisins secs, les graines de tournesol, les graines de sésame, le pain de blé complet, la viande et tous les aliments riches en protéines.

Suppléments

On trouve la l-arginine sous forme de comprimés ou en poudre. Il faut la prendre à jeun avec de l'eau ou du jus (sans protéines). Privilégiez les comprimés à libération progressive (1 500 mg deux fois par jour). Prenez 2 g (2 000 mg) de l-arginine avant d'aller au lit pour accroître votre immunité, et votre vivacité physique et mentale. Pour augmenter le tonus musculaire, prenez 2 g (2 000 mg) de l-arginine une heure avant de commencer tout exercice physique vigoureux. Pour les bienfaits d'ordre sexuel, prenez de 3 à 6 g (3 000 à 6 000 mg) de l-arginine 45 minutes avant une relation sexuelle.

> *ATTENTION : Ne donnez pas d'arginine aux enfants en pleine croissance, car elle pourrait causer du gigantisme, ou encore aux personnes souffrant de schizophrénie. Les suppléments d'arginine et les aliments riches en arginine sont contre-indiqués pour toutes les personnes souffrant d'herpès ou qui prennent des inhibiteurs ACE. L'arginine peut augmenter temporairement le diamètre des vaisseaux sanguins et affecter la posologie requise des hypertenseurs. En outre, elle peut altérer les effets, voire la posologie des médicaments à base de nitrate comme la nitroglycérine, le mononitrate d'isosorbide, le dinitrate d'isosorbide et le nitrate d'amyle. (Consultez un professionnel de la nutrition avant de prendre ces suppléments. Des posologies excédant 20 à 30 g par jour sont déconseillées, car elles peuvent entraîner une hypertrophie des articulations et la déformation des os.*

Conseils personnels

Les adultes ont besoin d'arginine, car après 30 ans, l'hypophyse cesse d'en fabriquer.

Votre apport en arginine est trop élevé si vous remarquez un épaississement ou un durcissement de la peau. Prise en très grandes quantités pendant des semaines, l'arginine peut avoir cet effet indésirable, quoique réversible. Vous n'avez qu'à réduire votre apport.

Tout traumatisme physique augmente vos besoins en arginine alimentaire.

Les cellules absorbent l'arginine et la lysine suivant le même processus. Un excès de l'une peut faire diminuer l'autre dans le corps, nécessitant un supplément de l'acide aminé manquant.

La l-arginine prise avec la l-ornithine peut aider à stimuler la perte de poids.

84. LA TAURINE

Cet acide aminé non essentiel synthétisé dans l'organisme est l'élément constituant de tous les autres acides aminés. La taurine abonde dans les tissus cardiaques, les muscles squelettiques et le système nerveux central. Elle est utile au métabolisme du gras, à l'absorption des vitamines liposolubles et au contrôle des taux de cholestérol sérique. En outre, elle a un effet protecteur sur le cerveau.

Bienfaits

La taurine renforce la fonction cardiaque.

Elle aide à rehausser la vision et à prévenir la dégénérescence maculaire.

Elle contribue au traitement de l'anxiété et de l'épilepsie.

Meilleures sources naturelles

Les œufs, le poisson, la viande et le lait.

Suppléments

La taurine se vend en capsules de 500 mg. Prenez jusqu'à trois capsules par jour avec de l'eau ou du jus (sans protéines), trente minutes avant les repas.

Conseils personnels

La taurine n'est pas une protéine végétale, mais l'organisme peut la synthétiser efficacement tant que vous disposez de vitamine B6 en quantité suffisante.

Une consommation excessive d'alcool nuit à la capacité du corps de synthétiser la taurine adéquatement.

Le diabète fait augmenter les besoins en taurine.

La taurine prise de pair avec la cystine pourrait diminuer les besoins en insuline.

85. LES LIBÉRATEURS DE L'HORMONE SOMATROPE (DE CROISSANCE) (GH)

Les libérateurs de l'hormone somatrope (de croissance) (GH) sont des nutriments qui favorisent la production de l'hormone somatrope dans l'organisme. Cette dernière se loge dans l'hypophyse, et l'organisme la libère en réponse au sommeil, à l'exercice et à un apport alimentaire réduit.

BIENFAITS

L'hormone somatrope (de croissance) favorise l'utilisation du gras corporel et aide à transformer ce dernier en énergie et en muscles.

Elle accroît la résistance à la maladie.

Elle accélère la guérison des blessures.

Elle contribue à la réparation des tissus.

Elle renforce les tissus conjonctifs, ce qui favorise des tendons et des ligaments sains.

Elle favorise la synthèse protéique, ce qui aide à la croissance du muscle.

Elle diminue les taux d'urée dans le sang et dans l'urine.

Les principaux libérateurs de GH comprennent les acides aminés ornithine, arginine, tryptophane, glutamine, glycine et tyrosine, qui fonctionnent en synergie (mieux que quand ils sont seuls) avec la vitamine B6, la niacinamide, le zinc, le calcium, le magnésium, le potassium et la vitamine C en vue d'enclencher la libération nocturne de l'hormone de croissance. La sécrétion la plus importante de GH survient après environ 90 minutes de sommeil.

Les taux d'hormone de croissance naturelle diminuent au fil du vieillissement; vers la cinquantaine, la production de GH cesse pratiquement. Cependant, grâce à des suppléments alimentaires d'acides aminés et de vitamines qui favorisent sa libération, une personne peut voir la production de GH reprendre comme chez un jeune adulte.

L'ÉQUIPE PAR EXCELLENCE : L'ORNITHINE ET L'ARGININE

L'ornithine et l'arginine, deux des acides aminés participant à la libération de l'hormone de croissance, comptent parmi les suppléments les plus populaires de nos jours, essentiellement parce qu'ils contribuent à la perte de poids et au remodelage de la silhouette pendant le sommeil (moment de la sécrétion de la GH). Alors que certaines hormones contribuent au stockage du gras, l'hormone de croissance mobilise ce dernier, vous aidant non seulement à avoir une apparence svelte, mais vous donnant aussi plus d'énergie.

L'ornithine stimule la sécrétion d'insuline et permet à cette dernière de fonctionner comme hormone anabolisante (édification du muscle). Elle est fort populaire chez les culturistes. Une quantité supplémentaire d'ornithine fera aussi augmenter le taux d'arginine dans l'organisme. (En fait, l'arginine provient de l'ornithine, laquelle est libérée par l'arginine, ainsi de suite.)

En raison de ce lien étroit entre l'ornithine et l'arginine, leurs caractéristiques et les mises en garde les concernant sont les mêmes. (*Voir la rubrique 83, À propos de l'arginine, le « Viagra naturel ».*) L'ornithine prise comme supplément agit le mieux quand on la prend en même temps et sous la même forme que l'arginine (à jeun, avec du jus ou de l'eau, et sans protéines).

86. D'AUTRES ACIDES AMINÉS ÉTONNANTS

La glutamine et l'acide glutamique

L'acide glutamique sert principalement de carburant au cerveau. Il a la capacité d'absorber l'excès d'ammoniac qui peut inhiber la fonction cérébrale et de le transformer en glutamine à effet tampon. Comme la glutamine produit une hausse marquée de l'acide glutamique, une carence alimentaire de l'une peut se traduire par une insuffisance de l'autre dans le cerveau.

La glutamine est aussi un composant du glutathion, l'un des principaux antioxydants de l'organisme, présent dans pratiquement toutes les cellules. Une carence en glutamine entraîne fréquemment une carence en glutathion. La glutamine favorise également la hausse du taux d'hormone de croissance.

Outre sa qualité d'accroître l'intelligence (voire le quotient intellectuel d'enfants présentant une déficience mentale), on a montré que la glutamine aide à contrôler l'alcoolisme. On a aussi noté qu'elle écourte le temps de guérison des ulcères en plus de soulager la fatigue, la dépression et l'impuissance. De plus, elle contribue à la guérison des grands brûlés et peut aider à prévenir l'atrophie musculaire chez les malades chroniques. Récemment, on l'a utilisée avec succès pour traiter la schizophrénie et la sénilité, et chez certains patients atteints de cancer subissant une greffe de la moelle osseuse, écourtant leur séjour à l'hôpital et réduisant leurs risques d'infection. Enfin, on a montré qu'elle accentue la masse musculaire chez les personnes qui font de l'entraînement.

On trouve la l-glutamine, une forme naturelle de glutamine, en capsules de 500 mg. Je recommande de prendre jusqu'à trois capsules ou comprimés de 500 mg 30 minutes avant les repas ou 2 heures après. (Je suggère de commencer par des doses variant entre 500 et 1 000 mg les premières semaines et d'augmenter votre apport jusqu'à 1 500 mg en un mois.)

> *ATTENTION : Bien que la glutamine et l'acide glutamique diffèrent du glutamate monosodique (GMS), les personnes sensibles à ce dernier pourraient ressentir une réaction allergique. Il est donc préférable de consulter un médecin avant de prendre ces suppléments.*

L'acide aspartique

L'acide aspartique aide à expulser l'ammoniac nocif de l'organisme. (L'ammoniac a des effets très toxiques une fois qu'il s'infiltre dans la circulation.) En éliminant l'ammoniac, l'acide aspartique contribue à la protection du système nerveux central. Des études récentes soulignent qu'il peut jouer un rôle majeur dans le combat contre la fatigue. Les athlètes auxquels on a donné des suppléments de sels d'acide aspartique ont montré une résistance et une endurance nettement accrues.

On trouve les suppléments d'acide l-aspartique (la forme naturelle de l'acide aspartique) en comprimés de 250 à 500 mg. La posologie courante est de 500 mg, une à trois fois par jour avec de l'eau ou du jus (sans protéines).

La cystine et la cystéine

La cystine est la *forme stable* de l'acide aminé à base de soufre, la cystéine (un nutriment antivieillissement puissant). L'organisme convertit aisément l'une en l'autre au besoin. On peut considérer les deux formes comme un seul acide aminé pour le métabolisme. La cystine libère de l'acide sulfurique lorsqu'elle est métabolisée, lequel réagit avec d'autres substances afin de détoxifier l'organisme.

On a montré que les acides aminés contenant du soufre, surtout la cystine et la méthionine, protègent efficacement l'organisme contre l'intoxication au cuivre. (Une accumulation excessive de ce dernier chez l'homme signale la maladie de Wilson.) Le duo cystine/cystéine peut aussi réguler et protéger l'organisme contre d'autres métaux nocifs et les radicaux libres nuisibles formés par le tabagisme et la consommation d'alcool. Le supplément de cystéine (la l-cystéine) absorbée chaque jour de pair avec la vitamine C (trois fois plus de vitamine C que de cystéine) est la solution qui s'offre aux fumeurs et aux consommateurs d'alcool. (Il n'est pas nécessaire de prendre les suppléments à jeun.) Des études récentes indiquent aussi que des doses thérapeutiques de cystéine peuvent procurer un bon degré de protection contre les radiographies et le rayonnement nucléaire.

ATTENTION : De fortes doses de cystéine/cystine, de vitamine C et de vitamine B1 sont à déconseiller aux personnes souffrant de diabète sucré et ne devraient être prises que sous la recommandation d'un médecin. (La combinaison de ces nutriments pourrait nuire à l'efficacité de l'insuline.)

La méthionine

La méthionine est un acide aminé essentiel qui participe à la décomposition des gras et est un antioxydant puissant. Tout comme la cystine, la méthionine est un autre acide aminé à base de soufre qui aide à protéger l'organisme contre les substances toxiques et les radicaux libres nuisibles. Dans certains cas, elle aide à traiter la schizophrénie en diminuant les taux d'histamine dans le sang, lesquels pourraient inciter le cerveau à transmettre des messages erronés. Elle semble aussi protéger l'organisme contre certaines tumeurs quand on la prend avec de la choline et de l'acide folique. Les femmes qui prennent un contraceptif oral peuvent en bénéficier, car elle favorise l'élimination de l'œstrogène.

Toute carence en méthionine peut inhiber l'habileté de l'organisme à synthétiser l'urine, ce qui se traduit par de l'œdème (enflure causée par une rétention de fluides dans les tissus) et des risques plus élevés d'infection. On a aussi établi un lien entre une carence en méthionine et des dépôts de cholestérol, de l'athérosclérose et la perte de poils (chez les animaux de laboratoire).

La méthionine n'est pas synthétisée par l'organisme et doit donc provenir de sources alimentaires ou de suppléments. Parmi les bonnes sources alimentaires de cet acide aminé figurent les légumineuses, le poisson, les œufs, l'ail, les fèves de soja, la viande, les oignons, les graines et le yaourt.

La glycine

On définit parfois la glycine comme l'acide aminé le plus simple. On a montré qu'elle apporte quelques bienfaits remarquables. Elle est notamment utile pour traiter une fonction ralentie de l'hypophyse, car elle fournit davantage de créatine (substance essentielle à la fonction musculaire) à l'organisme. On a montré son efficacité dans le traitement de la dystrophie musculaire progressive. Voici un fait intéressant : un excès de cet acide aminé peut causer de la fatigue, alors qu'une quantité adéquate accroît l'énergie.

La glycine est essentielle au fonctionnement du système nerveux central. Elle est utile au traitement de la maniacodépression et de l'hyperactivité en plus d'aider à prévenir les crises d'épilepsie.

Bon nombre de médecins spécialistes de la nutrition font maintenant appel à la glycine pour traiter l'hypoglycémie. (La glycine stimule la libération du glucagon, qui à son tour mobilise le glycogène, lequel est ensuite libéré dans le sang sous forme de glucose.)

En outre, la glycine se révèle être un traitement efficace contre l'hyperacidité gastrique (il y en a dans plusieurs antiacides). On l'a utilisée pour soigner certains types d'acidémie (faible taux de pH sanguin), notamment l'acidémie causée par un déséquilibre en leucine, qui produit une odeur corporelle et une haleine désagréables (auparavant, on se contentait de restreindre l'apport alimentaire en leucine).

La tyrosine

Cet acide aminé non essentiel est néanmoins l'un des meilleurs neurotransmetteurs. On le reconnaît pour son action qui stimule et modifie l'activité cérébrale; par exemple, pour que la phénylalanine améliore efficacement l'humeur ou qu'elle supprime l'appétit, et ainsi de suite, (*voir la rubrique 80*), il faut que l'organisme la transforme d'abord en tyrosine. Sans cette transformation, soit à cause d'une insuffisance enzymatique ou de carences importantes dans l'organisme en phénylalanine, le cerveau produira des quantités insuffisantes de norépinéphrine et la dépression s'ensuivra.

La tyrosine favorise le bon fonctionnement des surrénales, de l'hypophyse et de la glande thyroïde. Elle stimule aussi la libération de l'hormone de croissance et fabrique la norépinéphrine, qui supprime l'appétit.

Des études cliniques ont révélé que les suppléments en tyrosine ont permis de contrôler les dépressions résistant aux antidépresseurs et aux médicaments contre l'anxiété, en plus de réduire la posologie des patients qui prenaient des amphétamines comme stimulants de l'humeur ou médicament de régime à des doses minimales, et ce, en quelques semaines seulement.

La tyrosine a aussi aidé les accros à la cocaïne à se débarrasser de leur accoutumance en leur évitant les épisodes de dépression, de fatigue et d'irritabilité extrême courants durant le sevrage. Un régime concluant comprend de la tyrosine diluée dans du jus d'orange prise avec de la vitamine C, de la tyrosine hydroxilase (l'enzyme qui permet à l'organisme de synthétiser la tyrosine), des vitamines B1, B2 et de la niacine.

Il faut prendre les suppléments de l-tyrosine avec des repas riches en glucides ou avant d'aller dormir afin de ne pas nuire à l'absorption d'autres acides aminés. De bonnes sources naturelles comprennent les produits laitiers, les bananes, les avocats, les haricots de Lima, les amandes, les graines de citrouille et les graines de sésame.

87. DES QUESTIONS SUR LE CHAPITRE V ?

Je suis végétarien et j'aimerais bien le rester, mais j'ai peur que mon alimentation ne m'apporte pas tous les nutriments dont j'ai besoin. Y a-t-il quelque chose qui se compare aux protéines de haute valeur biologique de la viande ?

Je suis heureux de vous répondre par l'affirmative et de vous dire, en plus, qu'il s'agit d'un substitut délicieux ! Le quinoa, un « super aliment », a l'apparence, le goût et le mode de cuisson d'une légumineuse, sans toutefois en être une. C'est en fait le fruit séché d'une herbe. Les aborigènes d'Amérique du Sud le consomment depuis des siècles. (Les Incas l'appréciaient tellement qu'ils l'ont appelé « la mère des céréales ».) Fait remarquable — et merveilleux —, le quinoa contient les huit acides aminés essentiels qui complètent une protéine de haute valeur biologique et qu'on ne trouve habituellement que dans la viande rouge, les œufs et les produits laitiers. Ce qui le rend encore plus intéressant par rapport à ces aliments est sa faible teneur en calories et en gras et son contenu riche en fibres. Une portion de quinoa, environ 250 mL (1 tasse), ne contient que 129 calories, 2 g de gras et 4,6 g de fibres. Le quinoa est en outre une excellente source de potassium, de fer, de zinc et de vitamines du complexe B. Il a une saveur douce et met entre 10 et 15 minutes à cuire.

Le quinoa est un véritable délice arrosé d'un peu d'huile d'olive et agrémenté de fines herbes et de légumes à l'étuvée. Vous pouvez rehausser sa saveur en ajoutant des graines de tournesol ou de sésame, ou encore du tamari. Vous pouvez également faire un sauté de légumes et de graines dans de l'huile de sésame, et le mêler au quinoa. C'est facile d'être créatif avec le quinoa, car il a un goût tout à fait délicieux. De plus, d'un point de vue alimentaire, il est excellent pour vous.

Je suis sujet aux convulsions. Mon médecin m'a prescrit du Dilatin® (phénytoïne) l'an dernier. Une amie m'a parlé de la taurine récemment, me disant que cet acide aminé naturel non essentiel pourrait me procurer les mêmes bienfaits que mon médicament. Voici ma question : si la taurine est un acide aminé non essentiel, pourquoi en aurais-je besoin ? Pourquoi m'aiderait-elle ?

Laissez-moi d'abord éclaircir une notion mal comprise. Dans le cas d'un acide aminé, *non* essentiel ne signifie pas non nécessaire.

Tous les acides aminés sont indispensables. Les acides aminés dits essentiels ne peuvent pas être synthétisés par l'organisme en quantité suffisante pour favoriser une synthèse protéique efficace. Si l'alimentation ne fournit pas ces acides aminés essentiels, *tous* les acides aminés seront réduits au niveau des plus faibles ou des absents. Quant à la substitution de la taurine à votre anticonvulsant, seul votre médecin est en mesure de vous conseiller à ce sujet. Je peux cependant dire qu'on a utilisé la taurine avec succès comme anticonvulsant, de pair avec les acides glutamique et aspartique. J'insiste pour que vous consultiez un médecin avant d'entreprendre un tel traitement. (*Voir la rubrique 383 pour un répertoire de médecins spécialistes de la nutrition dans votre région.*)

J'ai lu que l'exercice stimule la libération de l'hormone de croissance. Je fais au moins vingt minutes de danse exercice chaque jour. Cela signifie-t-il que je peux me passer d'un supplément d'hormone de croissance ?

Au contraire, vous en avez probablement besoin. Seuls certains exercices, comme la musculation où les muscles sont poussés à l'extrême (même brièvement), favorisent une libération adéquate de l'hormone de croissance. D'autres exercices, même sur une base prolongée, ne produisent qu'une faible quantité (ou pas) d'hormone de croissance, à moins de les jumeler à une série d'exercices musculaires à effet maximal. En fait, parce que les acides aminés s'éliminent par la transpiration durant l'exercice, l'exercice vient *augmenter* votre besoin d'acides aminés qui stimuleront votre hormone de croissance.

Existe-t-il vraiment un acide aminé antivieillissement ?

En effet, on a surnommé le l-glutathion « l'acide aminé antivieillissement à triple bienfaits ». Il s'agit en fait d'un tripeptide synthétisé à partir de trois acides aminés, notamment la l-cystéine, l'acide l-glutamique et la glycine. On a montré qu'il agit comme antioxydant et qu'il annule l'action des radicaux libres qui accélèrent le processus du vieillissement. C'est un agent antitumoral, un accélérateur de la respiration dans le cerveau, et il a contribué au traitement des allergies, des cataractes, du diabète, de l'hypoglycémie et de l'arthrite, en plus d'aider à la prévention des effets secondaires néfastes des séances massives de radiation en chimiothérapie ou radiographie. En outre, le l-glutathion aide à protéger contre les effets nocifs du tabagisme et de la consommation d'alcool.

Le glutathion se trouve dans les fruits et les légumes, bien que la cuisson puisse en réduire la puissance. Je suggère de prendre une ou deux capsules de 50 mg par jour.

J'ai entendu parler de l'acide aminé l-carnitine. Qu'est-ce que c'est ?
La l-carnitine pourrait prolonger la vie. Sa fonction première est de fournir de l'énergie aux cellules cardiaques et squelettiques. Elle peut contribuer au traitement des maladies du cœur, réduire les crises d'angine et aider à contrôler l'hypoglycémie. On pense qu'elle peut aussi ralentir la progression de la maladie d'Alzheimer et aider les personnes souffrant de diabète, de troubles hépatiques ou de troubles rénaux.

La l-carnitine joue un rôle important dans la conversion du gras corporel en énergie. Les athlètes en font usage pour être en mesure de faire des séances d'exercices plus ardues et plus longues.

Les principales sources de l-carnitine sont la viande et les produits laitiers. Il n'y a pas de recommandations quotidiennes établies pour cet acide aminé, mais un Américain moyen en consomme entre 100 et 300 mg par jour. Comme supplément, je recommande de prendre deux capsules de 500 mg par jour. Dans de rares cas, les gens qui prennent plus de 1 g de carnitine chaque jour peuvent dégager une odeur de poisson (due à la décomposition de la carnitine par les bactéries de l'intestin). Cette odeur disparaît habituellement dès qu'on réduit la dose.

> *ATTENTION : il y a deux types de carnitine, soit la l-carnitine et la d-carnitine. Privilégiez les produits contenant la l-carnitine, car certaines études affirment que la d-carnitine peut avoir des effets toxiques. Si vous présentez une condition cardiaque, ne prenez pas de carnitine d'un type ou de l'autre ni aucun supplément quelconque sans d'abord consulter votre médecin.*

Face aux maladies comme le cancer, le sida et autres maux de notre époque, qu'est-ce qu'une personne peut faire pour améliorer son système immunitaire ?

Heureusement, il y a beaucoup de choses à faire ! (*Voir la rubrique 380 pour des références détaillées.*) En ce qui concerne les acides aminés, les libérateurs de l'hormone de croissance sont la meilleure option.

À mesure que nous vieillissons, notre système immunitaire — cette armée de globules blancs (appelés lymphocytes T, car ils relèvent du thymus) appelés à réagir à un moment et à un endroit précis, et à décider quels anticorps les lymphocytes B (provenant de la moelle osseuse) devront produire — perd de sa vigueur en raison de la diminution de la puissance et la taille du thymus. Ce phénomène n'entraîne pas seulement une immunité moindre, mais engendre une confusion parfois dangereuse, poussant les lymphocytes T à confondre bonnes et mauvaises cellules, ce qui résulte en divers troubles auto-immuns. (On a suggéré que des conditions telles la sclérose en plaques, la myasthénie grave et l'arthrite pourraient en découler.)

Toutefois, on a découvert récemment que le problème pourrait s'expliquer par une diminution du taux de production de l'hormone de croissance par l'hypophyse, une hormone essentielle au bon fonctionnement du thymus, donc du système immunitaire. Des suppléments d'antioxydants, de vitamine C, d'alpha-carotène, de bêta-carotène, de lutéine, de lycopène, de sélénium, d'extrait de pépins de raisin, d'extrait de thé vert, d'acide alpha-lipoïque, d'isoflavonoïdes de soja (la génistéine et la daidzéine), de zinc et des enzymes comme la papaïne ont fait des merveilles pour renverser ce syndrome dégénératif.

Je suis un culturiste professionnel et j'aimerais savoir s'il existe des substituts naturels légaux aux stéroïdes.

Oui, bien sûr ! Des acides aminés à chaîne ramifiée, qui comprennent de la leucine, de la valine et de l'isoleucine, sont des suppléments d'anabolisants musculaires naturels. Ils régulent la synthèse de la protéine dans l'organisme et jouent un rôle unique dans la synthèse protéique en regard des muscles. Alors que les autres acides aminés sont dégradés dans le foie, les acides aminés à chaîne ramifiée sont oxydés dans les muscles périphériques.

Les acides aminés à chaîne ramifiée sont en fait une source principale de calories des muscles humains. L'exercice physique intense favorise une élimination rapide d'azote, lequel diminue la synthèse protéique musculaire. Les acides aminés à chaîne ramifiée limitent cette diminution.

Durant les exercices rigoureux comme la musculation, la tension exercée sur le muscle cause sa dégradation (catabolisme). Les acides aminés à chaîne ramifiée peuvent non seulement prévenir le catabolisme, mais inverser le processus qui devient alors anabolique, car il édifie le muscle.

Les acides aminés à chaîne ramifiée améliorent les séances d'exercice :

- ils peuvent réduire l'appétit tout en préservant le stock de protéines déjà présent dans l'organisme;

- la moitié du poids corporel se compose de muscles, et entre 15 et 20 % du muscle consiste en acides aminés à chaîne ramifiée;

- 50 % des acides aminés à chaîne ramifiée atteignent les muscles une heure après leur absorption, 100 % en deux heures;

- ils produisent du glycogène qui aide à équilibrer la sécrétion d'insuline;

- ils agissent directement sur les muscles et le poids corporel, favorisant une meilleure répartition du muscle maigre.

Ne prenez vos suppléments que 30 minutes avant les séances d'exercices.

Je m'interroge au sujet de la n-acétylcystéine (NAC) et de son action. Est-ce un supplément d'acide aminé valable ?
Très valable ! La NAC est à la fois un acide aminé et un précurseur du glutathion, l'antioxydant le plus abondant dans l'organisme. Des études ont montré que la NAC peut contribuer à la protection contre les troubles respiratoires comme la bronchite, l'asthme, l'emphysème et la sinusite chronique. Elle pourrait même protéger contre

les dommages aux poumons causés par les agents chimiques cancérigènes présents dans la fumée de la cigarette. On a utilisé la NAC avec succès chez des personnes souffrant d'infections graves de l'oreille interne. Des culturistes ont mentionné que la NAC raccourcit leur temps de récupération après l'entraînement. Comme supplément, prenez de 1 à 3 capsules ou comprimés de 500 mg avec les repas.

> *ATTENTION : Évitez la NAC si vous souffrez d'ulcères gastroduodénaux ou prenez des médicaments reconnus pour causer des lésions gastriques.*

CHAPITRE 6

Le gras et les manipulateurs de gras

88. QUE SONT LES FACTEURS LIPOTROPIQUES ?

La méthionine, la choline, l'inositol et la bétaïne sont toutes des lipotropiques, ce qui veut dire que leur fonction principale consiste à prévenir une accumulation anormale ou excessive de gras dans le foie.

Les lipotropiques augmentent aussi la production de lécithine par le foie, ce qui rend le cholestérol plus soluble, détoxifie le foie et accroît la résistance à la maladie en aidant au thymus à bien fonctionner.

89. POUR QUI SONT-ILS ESSENTIELS ET POURQUOI ?

Nous avons tous besoin des lipotropiques, et certaines personnes plus que d'autres. Les personnes faisant un régime riche en protéines en nécessitent davantage.

La méthionine et la choline sont *indispensables* à la désintoxication des amines, qui sont un sous-produit de la synthèse protéique.

La plupart d'entre nous consomment trop de gras (aux États-Unis, de 36 à 42 % des calories totales en moyenne) et une bonne partie de ce gras consiste en gras saturés; pour cette raison, les lipotropiques se révèlent indispensables. Parce qu'ils aident le foie à produire de la lécithine, ils empêchent le cholestérol de former des dépôts dangereux dans les vaisseaux sanguins, diminuant ainsi les risques de crises cardiaques, d'artériosclérose et de calculs biliaires.

Les lipotropiques contribuent aussi à maintenir la santé, car ils aident le thymus dans ses fonctions de stimuler la production d'anticorps, ainsi que la croissance et l'action des phagocytes (qui emprisonnent puis détruisent les virus et microbes envahissants), outre l'élimination des tissus (corps) étrangers ou anormaux.

90. LE PROFIL DU CHOLESTÉROL

Comme tout le reste, le gras a ses bons et ses mauvais côtés. Contrairement à l'idée répandue, les gras ne sont pas tous néfastes. Le plus mal-aimé des gras est le cholestérol.

À peu près tout le monde sait que le cholestérol peut causer l'artériosclérose, des crises cardiaques et bon nombre de maladies, mais peu d'entre nous connaissent les façons dont ce même cholestérol est *essentiel* à la vie.

Au moins deux tiers du cholestérol de l'organisme sont produits par le foie ou les intestins. Il y en a aussi dans le cerveau, les glandes surrénales et les gaines fibreuses des nerfs. Et le bon cholestérol est merveilleux pour plusieurs raisons.

- Le cholestérol de la peau se transforme en vitamine D sous les rayons ultraviolets du soleil.

- Le cholestérol soutient le métabolisme des glucides. (Plus vous ingérez de glucides, plus vous produisez de cholestérol.)

- Le cholestérol est le fournisseur principal en hormones stéro des vitales des surrénales, comme la cortisone.

- Le cholestérol fait partie intégrante de toutes les membranes et est indispensable à la production des hormones sexuelles mâles et femelles.

Les différences dans le comportement du cholestérol dépendent de la protéine à laquelle il est lié. Les lipoprotéines sont les facteurs sanguins responsables du transport du cholestérol.

Les *lipoprotéines de faible densité* (LDL) acheminent environ 65 % du cholestérol sanguin. Elles sont à l'origine des dépôts dans les artères, qui, avec d'autres substances, forment la plaque artérielle.

Les *lipoprotéines de très faible densité* (VLDL) ne transportent que 15 % environ du cholestérol sanguin. Le foie en a cependant besoin pour produire le LDL. Plus elles sont abondantes, plus le foie produira de LDL, ce qui accroît les risques de maladies du cœur.

Les *lipoprotéines de haute densité* (HDL) contiennent environ 20 % du cholestérol sanguin. Composées en majeure partie de lécithine, elles constituent le bon cholestérol dont l'action détersive dégrade la plaque et favorise le passage du cholestérol dans le sang sans bloquer les artères. (Une étude récente a révélé que les personnes à la silhouette de poire, hanches larges et petit tour de ceinture, ont un taux plus élevé de HDL que les personnes à la silhouette de pomme. Cela pourrait expliquer pourquoi les femmes vivent en moyenne huit ans de plus que les hommes.)

Bref, plus votre taux de HDL est élevé, moindres sont vos risques de développer des maladies du cœur.

Il est aussi important de souligner que même si la consommation d'œufs aux États-Unis a diminué de moitié depuis 1945, on *n'a pas* observé de diminution comparable des maladies du cœur. Et bien que la American Heart Association considère la consommation d'œufs comme dangereuse, sachez qu'une alimentation sans œufs peut s'avérer tout aussi dangereuse. Non seulement les œufs présentent-ils la meilleure composante protéique chez les aliments, ils contiennent également de la lécithine, qui favorise l'assimilation des gras. Mieux encore, ils font *augmenter* les taux de HDL.

91. LA VÉRITÉ SUR LES TAUX DE CHOLESTÉROL

Lorsque les gens parlent de leur taux de cholestérol, ils pensent généralement à leur cholestérol sanguin total (cholestérol sérique). L'unité de mesure est le milligramme par décilitre. Le taux ne devrait pas excéder 200 mg/dL.

Le rapport entre les HDL (bon cholestérol) et les LDL (mauvais cholestérol) est aussi important que le rapport entre les HDL et le cholestérol total. Plus il y a de HDL, mieux vous êtes protégé contre le blocage des artères.

Les tests de cholestérol sanguin comprennent également une lecture des *triglycérides*. Ces gras diffèrent du cholestérol bien qu'il existe un lien entre les deux. Même si vous pouvez avoir une lecture élevée de triglycérides sans présenter un taux de cholestérol élevé (et vice versa), le fait de réduire les triglycérides semble s'accompagner d'une réduction du cholestérol.

Garder son apport quotidien en gras en deçà de 30 % (de préférence autour de 20 %) des calories totales consommées est essentiel pour maintenir les taux de cholestérol à la baisse. En outre, le gras saturé ne devrait pas représenter plus de 10 % de cet apport.

92. LES GRAS SATURÉS CONTRE LES GRAS NON SATURÉS

Le gras saturé provient de sources animales (à quelques exceptions près, notamment l'huile de noix de coco et l'huile de palme, de même que les huiles végétales hydrogénées et partiellement hydrogénées). *Tous* les gras animaux contiennent du cholestérol. Les gras saturés sont solides à la température de la pièce.

Le gras insaturé (monoinsaturé ou polyinsaturé) provient de sources végétales. Les fruits et les légumes ne contiennent *aucun* cholestérol. Les gras insaturés sont à l'état liquide à la température de la pièce.

> *NOTA : Les aliments sans cholestérol ne sont pas forcément sans gras. Les avocats, par exemple, ne contiennent aucun cholestérol, mais l'avocat d'un guacamole fournit plus de 30 g de gras !*

94. LES VILAINS : LES ACIDES GRAS TRANS

Lorsque les fabricants alimentaires ont constaté que les consommateurs découvraient le côté nuisible des gras saturés, ils ont commencé à remplacer ces derniers par des acides gras *trans*, soit des huiles insaturées auxquelles on ajoute de l'hydrogène. L'hydrogène rend les huiles assez solides pour l'utilisation dans les produits de boulangerie et la margarine. Les gras *trans* permettaient d'allonger la durée de conservation du produit et, croyait-on, en assuraient la sécurité. Il n'était pas obligatoire d'indiquer la présence de gras *trans* sur les étiquettes. Tout ce qu'on pouvait lire sur l'étiquette était « huile hydrogénée », ce qui semblait correct.

On a vite appris que des quantités même minimes d'acides gras *trans* pouvaient faire augmenter le taux de LDL (le mauvais cholestérol), baisser le taux de HDL (le bon cholestérol), en plus d'accroître de façon significative les risques de diabète. En raison d'anciennes lois sur l'étiquetage, on pouvait lire l'expression « sans gras » sur une multitude de produits comme les biscuits, les craquelins, les collations et d'autres aliments vides pourtant remplis d'acides gras *trans*, ce qui ne renseignait ni n'aidait en rien le consommateur moyen.

Il a fallu une épidémie d'obésité et la menace d'un bon nombre d'actions judiciaires pour faire changer les choses. La FDA américaine a décrété qu'à partir du 1er janvier 2006, le contenu en gras *trans* devra apparaître, en grammes, sur toutes les étiquettes nutritionnelles, juste sous les gras saturés.

On trouve parfois des gras *trans* là où on s'y attend le moins (les craquelins en forme d'animaux de marque Nabisco® produits aux États-Unis, par exemple). Il est donc indispensable de lire les étiquettes. Votre apport quotidien en gras saturés et en gras *trans* combinés ne devrait pas dépasser 20 g. Maintenez votre consommation sous 15 g si vous êtes sujet aux maladies du cœur.

NOTA : En réponse aux préoccupations de la population sur la santé, plusieurs compagnies ont commencé à produire des margarines sans gras trans. *La margarine Fleischmann® à base d'huile d'olive et la Fleischmann's Light®, par exemple, (produits américains) n'en contiennent pas. Ces deux produits contiennent des acides gras monoinsaturés, qui sont bons pour la santé. Bien que les lois sur l'étiquetage du contenu en gras* trans *ne soient pas en vigueur au moment d'écrire ces lignes, certains emballages de margarines et de tartinades sans gras* trans *font déjà mention de l'absence de gras* trans.

LES ALIMENTS, LES NUTRIMENTS ET LES SUPPLÉMENTS QUI AIDENT À RÉDUIRE LES TAUX DE CHOLESTÉROL NATURELLEMENT

Vous trouverez ci-dessous une liste d'aliments, de nutriments et de suppléments aidant à réduire le cholestérol naturellement. (*Nous indiquons parfois la marque du supplément en italique lorsque nous jugeons qu'elle fournit de l'information au sujet du produit, et non à des fins publicitaires.*)

Consultez votre médecin avant de prendre tout supplément dans le but de réduire votre cholestérol. Il peut être dangereux de remplacer des médicaments sur ordonnance par des suppléments ou de prendre des suppléments en plus de médicaments. Rappelez-vous aussi qu'aucun aliment, nutriment ou supplément n'a de vertu magique; un régime alimentaire faible en gras et de l'exercice sur une base régulière demeurent indispensables pour réduire des taux élevés de cholestérol.

- Orge
- Vitamine C (1 000 mg, 3 fois par jour. Réduisez la posologie jusqu'à amélioration en cas de diarrhée.)

Cayenne (Prenez un supplément quotidien ou incorporez-en généreusement à vos aliments.)

- Picolinate de chrome (La forme de chrome la mieux absorbée; fonctionne très bien avec la niacine qui ne provoque pas de rougeurs. Prenez jusqu'à 3 comprimés de 200 µg par jour.)
- *Cholestatin*® (Contient des phytostérols, composés alimentaires que l'on trouve dans le riz et les pousses de soja, surtout du sitostérol. On recommande une posologie quotidienne de six à huit comprimés par jour, avant les repas.)
- Son de maïs
- Crucifères (brocoli, chou-fleur)
- Aubergine
- Huile d'onagre (Contient de l'acide gamma-linolénique [GLA]). Je recommande un apport de 250 mg de 1 à 3 fois par jour.)
- Graines de fenugrec (*NOTA* : Le fenugrec est à proscrire durant la grossesse.)
- Fibres (Entre 25 et 30 g par jour)
- Huiles de poisson : EPA et DHA (Acides gras oméga-3; prenez jusqu'à 6 capsules de 1 000 mg par jour. *ATTENTION* : elles

peuvent perturber la coagulation sanguine. À proscrire si vous prenez des anticoagulants comme le Coumadin® ou de l'héparine, à moins d'un avis contraire du médecin.)

- Ail (Comme supplément, prenez 1 capsule jusqu'à 3 fois par jour.)
- Gingembre (Comme supplément, prenez 1 capsule jusqu'à 3 fois par jour.)
- Thé vert (Comme supplément, prenez 1 capsule jusqu'à 3 fois par jour.)
- Gomme de guar (Extrait des graines du guar. Il faut mâcher les comprimés complètement ou les sucer lentement, avec beaucoup d'eau. *ATTENTION* : à éviter par les personnes qui ont de la difficulté à avaler ou qui ont subi une chirurgie gastro-intestinale.
- *Gugulipid®* (Extrait du guggul, de l'Inde, et utilisé depuis des siècles dans la médecine ayurvédique). Prenez une capsule de 25 mg aux repas 3 fois par jour. *ATTENTION* : peut causer une irritation cutanée ou de l'urticaire chez les sujets hypersensibles.)
- Huile de citronnelle
- Lentilles (Haricots Pinto, haricots de Lima, petits haricots ronds blancs et haricots communs)
- Huiles monoinsaturées (Olive, cacahuètes ou arachides et canola)
- n-acétylcystéine ou NAC (500 mg 3 fois par jour)
- Niacine (Choisissez des suppléments qui ne provoquent pas de rougeurs, avec de l'hexanicotinate d'inositol. Prenez jusqu'à

3 capsules de 500 mg par jour. *ATTENTION* : la niacine peut provoquer des crises de goutte chez les personnes sensibles. En outre, de fortes doses peuvent favoriser des anomalies hépatiques.)

- Son d'avoine
- Oignons
- Pectine (Pommes, pamplemousse)
- Phytostérols : bêta-sitostérol, stigmastérol, campestérol (composés naturellement présents dans les aliments de source végétale comme le riz et les pousses de soja)
- Huiles polyinsaturées (tournesol, maïs, carthame)
- Pruneaux
- Enveloppes de psyllium (15 mL/3 c. à thé combles procurent 10 g de fibres solubles d'hypocholestérolémiants.)
- Carottes crues
- Poivron rouge
- Son de riz
- Soja et aliments à base de soja (*Voir la rubrique 133.*)
- Vitamine E
- Céréales complètes
- Yaourt

95. SAVEZ-VOUS CE QUI FAIT MONTER VOTRE TAUX DE CHOLESTÉROL ?

Bien des facteurs peuvent faire monter votre taux de cholestérol ou nuire à vos efforts pour l'abaisser sans que vous le sachiez. Voici une liste.

- Tabagisme
- Caféine
- Tension (stress)
- Contraceptifs oraux
- Sucre raffiné
- Additifs alimentaires
- Pollution de l'environnement

Vous savez sûrement que la dinde constitue un bon choix alimentaire si vous surveillez votre cholestérol. Rappelez-vous toutefois que 84 g (3 oz) de viande blanche ne contiennent que 67 mg de cholestérol environ, mais qu'un morceau équivalent de viande brune en contient 75 mg. Attention ! 250 mL ou 1 tasse de foie de dinde haché en recèle 830 mg !

96. LES ACIDES GRAS OMÉGA-3 ET LEURS BIENFAITS

Les acides gras oméga-3 sont un composé unique contenu dans le poisson et l'huile de poisson, l'EPA et le DHA (acides eicosapentanoïque et docosahexænoïque). On trouve aussi ces bons acides dans les œufs, en moins grande quantité toutefois. Ils semblent avoir des propriétés potentiellement préventives et thérapeutiques remarquables. Par exemple, ils peuvent :

- aider à réduire le taux de mauvais cholestérol et de triglycérides, en plus de diminuer les risques de maladies du cœur ou d'accident vasculaire cérébral;
- aider à prévenir les troubles de la fréquence cardiaque;
- diminuer l'adhésivité des plaquettes sanguines et la quantité de fibrines dans le sang, réduisant les risques de formation de caillots;
- aider à réduire les risques du cancer du sein et s'avérer utiles dans le traitement de la maladie;
- soulager les démangeaisons et réduire les squames associées au psoriasis;
- diminuer le taux de rejet corporel des greffes de tissus;
- réduire la fréquence et l'intensité des migraines et des céphalées;
- combattre les effets néfastes des prostaglandines (qui réduisent l'immunité et favorisent la croissance de tumeurs) et aider à prévenir le cancer du sein;
- aider à prévenir l'artériosclérose;
- garder la peau, les cheveux et les ongles en bonne santé;
- aider à soulager la polyarthrite rhumatoïde.

L'huile de poisson constitue une option intéressante si vous n'aimez pas le poisson ou ne pouvez pas en manger sur une base régulière. Dix capsules de gras d'origine marine concentré fournissent habituellement 1,8 g d'EPA. (Une portion de saumon de 112 g/4 oz en contient environ 1 g). L'*acide alphalinolénique* (ALA), abondant dans les graines de lin, les noix de Grenoble et les graines de citrouille, est également une excellente source d'huiles oméga-3.

> *ATTENTION : Des mégadoses de suppléments d'oméga-3 peuvent entraîner la formation excessive d'ecchymoses ou des saignements surabondants à la suite d'un traumatisme mineur chez certaines personnes. On recommande aux gens qui ont tendance à saigner et à faire des bleus (ecchymoses) facilement d'éviter tout à fait ces suppléments. Comme dans le cas d'une mégadose de vitamine E, il pourrait s'ensuivre une hémorragie interne. Si vous prenez un anticoagulant comme le Coumadin® ou l'héparine, ne prenez pas de suppléments d'oméga-3 sauf sur l'avis d'un médecin. Je vous conseille aussi de consulter votre médecin avant de commencer tout programme de suppléments d'oméga-3 ou autres.*

97. AVIS ET RECOMMANDATIONS AU SUJET DES ACIDES GRAS OMÉGA-3 PROVENANT DU POISSON

Le fait que certains poissons soient riches en oméga-3 ne signifie pas forcément qu'il est bon d'en consommer en grande quantité. Les gros poissons qui se nourrissent d'autres poissons présentent la plus grande accumulation de mercure et de BPC (polychlorés byphényls). (Une intoxication au mercure peut mener à la perte de mémoire, à la dépression, aux dommages nerveux, à des anomalies congénitales, à des troubles cardiaques et plus encore.) En raison de ces risques, la FDA et l'EPA, aux États-Unis, même si elles ne s'entendent pas pour définir un taux de mercure sécuritaire dans le poisson, ont toutefois dressé une liste de poissons à éviter par les enfants, les femmes enceintes et, selon moi, par quiconque veut rester en santé.

Poissons à éviter

Le requin, l'espadon, le thazard, l'achigan de mer (souvent vendu comme vivaneau), les steaks de thon (frais), le bar commun, le marlin, le flétan, le doré jaune, l'achigan à grande bouche, la sériole et le mérou.

Poissons approuvés

Les sardines, le saumon, les crevettes, le tilapia, le poisson-chat, les palourdes et les huîtres. (Le taux de mercure est habituellement faible chez les crustacés. Les pétoncles constituent aussi un bon choix, bien que Ben Raines, journaliste du *Mobile Register*, en Alabama, aux États-Unis, récipiendaire de prix pour son enquête sur le contenu en mercure des poissons, ait mis le consommateur en garde contre des pêcheurs malhonnêtes qui fabriquaient de faux pétoncles avec de la viande de requin riche en mercure. Les vrais pétoncles comportent une petite tige à une extrémité.) Les pétoncles d'aquaculture sont en général plus faibles en mercure que leurs cousines sauvages.

D'autres poissons à considérer

La sole, la daurade tropicale, le sébaste et la truite sont considérés comme sécuritaires pour les hommes et les femmes qui ont accouché, une fois par semaine. (Le taux de mercure dans la daurade tropicale et dans le sébaste est moyen, toutefois. Les enfants et les femmes en âge de procréer devraient limiter leur consommation à une fois par mois.)

98. DES QUESTIONS SUR LE CHAPITRE VI ?

J'aimerais savoir s'il existe une différence entre l'hyperlipidémie et l'hypercholestérolémie.

Oui, il y a une différence, mais très faible en regard des risques de maladies coronariennes. Une personne qui fait de l'hyperlipidémie a des taux élevés de lipides sanguins en général, alors qu'une personne qui fait de l'hypercholestérolémie présente uniquement un taux élevé de cholestérol. Il s'agit davantage d'une distinction sémantique que de santé.

Je suis confuse. Certains produits indiquent « faible en gras », alors que d'autres indiquent « faible en cholestérol ». Y a-t-il une différence ?

Il y a une énorme différence ! Un produit qui s'annonce « sans cholestérol » peut être bourré de gras ! Il faut comprendre que les mots *cholestérol* et *gras* ne sont pas des synonymes. Contrairement au gras, le cholestérol ne se transforme pas en énergie; il sert avant tout à acheminer le gras jusqu'aux cellules dans l'organisme.

Quelle est la différence entre les huiles polyinsaturées et monoinsaturés lorsqu'il s'agit de réduire son taux de cholestérol ?

Les huiles polyinsaturées (tournesol, maïs, carthame, soja) peuvent diminuer le bon et le mauvais cholestérol (HDL et LDL), alors que les huiles monoinsaturées (olive, cacahuète ou arachide, canola) font non seulement baisser le mauvais cholestérol (LDL), mais font augmenter le bon (HDL).

Peut-on se procurer des lipotropiques sous forme de suppléments et, si oui, quelle est la posologie recommandée ? Y a-t-il une façon particulière de les prendre ?

Les suppléments lipotropiques se vendent sous forme de comprimés. (Habituellement, 3 comprimés fournissent 1 000 mg ou 1 g de chacun des facteurs lipotropiques.) La posologie la plus courante est de 1 ou 2 comprimés 3 fois par jour *avec* de la nourriture.

Selon vous, les suppléments lipotropiques sont-ils plus essentiels à certaines personnes qu'à d'autres ?
Oui, notamment aux grands consommateurs de viande. Les lipotropiques sont des substances qui peuvent liquéfier ou homogénéiser les graisses. Je crois que les suppléments sont importants pour toute personne faisant un régime riche en protéines, et ce, parce que les lipotropiques détoxifient les amines, des sous-produits de la synthèse protéique. De plus, toute personne qui s'inquiète de faire des calculs biliaires serait sage de prendre ces suppléments.

Ma bru prend un supplément d'huile de chanvre. Je ne connais pas ce supplément. Je sais que la marijuana provient du chanvre. Le supplément entraîne-t-il les mêmes effets hallucinogènes ?
Pas du tout ! Malheureusement, comme le chanvre appartient à la famille *Cannabis saliva*, sa culture demeure illégale aux États-Unis même si les produits dérivés ne sont pas hallucinogènes. Il faut donc importer le chanvre d'autres pays pour profiter de ses grands bienfaits pour la santé. On trouve aussi de nombreux produits à base de chanvre dans les magasins d'alimentation naturelle.

L'huile de chanvre est riche en deux acides gras essentiels, notamment oméga-3 et oméga-6 (surtout oméga-3), ces « bons » gras nécessaires à la santé du corps et de l'esprit. (Consultez la réponse à la question précédente pour connaître leurs bienfaits.) La plupart des gens tirent suffisamment d'oméga-6 de leur alimentation, mais pas toujours assez d'oméga-3. En fait, il est très difficile d'obtenir une quantité suffisante d'oméga-3 des aliments, car ces acides gras sont détruits par la cuisson. L'huile de chanvre peut être servie en vinaigrette ou ajoutée à d'autres aliments, mais seulement après la cuisson. Les capsules d'huile de chanvre que prend votre bru sont la façon la plus simple de profiter de leurs bienfaits « essentiels ».

Je suis végétarien et ne mange pas de poisson. Existe-t-il des sources végétales d'acides gras oméga-3 ?
Les acides gras oméga-3 se trouvent dans les huiles végétales, par exemple de soja, de canola, de graines de lin et de chanvre, mais leur transformation en EPA et en DHA se fait beaucoup plus lentement.

Quelle est la différence entre les acides gras oméga-3 et oméga-6 pour une personne qui cherche à réduire son taux de cholestérol ?
Seuls les acides gras oméga-3 peuvent abaisser à la fois les taux de triglycérides et de cholestérol.

Si le thon est riche en mercure, quelle quantité de thon en boîte puis-je consommer en toute sécurité ?
Les normes actuelles de la FDA aux États-Unis soulignent que les femmes en âge de procréer et les enfants peuvent manger 2 boîtes de thon de 340 g (12 oz) par semaine, mais les recommandations de l'Environmental Protection Agency sont moindres. En fait, l'EPA suggère de limiter le thon à un tiers d'une boîte par semaine pour les jeunes enfants.

J'utilise de la margarine depuis des années parce qu'on m'a dit d'éviter les gras saturés. Aujourd'hui, j'entends dire que la margarine peut être plus dangereuse pour moi que le beurre. Est-ce vrai ?
Pas exactement. Laissez-moi vous expliquer : la margarine n'est pas pire que le beurre, mais elle n'est pas beaucoup mieux. Nous savons tous que les gras saturés font augmenter les taux de cholestérol et que les gras insaturés ne le font pas. Toutefois, des études ont montré que les gras insaturés, une fois hydrogénés (procédé qui solidifie la substance, lui donnant l'allure du beurre à la température de la pièce), continuent non seulement de faire augmenter le taux de cholestérol, mais font *diminuer* le taux des HDL, le bon cholestérol de l'organisme, ce que les gras saturés ne font pas.

Recherchez une margarine sans acides gras *trans* ou non hydrogénée (*voir la rubrique* 93). Mieux encore, utilisez de l'huile d'olive ou de canola.

Que sont les prostaglandines ? Quel est leur lien avec les graisses, les huiles, l'aspirine et les crises cardiaques ? Je suis perplexe, car on m'a dit que les bloquer aide à prévenir les crises cardiaques, alors que j'ai lu qu'elles sont indispensables à toutes les cellules de l'organisme.
Vous avez raison d'être perplexe, et je crois pouvoir vous aider. Les prostaglandines sont des substances semblables aux hormones qui régulent toutes les cellules de l'organisme et bon nombre de leurs interactions complexes. Il y a cependant de « bonnes » et de « mauvaises » prostaglandines. Certaines d'entre elles, si l'organisme en produit trop, peuvent favoriser les maladies du cœur, l'inflammation et la douleur. C'est là que l'aspirine entre en jeu, car elle bloque la production de prostaglandines, sans distinction pour les bonnes et les mauvaises. En supprimant les bonnes prostaglandines, l'aspirine se trouve à réduire l'immunité.

Les mauvaises prostaglandines favorisent la formation de caillots sanguins et peuvent causer un accident vasculaire cérébral ou une crise cardiaque. Pour leur part, les bonnes prostaglandines réduisent la tension artérielle, inhibent l'agrégation sanguine — et la production de cholestérol — en plus de diminuer les réactions inflammatoires. Autrement dit, les bonnes prostaglandines, pour la plupart constituées d'huiles oméga-3, peuvent procurer les mêmes bienfaits pour le cœur que l'aspirine, sans ses effets secondaires indésirables pour l'estomac ou autres.

Que pouvez-vous me dire au sujet des « faux » gras ?
Il y a peu à dire en matière de nutrition. Le gras synthétique Olestra® (aussi appelé Olean® ou polyester de sucrose) est fait de sucrose et d'acides gras; les enzymes de l'organisme ne peuvent le

décomposer et, par conséquent, le corps ne peut l'absorber. Quoique cela semble idéal en théorie, ce faux gras largement utilisé dans des collations comme les croustilles ou les boudins au fromage a des effets secondaires peu désirables. Outre son effet de « tache brune », car on rapporte que beaucoup de gens ont des selles molles ou incontrôlables, il détruit les réserves de vitamines liposolubles A, D, E et K en plus des caroténoïdes. L'Olestra® comporte maintenant des suppléments de ces vitamines, mais dans les quantités minimales établies pour prévenir les carences et non en vue de maximiser la santé. (Les premières études sur l'Olestra® montrent que six croustilles par jour peuvent réduire le bêta-carotène de 50 % chez une personne.) Nous convenons que l'Olestra® diminue le nombre total de grammes de gras consommés, mais nous considérons que le prix nutritionnel à payer pour réduire le nombre de calories des croustilles de 150 à 70 est assez élevé.

Le Z-Trim® est un autre faux gras. Mis au point par le U.S. Department of Agriculture, il est à base de bale d'avoine, qui peut réduire les calories et augmenter le volume de fibres, et peut servir en cuisine. Au moment de la rédaction de cet ouvrage, on ne lui connaissait aucun effet secondaire, mais jusqu'à ce qu'on prouve sa sécurité à long terme, je recommande de réduire votre apport en gras selon la méthode traditionnelle, c'est-à-dire en évitant les produits qui en contiennent.

Quant aux autres faux gras comme le Simpless®, un substitut à base de lait et de blanc d'œuf utilisé surtout dans les desserts surgelés faibles en calories, ils sont instables à la chaleur et, pour l'instant, ne peuvent servir d'ingrédients pour la cuisine. Comme la plupart des gras que nous consommons proviennent des aliments cuits, le pourcentage de gras que nous évitons avec les faux gras n'a rien de remarquable. Le pire est que ces produits peuvent procurer un faux sentiment de sécurité et vous inviter à manger des aliments que vous ne consommiez pas auparavant. Ce faisant, ils ne vous permettent pas du tout de changer vos habitudes alimentaires en matière de gras.

Parlez-moi de l'Enova®. Est-ce une margarine ou un faux gras ?
Ce n'est ni l'un ni l'autre. Enova® est une combinaison de soja et de canola qui a déjà, dans certains cas, permis une réduction du gras corporel et du poids, car il contient du diacylglycérol (DAG), substance naturellement présente dans plusieurs huiles végétales. On y trouve d'ailleurs les mêmes acides gras que dans l'huile d'olive : l'acide oléique, l'acide linoléique et l'acide linolénique. L'organisme a de la difficulté à s'approprier les DAG et à les stocker dans les cellules adipeuses, contrairement aux autres acides gras. Les DAG se retrouvent plutôt dans le foie où ils sont synthétisés, puis convertis en énergie. On peut utiliser l'Enova® en cuisine, mais il ne vous aide pas à perdre du poids à moins de remplacer les autres gras. Les fabricants du produit prétendent que 20 g d'Enova® par jour peuvent réduire le taux de triglycérides de moitié, mais je préfère d'autres approches. (*Voir la rubrique 94.*)

Quelle est la différence entre les indications « sans cholestérol » et « faible en cholestérol » sur les étiquettes ?
La différence est de 18 à 20 mg par portion. Les aliments dits sans cholestérol contiennent 2 mg ou moins de cholestérol par portion et moins de 2 g de gras saturés par portion. (Les gras saturés stimulent la production de cholestérol dans l'organisme.) La mention « faible en cholestérol » signifie que ledit produit ne contient pas plus de 20 mg de cholestérol par portion. Si vous surveillez votre cholestérol, souvenez-vous de surveiller également vos portions !

CHAPITRE 7 Les glucides et les enzymes

99. L'UTILITÉ DES GLUCIDES

Les glucides, un fléau chez les personnes au régime mal informées, sont la principale source d'énergie de l'organisme. Durant la digestion, les féculents et les sucres, soit les deux principales formes de glucides, sont dégradés en glucose, couramment appelé sucre sanguin. Ce dernier procure l'énergie essentielle au cerveau et au système nerveux central.

Tout le monde a besoin de consommer des glucides chaque jour pour éviter que les protéines vitales à la formation des tissus ne soient converties en énergie au lieu de servir au processus de réparation.

La consommation de glucides à l'excès, soit plus que le corps ne peut transformer en glucose ou en glycogène (lequel s'emmagasine dans le foie et les muscles), résulte, comme on le sait, dans la formation de gras. Lorsque l'organisme requiert davantage d'énergie, il convertit le gras en glucose, provoquant une perte de poids.

Ne rejetez pas tout de go les glucides. Ils sont aussi importants pour la santé que les autres nutriments. En outre, gramme pour gramme, ils contiennent les mêmes quatre calories que les protéines. Bien qu'il n'existe encore aucune norme officielle, on recommande un apport quotidien minimal de 50 g afin d'éviter la cétose, condition acide du sang qui survient quand vous utilisez votre propre gras comme source d'énergie.

100. ÉVALUEZ VOS GLUCIDES À L'AIDE DE L'INDEX GLYCÉMIQUE

Tous les glucides ne sont pas égaux en regard de l'index glycémique, une échelle classant les aliments selon la vitesse et le degré auxquels le taux de glycémie augmente après leur consommation. Les aliments dont l'index glycémique est élevé sont riches en glucides (féculents et sucres) et permettent au glucose de pénétrer rapidement dans le sang. Le glucose est utile en soi (il alimente toutes les cellules du corps); cependant, pour le synthétiser, le pancréas doit produire de l'insuline. Plus vous mangez d'aliments riches en glucides, plus votre pancréas est sollicité. S'il doit travailler trop fort, trop souvent, il peut s'épuiser et donner libre cours au diabète.

En outre, les glucides raffinés riches en glucose provoquent une poussée subite de glucose, puis d'insuline. L'insuline transforme alors le glucose excédentaire en gras. Voilà pourquoi tant d'aliments dits faibles en gras ou sans gras contribuent à l'obésité d'un grand nombre d'Américains.

L'index glycémique classe les aliments selon l'effet de portions de 50 g sur le taux de glycémie deux à trois heures après leur absorption. En général, les aliments qui se classent entre 1 et environ 60 ont une faible incidence sur le taux de glycémie et constituent par conséquent les meilleurs choix. Les cotes entre 60 et environ 90 correspondent à des aliments dits modérés et doivent donc être consommés avec modération. Il faut éviter ou manger rarement les aliments cotés 90 et plus. Il faut noter que l'index glycémique ne tient pas compte de la grosseur de la portion. (Une portion de 50 g de carottes équivaut à environ 7 carottes, soit beaucoup plus que ce qu'une personne normale mangerait en un repas. Cela explique pourquoi les carottes ont un index glycémique supérieur à celui de 60 mL/1/4 tasse de sucre contenant aussi 50 g de glucides.) Une autre mesure tient compte de la grosseur des portions, la charge glycémique (CG). Elle peut porter à confusion, car la réponse glucidique à un certain aliment varie d'une personne à une autre. Elle peut aussi varier grandement pour un même type d'aliment. Les pommes de terre, par exemple, auront différentes cotes selon la variété, l'endroit et la méthode de culture, de même que leur préparation.

Le secret pour rester svelte et en santé est de remplacer les féculents riches en glucose par des glucides riches en fibres et plus lents à digérer. (Malheureusement, les étiquettes nutritionnelles ne distinguent pas entre les « bons » et les « mauvais » glucides.) Vous pouvez cependant vérifier le contenu en fibres. Les fibres alimentaires, même si elles sont des glucides, ne sont pas dégradées par l'organisme, mais circulent à travers lui sans se voir convertir en glucose sanguin.) Optez pour les aliments qui ont les cotes les plus faibles sur l'index glycémique pour obtenir la meilleure valeur nutritive. J'ai dressé la liste ci-dessous, qui devrait vous mettre sur la bonne voie en matière de choix alimentaires.

ALIMENTS À INDEX GLYCÉMIQUE ÉLEVÉ (PLUS DE 85)

- Sucre blanc raffiné
- Barres de friandises, gâteaux, craquelins et biscuits
- Croustilles, bretzels et autres collations salées
- Pâtes à la farine blanche
- Riz instantané
- Gaufres
- Macaroni au fromage
- Bagels
- Pommes de terre
- Boissons gazeuses

- Maïs
- Flocons de maïs (produit américain)
- Crème de blé
- Pastèque (melon d'eau)

ALIMENTS À INDEX GLYCÉMIQUE MODÉRÉ (ENTRE 60 ET 85)

- Céréales de son All-Bran (produit américain)
- Fèves au lard
- Haricots secs (en boîte)
- Maïs soufflé (à l'air)
- Oranges et jus d'orange
- Raisins
- Mangues
- Jus d'ananas
- Pain pita (blanc)
- Bananes
- Pois
- Glace allégée

ALIMENTS À INDEX GLYCÉMIQUE FAIBLE (SOUS 60)

- Pâtes de blé complet
- Haricots (soja, mungo, sec, de Lima, haricots verts, haricot beurre, pois concassés)
- Orge perlé
- Pain de blé complet
- Son
- Fruits et légumes riches en fibres (pommes, asperges, mûres, brocoli, chou de Bruxelles, céleri, bettes à carde, concombre, pamplemousse, poivrons, pêches crues et poires)
- Lait de soja, lait allégé (écrémé), lait partiellement allégé (2 %)
- Cacahuètes (arachides)
- Dattes et figues séchées
- Yaourt (nature)

101. À PROPOS DES ENZYMES

Les enzymes sont indispensables a la digestion des aliments. En outre, elles libèrent des vitamines, des minéraux et des acides aminés précieux qui assurent notre santé et notre survie.

Les enzymes ont une fonction de catalyseurs, c'est-à-dire qu'elles ont la capacité de déclencher une réaction interne sans pour autant se voir détruites ou transformées par le processus.

Dans certains cas, la chaleur peut détruire les enzymes.

On trouve le plus d'enzymes dans les fruits, légumes, œufs, viandes et poisson crus ou non transformés.

Chacune des enzymes agit sur un aliment donné et il n'y a pas de substitution possible. Une insuffisance, un déficit ou l'absence d'une seule enzyme peut vous faire passer de la santé à la maladie.

Les enzymes dont le nom se termine par *-ase* tirent leur nom de la substance alimentaire sur laquelle l'enzyme agit. Pour le phosphore, par exemple, l'enzyme est la phosphatase; pour le sucre ou sucrose, c'est la sucrase.

La *pepsine* est une enzyme digestive vitale qui dégrade les protéines des aliments ingérés, les décomposant en acides aminés instables. Sans pepsine, la protéine ne pourrait servir à fabriquer une peau en santé, une ossature solide, un flot sanguin riche et une musculature forte.

La *rennine* est une enzyme digestive qui favorise la coagulation du lait, synthétisant sa protéine caséine en une forme utilisable par l'organisme. Cette enzyme libère de nombreux minéraux importants du lait, notamment le calcium, le phosphore, le potassium et le fer, que l'organisme utilise en vue de stabiliser le bilan hydrique et de renforcer le système nerveux, en plus de produire une bonne dentition et des os solides.

La *lipase* dégrade le gras qui alimente ensuite les cellules de la peau et protège l'organisme contre les ecchymoses et les coups, en plus de bloquer l'accès à des cellules infectées de virus infectieux et à des allergies.

L'*acide chlorhydrique* dans l'estomac agit sur les aliments plus complexes comme les fibres des viandes, les légumes et la volaille. Il digère les protéines, le calcium et le fer. Des problèmes de santé comme l'anémie pernicieuse, le carcinome gastrique, l'achlorhydrie congénitale et des allergies peuvent se manifester en l'absence de cet acide. De plus en plus de personnes souffrent d'une insuffisance en acide chlorhydrique sans le savoir, puisque la tension (le stress), la colère et l'anxiété avant les repas ainsi qu'une carence en certaines vitamines (du complexe B notamment) et en minéraux contribuent à son élimination. Si vous croyez souffrir d'un excès d'acide chlorhydrique ou d'aigreurs et que vous prenez des antiacides comme Maalox®, Di-Gel®, Tums®, Rolaids® ou AlkaSeltzer® (États-Unis), vous ignorez peut-être qu'*une insuffisance en HCl présente les mêmes symptômes qu'un excès de HCl*. Le cas échéant, prendre des antiacides est la pire chose à faire.

Le Dr Alan Nittler, auteur de *A New Breed of Doctor*, explique en détail que toute personne de plus de 40 ans devrait prendre un supplément d'acide chlorhydrique.

> *ATTENTION : Consultez votre médecin avant de prendre ce supplément si vous souffrez d'un ulcère.*

102. LE RÔLE DES 12 SELS (MINÉRAUX) DANS LES TISSUS

Les sels contenus dans les tissus du corps sont des minéraux inorganiques. On les nomme parfois sels de Schuessler, d'après le Dr W. H. Schuessler, qui a réussi à les isoler au XIXe siècle. Le Dr Schuessler a découvert que la maladie survenait dès qu'une personne manquait de l'un de ces sels. Dès que le corps disposait du sel manquant, il pouvait se rétablir. En d'autres mots, les sels contenus dans les tissus *ne sont pas un traitement*, à peine un remède.

Voici les 12 sels contenus dans les tissus.

Le *fluorure de chaux* (fluorure de calcium) fait partie intégrante de tous les tissus conjonctifs. Un déséquilibre peut entraîner l'apparition de varices, un retard de la dentition, des foulures, l'anthrax et une peau craquelée.

Le *phosphate de chaux* (phosphate de calcium) est présent dans toutes les cellules et tous les fluides de l'organisme. Il est un élément important des sucs gastriques ainsi que des os et des dents. Un déséquilibre ou une carence peut causer des extrémités froides, des engourdissements, l'hydrocèle, des seins douloureux et des sueurs nocturnes.

Le *sulfate de chaux* (sulfate de calcium) est une matière constituante de tous les tissus conjonctifs en particules microscopiques, aussi présente dans les cellules hépatiques. Un déséquilibre ou une carence peut mener à des éruptions cutanées, à des abcès profonds ou à des ulcères chroniques qui suintent.

Le *phosphate de fer* (phosphate ferreux) fait partie intégrante du sang et des cellules, à l'exception des nerfs. Un déséquilibre ou une carence peut provoquer une diarrhée continuelle ou, paradoxalement, la constipation. On l'a déjà utilisé comme remède contre les saignements de nez et les règles abondantes.

Le *chlorure de potassium* (*kalium muriaticum*) se trouve sous la couche superficielle des cellules de l'organisme. Un déséquilibre ou une carence peut mener à une granulation des paupières, de l'eczéma vésicant et des verrues.

Le *sulfate de potassium* (*kalium sulfuricum*). Les cellules qui forment la peau et les muqueuses internes des organes interagissent avec ce sel. Un déséquilibre ou une carence peut provoquer des éruptions cutanées, un revêtement jaunâtre sur l'arrière de la langue, des sensations de lourdeur et des douleurs dans les membres.

Le *phosphate de potassium* (*kalium phosphoricum*) se trouve dans tous les tissus, surtout les nerfs, le cerveau et les globules sanguins.

Un déséquilibre ou une carence peut mener à une mauvaise digestion des gras, à des troubles de la mémoire, à de l'anxiété, à de l'insomnie, et à un pouls rapide et faible.

Le *phosphate de magnésie* (phosphate de magnésium) est un autre élément minéral des os, des dents, du cerveau, des nerfs, du sang et des cellules musculaires. Un déséquilibre ou une carence peut causer des crampes, de la névralgie, des douleurs lancinantes et des coliques.

Le *chlorure de soude* (*natrum muriaticum*) régule le taux d'humidité du corps et fournit l'humidité aux cellules. Un déséquilibre ou une carence peut entraîner des désirs de sel, la rhinite allergique, le larmoiement et le nez qui coule.

Le *phosphate de soude* (*natrum phosphoricum*) est un émulsifiant des acides gras et maintient la solubilité de l'acide urique dans le sang. Un déséquilibre ou une carence peut mener à de l'ictère, à une haleine aigre, et à un goût acide ou métallique dans la bouche.

Le *sulfate de soude* (*natrum sulfuricum*) est un léger irritant des tissus qui stimule les sécrétions naturelles. Un déséquilibre ou une carence peut provoquer de faibles fièvres, de l'œdème, la dépression et des troubles de la vésicule biliaire.

L'*acide silicique* (silice) fait partie intégrante de toutes les cellules des tissus conjonctifs ainsi que des cellules des cheveux, des ongles et de la peau. Un déséquilibre ou une carence peut causer des troubles de la mémoire, l'anthrax, l'alopécie, et des ongles striés et incarnés. La consommation de produits céréaliers complets devrait combler les besoins réguliers de ce sel.

103. DES QUESTIONS SUR LE CHAPITRE VII ?

Mon beau-père souffre d'aigreurs intenses. Il prend du Mylanta® (États-Unis) si souvent que c'est presque devenu son dessert. Y a-t-il une solution de remplacement naturelle ?

Bien sûr qu'il y en a une, et elle a bien meilleur goût que le liquide crayeux que votre beau-père prend. Les comprimés d'enzymes de papaye à croquer, faits à partir de papaye, peuvent digérer 2 230 fois leur masse de féculents grâce à la pepsine et à la prolase qu'ils contiennent. Ces deux enzymes contribuent à la synthèse protéique et se combinent à la mylase, une puissante enzyme digestive des féculents. (Par ailleurs, la papaïne est l'ingrédient principal des attendrisseurs de viande, qui agissent sur les aliments avant même qu'ils n'atteignent votre estomac.) Le U.S. Department of Agriculture a confirmé que la papaye possède de nombreuses propriétés digestives, donc votre beau-père gagnerait à prendre un ou deux de ces comprimés naturels et bons au goût après les repas. S'il préfère, il peut opter pour le jus de papaye, qui facilite aussi la digestion. Je lui conseille d'en prendre entre 5 mL (1 c. à thé) et 15 mL (1 c. à soupe) au besoin. En outre, je lui recommande d'avaler de un à trois comprimés d'enzymes digestives multiples avant les repas afin d'éliminer la possibilité de reflux œsophagien.

Je fais un régime minceur. Est-il préférable pour moi de manger des pâtes ou du steak ?

Personnellement, je vous recommande un poisson sans mercure (*voir la rubrique 97*). Le poisson est riche en protéines, faible en calories; en outre, une portion de sole ou de plie de 84 g (3 oz) fournit à peine 80 calories et seulement 1 g de gras. Les glucides, en revanche, même s'ils contiennent le même nombre de calories que les protéines, font moins grossir que le gras (et le steak contient beaucoup de gras). Voici la règle : pour convertir 100 calories de glucides, vous dépensez 25 calories, alors que pour convertir

100 calories de gras, vous ne dépensez que 3 calories. Rappelez-vous cependant qu'une portion de pâtes ne correspond pas à un plein bol. En fait, une portion de 250 mL (1 tasse) a la grosseur de deux boules de glace.

CHAPITRE

8 Les antioxydants et leur but

104. DOIS-JE PRENDRE DES ANTIOXYDANTS ?

Oui, cela ne fait aucun doute ! Chaque respiration génère des radicaux libres (des oxydants irrépressibles qui endommagent les cellules). À mesure que vous vieillissez, l'organisme produit de moins en moins d'antioxydants naturels qui mettent ces molécules nuisibles en échec. Avec l'accumulation de radicaux libres, la santé se fragilise et le vieillissement accélère, favorisant divers maux, depuis les rides jusqu'aux maladies dégénératives graves.

Bien que nous tirions des antioxydants de la nourriture, beaucoup de gens présentent des besoins accrus de ces éléments que l'alimentation à elle seule ne peut combler. Les fumeurs, par exemple, requièrent deux à trois fois plus de vitamine C que les non-fumeurs pour avoir le même taux d'antioxydants sanguin. La pollution de l'air, la maladie chronique, la fumée secondaire, les carcinogènes alimentaires (les aliments frits à des températures très élevées ou cuits sur charbon de bois, les nitrites et les viandes transformées), les tendances héréditaires à une maladie, l'infection, l'exercice vigoureux, la ménopause, la tension mentale, les bains de soleil et les radiographies sont d'autres facteurs qui peuvent stimuler la production de radicaux libres. En outre, le problème n'est pas forcement les aliments, mais la façon dont on les prépare. Citons les carottes en exemple : cuites, elles procurent davantage de bêta-carotène biodisponible que crues. La meilleure arme contre les radicaux libres est de connaître vos antioxydants et de savoir maximiser leur efficacité par l'alimentation et les suppléments.

105. QU'EST-CE QUE LES ANTIOXYDANTS PEUVENT FAIRE POUR VOUS ?

- Ils ralentissent le processus du vieillissement.
- Ils réduisent le taux de cholestérol.
- Ils diminuent les risques d'athérosclérose.
- Ils procurent une protection contre les maladies du cœur et l'accident vasculaire cérébral.
- Ils diminuent les risques de tous types de cancer.
- Ils aident à ralentir l'évolution de la maladie d'Alzheimer.
- Ils contribuent à inhiber la croissance des tumeurs.
- Ils aident à la détoxification des carcinogènes de l'organisme.
- Ils offrent une protection contre la dégénérescence maculaire, une maladie qui mène à la cécité.
- Ils peuvent protéger l'organisme contre les dommages dus au tabagisme.
- Ils participent à protéger le corps contre la bronchopneumopathie chronique obstructive (BPCO) — notamment l'asthme, la bronchite et l'emphysème.
- Ils offrent une protection contre la pollution environnementale.

106. LES PHYTOCHIMIQUES

Les phytochimiques sont des substances chimiques naturelles des plantes; ces nutriments bons pour la santé (parfois appelés phytonutriments) donnent aux fruits, aux légumes, aux produits céréaliers et aux légumineuses leur couleur, leur saveur et la capacité de protéger contre la maladie. Ils constituent le système immunitaire des plantes. Ces antioxydants puissants ont un effet protecteur contre plusieurs affections, notamment les maladies du cœur, le diabète, l'hypertension artérielle, l'ostéoporose, les maladies pulmonaires et le cancer.

107. LES CAROTÉNOIDES

Les caroténoïdes sont des phytochimiques puissants qui agissent comme des antioxydants et possèdent de grandes propriétés anticancéreuses. Ce sont les pigments liposolubles présents dans les fruits et légumes orange, jaunes, rouges et verts, qui protègent ces derniers de l'exposition constante aux rayons ultraviolets (UV) du soleil et d'autres carcinogènes de l'environnement, prévenant ainsi la formation de radicaux libres dangereux. À l'heure actuelle, il y a 600 caroténoïdes connus dont 50 se trouvent dans les fruits et légumes comestibles. Les six étoiles du XXIe siècle sont l'alpha-carotène, le bêta-carotène, la cryptoxanthine, le lycopène, la lutéine et la zéaxanthine.

L'alpha-carotène

L'alpha-carotène se transforme en vitamine A selon les besoins de l'organisme. On a prouvé qu'il réduit de façon radicale les tumeurs chez les animaux et qu'il serait *dix fois* plus puissant que le bêta-carotène pour protéger la peau, les yeux, le foie et les tissus pulmonaires contre les effets dévastateurs des radicaux libres.

Aliments et suppléments

Les meilleures sources alimentaires sont les carottes cuites et la citrouille. L'alpha-carotène se vend comme supplément individuel, mais on le trouve aussi dans des formules de caroténoïdes et d'antioxydants. Je recommande de trois à six comprimés de caroténoïdes multiples par jour.

Le bêta-carotène

Il se convertit en vitamine A seulement selon les besoins de l'organisme; le reste agit comme antioxydant. Des études ont montré que le bêta-carotène joue un rôle déterminant dans la prévention du cancer en inhibant la formation de radicaux libres. En outre, on a montré qu'il renforce le système immunitaire, qu'il réduit les risques d'athérosclérose, de maladies du cœur et l'accident vasculaire cérébral, et qu'il protège contre la formation de cataractes.

Aliments et suppléments

Achetez des fruits et légumes de couleur foncée, notamment des abricots, des patates douces, du brocoli (plus efficace à l'étuvée), du cantaloup, de la citrouille, des carottes, des mangues, des pêches et des épinards. Il y a des suppléments de bêta-carotène, mais le bêta-carotène entre dans les formules de caroténoïdes multiples ainsi que dans la plupart des préparations multivitaminées et d'antioxydants. Le bêta-carotène se trouve sous deux formes: le bêta-carotène tout-*trans* et le 9-*cis*-bêta-carotène. L'organisme pourrait mieux absorber cette dernière forme.

> *ATTENTION: Votre corps ne pourra probablement pas transformer l'alpha-carotène ou le bêta-carotène en vitamine A si vous souffrez d'hyperthyroïdie. Il est donc préférable d'éviter ces suppléments.*

La cryptoxanthine

La cryptoxanthine peut se transformer en vitamine A selon les besoins de l'organisme. Des études où l'on a comparé les taux de caroténoïdes sanguins chez les femmes atteintes d'un cancer du col de l'utérus avec un groupe de femmes sans cancer ont montré que les femmes en santé avaient des taux de cryptoxanthine significativement supérieurs, suggérant que la cryptoxanthine protégerait davantage contre ce type de cancer. Le tabagisme peut épuiser les réserves de cryptoxanthine. Dans une étude comparant les taux de caroténoïdes et de vitamine E chez des hommes fumant ou chiquant du tabac et des hommes qui évitent le tabac, on a montré que les hommes qui consomment du tabac présentent des taux moindres de cryptoxanthine.

Aliments et suppléments
Pour une portion saine et savoureuse de cryptoxanthine, mangez chaque jour des fruits comme les pêches, la papaye, les mandarines et les oranges. Il y a aussi de la cryptoxanthine dans les formules de caroténoïdes. La posologie suggérée est de 3 à 6 mg par jour.

Le lycopène

Le lycopène est un caroténoïde sans activité provitamine A (c'est-à-dire qu'il n'est pas converti en vitamine A selon les besoins de l'organisme), mais avec un effet antioxydant plus grand que le bêta-carotène. Le lycopène est la substance qui donne leur couleur rouge à la tomate, à la pastèque (au melon d'eau), au pamplemousse rose et à d'autres fruits et légumes. On a montré qu'il inhibe la croissance de nombreux types de cellules cancéreuses. En fait, les hommes qui mangent de la pizza (produit américain) présentent moins de risques de souffrir d'un cancer de la prostate grâce à la sauce à la tomate riche en lycopène de ce mets. On a aussi observé que le lycopène protège contre les carcinogènes de la fumée de cigarette et les rayons ultraviolets du soleil. De nouvelles études révèlent qu'il aide en outre à prévenir les maladies du cœur.

Aliments et suppléments
Le taux de lycopène dans le sang diminue avec l'âge. De plus, le lycopène est un pigment liposoluble que l'organisme absorbe mal à moins qu'il soit chauffé et consommé avec un peu de gras, comme

de l'huile d'olive. C'est pour cette raison que la sauce à la tomate procure plus de lycopène qu'une tomate nature. Si vous avez plus de 50 ans et ne mangez pas de produits à la tomate chaque jour, je recommande une capsule de 6 à 10 mg par jour en mangeant.

La lutéine

La lutéine est un autre caroténoïde qui ne se transforme pas en vitamine A, mais qui constitue un antioxydant remarquable. On a montré que la lutéine, notamment utile à la protection des yeux, élimine les radicaux libres générés par les rayons ultraviolets nocifs et ralentit l'évolution de la dégénérescence maculaire, la forme de cécité la plus courante chez les personnes de 65 ans et plus.

Aliments et suppléments

La lutéine abonde dans les épinards et les feuilles de chou vert. Si vous mangez ces aliments en grande quantité tous les jours, vous n'avez pas besoin de suppléments. Par contre, si vous n'aimez pas ces légumes, vous pouvez prendre de la lutéine en comprimés ou dans une préparation (au moins 6 mg de lutéine). Si vous optez pour le supplément individuel, je recommande un comprimé de 6 à 20 mg par jour, pris en mangeant. Les médicaments ou les suppléments qui réduisent la synthèse du gras, comme l'Orlistat® ou le chitosan, peuvent réduire la capacité de l'organisme d'utiliser la lutéine. Si vous êtes enceinte, consultez votre médecin avant de prendre un supplément de lutéine. Évitez également les suppléments de lutéine si vous êtes allergique aux soucis.

La zéaxanthine

Comme la lutéine, ce caroténoïde protège contre la dégénérescence maculaire due aux radicaux libres. (Des dommages à la macula, soit une petite plaque sur la rétine responsable d'une bonne vision, peuvent engendrer une vision trouble et mener à la perte de la vision centrale.) Une intervention chirurgicale peut ralentir l'évolution de la maladie, mais il n'y a aucun traitement à l'heure actuelle, d'où l'importance de la prévention. La zéaxanthine offre aussi une protection contre diverses formes de cancer en éliminant les radicaux libres et en inhibant la croissance des cellules cancéreuses.

Aliments et suppléments
La zéaxanthine abonde dans le cresson, la bette à carde, les feuilles de chicorée, les feuilles de betteraves, les épinards et le gombo. Si vous mangez rarement de ces légumes verts, pensez à prendre un bon supplément de caroténoïdes ou d'antioxydants contenant entre 30 et 130 mg de zéaxanthine par jour, aux repas.

108. LES FLAVONOÏDES

Ces phytochimiques antioxydants produisent la couleur hydrosoluble des légumes, des fruits, des produits céréaliers, des feuilles et de l'écorce. (La partie bioactive des flavonoïdes regroupe les bioflavonoïdes.) Il y a de nombreux types de flavonoïdes et différentes plantes en contiennent des concentrations variées. En fait, des études ont montré que certains flavonoïdes ont une activité antioxydante 50 fois plus grande que les vitamines C et E. Les flavonoïdes du raisin rouge sont 1000 fois plus efficaces que la vitamine E pour inhiber l'oxydation du LDL humain. Voici une liste, néanmoins partielle, des flavonoïdes qu'il faut connaître même juste un peu, car ils peuvent faire beaucoup pour votre santé.

Les catéchines

On a montré que ces membres de la famille des polyphénols de type flavonoïdes inhibent la croissance de la bactérie staphylocoque résistante aux antibiotiques, laquelle cause des infections mettant en danger la vie du malade, qu'ils aident les personnes ayant un régime riche en cholestérol à maintenir un taux de cholestérol normal en plus de prévenir la carie dentaire et les maladies des gencives. Les résultats d'études tendent à montrer que les catéchines peuvent aider à réduire le taux de cancer du poumon et de l'estomac, prévenir les dommages à l'ADN et retarder l'apparition de l'artériosclérose.

Aliments et suppléments

Il y a des catéchines en forte concentration dans le thé vert. Il y en a aussi dans le raisin, le jus de raisin et le vin. Un apport excessif de catéchines peut se révéler toxique, mais à mon avis, prendre une ou deux tasses de thé vert par jour semble à la fois sécuritaire et favorable.

> *ATTENTION : Les femmes enceintes ou allaitantes, de même que les personnes souffrant d'arythmie cardiaque devraient limiter leur consommation de thé vert à 500 mL (2 tasses) par jour. (Il y a sur le marché des suppléments d'extrait de thé vert sans caféine.)*

Le resvératrol

Le resvératrol est un autre membre important de la famille des polyphénols de type flavonoïdes. Des études ont montré qu'il peut réduire l'incidence de maladies du cœur et d'accident vasculaire cérébral en inhibant la formation de caillots sanguins et de LDL (le mauvais cholestérol). On a aussi observé qu'il peut aider à bloquer la formation de cellules cancéreuses et ramener des cellules malignes à leur état normal.

Aliments et suppléments

Le resvératrol est un composé présent dans la peau et les pépins de raisin. Avec les catéchines et l'anthocyanidine, cet antioxydant responsable de la couleur pourpre foncé ou rouge du raisin pourrait expliquer le « paradoxe français ». Même si les Français ont une alimentation très riche en gras et en cholestérol, ils présentent l'un des plus faibles taux de maladies du cœur au monde. Certains chercheurs attribuent ce fait à la consommation quotidienne de vin rouge. Si vous ne buvez pas d'alcool, que vous vouliez éviter les effets néfastes d'une surconsommation d'alcool, mais souhaitiez tout de même profiter des bienfaits du resvératrol, diverses possibilités s'offrent à vous. Le jus de raisin rouge contient du resvératrol, bien qu'en quantités moindres, et il y a des suppléments sur le marché. Je propose de prendre une capsule de 1 000 µg par jour ou deux capsules de 30 mg de polyphénols.

Les proanthocyanidines et les anthocyanidines

Ces flavonoïdes sont aussi appelés proanthocyanidines oligomériques. Il s'agit de puissants protecteurs des vaisseaux sanguins, remarquables par leur capacité de lier et de renforcer les maintes fibres de la protéine collagène, surtout dans les tissus mous, les tendons, les ligaments et les os. Ce faisant, ils permettent une meilleure circulation sanguine vers les glandes et les organes (indispensable pour prévenir et surmonter la maladie), traitent les conditions capillaires fragiles comme les ecchymoses, les varices et les hémorroïdes, et peuvent contribuer grandement à la prévention de l'ostéoporose. De plus, ils peuvent aider les athlètes et les gens qui aiment s'entraîner, car ils sont liposolubles et aptes à neutraliser les radicaux libres générés dans les liquides tissulaires par l'exercice rigoureux.

Aliments et suppléments

Les proanthocyanidines oligomériques proviennent principalement de l'extrait de pépins de raisin et de l'extrait d'écorce de pin. Le pycnogénol, l'un des rares antioxydants à franchir la barrière hémato-encéphalique, protège le cerveau et les tissus nerveux de l'oxydation. Le nom pycnogénol est dorénavant synonyme des bienfaits de l'écorce de pin, bien qu'il s'agisse en fait de la marque de commerce du procédé breveté de l'extraction même des flavonoïdes et d'autres substances de l'écorce de pin. Le pycnogénol comprend de 50 à 60 % de proanthocyanidines. On trouve ces flavonoïdes dans d'autres fruits et légumes, mais comme les gens mangent rarement l'écorce, les tiges, les feuilles et les pelures, ils les jettent au lieu de les consommer. Heureusement, il existe des suppléments. Je recommande de prendre jusqu'à 3 comprimés de proanthocyanidines de 30 à 100 mg par jour *entre les repas*, de préférence des comprimés d'extrait de pépins de raisin et d'extrait de pelure de raisin. (Suivez la plus faible posologie à moins d'avoir plus de 65 ans ou un système immunitaire faible.)

109. LES ISOFLAVONES

Présents dans les fèves de soja et d'autres légumineuses, ces phytonutriments ont des liens avec les flavonoïdes. Une fois dans l'organisme, ils sont transformés en phytoœstrogènes (œstrogènes d'origine végétale), des composés semblables aux hormones qui peuvent contribuer à bloquer la croissance de cancers hormonodépendants et autres. Les isoflavones semblent aussi aider à abaisser le taux de cholestérol total et à réduire les taux élevés de triglycérides sanguins, ce qui protège contre les maladies du cœur. (Ils pourraient même prévenir les bouffées de chaleur chez les femmes à la ménopause.) Les isoflavones les plus connus sont la génistéine et la daidzéine.

La génistéine

Elle aide à empêcher la prolifération de tumeurs cancéreuses en prévenant la croissance de nouveaux vaisseaux sanguins qui alimenteraient ces cellules. Elle pourrait également réduire les risques de cancers du sein et de la prostate.

Aliments et suppléments

La génistéine se trouve exclusivement dans les produits de soja, comme le lait de soja, le tofu, le miso et le tempeh. Si vous ne raffolez pas du tofu et que les produits de soja ne vous attirent pas, vous pouvez prendre de la génistéine en suppléments comprenant de la daidzéine et d'autres isoflavones sous forme de comprimés ou en poudre. Je recommande une boisson frappée aux protéines de soja ou deux comprimés de supplément de soja concentré (contenant 10 mg de génistéine et de daidzéine).

La daidzéine

La daidzéine travaille de concert avec la génistéine pour bloquer les enzymes qui contribuent à la prolifération des tumeurs. Elle peut notamment aider les femmes qui essaient de contrôler les effets des puissants œstrogènes pouvant stimuler la croissance de cellules du cancer du sein. Elle aide aussi à réduire les taux d'alcoolémie et atténue la gueule de bois (*voir la rubrique* 239).

Aliments et suppléments

Comme la génistéine, la daidzéine se trouve dans les produits à base de soja. En raison de son caractère antioxydant et anticancéreux, je recommande de prendre une boisson frappée de protéines de soja par jour ou deux comprimés de concentré de soja (contenant de la génistéine et d'autres isoflavones). La daidzéine est aussi l'isoflavone présent dans la plante orientale kudzu (*Pueraria lobata*) qui préviendrait la gueule de bois et réduirait le désir d'alcool. Les suppléments de kudzu se vendent en capsules. Je recommande de prendre 3 capsules de 500 mg par jour avant ou après la consommation d'alcool si vous voulez vous mettre au régime sec — ou simplement survivre aux excès de la veille.

110. LES VITAMINES

Les principales vitamines qui ont un effet antioxydant sont les vitamines A, C et E.

La vitamine A

La vitamine est un prédateur à la fois puissant et important de radicaux libres. La vitamine A, surtout ses précurseurs alpha-carotène et bêta-carotène, détruisent les carcinogènes et, selon des études, offrent une protection contre certaines formes de cancer.

Aliments et suppléments (*Voir la rubrique* 29.)

La vitamine C

On pourrait appeler cette petite merveille hydrosoluble l'antioxydant des antioxydants, car elle aide à protéger les autres antioxydants dans l'organisme. Elle inhibe la prolifération des nitrosamines entraînant le cancer, réduit les risques de divers cancers, augmente l'activité des cellules immunitaires vitales, prévient l'oxydation nocive des LDL et réduit les risques de crise cardiaque.

Aliments et suppléments (*Voir la rubrique* 44.)

La vitamine E

Cette vitamine liposoluble combat les radicaux libres et protège les membranes cellulaires et d'autres tissus lipidiques. On a montré qu'elle contribue à la prévention de cataractes, qu'elle améliore la réponse immunitaire de l'organisme et qu'elle protège contre plusieurs types de cancer, en plus de réduire de façon significative les risques de crise cardiaque fatale.

Aliments et suppléments (*Voir la rubrique* 46.)

111. LES MINÉRAUX

Tous les minéraux sont antioxydants, mais, contrairement à certaines vitamines, aucun d'entre eux n'est généré par l'organisme. Ils doivent donc provenir de l'alimentation. Je ne pourrai jamais assez souligner l'importance pour l'organisme d'en contenir en quantités suffisantes, car les vitamines ne peuvent fonctionner ni être assimilées sans leur aide. Les principaux minéraux prédateurs de radicaux libres sont le sélénium et le zinc.

Le sélénium

Le sélénium agit en synergie avec la vitamine E, c'est-à-dire que l'un accroît l'efficacité de l'autre. On a montré qu'il prévient efficacement le cancer, et qu'il est particulièrement utile pour protéger contre les dommages causés par les radiations et les carcinogènes chimiques. Il stimule la production d'anticorps en cas d'infections, aide à prévenir la formation de caillots à l'origine d'accidents vasculaires cérébraux et peut soulager la douleur et les raideurs dues à l'arthrite. En outre, il a la réputation d'accroître l'appétit sexuel chez l'homme.

Aliments et suppléments (*Voir la rubrique 66.*)

Le zinc

Le zinc mène un combat puissant contre le simple rhume. On a montré qu'il renforce le système immunitaire et augmente le taux de lymphocytes T qui combattent l'infection, surtout chez les aînés. Il peut aussi aider à ralentir la perte de vision liée à la dégénérescence maculaire, en plus de prévenir l'hypertrophie, voire le cancer, de la prostate.

Aliments et suppléments (*Voir la rubrique 70.*)

112. LES LÉGUMES DE LA FAMILLE DES PLANTES ALLIACÉES

Il existe plus de 500 variétés de plantes alliacées, mais les antioxydants étoiles sont l'ail (*voir la rubrique 126*), les oignons, les échalotes et les poireaux. Ces légumes contiennent des flavonoïdes, de la vitamine C, du sélénium et des composés de soufre qui, a-t-on montré, ont des propriétés anticancéreuses puissantes, surtout parce qu'ils aident les cellules à éliminer les carcinogènes. Ils peuvent aussi contribuer à la prévention de crises cardiaques et d'accidents vasculaires cérébraux en abaissant les taux de cholestérol et la tension artérielle, en plus de prévenir la formation de caillots. En outre, ils sont utiles au foie, car ils permettent d'activer les enzymes qui le détoxifient et peuvent s'avérer efficaces dans la protection contre les allergies et l'asthme.

Aliments et suppléments

Il n'est pas nécessaire de consommer des oignons ou de l'ail crus pour tirer profit des plantes alliacées; elles semblent conserver leurs propriétés antioxydantes même cuites. Si vous préférez éviter les risques d'aigreurs ou d'halitose, optez pour des capsules d'ail inodores. Le persil est un rafraîchisseur d'haleine naturel; toutefois, les capsules de rafraîchisseurs d'haleine faites d'huile de graines de persil sont plus faciles à transporter avec soi.

113. LA MYRTILLE (LE BLEUET)

On l'appelle aussi la myrtille européenne, et elle est un antioxydant puissant. Elle contient des anthocyanosides qui, selon des recherches, semblent renforcer les capillaires, protéger contre la formation de cataractes, la cécité nocturne et d'autres troubles de la vue, en plus d'améliorer la circulation sanguine. Elle peut aussi inhiber la prolifération des bactéries et agir comme anti-inflammatoire. Elle a de plus des effets anticancéreux.

Aliments et suppléments
La myrtille ou le bleuet en supplément se trouve sous formes de capsules ou d'extrait liquide. Je recommande de prendre une capsule de 500 mg jusqu'à 3 fois par jour, ou de diluer de 15 à 40 gouttes d'extrait dans de l'eau ou du jus, 3 fois par jour. L'efficacité du supplément de myrtille ou de bleuet s'accroît lorsqu'on le prend avec de la vitamine C (jusqu'à 500 mg de vitamine C par jour).

> *ATTENTION : Ne dépassez pas les posologies recommandées ! Bien que les extraits du commerce soient sécuritaires, les feuilles de myrtille peuvent être toxiques si on les consomme sur une longue période.*

114. LA COENZYME Q10 (COQ10, UBIQUINONE)
Ce nutriment antioxydant présent dans toutes les cellules vivantes est indispensable, car il procure l'énergie nécessaire à l'exécution des fonctions vitales de l'organisme. Sans la coenzyme Q10, les cellules ne peuvent plus fonctionner. Au fil du vieillissement, les taux de coenzyme Q10 chutent, ce qui pourrait avoir un lien direct avec l'apparition de bon nombre de maladies et de conditions associées à l'âge. (*Voir la rubrique 360.*) De mauvaises habitudes alimentaires, de la tension (du stress) et de l'infection peuvent aussi réduire la capacité du corps de produire des quantités adéquates de CoQ10. La coenzyme Q10 possède bon nombre des propriétés antioxydantes de la vitamine E. On a montré qu'elle accroît le niveau d'énergie, qu'elle améliore la fonction cardiaque, qu'elle aide à faire régresser la maladie des gencives et qu'elle renforce le système immunitaire. De plus, une étude subventionnée par le National Institute of Neurological Disorders and Stroke (NINDS), publiée dans le numéro d'octobre 2002 de *Archives of Neurology*, a suggéré que la coenzyme Q10 pouvait ralentir l'évolution de la maladie de Parkinson. Bien sûr, bien des études restent à faire, mais

il s'agit d'une découverte stimulante, car même si le levadopa et d'autres médicaments soulagent les symptômes de la maladie, aucun des traitements actuels ne ralentit son évolution. Des chercheurs croient que la CoQ10 améliore l'action des mitochondries, responsables de la production de l'énergie cellulaire — notamment parce que des études antérieures ont révélé que les taux de CoQ10 des mitochondries étaient anormaux chez les personnes atteintes de la maladie de Parkinson.

Beaucoup de gens âgés ayant une fonction cardiaque diminuée ont rapporté avoir ressenti une augmentation quasi immédiate de leur énergie. En outre, des personnes souffrant d'angine de poitrine ont affirmé que la coenzyme Q10 réduisait ou éliminait la douleur plus efficacement que les autres médicaments conventionnels. Les statines, médicaments prescrits à des millions de personnes dans l'objectif de contrôler leur cholestérol élevé — un facteur de risque important des maladies du cœur — diminuent les réserves de CoQ10 de l'organisme. Autrement dit, la prise d'un médicament dont le but est de réduire les risques de maladies du cœur pourrait avoir l'effet inverse, soit de les *augmenter*. Si vous prenez présentement des statines comme le Zocor® ou le Pravachol® (produit des États-Unis), vous devriez prendre un supplément de CoQ10.

Aliments et suppléments

La coenzyme Q10 se trouve dans la viande, les produits céréaliers, les légumes, les œufs et les produits laitiers, mais sa concentration diminue selon la période d'entreposage, les techniques de transformation et les méthodes de cuisson. Je recommande une capsule de 30 mg jusqu'à 3 fois par jour. Le gel, dans lequel la CoQ10 est combinée à de l'huile de soja, est la forme la plus facile à absorber. Les suppléments à base d'huile sont davantage biodisponibles et, par conséquent, plus puissants, car la CoQ10 est un nutriment liposoluble.

115. LES LÉGUMES CRUCIFÈRES

Ce groupe de légumes riches en antioxydants (brocoli, choux de Bruxelles, chou fourrager, etc.) contient, en plus de la vitamine C et d'autres flavonoïdes, des phytochimiques appelés indoles et sulforaphanes. Les indoles bloquent l'œstrogène qui peut favoriser la prolifération de tumeurs, particulièrement au sein. On a observé que le sulforaphane stimule la production d'enzymes pouvant combattre le cancer par les cellules. On a découvert que la combinaison de tous les antioxydants puissants inclus dans les légumes crucifères aide à la protection contre diverses formes de cancer.

Aliments et suppléments

Malgré les bienfaits nutritionnels des légumes crucifères comme le brocoli, le chou fourrager, le chou-fleur, les choux de Bruxelles et le pak choï, ces derniers sont en général mal aimés de la plupart des gens. Heureusement, bon nombre de leurs substances bénéfiques se trouvent sous forme de suppléments. Avaler un comprimé ne vous apporte pas les fibres ni tous les autres nutriments des légumes frais, mais c'est encore mieux que rien. Je recommande un supplément de fruits et de légumes combinés comprenant des isolats ou des extraits de brocoli. Ce supplément donne un regain d'énergie entre les repas et constitue une excellente façon de combler mes besoins nutritifs.

116. LE GINKGO

Cette plante est un antioxydant puissant qui favorise surtout la circulation sanguine. En augmentant l'apport en oxygène au cœur, au cerveau et à toutes les autres parties du corps, le ginkgo favorise la fonction cérébrale, renforce la capacité à se concentrer, aide à soulager les crampes aux jambes et d'autres douleurs musculaires et pourrait même diminuer l'impuissance. En fait, bon nombre d'hommes m'ont confié en faire leur Viagra® (produit des États-Unis) naturel. Le ginkgo peut aussi réduire les symptômes du vertige et de l'acouphène (tintement dans les oreilles), et semble améliorer le degré de perception et l'interaction sociale chez les personnes atteintes de la maladie d'Alzheimer. Parce qu'il protège les cellules contre les dommages dus aux radicaux libres, il peut jouer un rôle dans le ralentissement du processus du vieillissement et la prévention du cancer.

Des études récentes ont montré que le ginkgo peut aider à prévenir et à traiter la dégénérescence maculaire. De plus, il peut servir d'antidépresseur pour les personnes qui ne réagissent pas aux antidépresseurs conventionnels.

Aliments et suppléments
Le ginkgo normalisé se vend en doses de 40 et de 60 mg. Vous pouvez en prendre jusqu'à trois capsules ou comprimés de 60 mg par jour.

ATTENTION : Prise en même temps que l'aspirine, cette herbe peut causer des yeux injectés de sang.

117. LE GLUTATHION

Cet antioxydant tripeptide est généré par le foie à partir de trois acides aminés, soit la cystéine, l'acide glutamique et la glycine. Il protège toutes les cellules et tous les tissus de l'organisme. Il peut aider à prévenir le cancer, surtout le cancer du foie. Le gluthation rehausse le système immunitaire. Il élimine les métaux lourds et les médicaments de l'organisme. En outre, il pourrait procurer une certaine protection contre les effets nocifs de la radiation, du tabagisme et de l'alcoolisme. Il a déjà servi d'anti-inflammatoire dans des cas d'arthrite et d'allergies.

Aliments et suppléments
Le glutathion se trouve dans les fruits et les légumes, mais la cuisson peut réduire son efficacité.

Comme supplément, je recommande 1 ou 2 capsules de 50 mg par jour. L'acide aminé méthionine aide à éviter l'épuisement du glutathion. Par conséquent, un régime alimentaire comportant de bonnes sources de méthionine — légumineuses, œufs, poisson, ail, lentilles, pousses de soja et yaourt — constitue l'idéal. Un supplément d'acide aminé contenant de la l-cystéine et de la l-méthionine peut par ailleurs stimuler la production de glutathion par l'organisme.

118. L'ACIDE LIPOIQUE

L'acide lipoïque est un défenseur unique en son genre contre les radicaux libres; d'ailleurs, on l'appelle souvent l'antioxydant universel. Cet acide semblable à une vitamine est généré naturellement par l'organisme. Contrairement aux autres antioxydants que le corps produit, qui ont des fonctions précises, l'acide lipoïque n'est pas exclusivement liposoluble ou hydrosoluble; il peut donc rehausser l'efficacité d'autres antioxydants et agir comme frappeur d'urgence. Par exemple, si vos réserves en vitamines C et E antioxydantes sont basses, l'acide lipoïque peut s'y substituer temporairement. En raison de son habileté à pénétrer la barrière hémato-encéphalique, il peut contribuer à renverser les effets néfastes d'un AVC sur le cerveau. Cet acide aide à réguler les taux de glycémie et peut prévenir les complications du diabète.

Aliments et suppléments

Avec l'âge, le corps ne produit plus assez d'acide lipoïque pour que nous profitions de ses bienfaits. Ce supplément devient *essentiel* après 40 ans. L'acide lipoïque se trouve sous forme de comprimés ou dans des formules d'antioxydants. Je recommande 1 ou 2 comprimés de 50 mg par jour.

119. LA MÉLATONINE

L'hypophyse produit cette hormone antioxydante durant le sommeil. La mélatonine stabilise les biorythmes naturels de l'organisme.

Comme elle règle notre horloge interne (cycles sommeil/veille), je la trouve efficace pour traiter les effets du décalage horaire et l'insomnie. Avec l'âge, notre taux de mélatonine chute. Des suppléments peuvent aider à ralentir le processus du vieillissement, car ils contribuent notamment à éviter les dommages dus à l'oxydation des cellules du cerveau jouant un rôle dans l'apparition de maladies, y compris la maladie d'Alzheimer. On a aussi trouvé que la mélatonine diminue la fréquence des céphalées vasculaires de Horton et peut rehausser la fonction immunitaire en stimulant l'activité des cellules anticancéreuses, ce qui permet d'interrompre la prolifération de tumeurs malignes.

Aliments et suppléments

Il y a de la mélatonine dans des aliments comme la tomate; c'est pourquoi on peut la commercialiser comme supplément et non comme médicament, bien qu'il s'agisse d'une hormone. Pour éviter les effets du décalage horaire, je recommande de laisser fondre entre 1 et 3 mg sous la langue (forme sublinguale) trente minutes avant le moment de vous mettre au lit une fois à destination. Si vous optez pour des comprimés ou des capsules, prenez-en de 1 à 3 mg une heure et demie avant de vous coucher, car leur action est plus lente. En cas d'insomnie, prenez-en de 1 à 5 mg avant d'aller au lit. (Commencez avec 1 mg et augmentez la dose au besoin. N'excédez pas 5 mg.) Comme supplément antivieillissement, je recommande de 0,5 à 1 mg de la forme sublinguale avant le coucher. *Astuce* : si vous avez l'habitude de manger tard le soir, privilégiez la banane, qui favorise la production de mélatonine.

Certains médicaments, même ceux en vente libre comme les anti-inflammatoires non stéroïdiens, interviennent dans la production de mélatonine par le cerveau. En fait, une simple dose d'aspirine ordinaire peut réduire la production de mélatonine de 75 %. Si vous prenez de tels médicaments, avalez votre dernière dose après le dîner. D'autres médicaments peuvent nuire à la production de mélatonine par le cerveau, notamment les benzodiazépines comme Valium® et Xanac®, la caféine, l'alcool, les médicaments contre le rhume, les diurétiques, les bêtabloquants, les inhibiteurs calciques, les coupe-faim et les corticostéroïdes comme la prednisone.

> *ATTENTION : La mélatonine peut causer de la somnolence et ne doit être prise qu'avant d'aller au lit. Il ne faut pas conduire ou opérer de la machinerie lourde sous l'influence de la mélatonine. Ne prenez pas de mélatonine sans l'approbation d'un médecin si vous prenez des médicaments quels qu'ils soient, si vous souffrez d'une maladie grave, si vous êtes enceinte, si vous allaitez, si vous êtes diabétique, si vous souffrez d'un déséquilibre hormonal causé par une autre maladie, si vous êtes à la ménopause et suivez une hormonothérapie substitutive. La mélatonine, parce qu'elle peut surstimuler la fonction immunitaire, est à éviter par toutes les personnes atteintes d'une maladie auto-immune ou prenant des immuno-suppresseurs.*

120. LA SUPEROXYDE DISMUTASE (SOD)

La SOD est une enzyme à l'action antioxydante très puissante, surtout pour la peau. Elle revitalise les cellules et diminue leur taux de mortalité. En fait, on a montré que les injections de SOD sont efficaces dans les cas de sclérodermie (durcissement de la peau). La SOD aide le corps à métaboliser le zinc, le cuivre et le manganèse, qui sont essentiels, mais peut cesser son activité en l'absence de ces minéraux. Avec l'âge, le corps produit de moins en moins de SOD; les suppléments peuvent grandement contribuer à réduire les rides et à ralentir le processus du vieillissement sur tous les plans.

Aliments et suppléments
Parmi les meilleures sources naturelles de SOD figurent l'herbe d'orge, le brocoli, le chou de Bruxelles, le chou et l'herbe de blé. L'estomac détruit la SOD, donc il est préférable de prendre des suppléments gastro-résistants qui parviendront intacts jusqu'à l'intestin grêle, où les enzymes seront absorbées. Je recommande 125 µg par jour dans le cadre d'un régime antivieillissement (*voir la rubrique 360*).

121. DES QUESTIONS SUR LE CHAPITRE VIII ?

Ma sœur est infirmière et m'a dit que les suppléments de bêta-carotène peuvent réduire l'efficacité de ma vitamine E. Est-ce vrai ?
C'est techniquement vrai, mais peu probable ! Des taux élevés de vitamine A et de bêta-carotène dans l'organisme peuvent réduire l'absorption de la vitamine E, mais, à moins de prendre une surdose de ces suppléments (ou d'avoir une peau orangée à cause d'un excès de caroténoïdes), il n'y a rien à craindre.

Y a-t-il une façon de déterminer si je manque d'antioxydants ?
Eh bien, oui. Il s'agit d'une analyse d'échantillons d'urine et de sang visant à déterminer les taux de radicaux libres et les réserves de glutathion de l'organisme. Je ne crois pas que ce test en vaille la peine si vous êtes en bonne santé, sans symptômes alarmants. Cependant, si votre santé vous inquiète, consultez un médecin spécialiste en nutrition. (*Voir la rubrique 383.*)

Que puis-je prendre pour augmenter naturellement mon taux d'antioxydants ?
Quelques suppléments me viennent à l'esprit, notamment la silymarine qui comprend trois bioflavonoïdes extraits du chardon-Marie, soit la silybine, la silydianine et la silychristine. La silymarine constitue un antioxydant naturel qui favorise la fonction hépatique (le chardon-Marie sert depuis des siècles à traiter les troubles du foie).

En outre, elle augmente les taux des deux principaux antioxydants de l'organisme, soit le glutathion et la SOD. Vous pouvez prendre jusqu'à 3 capsules de 500 mg de sylimarine par jour.

Il existe aussi un ancien tonique aux herbes chinois à base de cordyceps (un champignon). Ce tonique traditionnel est utilisé depuis longtemps pour combattre la fatigue et accroître la vitalité. Il peut aussi augmenter les réserves d'antioxydants. Je recommande 2 capsules de 525 mg par jour avec les repas.

Y a-t-il du vrai dans la rumeur selon laquelle le chocolat stimule la production d'antioxydants ?

Si vous aimez le chocolat noir, réjouissez-vous. Selon une étude récente publiée dans le journal scientifique *Nature*, la consommation de chocolat noir — pas le chocolat au lait — élève les taux d'antioxydants dans le sang. Un groupe de 12 volontaires ont consommé, à des jours différents, 100 g (approximativement 3 oz) de chocolat noir, 100 g de chocolat noir au lait ou 200 g (7 oz) de chocolat au lait. Des analyses sanguines une heure suivant l'absorption du chocolat noir ont montré une augmentation substantielle des taux d'antioxydants, y compris des taux d'épicatéchine, un flavonoïde alimentaire bien connu. En revanche, on a noté peu de variation après la consommation de chocolat au lait ou de chocolat noir au lait. En outre, l'absorption d'épicatéchine par le sang était beaucoup plus faible que quand on mangeait le chocolat noir. Selon les chercheurs, ces résultats mettent en lumière la possibilité que d'autres aliments puissent diminuer l'action antioxydante des flavonoïdes dans l'organisme. Ils pourraient nous permettre de manger du chocolat noir sans culpabilité… avec modération, bien sûr !

Le thé noir contient-il les mêmes antioxydants que le thé vert ?

Non ! Le thé noir subit plus de transformations que le thé vert et contient un peu moins d'antioxydants. Fait intéressant, bien qu'on consomme le thé d'un grand nombre de façons et que sa composition chimique varie, des études ont montré que faire infuser le thé vert ou noir durant cinq minutes libère 80 % des catéchines (antioxydants présents dans le thé). Les préparations de thé glacé, en revanche, ont une teneur négligeable en catéchines. À l'heure du thé, laissez-le infuser et gardez-le bien chaud pour profiter de ses qualités nutritionnelles.

CHAPITRE

9 D'autres petites merveilles

122. LES PROBIOTIQUES : *LACTOBACILLUS ACIDOPHILUS*

Les probiotiques sont des organismes qui contribuent à la santé du tractus intestinal. Ce sont des bactéries qui aident à combattre la maladie. Le *lactobacillus acidophilus*, ou lait à l'acidophile, est une source de bonnes bactéries intestinales. Les suppléments de probiotiques sont plus puissants sous forme de capsules ou de granules que sous forme de yaourt. On peut aussi acheter de la culture d'acidophile fermentée dans du soja, du lait ou des bases de levure active.

Plusieurs médecins prescrivent le lait à l'acidophile en même temps que les antibiotiques oraux, car ces derniers détruisent la flore intestinale utile, ce qui provoque de la diarrhée et la prolifération d'une levure, la *Candida albicans*. Cette levure peut croître dans les intestins, le vagin, les poumons, la bouche (candidose buccale), sur les doigts ou sous les ongles. Elle disparaît après quelques jours d'une consommation généreuse de lait à l'acidophile.

Un apport régulier de cultures à l'acidophile garde les intestins propres. Il peut éliminer l'halitose due à la putréfaction intestinale (la mauvaise haleine qui résiste aux rince-bouche ou aux vaporisateurs buccaux), la constipation ou les flatulences nauséabondes. Il peut aider à traiter l'acné ou d'autres troubles de la peau, en plus de rehausser le système immunitaire qui faiblit avec l'âge. Les femmes ménopausiques, plus sujettes aux infections vaginales à levure en raison de la sécheresse provoquée par une chute de l'œstrogène, peuvent tirer profit des probiotiques.

Rappelez-vous que le lactose, les glucides complexes, la pectine et la vitamine C, en plus des fibres alimentaires (*voir* la rubrique 127,

Les fibres et le son) favorisent la croissance de la flore intestinale. C'est d'autant plus important que les bonnes bactéries meurent en cinq jours à moins de recevoir continuellement une forme quelconque d'acide lactique ou de lactose.

Choisissez du yaourt qui contient de l'inuline. L'inuline est un prébiotique, c'est-à-dire qu'on a montré scientifiquement qu'elle accroît l'activité des bonnes bactéries (comme le bifidus) tout en empêchant la croissance de bactéries nuisibles dans le tube digestif. L'inuline est présente dans les fruits et légumes communs comme l'artichaut, les asperges, les oignons, les raisins et les bananes. Elle constitue par ailleurs une excellente source de fibres alimentaires solubles naturelles, idéales pour les diabétiques, car elles ne font pas augmenter les taux de glycémie ou insuliniques. L'inuline favorise également l'absorption du calcium. Enfin, elle aide à protéger l'organisme contre les bactéries responsables des intoxications dites alimentaires, comme le *E. coli*, la salmonelle, le staphylocoque et la listeria.

Comme supplément alimentaire général, prenez 2 capsules (ou 30 mL/2 c. à soupe de liquide) d'acidophile trois fois par jour 30 minutes avant ou après les repas. Vous pouvez aussi diluer un sachet de granules d'acidophile de 170 g (6 oz) dans du jus 1 ou 2 fois chaque jour. Comme le taux d'acide gastrique augmente quand vous mangez, vous ferez davantage profiter vos bonnes bactéries des probiotiques en prenant les suppléments entre les repas.

123. LA BROMÉLINE

L'ananas est merveilleux, et pas seulement comme dessert ! La broméline, une enzyme dérivée de la tige de l'ananas, est un mélange d'enzymes de synthèse des protéines qui favorise la digestion tout en augmentant l'absorption des nutriments des aliments *et* des suppléments. Elle aide aussi à atténuer la douleur et l'enflure dues à l'arthrite ou aux blessures, un peu comme les anti-inflammatoires non stéroïdiens (AINS) sans effets secondaires gastro-intestinaux.

(Les AINS comme l'aspirine, l'ibuprofène et la naprosyne inhibent l'action des prostaglandines, composés qui causent l'inflammation mais qui ont toutefois un effet protecteur sur les muqueuses de l'estomac.) La broméline peut aussi prévenir des taux anormalement élevés de fibrinogènes, qui peuvent causer la formation soudaine de caillots, puis provoquer une crise cardiaque ou un accident vasculaire cérébral.

Je recommande 1 ou 2 comprimés de 500 mg après les repas pour aider à la digestion. Comme anti-inflammatoire, prenez entre 1 et 3 comprimés de 500 mg par jour. Prenez 1 comprimé de 500 mg par jour pour préserver votre santé cardiovasculaire.

124. LA CURCUMINE/LE CURCUMA

Vous rehaussez votre santé de plus de façons que vous l'imaginez si vous mangez fréquemment des mets indiens. L'épice la plus utilisée en cuisine indienne, la poudre de cari, provient du curcuma. C'est la curcumine qui lui donne sa couleur jaune distinctive. La curcumine est un antioxydant puissant; des études ont montré son efficacité pour réduire, chez les fumeurs, les dommages dus aux radicaux libres formés par les substances carcinogènes de la cigarette. Elle peut aussi réduire l'inflammation causée par la polyarthrite rhumatoïde. En fait, chez certaines personnes atteintes d'arthrite, elle a apporté un soulagement comparable à celui de la phénylbutazone, un anti-inflammatoire non stéroïdien sur ordonnance, sans les effets secondaires déplaisants des AINS. En outre, elle semble inhiber l'activité de certaines protéines qui pourraient déclencher la formation de tumeurs au sein et peut diminuer les taux élevés de cholestérol sanguin.

Le curcuma, l'épice même, est utilisé depuis toujours par les guérisseurs indiens en médecine ayurvédique afin de renforcer la fonction hépatique; de plus, de nombreux thérapeutes de médecines parallèles prescrivent de nos jours la curcumine aux personnes atteintes de l'hépatite C. Le curcuma, pour sa part, aide à prévenir la formation de caillots sanguins pouvant mener à une crise cardiaque. Je recommande un supplément de 1 à 3 capsules de 500 mg de curcumine par jour avec les repas. De nombreuses préparations commerciales combinent la curcumine et la broméline, un autre anti-inflammatoire. Les deux semblent agir plus efficacement lorsque prises ensemble. La broméline pourrait favoriser l'absorption de la curcumine.

125. LE GINSENG

Le ginseng est reconnu comme un stimulant de l'énergie mentale et physique. Les Chinois en font l'usage depuis près de 5000 ans et croient toujours qu'il peut prévenir la maladie et guérir tous les maux. Le ginseng est un laxatif doux qui aide l'organisme à éliminer les substances nocives plus rapidement. Il aide également à réduire les taux de LDL (le mauvais cholestérol), il améliore la circulation, il allège l'inconfort à la ménopause en augmentant les taux d'œstrogène (il est une très bonne source de phytoœstrogènes), il inhibe la prolifération de tumeurs cancéreuses, il équilibre la tension artérielle et il aide à guérir le rhume. On lui a attribué des propriétés aphrodisiaques des siècles durant, et bon nombre de femmes affirment qu'il a un effet favorable sur leur appétit sexuel. En raison de son effet stimulant, les hommes peuvent aussi trouver qu'il améliore leur performance sexuelle. (Selon une étude publiée dans le *Journal of Urology*, des hommes ayant un problème de dysfonction érectile ont pris 900 mg de ginseng coréen rouge trois fois par jour pendant huit semaines et fait une pause de deux semaines avant de reprendre le même régime pendant huit autres semaines. Ces hommes ont obtenu des résultats nettement supérieurs, sur l'International Index of Erectile Function, que les hommes qui avaient pris un placebo.)

Un autre grand avantage nutritionnel du ginseng est qu'il aide à l'assimilation des vitamines et des minéraux en agissant comme stimulant du système endocrinien. Il est préférable de le prendre à jeun pour en tirer le meilleur, de préférence avant le petit déjeuner, ou au moins une heure avant ou après les repas. La vitamine C peut intervenir dans son absorption; donc, si vous prenez un supplément de vitamine C, avalez votre ginseng deux heures avant ou après. (Un supplément à libération lente de vitamine C pourrait aider à contrebalancer, voire éliminer, l'interaction.)

Les principaux types de ginseng du commerce sont le ginseng asiatique (*Panax ginseng*), qu'on appelle aussi le ginseng oriental chinois ou coréen; le ginseng américain (*Panax quinquefolius*) et le ginseng sibérien (*Eleutherococcus senticosus*), qui n'est pas un *vrai* ginseng (*Panax*), mais tout de même assez proche pour procurer bon nombre des mêmes bienfaits, c'est-à-dire augmenter la résistance et l'endurance en plus d'aider à réduire les taux de cholestérol.

On trouve le ginseng sous forme de capsules de 500 à 650 mg (10 grains). Je déconseille de dépasser un apport de plus de 6 capsules de 500 mg par jour. Il y a du ginseng sous forme de thé, de poudre ou de concentré liquide. On le considère de nos jours comme un adaptogène de classe A (une substance non toxique qui augmente la résistance de l'organisme à un grand nombre de facteurs de tension (stress), qu'ils soient de nature physique, chimique ou biologique). Optez pour des produits contenant entre 4 et 7 % de ginsenosides (substances biologiques actives) si vous achetez un ginseng asiatique ou américain. Dans le cas du ginseng sibérien, privilégiez un produit dans lequel les éleuthérosides représentent 1 % de la masse totale.

ATTENTION : Dans de rares cas, le ginseng peut causer des saignements vaginaux chez les femmes ménopausiques. Bien que non dangereux, ces saignements sont parfois interprétés comme un symptôme de cancer utérin. Consultez votre médecin sans faute si ce problème se manifeste et dites-lui que vous prenez du ginseng. De plus, certaines personnes souffrent de céphalées ou d'hypertension artérielle quand elles prennent du ginseng Panax. *Je recommande de consulter un médecin avant de commencer à prendre du ginseng.*

126. LA LUZERNE, L'AIL, LA CHLOROPHYLLE ET LE YUCCA

Frank Bouer, biologiste et auteur, a surnommé la luzerne la « grande guérisseuse » après qu'il a découvert que les feuilles vertes de cette remarquable plante présentent *huit* enzymes essentielles. En outre, 100 g de luzerne contiennent 8 000 UI de vitamine A et entre 20 000 et 40 000 unités de vitamine K, qui prévient les hémorragies et aide à la coagulation sanguine. La luzerne est aussi une excellente source de vitamines B6 et E, de calcium, de magnésium, de potassium et de bêta-carotène. Elle fournit assez de vitamine D, de chaux et de phosphore pour assurer une ossature et une dentition fortes chez les enfants en pleine croissance.

La luzerne est un bon laxatif et un diurétique naturel, donc on s'en sert souvent pour traiter les infections urinaires. On admet également qu'elle soulage la polyarthrite rhumatoïde et qu'elle augmente l'appétit. Par ailleurs, on l'a utilisée pour traiter des troubles gastriques et soulager les douleurs dues aux flatulences. On trouve des suppléments en capsules ou en comprimés. Je recommande de prendre de trois à six comprimés par jour.

ATTENTION : La luzerne peut empirer les problèmes de lupus. Les personnes atteintes de cette maladie ou de toute autre condition auto-immune doivent l'éviter.

L'ail contient du potassium, du phosphore, de grandes quantités de vitamines B et C de même que du calcium, des protéines et d'autres remarquables composés favorables à la santé enfin reconnus par la médecine conventionnelle. L'ail est un antibiotique naturel; l'armée russe en a tellement fait usage qu'on l'a appelé « la pénicilline russe ». On a montré qu'il réduit le cholestérol, surtout le LDL (le mauvais), en plus d'agir comme anticoagulant naturel, aidant à prévenir la formation de caillots et procurant une protection contre la maladie du cœur et l'accident vasculaire cérébral.

Des études récentes ont montré qu'un composé de l'essence d'ail, le sulfure de diallyle, peut radier de puissants carcinogènes et empêcher la croissance de tumeurs cancéreuses. L'ail est aussi efficace pour faire baisser la tension artérielle, éliminer le glucose excédentaire de la circulation sanguine (le glucose sanguin, avec le cholestérol, est un agent causal de l'artériosclérose et des crises cardiaques) et atténuer la congestion bronchique, les maux de gorge et les symptômes de la grippe.

Le supplément d'ail idéal se présente sous forme de capsules vieillies, crues et inodores. Les capsules ne laissent pas d'odeur d'ail dans l'haleine. Pour garantir une haleine fraîche, vous pouvez prendre en plus un rafraîchisseur d'haleine à base d'extrait de graines de persil qui purifie l'haleine de l'intérieur.

Selon un article de G. W. Rapp publié dans l'*American Journal of Pharmacy*, la chlorophylle a une activité antibactérienne bénéfique. Elle semble aussi agir comme agent guérisseur. Alors qu'elle stimule la régénération des tissus, elle diminue les risques de contamination bactérienne.

La chlorophylle est aussi un déodorant naturel. Elle entre dans la composition des purificateurs d'air du commerce, sert de déodorant corporel topique et de rafraîchisseur d'haleine. On peut l'acheter sous forme de comprimés ou en préparations liquides.

L'extrait de yucca provient du genre d'arbres et d'arbustes de la famille des liliacées. (Le yucca arborescent en est un.) Les Indiens d'Amérique faisaient grand usage du yucca et vénéraient cette plante magique qui assurait leur santé et leur survie. Le Dr John W. Yale, biochimiste en botanique, a extrait la saponine (stéroïde) de la saponaire et l'a utilisée sous forme de comprimés pour traiter l'arthrite. Le traitement s'est avéré à la fois sécuritaire et efficace, à raison de quatre comprimés par jour, et n'a déclenché aucun malaise gastro-intestinal.

L'extrait de yucca sous forme de comprimés ou liquide est non toxique et se trouve dans la plupart des magasins d'alimentation naturelle ou de vitamines. Je recommande de prendre 1 comprimé ou capsule, ou de 10 à 30 gouttes d'extrait de yucca liquide, jusqu'à 3 fois par jour pour aider à réduire l'inflammation et les douleurs articulaires causées par l'arthrite ou les rhumatismes.

> *ATTENTION : Un usage à long terme pourrait ralentir l'absorption de vitamines liposolubles comme les vitamines A, D, E et K. Consultez votre médecin si vous prenez du yucca sur une période prolongée afin de savoir si vous devez aussi prendre un supplément de ces vitamines liposolubles.*

127. LES FIBRES ET LE SON

La publication d'une étude dans le *Journal of the American Medical Association* indiquant que nous vivrions beaucoup plus longtemps et en santé si nous avions une alimentation moins raffinée avec plus de fibres alimentaires non assimilables a amené beaucoup de gens à consommer des fibres. Malheureusement, peu de ces personnes savaient (d'ailleurs, peu de gens le savent aujourd'hui) qu'il y a toutes sortes de fibres, ayant chacune leurs fonctions propres.

Les fibres qu'il faut connaître

La *cellulose* : elle se trouve dans la farine de blé complet, le son, le chou, les jeunes pois, les haricots verts, les haricots beurre, le brocoli, les choux de Bruxelles, la pelure de concombre, les poivrons et piments, les pommes, les feuilles de moutarde et les carottes (fibres non solubles).

Les *hémicelluloses*. Elles sont présentes dans le son et les produits céréaliers, le blé complet, les choux de Bruxelles, les feuilles de moutarde et les betteraves (fibres solubles et non solubles).

La cellulose et les hémicelluloses absorbent de l'eau et peuvent faciliter le transit dans le gros intestin. En règle générale, elles ajoutent volume et consistance au bol fécal et lui permettent de traverser le côlon plus rapidement. De cette manière, non seulement elles préviennent la constipation, mais elles offrent aussi une protection contre la diverticulose, le syndrome du côlon irritable, les hémorroïdes, le cancer du côlon et les varices.

> *ATTENTON : La consommation élevée de fibres est à éviter dans certains types de troubles intestinaux. Consultez votre médecin avant d'entreprendre tout régime riche en fibres.*

Les *gommes* : il y en a habituellement dans l'avoine ou les produits de flocons d'avoine, ainsi que dans les légumineuses sèches (fibres solubles).

La *pectine* : elle se trouve dans les pommes, les agrumes, les carottes, le chou-fleur, le chou, les pois séchés, les pommes de terre, la courgette et les fraises (fibres solubles).

Les gommes et la pectine agissent principalement sur l'absorption dans l'estomac et l'intestin grêle. En se liant aux acides biliaires, elles réduisent l'absorption des gras de même que les taux de cholestérol.

Elles ralentissent la vidange de l'estomac en recouvrant les parois intestinales. Ce faisant, elles retardent l'absorption du glucose après un repas, ce qui profite aux diabétiques, car cela réduit leurs besoins en insuline.

> *ATTENTION: Les gommes et la pectine peuvent nuire à l'efficacité de certains antifongiques à base de griséofulvine, comme Grifulvin V®, Grisactin® et Fulvicin®.*

La *lignine*: ce type de fibre est présent dans les céréales du petit déjeuner, le son, les légumes matures (lorsque les légumes vieillissent, leur contenu en lignine augmente et ils sont, par conséquent, plus difficiles à digérer), les aubergines, les haricots verts, les fraises, les poires et les radis (fibres non solubles).

La lignine diminue la digestibilité d'autres fibres. Elle se lie aux acides biliaires en vue de réduire le taux de cholestérol et de faciliter le transit des aliments dans les voies digestives.

> *ATTENTION: Il est vrai que la plupart des gens ne consomment pas assez de fibres. À l'inverse, un excès de fibres peut causer des flatulences, des ballonnements, de la nausée, des vomissements et de la diarrhée, en plus de nuire à l'absorption de certains minéraux comme le zinc, le calcium, le fer, le magnésium et de la vitamine B12. Il est toutefois possible de prévenir ces maux en adaptant son alimentation à l'ajout d'aliments riches en fibres.*

Combien en faut-il?

L'apport en fibres recommandé pour les adultes est de 20 à 35 g par jour. Le tableau qui suit vous aidera à repérer les aliments les plus profitables. (Certains produits sont surtout vendus aux États-Unis.)

GUIDE ÉCLAIR DES FIBRES

Portion	*Aliment*	*Grammes de fibres*
250 mL (1 tasse)	Céréales All-Bran (É.-U.)	23
180 mL (3/4 tasse)	Céréales Bran Buds (É.-U.)	18
1 moyen	Avocat	12
250 mL (1 tasse)	Courge reine de table	9
125 mL (1/2 tasse)	Haricots noirs	8
250 mL (1 tasse)	Framboises	8
250 mL (1 tasse)	Mûres	7,2
125 mL (1/2 tasse)	Haricots de Lima	7
125 mL (1/2 tasse)	Haricots nains	6,9
1 grosse	Pomme	6
250 mL (1 tasse)	Raisins sans pépins	6
60 mL (1/4 tasse)	Panais, cuits	5,9
250 mL (1 tasse)	Spaghetti de blé complet, cuit	5,4
5, séchées	Pêche, en moitiés	5,3
375 mL (1 1/2 tasse)	Maïs soufflé sans gras	5
3, moyennes	Figues	5
1 grosse	Poire	5
1 moyenne	Pomme de terre avec pelure	5
250 mL (1 tasse)	Igname	5
160 mL (2/3 tasse)	Maïs en grains	4,2
125 mL (1/2 tasse)	Pois	4
1 moyen	Muffin de blé complet	4
1 moyenne	Carotte, crue	3,7

128. LE VARECH

Cette algue remarquable contient plus de vitamines, du complexe B surtout, et de minéraux précieux que tout autre aliment. En raison de son contenu en iode naturel, le varech a un effet stabilisateur sur la glande thyroïde. C'est pourquoi des personnes maigres ayant un trouble de la glande thyroïde peuvent prendre du poids si elles consomment du varech et, à l'inverse, les personnes obèses peuvent en perdre. En fait, le régime à base de varech, de lécithine, de vinaigre et de vitamine B6 (*voir la rubrique 340*) est demeuré l'un des plus en vogue pendant des années. Le varech a aussi servi en homéopathie pour traiter l'obésité, la mauvaise digestion, les flatulences, la constipation chronique ainsi que pour protéger contre les effets de la radiation. On a rapporté qu'il est très bon pour les tissus du cerveau, la membrane qui entoure le cerveau, les nerfs sensitifs et la moelle épinière.

Le varech se mange cru, mais il est le plus souvent séché et moulu pour servir d'assaisonnement ou de substitut de sel. Il y en a aussi sous forme liquide ou en comprimés.

129. LES CHAMPIGNONS

Les champignons sont vénérés en Chine et au Japon depuis des siècles pour leur parfum et leurs propriétés médicinales uniques. Aujourd'hui, l'Occident les découvre. On a montré qu'ils renforcent le système immunitaire, qu'ils inhibent la croissance de tumeurs, qu'ils abaissent les taux de cholestérol et la tension artérielle, qu'ils aident à prévenir les crises cardiaques, en plus de procurer un traitement efficace contre le cancer en combinaison avec la chimiothérapie, et plus encore.

Les champignons ont un contenu hydrique élevé et une faible teneur en gras, en glucides et en calories. (Un demi-kilo ou une livre de champignons *frais* ne fournit que 125 calories.) Une fois séchés, ils contiennent presque autant de protéines que le veau, gramme pour gramme. La cuisson élimine leur eau et concentre leurs protéines. On ne devrait manger aucun champignon cru en grande quantité.

Le *maitake* (*Grifola frondosa*) : le nom de ce champignon de la taille d'un ballon de basket-ball signifie « champignon qui danse », car selon la légende, les personnes qui le trouvaient dansaient de joie. Il agit comme un adaptogène, c'est-à-dire qu'il aide l'organisme à s'adapter à la tension (au stress) et à stabiliser les fonctions corporelles. On a montré qu'il diminue la taille des tumeurs, accroît l'efficacité de la chimiothérapie, réduit les effets secondaires désagréables de cette dernière comme la nausée et la fatigue, abaisse la tension artérielle et le taux de glycémie, en plus de prévenir l'élimination des lymphocytes T par le VIH, soit le virus responsable du SIDA, et ce, sans effets secondaires notables ou si peu. (Il faut éviter de manger de grandes quantités de maitake à jeun.) La prise de vitamine C en même temps qu'un supplément de champignons améliore son absorption et augmente son efficacité. Les doses varient selon les besoins de chaque personne. Je suggère un comprimé de 100 mg par jour à des fins de prévention.

Le *reishi* (*Ganoderma lucidum*) : ce champignon, « l'élixir d'immortalité », est l'une des plantes les plus précieuses de la pharmacopée chinoise, et ce, depuis plus de 2 000 ans. Pendant des siècles, les guérisseurs asiatiques ont prescrit le reishi aux personnes souffrant d'angine de poitrine ou de douleurs poitrinaires. On le dit adaptogène, c'est-à-dire qu'il augmente la résistance de l'organisme à la tension (au stress) et le bien-être en général. L'utilisation du reishi comme analgésique, comme anti-inflammatoire naturel, comme remède contre l'insomnie et comme traitement contre le cancer a donné de bons résultats. (Des composés du reishi activent les macrophages et les lymphocytes T qui combattent la maladie et qui aident l'organisme à se débarrasser des corps étrangers, y compris les cellules cancéreuses.) Le reishi sert également au traitement du cholestérol élevé, de troubles hépatiques, du syndrome de fatigue chronique et du mal des montagnes. On peut s'en procurer en suppléments sous forme de capsules, de comprimés ou d'extraits, et frais ou séché pour la consommation. (Faites tremper les champignons séchés dans de l'eau tiède ou un bouillon durant 30 minutes avant l'utilisation.) La posologie varie selon les besoins individuels. Bien qu'il n'y ait aucune toxicité connue, consultez toujours un spécialiste de la nutrition avant de prendre du reishi pour traiter une condition quelconque. Je recommande de prendre 100 mg d'extrait de reishi chaque jour pour soulager les douleurs articulaires, réduire l'inflammation ou renforcer le système immunitaire.

Le *shiitake* (*Lentinus edodes*) : une autre petite merveille. Le shiitake contient un polysaccharide, le lentinan, qui renforce le système immunitaire en augmentant l'efficacité des lymphocytes T. Selon des études scientifiques menées au Japan's National Cancer Center, il inhibe la croissance des tumeurs. Il peut également diminuer les taux de cholestérol, prévenir les maladies du cœur et il présenterait des propriétés antivirales aussi puissantes que le médicament amantadine, mais sans ses effets secondaires graves. Tout comme les reishis, les shiitakes sont vendus frais ou séchés, ou sous forme de supplément (capsules, comprimés, extraits).

130. LE CARTILAGE DE REQUIN

On a mis du temps à reconnaître ses mérites, mais le cartilage de requin prend enfin sa place comme traitement possible de bon nombre de types de cancer. Le cartilage de requin fortifié, provenant de la charpente ferme, mais élastique, du requin, contient un composé qui inhibe le développement de nouveaux vaisseaux sanguins indispensables à la croissance de tumeurs simplement en les affamant. On a montré que le supplément de cartilage de requin, le Benefin®, agit comme l'angiostatine et l'endostatine dans le traitement du sarcome de Kaposi et d'autres formes de cancer. On a aussi trouvé qu'il renforce le système immunitaire et aide à réduire la douleur arthritique et l'inflammation articulaire. En outre, il contribue au traitement du psoriasis, de la sclérodermie, de l'eczéma et de bon nombre de maladies de la peau. On le trouve sous forme de capsules ou en poudre, mais lisez attentivement les étiquettes. Les suppléments ne contiennent pas tous du cartilage de requin pur à 100 %.

*Attention : Le cartilage de requin bloque la capacité du corps de générer de nouveaux vaisseaux sanguins. Pour cette raison, les enfants, les culturistes, les femmes enceintes ou qui veulent le devenir et toute personne ayant récemment subi une crise cardiaque ou une intervention chirurgicale majeure doivent **l'éviter à tout prix**.*

131. LA PROPOLIS

La propolis est un petit chef-d'oeuvre des abeilles, riche en bioflavonoïdes, qui semble protéger contre les virus, surtout chez les aînés ou les personnes ayant une immunité déficiente. La propolis est un sous-produit du miel apprécié pour ses propriétés médicinales et guérisseuses depuis des milliers d'années. Elle contient des composés antibiotiques, antiviraux et anti-inflammatoires naturels. De plus, des études récentes montrent qu'elle peut inhiber la croissance de cellules cancéreuses dans le côlon.

La propolis a des usages externes ou internes. Elle se révèle être un excellent traitement contre les maux de gorge et les maladies des gencives. En outre, elle est efficace contre le virus de l'herpès; appliquée sur les lésions, elle contribue à soulager la douleur et prise sous forme de capsules, elle peut aider à stimuler la fonction immunitaire. Le supplément de propolis se vend sous forme de pommade (usage externe seulement), de pastilles (bonnes pour les maux de gorge) et de capsules. Je recommande 1 capsule de 200 mg par jour. (Dans le cadre d'un régime antivieillissement, on peut prendre des capsules de 500 mg jusqu'à trois fois par jour.)

132. LA LEVURE

La levure est reconnue comme l'aliment miracle de la nature et sa réputation est justifiée. Elle représente une excellente source de protéines et une source supérieure de vitamines du complexe B.

Elle est entre autres l'une des sources les plus riches de fer organique et constitue une mine d'or de minéraux, d'oligo-éléments et d'acides aminés. On a observé qu'elle aide à réduire le cholestérol (lorsque prise avec la lécithine), qu'elle aide à faire régresser la goutte et qu'elle soulage les douleurs dues à la névrite.

Il y a différents types de levure provenant de différentes sources.

La *levure de houblon* ou de *bière* (du houblon, un sous-produit de la bière).

La *levure torula* croît sur la pulpe du bois destinée à la fabrication du papier ou provient de la mélasse de cuisine.

Le *lactosérum* est un sous-produit du lait et du fromage (le produit sans levure le meilleur au goût et le plus puissant).

La *levure liquide* de Suisse et d'Allemagne, qui croît sur les fines herbes, le malt de miel, les oranges ou les pamplemousses.

Évitez la levure de boulangerie! Ses cellules vivantes épuisent les réserves de vitamine B des intestins et vident votre organisme de ses vitamines. Dans le cas de la levure de houblon (bière), cependant, la chaleur détruit les cellules vivantes, ce qui les empêche de causer des carences.

La levure contient les principales vitamines du complexe B, sauf la vitamine B12 qu'on peut facilement y ensemencer. Elle comprend 16 acides aminés, 14 minéraux ou plus et 17 vitamines, sauf les vitamines A, C et E. On peut la considérer comme un aliment complet.

La levure, comme les autres aliments riches en protéines, a une teneur élevée en phosphore; si vous en prenez un supplément, il est donc préférable d'ajouter des sources de calcium à votre alimentation. Le phosphore, bien qu'il travaille de concert avec le calcium, peut épuiser les réserves de ce dernier dans l'organisme. La solution est simple... augmentez votre apport en calcium (l'organisme assimile facilement le lactate de calcium). *Pour plus d'efficacité, il est préférable de prendre les vitamines du complexe B en même temps que la levure. Ensemble, ils agissent comme une centrale électrique.*

Vous pouvez prendre la levure entre les repas, diluée dans du liquide, du jus ou de l'eau. Bien des gens qui ressentent de la fatigue recouvrent leur énergie quelques minutes après avoir pris 15 mL (1 c. à soupe) ou plus de levure dans du liquide, et ce, pendant plusieurs heures. La levure permet par ailleurs de réduire l'appétit. Mêlez-la à un liquide que vous boirez juste avant un repas. La levure coupe l'appétit et vous empêche d'absorber bien des calories.

ATTENTION : Sachez que la plupart des levures du commerce ont connu une forme quelconque de modification génétique.

133. LE PHÉNOMÈNE SOJA

La seule question qui se pose au sujet de cet aliment remarquable est pourquoi nous en consommons si peu. Les produits riches en soja font partie intégrante de l'alimentation des Chinois et des Japonais depuis des siècles. Ces sociétés en tirent une longévité impressionnante en plus de présenter de plus faibles taux de mortalité due au cancer et aux maladies du cœur que les Nord-Américains. D'ailleurs, des chercheurs affirment que le fait d'ajouter aussi peu que 56 g (2 oz) de produits de soja chaque jour à une alimentation équilibrée constitue une arme efficace contre la maladie.

Le soja a une haute teneur en fibres et en phytoœstrogènes, notamment les deux isoflavones importantes, la génistéine et la daidzéine. (*Voir la rubrique 109.*) Il est aussi l'un des seuls aliments du règne végétal qui constitue une protéine complète avec une combinaison équilibrée des huit acides aminés essentiels. (*Voir la rubrique 73.*) Le gouvernement américain reconnaît le soja comme une protéine équivalente à celle de la viande et, selon l'*American Journal of Clinical Nutrition*, la protéine de soja pourrait combler tous les besoins en protéines de l'être humain, sauf chez les bébés prématurés. Comme pour les autres protéines végétales, la valeur nutritionnelle du soja augmente si on la consomme avec une céréale comme le riz ou les pâtes.

LES AVANTAGES DU SOJA SUR LA PROTÉINE ANIMALE

- Il est plus faible en gras.
- Il ne contient aucun cholestérol.
- Il est riche en phytochimiques.
- Il est une excellente source de fibres.
- Il est une excellente source de minéraux comme le calcium, le fer, le magnésium, le phosphore, de même que des vitamines B thiamine, riboflavine et niacine.

ATTENTION : Mis à part le tempeh, qui est un produit de fèves de soja fermentées, ces dernières sont une piètre source de vitamine B12. Les végétariens doivent prendre des suppléments de vitamine B12.

LES BIENFAITS POTENTIELS DU SOJA

- Les antioxydants présents dans les aliments à base de soja peuvent protéger l'organisme contre plusieurs formes de cancer et prévenir le vieillissement prématuré.
- Le soja peut retarder, voire prévenir les dommages aux reins chez les personnes atteintes d'insuffisance rénale.
- Le soja peut aider à réduire les taux de cholestérol.

- Le soja peut contribuer à la rétention de la masse osseuse et prévenir l'ostéoporose.

- Le soja aide à renforcer le système immunitaire.

- Le soja peut aider à réduire les taux de tension artérielle chez les femmes ménopausiques.

- Le soja peut soulager les bouffées de chaleur chez les femmes ménopausiques.

VOS CHOIX EN MATIÈRE DE SOJA

Les *noix de soja* : elles sont frites ou grillées à sec, souvent salées ou assaisonnées. Elles représentent une excellente source de protéines, de fibres et d'isaflovones. Dans une étude récente regroupant 61 femmes à la ménopause (12 souffrant d'hypertension artérielle et 49 ayant une tension normale), le Dr Francine Welty a observé que les femmes souffrant d'hypertension artérielle qui avaient mangé 125 mL (1/2 tasse) de noix de soja grillées allégées en sodium pendant huit semaines ont vu leur hypertension artérielle systolique diminuer de 10 % et leur tension diastolique, de 7 %. Les femmes qui avaient au départ une tension artérielle normale ont réduit leurs taux de la moitié des pourcentages précédents. Rappelez-vous cependant que, comme toutes les noix, les noix de soja sont riches en gras et en calories.

Les *germes de soja* : les fèves de soja entières qui germent jusqu'à six jours sont d'excellentes sources de protéines et de fibres. De plus, on peut facilement les ajouter aux plats de légumes.

Les *fèves de soja vert fraîches* : il s'agit de la fève et de sa gousse duveteuse. Contrairement aux fèves séchées, on les consomme jeunes, à l'étuvée, comme les légumes frais. Ce sont de bonnes sources de protéines, de fibres et d'isoflavones. Le soja edamame qui se mange tel quel, la fève dans sa gousse, est une collation populaire au Japon. On le trouve aussi dans de nombreux magasins d'aliments naturels aux États-Unis.

Le *lait de soja*: il ne contient aucun lactose. On le fait suivant un procédé d'immersion, puis de broyage des fèves de soja avec de l'eau. On le fabrique aussi en ajoutant de l'eau à la farine de soja complète et riche en gras. Il est une excellente source d'isoflavones, de protéines, de vitamines B et de minéraux. (Seul le lait de soja enrichi comprend autant de calcium et de vitamines D et B12 que le lait régulier.)

Le *tofu*: c'est une pâte blanche à consistance fromagée, faite à base de lait de soja (qu'on appelle aussi caillé de soja). Ce produit, qui vient sous différentes formes, adopte littéralement tous les parfums auxquels on l'associe. Il est si polyvalent qu'il remplace aussi bien le fromage que la viande. Le tofu ferme (momendofu) est plus riche en protéines, en gras et en calcium que les autres types de tofu. Il convient parfaitement aux mets préparés dans lesquels il garde sa forme et sa consistance. Le tofu soyeux est de consistance plus crémeuse et est délicieux soit en purée ou mélangé.

Le *yakidofu* est un tofu ferme qu'on a légèrement grillé et le *koyodofu*, une forme surgelée à sec à reconstituer avant l'utilisation. On trouve également du tofu en poudre instantané dans le commerce.

Le *miso*: il s'agit d'une pâte de soja fermentée qu'on peut utiliser comme condiment, préparer en soupe ou employer comme base de vinaigrettes ou de sauces. Il est faible en gras, mais riche en sodium. Il se conserve au réfrigérateur jusqu'à un an.

> *ATTENTION: Il est préférable d'éviter le miso si vous souffrez d'hypertension artérielle ou êtes sensible au sodium.*

La *sauce de soja*: cette sauce est l'un des condiments les plus populaires du monde. Cette sauce salée est faite d'un mélange fermenté de fèves de soja, de blé et de spores d'aspergillus. Elle ne contient aucune isoflavone, mais des études permettent de penser qu'elle pourrait contenir d'autres composés anticancérigènes. La version allégée en sodium comprend 605 mg de sodium par 15 mL (1 c. à soupe). Cela demeure élevé, et je recommande de l'éviter si vous faites de l'hypertension artérielle ou êtes sensible au sodium.

L'*isolat de protéine de soja* : cette poudre, nature ou aromatisée, contient au moins 90 % de protéines. Il s'agit d'un ingrédient courant des tablettes substituts de repas, des formules pour nourrissons et des poudres de protéines pour culturistes. En fait, l'isolat de protéine de soja est un hypocholestérolémiant puissant et peut servir d'allongeur sans gras dans les recettes. On peut le saupoudrer sur les produits céréaliers, le mélanger à des fruits ou le mêler à des jus de fruits pour obtenir une boisson frappée sans produit laitier. Si vous n'en trouvez pas dans votre région, optez pour une poudre de protéines qui en contient (premier ou deuxième ingrédient de la liste). (*Attention* : Certains produits qui indiquent « protéines de soja » ne contiennent que de la farine de soja, qui est plus faible en protéines que l'isolat et souvent plus riche en gras. Lisez bien les étiquettes.)

La *farine de soja* : la farine de soja est une excellente source d'isoflavones. En outre, elle contient au moins 50 % de protéines. Faite de la chair des fèves de soja grillées, elle peut avoir une teneur en gras très élevée. Choisissez plutôt une farine allégée ou sans gras qui offre une plus forte concentration de protéines. Bien qu'elle convienne à la cuisson au four à micro-ondes, parce qu'elle retient l'humidité, rappelez-vous qu'il s'agit d'une farine sans gluten et qu'elle ne peut donc pas remplacer les farines de blé ou de seigle dans les pains à la levure. (Dans les pains sans levure, vous pouvez remplacer 20 % de la farine totale par de la farine de soja plus dense.)

La *protéine de soja texturée* : faite à partir de la farine de soja, la protéine de soja texturée est faible en gras et en calories, mais riche en protéines, en isoflavones, en calcium, en fer et en zinc. Elle remplace bien le boeuf haché en partie ou en entier dans des mets comme le pain de viande, le chili ou les hamburgers (États-Unis). Il faut la réhydrater avant l'utilisation.

L'*huile de soja* : bien qu'elle ne contienne aucune isoflavone, l'huile de soja, contrairement à presque toutes les autres huiles végétales, est riche en acides gras oméga-3 et oméga-6 semblables à ceux qu'on trouve dans les huiles de poissons. (*Voir la rubrique 96.*) Elle contient aussi de l'acide linoléique, indispensable à la vie, mais que l'organisme ne peut générer. Malgré tout, on doit l'utiliser frugalement, comme toutes les huiles, d'ailleurs.

Les *suppléments de soja* : on trouve couramment des comprimés riches en génistéine et en daidzéine, deux isoflavones. La posologie quotidienne recommandée est de 2 comprimés de 10 mg pour l'homme et de 4 comprimés de 10 mg pour la femme.

> *ATTENTION : La consommation de produits de soja en énormes quantités peut intervenir dans le fonctionnement de la glande thyroïde, provoquant un renflement de cette dernière et de l'hypothyroïdie.*

134. DES QUESTIONS SUR LE CHAPITRE IX ?

Quelle est la différence entre le ginseng rouge et le ginseng blanc ? On admet généralement que le ginseng rouge est de qualité supérieure. La racine de ginseng à l'état naturel est blanche. Elle garde sa couleur lors du nettoyage et du séchage. Pour sa part, le ginseng rouge résulte d'un procédé à l'étuvée utilisant une solution d'herbes. Le frelatage et la dilution des produits de ginseng sont des procédés courants. Assurez-vous de vous les procurer d'une compagnie fiable et choisissez des produits standard à puissance garantie.

Je suis une femme de 38 ans. Je prends des vitamines et je fais de l'exercice sur une base régulière, mais je souhaite améliorer mon tonus musculaire. J'ai entendu parler de la créatine, mais je ne sais pas très bien de quoi il s'agit ni ce qu'elle peut faire. Devrais-je en prendre ?

Peut-être; la créatine fait déjà partie des substances préférées des culturistes et des athlètes. Le monohydrate de créatine est la version synthétique d'un acide aminé présent naturellement dans l'organisme, surtout dans les muscles squelettiques. Il est indispensable à la production de l'adénosine triphosphate (ATP), le carburant qui alimente la contraction musculaire. La fatigue se manifeste quand le niveau d'ATP est faible. En revanche, si vous disposez de plus de créatine, vous relancez votre production d'ATP. Vous pouvez dès lors allonger et intensifier vos séances d'exercice et, de là, accroître votre masse musculaire, laquelle va éliminer du gras. Vous ne perdrez peut-être pas de poids, car le muscle est plus lourd que le gras, mais vous perdrez du gras. Une diminution des taux de lipides sanguins peut vous protéger contre les maladies du cœur.

La créatine se trouve dans les viandes et le poisson. Bien des athlètes la dépensent plus vite qu'ils ne peuvent la remplacer par leur alimentation. En revanche, la créatine peut s'avérer inefficace si vous pratiquez des sports comme la course de fond ou la natation, car une masse musculaire plus dense pourrait vous ralentir. La créatine se vend sous forme de poudre ou de galettes à croquer. Quinze millilitres (1 c. à soupe), soit 5 000 mg, dilués dans du jus ou de l'eau devraient donner un regain d'énergie aux muscles. Choisissez des suppléments contenant 99 % de créatine. Certaines marques bon marché n'en contiennent que 60 %. (*Attention* : des études ont montré que certaines personnes ne réussissent pas à assimiler l'excès de créatine au niveau du muscle; elles n'observent par conséquent aucune amélioration de leur masse musculaire ni de leur rendement sportif. Si vous *ne* voyez *pas* d'amélioration après deux ou trois semaines, c'est que la créatine n'est pas le supplément qu'il vous faut. Sachez aussi que des doses excessives de créatine combinées à de l'exercice rigoureux peuvent causer une insuffisance rénale. Dans un tel cas, augmentez votre apport en liquides afin de diluer le supplément puis de l'éliminer. Il ne faut jamais donner de créatine aux enfants à moins de l'avis contraire du médecin.

J'essaie de faire baisser mon taux de cholestérol en consommant plus de produits de soja. Quelle quantité d'isoflavones devrais-je tirer chaque jour du tofu ? Est-ce que j'en obtiens assez, ou trop ?
La plupart des chercheurs estiment qu'un apport variant entre 30 et 50 mg d'isoflavones est bon pour la santé. À titre d'information, 250 mL (1 tasse) de tofu ou de tempeh apportent 70 mg d'isoflavones; 250 mL (1 tasse) de lait de soja, 30 mg et 125 mL (1/2 tasse) de noix de soja, 120 mg. Les Asiatiques, et de nombreux végétariens aux États-Unis qui utilisent les produits de soja comme éléments centraux de leur alimentation, en tirent environ 100 mg d'isoflavones par jour, selon le Dr Stephen Barnes, Ph.D., chef de file dans la recherche sur le soja et professeur de pharmacologie et de toxicologie à la University of Alabama. Il semble préférable de respecter ces quantités, car il n'y a eu aucune étude à long terme sur l'absorption de quantités plus grandes.

Les suppléments d'huile de foie requin sont-ils plus efficaces que le cartilage de requin ?
Ces deux produits sont remarquables, mais les chercheurs sont d'avis que l'huile de foie de requin pourrait combattre le cancer plus efficacement. L'huile de foie de requin est riche en vitamines A et D, et contient également les composés squalène et alkyglycérol (AKG), qui semblent renforcer fortement le système immunitaire. C'est un antioxydant très efficace qui peut procurer une certaine protection aux patients atteints d'un cancer avant, durant et après leurs traitements de radiation. Un supplément quotidien de 1 capsule ou 5 mL (1 c. à thé) d'huile de foie de requin par jour semble aussi aider à réduire les rhumes et d'autres infections. Assurez-vous de choisir une huile peu transformée contenant à la fois du squalène et de l'AKG.

Parlez-moi de la spiruline. Est-ce un médicament miracle ?
La spiruline n'a rien d'un médicament. C'est une protéine complète, naturelle et facilement assimilable (aussi appelée algue bleu vert). Elle est aussi la meilleure source naturelle de chlorophylle qui soit, riche en minéraux chélatés comme le fer, le calcium, le zinc, le potassium et le magnésium. Elle représente une excellente source de vitamine A et de vitamines du complexe B. En outre, elle contient de la phénylalanine, qui agit sur le centre de l'appétit du cerveau en vue de réduire les crises de faim tout en maintenant les taux de glycémie à la normale.

Si vous avez comme objectif de perdre du poids, la spiruline est l'outil rêvé. Prenez trois comprimés de 500 mg 30 minutes avant les repas. Quand vous observerez des résultats, réduisez la posologie à un ou deux comprimés.

J'ai entendu parler d'une algue (pas la spiruline) qui aurait des propriétés incroyables pour la santé et la guérison. Savez-vous de quoi il s'agit et pouvez-vous me renseigner à son sujet ?
Oui, il s'agit de la chlorelle. On prétend que cette algue verte (l'algue émeraude) constituerait le parfait aliment complet. Non seulement elle est une protéine complète et recèle toutes les vitamines B, la vitamine C, la vitamine E et les principaux minéraux (y compris du zinc et du fer en quantités dignes d'un supplément), mais on a aussi montré qu'elle renforce le système immunitaire, améliore la digestion, détoxifie le corps, accélère la guérison, protège de la radiation, aide à prévenir les maladies dégénératives, contribue au traitement de la *Candida albicans*, soulage la douleur arthritique et, en raison de ses propriétés nutritionnelles, participe au succès de nombreux régimes minceur.

On trouve la chlorelle sous forme de comprimés, de poudre et d'extraits hydrosolubles (qui présentent la plus forte concentration du facteur de croissance de la chlorelle). Sachez cependant que même si les produits de chlorelle sont répandus, ils diffèrent selon la souche utilisée.

La posologie moyenne varie entre 5 et 8 comprimés 3 fois par jour. Je vous propose de prendre d'abord un comprimé trois fois par jour et d'augmenter la dose graduellement afin de vous assurer que vous n'avez pas de réaction allergique. Parmi les réactions indésirables figurent les flatulences, les ballonnements, l'irrégularité des selles, les nausées, des matières fécales verdâtres, des éruptions cutanées légères et de l'eczéma. (Ces réactions, à moins d'être majeures, sont normales et disparaîtront en quelques jours. Si elles persistent, interrompez la prise de ce supplément et consultez un médecin spécialiste de la nutrition. (*Voir la rubrique 383.*)

Le Dr David Steenblock, auteur de *Chlorella — Natural Medicinal Algae*, a trouvé que la chlorelle est plus efficace quand on la prend à jeun lorsqu'il s'agit de détoxifier l'organisme. Comme il s'agit d'un aliment, vous pouvez la combiner à d'autres aliments et prendre vos médicaments en même temps.

Je sais que le son est bon pour ma santé, mais je ne sais pas lequel est le meilleur.

Tout dépend de ce que vous cherchez en matière de nutrition. Voici une description des différents types de son.

Le *son d'orge* : il est riche en fibres solubles et aide à abaisser le taux de cholestérol.

Le *son de maïs* : il est riche en fibres non solubles et peut aider à réduire les risques de cancer du côlon.

Le *son d'avoine* : il est riche en fibres solubles et peut aider à réduire le taux de cholestérol. (En fait, des études ont montré qu'aussi peu que 60 mL (2 oz) par jour contribuent à une diminution de 7 à 10 % du taux de cholestérol!)

Le *son de riz* : il est riche en fibres solubles et contribue à réduire le taux de cholestérol. Ses bienfaits nutritifs se comparent à ceux du son d'avoine, mais une quantité moindre donnera les mêmes résultats. Environ 60 mL (2 oz) de son de riz vous procureront la même quantité de fibres que 125 mL (1/2 tasse) de son d'avoine.

Le *son de blé* : il est riche en fibres non solubles et peut aider à réduire les risques de cancer du côlon. (*Voir la rubrique 127 pour connaître les sources naturelles de fibres et lire quelques avertissements.*)

Pouvez-vous me parler de la gelée royale ? Quelle différence y a-t-il avec la propolis ?

La propolis est un sous-produit du miel, alors que la gelée royale est le « lait » d'abeille, un liquide blanc, riche en nutriments, produit par les abeilles travailleuses. Toutes les larves se nourrissent de cette substance exceptionnelle concentrée les trois premiers jours de leur vie. La gelée royale, qui est réservée à la reine après ces trois jours, est le seul aliment de cette dernière. La reine atteint une taille de 50 % supérieure aux autres, vit 40 fois plus longtemps que ses sujets et est très fertile. En outre, la gelée royale contient tous les acides aminés essentiels, les vitamines A, C, D et E, neuf vitamines du complexe B (y compris la vitamine B12 et la cyanocobalamine), ainsi que les minéraux suivants : calcium, cuivre, fer, phosphore, potassium, silicium et soufre. En plus d'être une protéine complète, la gelée royale consiste aussi en un antibiotique doux et naturel et agit comme stimulant des surrénales qui, à leur tour, ont des répercussions sur le métabolisme, l'humeur, l'appétit et le désir sexuel. Elle peut accroître l'énergie; par ailleurs, les naturopathes la prescrivent souvent pour traiter les symptômes de la ménopause chez la femme ou pour améliorer la performance sexuelle chez l'homme. En outre, plusieurs femmes croient fermement que la gelée royale aide à réduire les ridules et rides. Pour rehausser l'énergie, je recommande 1 ou 2 capsules de 500 mg par jour.

Les phytates des fèves de soja présentent-ils des risques ? J'ai entendu dire qu'ils peuvent nuire à l'absorption des nutriments.

Il y a eu une controverse au sujet de la haute teneur en phytates du soja, car ces derniers se lient aux minéraux essentiels tels le calcium, le fer et le zinc dans le tractus digestif et préviennent ainsi leur absorption. Le procédé de trempage et de fermentation, notamment utilisé dans la fabrication du miso, du natto, du shoyu, du tamari et du tempeh (mais pas du tofu, du lait de soja, des protéines de soja textures et de l'isolat de protéine de soja) réduit grandement la quantité de phytates. De toute façon, un contenu élevé en phytate n'est pas forcément mauvais. On a montré que les phytates peuvent interrompre la croissance de tumeurs cancéreuses chez certains animaux en se liant aux minéraux qui alimentent ces dernières. Rappelez-vous que plus le soja est transformé, moins vous en tirez d'isoflavones efficaces. (De plus, la sauce et l'huile de soja n'ont aucune valeur nutritionnelle.)

CHAPITRE

10 Les plantes médicinales, les huiles essentielles et les remèdes homéopathiques

135. TOUT SUR LES REMÈDES NATURELS

Le fait que les plantes proviennent de la nature ne signifie pas qu'on peut les utiliser comme bon nous semble. Avant d'amorcer tout programme de plantes médicinales, assurez-vous de connaître les effets de ces plantes, de savoir comment les préparer et les employer, et de vous informer sur les précautions à prendre ou les effets secondaires possibles.

En général, l'absorption de plantes médicinales cause peu de problèmes médicaux, bien qu'il y ait des risques potentiels d'allergies ou de toxicité.

> *IMPORTANT : Il est sage de consulter un médecin spécialiste de la nutrition familier avec les interactions entre les plantes et les médicaments de même qu'avec les effets secondaires potentiellement nocifs des plantes si vous prenez des médicaments ou souffrez d'une affection quelconque.*

136. L'ALOÈS

L'aloès, la plante, contient une substance guérisseuse appelée gel d'aloès, un mélange d'agents antibiotiques, astringents et coagulants.

L'aloès est un laxatif doux lorsqu'on le prend par voie orale. Pour aider à traiter des ulcères gastriques, vous pouvez prendre 15 mL (1 c. à soupe) d'aloès à intervalles réguliers (à jeun, de préférence), jusqu'à concurrence de 500 mL (2 tasses) par jour.

L'aloès a de nombreux usages externes.

- Il apaise les lésions de façon immédiate et efficace; il aide au traitement des brûlures, des piqûres d'insectes et du sumac vénéneux (herbe à puce). Cassez une feuille de la plante et appliquez le gel directement sur la lésion. Vous pouvez aussi tremper un chiffon dans du gel d'aloès et en bander la blessure.

- Les pommades (onguents) de gel d'aloès, de même que les crèmes et les lotions, peuvent prévenir la formation de cloques ou la desquamation à la suite d'un coup de soleil.

- Le gel peut assouplir les cors et durillons des pieds.

- De plus, l'aloès peut adoucir la peau et atténuer les ridules et les rides du visage et du cou.

- Il peut soulager la douleur, la démangeaison ou le saignement dus aux hémorroïdes.

- Le gel d'aloès constitue aussi un excellent revitalisant capillaire.

ATTENTION : La pommade (l'onguent) peut causer de l'urticaire, une éruption cutanée, des démangeaisons ou d'autres réactions allergiques chez les personnes sensibles. De plus, il est très dangereux pour les femmes enceintes de prendre la pommade par voie orale.

137. L'ANIS (GRAINES)

L'anis est un diurétique naturel et un stimulant gastrique souvent utilisé pour soulager les flatulences. Il fait partie des remèdes maison populaires visant à soulager la toux sèche. On dit qu'il favorise la production du lait maternel.

Broyez les graines d'anis en poudre. Mêlez 5 mL (1 c. à thé) de cette poudre à 250 mL (1 tasse) d'eau bouillante et buvez, trois fois par jour.

138. L'ARNICA

Les fleurs de l'arnica, semblables aux pâquerettes, entrent dans les traitements homéopathiques depuis des siècles pour réduire l'inflammation et soulager la douleur. L'arnica stimule l'action des leucocytes, qui évacuent les fluides retenus dans les tissus lésés. Une pommade (un onguent) à l'arnica, appliquée sur la région affectée en usage externe, soulage et guérit les ecchymoses, les foulures, les brûlures, les claquages et l'acné. L'arnica possède des propriétés antibactériennes et anti-inflammatoires qui peuvent contribuer à la réduction de l'enflure et favoriser la guérison des blessures. Il ne faut JAMAIS l'appliquer sur des plaies cutanées ouvertes.

L'arnica se trouve aussi sous forme de granules sublinguales. Les homéopathes en recommandent souvent avant et après une chirurgie afin de contenir les ecchymoses. La posologie habituelle est de quatre granules sous la langue la nuit précédant l'intervention, le matin même, puis le lendemain.

> *ATTENTION : On reconnaît que l'arnica stimule la circulation sanguine et peut faire augmenter la tension artérielle.*

139. L'ARTICHAUT

Le cœur de ce légume populaire, soit la fleur de la plante, a une saveur agréable, qu'il soit cuit au four, à l'étuvée, mariné ou combiné à d'autres légumes. Pourtant l'artichaut est plus qu'un plaisir pour le palais. On le dit aphrodisiaque, bien que cette notion n'ait aucun fondement scientifique. On a montré en revanche que l'artichaut réduit le taux de cholestérol après sa consommation. En fait, le médicament anticholestérol, cynara, se compose de l'extrait d'artichaut. De plus, on a trouvé que l'artichaut active la production de bile par le foie et agit comme un excellent diurétique.

140. L'ASHWAGANDHA OU GINSENG INDIEN

Depuis des siècles, la médecine ayurvédique emploie les racines de cette plante indigène à l'Amérique du Nord et à l'Inde pour leurs propriétés anti-inflammatoires, antitumorales, antistress et antioxydantes. Des études en laboratoire récentes ont confirmé la réputation d'antidépresseur et de stimulant de la mémoire de l'ashwagandha.

L'extrait de racine d'ashwagandha se trouve en supplément en doses de 450 mg. Il semble qu'une capsule, deux à trois fois par jour, soulage efficacement la tension (stress) et contribue à guérir les fractures.

> *ATTENTION : Les enfants, les femmes enceintes ou allaitantes, et toute personne prenant des médicaments doivent éviter l'ashwagandha à moins d'un avis contraire du médecin.*

141. L'ASTRAGALE

On a montré que cette plante allège la fatigue et atténue la fréquence des rhumes. En renforçant le système immunitaire, elle accroît la résistance aux virus et aux infections bactériennes, en plus d'accélérer la guérison. Elle peut aussi prévenir la prolifération de cellules cancéreuses malignes dans les tissus sains. L'astragale est plus efficace si on la prend avec du zinc et les vitamines A et C.

Prenez de une à trois capsules de 400 mg par jour comme supplément.

ATTENTION : Évitez l'astragale si vous subissez des traitements de chimiothérapie ou si vous prenez tout autre médicament, sans l'approbation préalable de votre médecin.

142. LE BASILIC

Le basilic est une plante efficace en cataplasme pour soutirer le poison de la peau. On s'en sert souvent pour alléger la douleur des piqûres d'abeille ou pour faire aboutir les boutons sous-cutanés.

143. LA MYRTILLE (LE BLEUET)

Cette plante a servi de remède traditionnel contre la vision trouble et la cécité nocturne pendant des années. (On en donnait aux pilotes de la Royal Air Force qui faisaient des vols de nuit durant la Seconde Guerre mondiale.) La myrtille a comme effet d'accélérer la régénération de la rhodopsine, ou du pourpre rétinien, une substance essentielle à une bonne vision. En plus d'améliorer la vision nocturne, il semble que la myrtille (le bleuet) contribue à prévenir les affections oculaires et, dans certains cas, réduit la gravité de la myopie.

Il y a des suppléments sous forme de capsules et d'extraits. Je recommande une capsule, de une à trois fois par jour, ou encore de 15 à 40 gouttes d'extrait mêlées à de l'eau ou à du jus, à boire trois fois par jour.

ATTENTION : Les feuilles de cette plante peuvent être toxiques si on les consomme sur une longue période. Bien que l'extrait du commerce soit sécuritaire, ne dépassez pas la posologie recommandée.

144. LA CIMICAIRE

La cimicaire, un substitut à l'hormonothérapie substitutive (HTS), est l'une des plantes les plus populaires dans le soulagement des bouffées de chaleur et d'autres symptômes de la ménopause. Elle sert aussi à déclencher les règles, à soulager les douleurs menstruelles, en plus de déclencher le travail et de faciliter l'accouchement. La cimicaire agit aussi efficacement contre la toux persistante, l'enflure et la douleur due aux rhumatismes. Elle constitue un tranquillisant naturel si on la prend avec la scutellaire, la bétoine, la passiflore et la valériane.

Les suppléments de cimicaire se trouvent sous forme de capsules ou d'extrait. On recommande de prendre une capsule jusqu'à trois fois par jour. Pour l'extrait, suivez les directives indiquées sur le flacon.

> *ATTENTION : La cimicaire peut représenter un risque pour les femmes qui ont un cancer du sein ou des tumeurs au sein non dépistés. C'est ce qu'a révélé une étude de la Duquesne University présentée le 14 juillet 2003 au colloque annuel de l'American Association for Cancer Research. On recommande aux femmes en traitement de chimiothérapie d'éviter la cimicaire, car on a observé qu'elle accroît la toxicité des médicaments chimiothérapeutiques doxorubicine (Adriamycin®) et docetaxel (Taxotere®). Rien ne permet de dire si cette puissance accrue est favorable ou non. Dans le doute, je recommande d'éviter la cimicaire. Il faut aussi éviter d'en prendre durant la grossesse jusqu'à l'accouchement; par la suite, n'en prenez que sous la supervision d'un médecin. De fortes doses pourraient déclencher des symptômes d'empoisonnement.*

145. LE CHARDON BÉNIT

Le chardon bénit, souvent utilisé pour stimuler l'appétit et traiter les troubles de la digestion, peut réduire la fièvre et soulager la congestion nasale.

On trouve les suppléments sous forme de capsules ou d'extrait. Je recommande de une à trois capsules par jour. Vous pouvez aussi mêler de 10 à 20 gouttes d'extrait dans du jus ou dans de l'eau, et boire ce mélange une fois par jour.

> *ATTENTION : En grande quantité, le chardon bénit peut causer des brûlures à la bouche et à l'œsophage, en plus d'induire de la diarrhée.*

146. LE FRAGON ÉPINEUX

Cette plante aide à améliorer la circulation et à réduire l'œdème aux jambes ou aux pieds. Le fragon épineux aident grandement les personnes qui sont debout toute la journée et dont les pieds enflent le soir. Cette plante contient des composés de type stéroïdien qui peuvent faire se contracter les veines et réduire l'inflammation, ce qui facilite le soulagement de la douleur et de l'enflure dues à l'arthrite et aux rhumatismes. Des gens ont affirmé que le fragon épineux, par voie orale ou appliqué en pommade, peut diminuer de façon notable l'inconfort dû aux hémorroïdes.

Les suppléments de fragon épineux se vendent en capsules ou sous forme d'extrait. La posologie recommandée varie entre une et trois capsules par jour. Vous pouvez aussi mêler de 1 à 20 gouttes d'extrait dans du jus ou de l'eau et boire ce mélange une fois par jour.

147. LA GRIFFE DE CHAT

Les guérisseurs d'Amérique centrale et d'Amérique du Sud utilisent la griffe de chat depuis des siècles pour renforcer le système immunitaire. La griffe de chat est un anti-inflammatoire naturel efficace dans le traitement de l'arthrite. Des composés de cette plante ont des propriétés anticancéreuses et se sont par ailleurs révélés utiles chez certains patients séropositifs pour le VIH en augmentant leur taux de lymphocytes T.

Les suppléments de griffe de chat se trouvent sous forme de capsules. Prenez de une à trois capsules par jour.

148. LE PIMENT DE CAYENNE

Le piment de Cayenne, en latin *capsicum*, est plus qu'une épice. Il favorise la digestion en général, en plus de soulager les flatulences. Il a aussi une incidence bénéfique sur les lipides sanguins, diminuant les taux de triglycérides et de LDL (le mauvais cholestérol). (*Voir la rubrique 90.*) En outre, on a trouvé que le *capsicum*, le composé qui donne au piment de Cayenne son piquant, déclenche la libération d'endorphines, des substances chimiques du cerveau qui procurent un léger effet d'euphorie et ont un effet analgésique. En tisane, le piment de Cayenne soulage à merveille l'inconfort et les frissons dus aux rhumes; en pommade, il s'est révélé efficace pour réduire les raideurs et l'inflammation rhumatismales et arthritiques.

Les suppléments se vendent sous forme de capsules. La posologie recommandée va de une à trois capsules par jour.

> *ATTENTION : N'excédez pas la posologie recommandée. De trop fortes doses pourraient causer des dommages gastro-entériques ou rénaux. Le piment de Cayenne est interdit à toute personne aux prises avec des troubles gastro-intestinaux. La pommade peut irriter davantage les hémorroïdes; il ne faut jamais l'appliquer sur les lésions ouvertes.*

149. LA CAMOMILLE

La camomille présente des propriétés antispasmodiques et est un stimulant gastrique. En usage interne, elle peut soulager les migraines, les crampes d'estomac et l'anxiété. En usage externe, elle sert à soigner les blessures, les ulcères cutanés et la conjonctivite.

On peut se procurer des suppléments sous forme de capsules ou d'extrait. On recommande une capsule de une à trois fois par jour. Vous pouvez aussi diluer de 10 à 20 gouttes d'extrait dans du jus ou de l'eau et boire ce mélange une à trois fois par jour. Limitez-vous à 250 mL (1 tasse) de tisane par jour; savourez son goût alors plus prononcé.

> ATTENTION : *La camomille peut provoquer des réactions allergiques intenses, voire fatales, chez les personnes souffrant de rhinites allergiques et celles qui sont sensibles à l'herbe à poux, à l'aster et aux plantes de la même famille.*

150. LE GATTILIER

Le fruit du gattilier méditerranéen, parfois appelé *Vitex agnus-castus*, est toujours des plus populaire en Europe. On l'utilise pour traiter les ballonnements, les sautes d'humeur et d'autres symptômes du syndrome prémenstruel (SPM) ainsi que les effets secondaires indésirables de la ménopause, telles les bouffées de chaleur et la sécheresse vaginale. Le gattilier est une solution de remplacement très intéressante à l'hormonothérapie substitutive Prempo® et aux risques qu'elle comporte. Le gattilier, reconnu comme stabilisateur d'hormones, peut aider à traiter l'infertilité. On a aussi montré son efficacité dans le traitement de fibromes.

Je recommande de prendre en supplément une capsule jusqu'à trois fois par jour (400 mg par jour). Ou encore, mêlez de 10 à 30 gouttes d'extrait dans du jus ou de l'eau et buvez ce mélange, jusqu'à trois fois par jour.

151. LE CAMPHRE

Le camphre pris en tisane soulage les troubles gastriques, la toux, la diarrhée, les douleurs arthritiques de même que les troubles du foie et de la vésicule biliaire. En application externe, les pommades (onguents) de camphre sont efficaces pour apaiser les irritations cutanées et contribuent à la guérison des blessures.

> *ATTENTION : Le camphre contient des alcaloïdes de type pyrrolizidine, des composés reconnus pour provoquer des troubles du foie si on les prend sur une longue période. Les opinions varient au sujet de sa sécurité; vu cette incertitude, je recommande d'éviter l'usage interne du camphre. Beaucoup d'autres plantes sûres et tout aussi efficaces peuvent le remplacer, notamment la menthe poivrée et le gingembre. Je suggère aussi d'éviter les pommades (onguents) destinées au soulagement des mamelons irrités chez les mères allaitantes, car les nourrissons ne devraient pas absorber de camphre.*

152. LA CANNEBERGE

Aux États-Unis, la sauce à la canneberge accompagne traditionnellement la dinde. Toutefois, la canneberge constitue aussi l'un des meilleurs remèdes naturels contre la cystite et les infections urinaires. Les médecins recommandent d'en consommer régulièrement en guise de prévention. On cite même la canneberge dans la pharmacopée américaine officielle des médicaments, la *U.S. Pharmacopeia*, comme traitement efficace de tels troubles. On n'a pas encore défini si l'urine acidifiée par la canneberge détruit la bactérie infectieuse ou si elle ne fait que prévenir l'adhésion de la bactérie aux muqueuses de la vessie. Cela ne remet toutefois pas l'efficacité de la canneberge en cause.

On peut se procurer les suppléments de canneberge sous forme de capsules. On recommande une capsule de une à trois fois par jour. Les cocktails de canneberge du commerce hautement transformés et contenant beaucoup de sucre sont déconseillés. Le vrai jus de canneberge est efficace, mais a une saveur très aigre. Certains magasins d'alimentation naturelle vendent du jus de pomme et de canneberge, mais vérifiez s'ils ne contiennent pas trop de sucre ajouté.

153. LA GRIFFE DU DIABLE

La griffe du diable est un anti-inflammatoire qui favorise la souplesse des articulations, et réduit les douleurs arthritiques et rhumatismales. Des études européennes sur la racine même de cette plante ont comparé son action anti-inflammatoire à celle de la cortisone et de la phénylbutazone.

Les suppléments de griffe du diable se vendent sous forme de capsules. La posologie recommandée est d'une capsule, de une à trois fois par jour.

> *ATTENTION: Évitez de prendre la griffe du diable durant la grossesse.*

154. L'ANGÉLIQUE CHINOISE (DONG QUAI)

Cette plante semble efficace pour soulager les bouffées de chaleur typiques de la ménopause ainsi que la sécheresse vaginale et la dépression. Elle constitue un substitut naturel à l'hormonothérapie substitutive (*voir la rubrique 269*). Les Chinoises en font l'utilisation depuis des siècles en vue de réguler leurs cycles menstruels et de réduire la douleur causée par les contractions utérines. L'angélique chinoise (dong quai) entre souvent dans le traitement du syndrome prémenstruel (SPM) et aide les femmes à retrouver un cycle menstruel régulier quand elles cessent de prendre des contraceptifs oraux. Elle accroît l'efficacité des hormones sexuelles féminines (et masculines) et stimule l'organisme à maximiser l'utilisation des hormones présentes. À la ménopause, par exemple, l'angélique chinoise facilite le transfert de la production d'œstrogène des ovaires aux surrénales.

Les suppléments se trouvent sous forme de capsules. La posologie recommandée est de une capsule, de une à trois fois par jour.

> ATTENTION : *Évitez l'angélique chinoise durant la grossesse ainsi que durant vos règles, ou si vous avez un flux menstruel abondant, à moins d'un avis contraire d'un médecin spécialiste de la nutrition.*

155. L'ÉCHINACÉE

On a montré que l'échinacée protège les cellules en santé contre les infections virales et bactériennes en stimulant le système immunitaire, en particulier les lymphocytes T qui attaquent surtout les agents pathogènes et les toxines. Elle aide aussi à diminuer l'intensité des rhumes et de la grippe tout en favorisant leur guérison.

Il y a différentes formes de suppléments sur le marché. Suivez les directives sur les étiquettes.

156. LES BAIES DE SUREAU

Les baies de sureau cuites, puis infusées en tisane, servent à soulager les symptômes de la toux et du rhume. (On trouve des tisanes de baies de sureau dans la plupart des magasins d'alimentation naturelle.) La pommade de baies de sureau réduit la sécheresse de la peau.

> ATTENTION : *Ne mangez jamais de baies de sureau crues, car elles sont toxiques. Les tisanes et pommades du commerce sont en revanche sécuritaires.*

157. L'ÉPHÉDRA

L'éphédra porte le nom de *ma huang* en Chine et agit comme remède contre l'asthme, les rhumes et d'autres troubles respiratoires. Il contient de l'éphédrine et de la pseudoéphédrine, deux alcaloïdes présents dans de nombreux médicaments en vente libre contre le rhume et les allergies. L'éphédra active le métabolisme, et bien qu'on l'ait utilisé pour stimuler la perte de poids et la musculation, personne n'a prouvé sa sécurité ni son efficacité dans un cas comme dans l'autre.

> *ATTENTION : L'éphédra peut avoir un effet semblable aux amphétamines, c'est-à-dire accélérer le rythme cardiaque et augmenter dangereusement la tension sanguine. De là, il peut causer des crises cardiaques, des accidents vasculaires cérébraux, voire la mort. Au moment de la rédaction de cet ouvrage, on attribuait 155 décès à l'éphédra. En décembre 2003, la FDA (États-Unis) a interdit la vente de toutes formes de suppléments alimentaires d'éphédra.*

158. L'HUILE D'ONAGRE

L'huile d'onagre comme supplément alimentaire peut aider à faire baisser le taux de cholestérol et la tension artérielle, stimuler la perte de poids, soulager les douleurs menstruelles, améliorer l'eczéma, contribuer au traitement de la polyarthrite rhumatoïde légère, ralentir la progression de différentes formes de sclérose, modérer l'hyperactivité chez les enfants, améliorer l'acné (de concert avec le zinc) et aider à renforcer les ongles des doigts. On a aussi révélé qu'elle contribue à la diminution des bouffées de chaleur à la ménopause.

L'ingrédient actif de l'huile d'onagre est l'acide gamma-linolénique (AGL), un acide indispensable à la production de prostaglandines, substances semblables aux hormones, elles-mêmes essentielles à la santé. Autrement dit, une carence en AGL peut nuire à la production de prostaglandines, affectant ainsi votre santé.

Les suppléments d'huile d'onagre se présentent en capsules. La posologie recommandée est de 250 mg, de une à trois fois par jour. Dans un cas de SPM, je propose de commencer à prendre le supplément deux ou trois jours avant que les symptômes se manifestent jusqu'au début des règles.

159. L'EUPHRAISE

L'euphraise agit comme tonique général pour la santé des yeux. On a trouvé qu'elle aide à réduire la fatigue et l'inflammation des yeux, en plus de soulager le larmoiement et la démangeaison dus aux rhumes ou aux allergies.

Les suppléments d'euphraise se vendent sous forme de capsules et d'extraits. La posologie recommandée est une capsule d'euphraise, de une à trois fois par jour. Vous pouvez aussi diluer entre 15 et 40 gouttes dans du liquide à boire toutes les trois ou quatre heures. On trouve des bains d'yeux à base d'euphraise et d'autres plantes dans les magasins d'alimentation naturelle. Utilisez une coupe oculaire et baignez l'œil dans la solution trois ou quatre fois par jour.

160. LE FENUGREC

On utilise le fenugrec pour ses vertus médicinales depuis longtemps. Il sert d'expectorant en cas de rhumes et de toux. Employé comme gargarisme, il soulage les maux de gorge. On a observé que ses graines, une fois réduites en poudre, abaissent le taux de glycémie et peuvent favoriser les personnes atteintes de diabète; appliquées en cataplasme, elles aident à soulager les irritations cutanées, et pourraient réduire l'hypertrophie ganglionnaire ou d'autres inflammations.

On trouve des suppléments de fenugrec sous forme de capsules et de graines réduites en poudre. Je recommande une capsule de fenugrec, de une à trois fois par jour. Pour faire un gargarisme, diluez

15 mL (1 c. à soupe) de graines en poudre dans 250 mL (8 oz) d'eau chaude et laissez infuser pendant dix minutes. Tamisez. Gargarisez-vous toutes les trois ou quatre heures pour soulager le mal de gorge. Comme cataplasme, mêlez suffisamment de graines en poudre dans 250 mL (8 oz) d'eau tiède pour former une pâte épaisse et appliquez sur la région affectée.

161. LA GRANDE CAMOMILLE

Les herboristes utilisaient déjà la grande camomille au XVIIe siècle pour traiter les céphalées. Elle a montré son efficacité contre les migraines, réduisant l'intensité des symptômes (nausées, vomissements et maux de tête) ainsi que l'occurrence des céphalées. La revue médicale britannique *Lancet* a rapporté que les extraits de grande camomille inhibaient la libération de sérotonine et de prostaglandine, deux substances inflammatoires qu'on soupçonne de contribuer au déclenchement des migraines.

Les suppléments de grande camomille se présentent sous forme de capsules. Je recommande aux personnes migraineuses de prendre une capsule, de une à trois fois par jour. À noter qu'il faut plusieurs mois avant d'observer une amélioration.

> *ATTENTION : La grande camomille a causé la formation d'aphtes buccaux chez certaines personnes. Interrompez immédiatement l'usage de grande camomille le cas échéant.*

162. LA RENOUÉE MULTIFLORE (FO-TI)

Cette plante médicinale chinoise est un tonique rajeunissant qui maintient la force et la vigueur. Certaines personnes prétendent qu'elle empêche le grisonnement des cheveux. On s'en sert aussi pour favoriser la fertilité. Elle pourrait contribuer à la prévention de certains cancers, car des tests sur des animaux ont montré des propriétés antitumorales. En outre, la renouée multiflore stimule la santé du cœur, car elle empêche la formation de caillots sanguins et abaisse la tension artérielle.

Les suppléments se vendent sous forme de capsules. La posologie recommandée est de une capsule de fo-ti, de une à trois fois par jour.

163. LE GARCINIA

On a observé que le fruit de cette plante module les taux de lipides sanguins, qui peuvent activer le métabolisme et peut-être contribuer à la perte de poids. Il pourrait aider à supprimer l'appétit en augmentant la production de glycogène dans le foie et l'intestin grêle, ce qui fait savoir au cerveau que l'estomac est bien rempli.

On trouve des suppléments de garcinia. La posologie recommandée est de 500 mg, 3 fois par jour, 30 minutes avant les repas.

> *ATTENTION : Comme le garcinia contribue à la diminution du taux de glycémie, il pourrait interagir de façon négative avec les médicaments contre le diabète ou l'hypoglycémie. Il pourrait aussi perturber les effets des antihyperlipidémiants et nécessiter leur remplacement par d'autres médicaments. Consultez votre médecin sans tarder si vous prenez de tels médicaments avant de prendre des suppléments de garcinia.*

164. LE GOTU KOLA

Cette plante tropicale indigène de l'Inde a maints usages dans les médecines orientale et ayurvédique. On a montré que le gotu kola favorise la circulation en renforçant les veines et les capillaires, ce qui améliore le flux sanguin dans l'organisme. Il a soulagé avec succès la douleur et l'enflure dues à la phlébite ainsi que les crampes ou les picotements dans les jambes.

En raison de son effet calmant, le gotu kola peut amoindrir la dépression et aider à améliorer la mémoire.

Le gotu kola préserve la santé des tissus conjonctifs. Il semble favoriser la guérison des lésions cutanées et des blessures en stimulant la production de kératine. Il peut donc limiter la formation de tissus cicatriciels autour des blessures ou de vergetures de grossesse. En outre, une étude menée auprès de femmes ayant accouché, publiée dans une revue médicale française, a révélé que les femmes qui ont pris du gotu kola après l'accouchement ont guéri plus rapidement que les femmes qui ont reçu le traitement habituel.

On trouve des suppléments de gotu kola dans le commerce. La posologie recommandée est de 50 mg, de 1 à 3 fois par jour.

> *ATENTION : Les femmes enceintes et toute personne atteinte d'hyperthyroïdisme doivent éviter le gotu kola. Informez toujours votre médecin, votre pharmacien ou tout autre professionnel de la santé des suppléments que vous prenez afin d'éviter les interactions ou les effets secondaires nuisibles.*

165. L'EXTRAIT DE PÉPINS DE RAISIN

L'extrait de pépins de raisin est un antioxydant remarquable et l'un des produits d'origine végétale les plus intéressants à l'heure actuelle. L'extrait de pépins de raisin est un prédateur de radicaux libres riche en flavonoïdes et, selon certains, plus puissant que les vitamines E et C. Il aide à améliorer la circulation en empêchant l'élimination du collagène essentiel aux membranes cellulaires. Il a aussi un effet positif sur le cœur semblable à celui de l'aspirine, car il ralentit la formation de caillots.

Les proanthocyanidines, les composés actifs des pépins de raisin, peuvent aussi protéger les yeux en plus de prévenir et traiter à la fois le glaucome, la dégénérescence maculaire ou d'autres troubles de vision. Il semble également que ces composés actifs puissent protéger le corps contre les effets destructeurs de la radiation et de certains types de chimiothérapie.

Il y a des suppléments dans le commerce. La posologie recommandée est de 50 mg, deux fois par jour.

> *ATTENTION : Cessez l'apport en ce supplément au moins deux semaines avant toute chirurgie ou opération dentaire vu sa capacité anticoagulante. Évitez l'extrait de pépins de raisin si vous prenez des anticoagulants ou des antiplaquettaires, ou êtes sujet à des troubles hémostatiques.*

166. L'EXTRAIT DE THÉ VERT

Le thé vert, ou thé chinois, subit un traitement plus léger que le thé noir et a un parfum différent, plus délicat. Outre sa saveur satisfaisante, ce thé apporte une abondance de polyphénols, ces composés puissants qui présentent un grand potentiel pour la lutte contre le cancer. Les personnes qui boivent régulièrement du thé vert présentent moins de cancers de l'estomac, des poumons, de l'œsophage, du pancréas et du côlon que celles qui s'en consomment pas.

Les polyphénols du thé vert stimulent la production d'importants antioxydants et d'enzymes de détoxification qui empêchent la génération de cellules cancéreuses. Inclus dans bon nombre de lotions pour la peau vendues dans les magasins d'alimentation naturelle, le thé vert aide aussi à guérir la peau endommagée par le soleil. En outre, il contribue à prévenir une coagulation sanguine anormale, à réduire l'hypertension artérielle et à augmenter les taux de HDL, le bon cholestérol. Plus encore, le thé vert pris comme boisson chaude empêche les bactéries d'adhérer aux dents, ce qui peut réduire les caries. Qu'y a-t-il de mieux à l'heure du thé ?

Il faudrait boire de 5 à 10 tasses de thé vert par jour pour en obtenir tous les bienfaits. Bien que son taux de caféine soit inférieur à celui du café (*voir la rubrique* 322), le thé vert peut accroître votre nervosité après la cinquième tasse. Il y a bien quelques marques de thé vert décaféiné, mais elles ne sont pas distribuées partout.

En revanche, on trouve des suppléments sans caféine sous forme de comprimés. Un comprimé d'extrait de thé vert équivaut à 375 mL (1 1/2 tasse) de thé vert.

167. LE GUGGULIPIDE

Cet extrait du guggul (*Commiphora mukul*), utilisé en médecine ayurvédique, est reconnu en Inde comme hypocholestérolémiant. En plus de réduire les taux de cholestérol et de triglycérides élevés, le guggulipide fait augmenter les taux de HDL, le bon cholestérol, sans les effets secondaires déplaisants de bon nombre d'hypocholestérolémiants sur ordonnance.

Vous pouvez vous procurer des suppléments de guggulipide. La posologie recommandée est une capsule de 25 mg de guggulipide avec les repas, trois fois par jour.

168. L'AUBÉPINE

Riche en bioflavonoïdes, ces composés essentiels au métabolisme de la vitamine C et renforçant les vaisseaux sanguins, l'aubépine améliore la santé cardiovasculaire. Elle agit comme vasodilatateur et accroît par conséquent le flux sanguin et d'oxygène au cœur. En outre, elle réduit l'hypertension artérielle, ce qui facilite le travail du cœur pour pomper le sang à travers l'organisme. Elle agit aussi comme diurétique, aidant le corps à éliminer les surplus de sels et de fluides. Les baies d'aubépine servent depuis longtemps à traiter les troubles digestifs et l'insomnie.

Vous pouvez vous procurer des suppléments. La posologie recommandée est une capsule, de une à trois fois par jour.

> ATTENTION : *Bien que la plupart des préparations d'aubépine soient sécuritaires, elles se vendent parfois sous une forme très concentrée qui est à éviter sans le suivi d'un médecin.*

169. LE MARRONNIER D'INDE

Remède traditionnel pour réduire la fièvre et atténuer les symptômes du rhume, l'extrait de graines de marronnier d'Inde s'est montré efficace pour soulager l'inconfort dû aux hémorroïdes et diminuer l'enflure des varices. Cet extrait a aussi déjà servi d'écran solaire. En Allemagne, on prescrit fréquemment de l'extrait de graines de marronnier d'Inde standardisé, à prendre par voie orale en vue de traiter l'oedème dans un cas d'insuffisance veineuse ou quand les membres inférieurs ne parviennent pas à retourner le sang vers le cœur, causant l'apparition de varices, des douleurs ou de l'enflure dans les jambes.

Il y a des suppléments sur le marché. Prenez les suppléments oraux 30 minutes avant les repas ou une heure après. La posologie recommandée pour l'extrait standardisé est de 300 mg deux fois par jour.

En application topique, étalez un gel à 3 % doucement sur la partie affectée, une ou deux fois par jour.

> *ATTENTION : Le marronnier d'Inde peut modifier la durée du passage de la nourriture et des médicaments dans le tube digestif, affectant de là leur absorption et leur degré d'efficacité. Sachez aussi que cette plante médicinale agit sur la coagulation sanguine et qu'elle est à éviter si vous prenez des anticoagulants, à moins d'être sous la surveillance directe d'un médecin.*

170. LE GENIÈVRE

Le genièvre est un tonique gastrique courant. Il peut accroître l'appétit et améliorer la digestion. Il agit également comme diurétique et désinfectant du tractus urinaire.

ATTENTION : Un apport excessif en baies, boissons ou toniques de genièvre peut causer des hallucinations.

171. LE KAVA KAVA

Le kava kava est une plante indigène de la Polynésie et des îles du Pacifique aux propriétés légèrement hypnotiques. Il favorise la relaxation et peut stimuler les zones génitales. En petite quantité, il peut même déclencher une euphorie légère. Par tradition, on s'en sert pour traiter la nervosité et à l'insomnie. Ce diurétique doux contribue à réduire la rétention d'eau et à soulager les crampes causées par les spasmes musculaires. Plusieurs femmes rapportent qu'il aide à soulager l'inconfort du SPM et à maîtriser les symptômes de dépression et d'anxiété ressentis à la ménopause.

Il y a des suppléments sur le marché. La posologie recommandée est de 100 mg trois fois par jour. Dans un cas d'insomnie, je suggère d'en prendre 200 mg avant d'aller au lit. En tisane, buvez-en 125 mL (1/2 t) deux fois par jour.

ATTENTION : Un usage prolongé de kava kava peut endommager le foie; les personnes atteintes de troubles du foie doivent donc l'éviter. Les personnes atteintes de la maladie de Parkinson devraient aussi l'éviter. Sachez que cette plante peut causer de la somnolence en plus de renforcer l'effet de l'alcool.

172. LE KUDZU

Le kudzu est une plante fort utilisée dans la Chine ancienne qui pousse maintenant dans le sud-est des États-Unis. Il a la réputation de soulager la gueule de bois. Il contient deux phytochimiques ou phyto-œstrogènes importants, la daidzine et la daidzéine, qui aident à réduire le taux d'alcool dans le sang. Pris juste avant ou après l'ingestion d'alcool, les suppléments de kudzu éliminent pratiquement les céphalées et les nausées courants les lendemains de soirées bien arrosées.

Il y a des suppléments sur le marché. La posologie recommandée va de une à trois capsules de 500 mg par jour, avant ou après l'ingestion d'alcool.

173. LA RÉGLISSE

La réglisse est un restaurateur efficace de la fonction membranaire et tissulaire en plus d'équilibrer le système hormonal, de stimuler les sécrétions intestinales et les fonctions respiratoires. En outre, c'est un laxatif naturel.

> ATTENTION : *La réglisse peut avoir des effets secondaires comme l'hypertension artérielle et l'arythmie cardiaque. Elle peut aussi causer la rétention d'eau et ne convient pas aux femmes atteintes du SPM. (La réglisse produite aux États-Unis, de type friandise, contient un aromatisant artificiel sans effets secondaires, et sans bienfaits, bien sûr.)*

174. LA PAPAYE

La papaye est un antiacide naturel. On peut prendre du jus de papaye ou des comprimés à volonté sans crainte d'effets indésirables. Les morceaux de papaye séchée sont une excellente façon de tirer profit de cette plante.

175. LE PERSIL (GRAINES ET FEUILLES)

Le persil est à la fois un diurétique et un stimulant gastrique. On s'en sert pour traiter la toux, l'asthme, l'aménorrhée, la dysménorrhée et la conjonctivite. L'huile de persil frottée sur le cuir chevelu stimulerait la pousse des cheveux. Le persil constitue un rafraîchisseur d'haleine naturel exceptionnel. Mâchez-en après avoir mangé de l'oignon ou de l'ail. Vous serez ravi de constater que vous n'avez plus besoin des menthes crayeuses du commerce.

Je recommande le persil cru. Faites infuser les feuilles et les tiges de persil hachées dans de l'eau bouillante et buvez une tasse de ce tonique chaque jour.

> ATTENTION : *Les femmes enceintes doivent éviter le jus ou l'huile de persil.*

176. LA PASSIFLORE

L'extrait de cette vigne commune est l'un des meilleurs tranquillisants naturels qui soit. Il soulage la tension musculaire ainsi que les spasmes et d'autres manifestations d'anxiété extrême. La passiflore remédie efficacement à l'insomnie nerveuse, le type qui vous tient éveillé toute la nuit en raison de soucis.

Comme supplément, diluez entre 15 et 60 gouttes d'extrait de passiflore dans du liquide que vous boirez tous les jours, au besoin. Pour une tisane apaisante, infusez 5 mL (1 c. à thé) d'herbes séchées dans 250 mL (1 tasse). Buvez-en deux fois pas jour ou avant d'aller au lit. La posologie la plus courante est de 100 mg deux fois par jour.

> ATTENTION : *Cette plante peut causer de la somnolence chez certaines personnes. Il faut l'éviter avant de prendre le volant ou d'opérer de la machinerie lourde. Elle peut aussi accentuer les effets de l'alcool, des médicaments anxiolytiques, des barbituriques et des antidépresseurs. Il faudra donc modifier les doses de ces médicaments.*

177. LA MENTHE POULIOT

Cette plante sert d'inhalant en cas de rhume. On l'utilise aussi en tisane pour traiter les céphalées, les douleurs menstruelles et d'autres maux, y compris les ballonnements et la sensibilité des seins. L'huile de menthe pouliot fait un excellent insectifuge naturel pour les animaux familiers. Écartez les poils de l'animal et appliquez quelques gouttes directement sur la peau de votre chien ou de votre chat.

Pour un supplément quotidien, diluez de 20 à 60 gouttes d'extrait dans du liquide, ou 15 mL (1 c. à soupe) dans 250 mL (1 tasse) d'eau tiède afin de soulager les symptômes.

> *ATTENTION : Cette plante peut provoquer un avortement. Il ne faut EN AUCUN CAS en prendre durant une grossesse.*

178. LA MENTHE POIVRÉE

La menthe poivrée est à la fois tonique, antispasmodique et stimulante. Depuis longtemps, on l'utilise pour traiter la nervosité, l'insomnie, les crampes, les étourdissements et la toux. (En cas de céphalée, prenez une tisane de menthe poivrée assez forte, puis allongez-vous de 15 à 20 minutes. La menthe poivrée est habituellement aussi efficace que l'aspirine, sans ses effets secondaires.) Elle facilite la digestion, détend les muscles de l'estomac, favorise l'éructation, soulage la nausée et élimine efficacement les aigreurs.

Les tisanes de menthe poivrée sont répandues sur le marché. On recommande une tasse de tisane par jour.

> *ATTENTION : Veuillez consulter votre pédiatre avant de donner de la menthe poivrée (ou toute autre plante) à un enfant, même si on l'administre en gouttes aux nourrissons depuis des siècles pour calmer les coliques et sous forme liquide chez les enfants plus vieux.*

179. LA PHYTOLAQUE D'AMÉRIQUE

La phytolaque d'Amérique est une racine principalement utilisée pour traiter la douleur arthritique. Elle constitue un ingrédient de crèmes combattant les infections fongiques.

180. LE PYGEUM

Le pygeum assure la santé générale de la prostate. Dérivée de l'écorce d'un conifère africain, il aide à prévenir une hypertrophie bénigne de la prostate. Cette condition, dans laquelle la prostate élargie se presse contre l'urètre et nuit à la miction, présente des symptômes souvent assez graves pour requérir une chirurgie corrective. Le pygeum, combiné au palmier nain (*voir la rubrique 183*), s'est révélé très efficace dans le traitement de l'hypertrophie bénigne de la prostate et pour empêcher l'aggravation de symptômes précurseurs.

Il y a des suppléments sur le marché. Je recommande de prendre jusqu'à trois capsules de 500 mg par jour avec un grand verre d'eau.

181. LE ROMARIN

Le romarin est aujourd'hui bien plus qu'une épice. Des études récentes ont montré que le romarin entier est en voie d'acquérir un statut de substance anticancéreuse. On a observé qu'il a des propriétés antioxydantes et anti-inflammatoires empêchant les carcinogènes de se lier à l'ADN et qu'il libère le foie de ces derniers. Comme pommade en usage externe, les feuilles de romarin peuvent soulager les douleurs rhumatismales, les foulures, les blessures, les ecchymoses et l'eczéma. Par voie orale et selon la posologie recommandée, le romarin peut atténuer les flatulences, les coliques et les maux d'estomac.

ATTENTION : Le romarin peut s'avérer toxique en grande quantité.

182. LE MILLEPERTUIS

On appelle le millepertuis « le Prozac® naturel ». On s'en sert depuis des siècles pour soigner les blessures. Il contient de l'hypéricine, un stimulant de l'humeur doté de propriétés bactéricides et anti-inflammatoires, et de l'hyperforine, un autre composé qui peut inhiber la synthèse de la sérotonine. Il contient également de la mélatonine. (*Voir la rubrique 119.*) Cette plante, considérée un nutraceutique, est un myorelaxant servant à soulager les crampes menstruelles. De plus, elle constitue un excellent expectorant. Elle agit par voie externe comme antiseptique et analgésique.

Utilisé contre la dépression, le millepertuis peut mettre jusqu'à trois semaines avant de faire effet sur l'humeur. Il existe toutefois une forme de millepertuis contenant de l'extrait de polyphénol tiré de la plante elle-même, et il s'avère qu'un comprimé par jour produit des changements significatifs en deux à trois jours seulement. Assurez-vous de choisir des comprimés à libération progressive. Le millepertuis se trouve en vente libre sous forme de feuilles séchées, de fleurs, de teinture, d'extrait, d'huile, de pommade, de capsules, de tisane, mais je n'en recommande pas l'usage à long terme sans la supervision d'un phytothérapeute chevronné ou d'un professionnel de la santé.

Si vous prenez le millepertuis en supplément, lisez bien l'étiquette pour vous assurer de prendre les comprimés à libération progressive. Le millepertuis ordinaire n'est pas vraiment efficace.

> *ATTENTION : Le millepertuis peut causer une sensibilité à la lumière en plus d'exacerber les coups de soleil (à de très fortes doses seulement). Les personnes qui prennent du 5-HTP (voir la rubrique 79) doivent faire preuve de prudence, car les deux substances ont des effets semblables. Il ne faut jamais prendre du millepertuis avec*

des antidépresseurs sur ordonnance. (NOTA: *Contrairement à ce qu'ont affirmé certaines études précédentes, l'action anti-dépressive de cette plante médicinale n'est pas liée à l'inhibition de la monoamine oxydase [MAO]. Cela signifie qu'il est possible pour les personnes qui prennent du millepertuis de consommer des aliments riches en tyramine comme le vin, le fromage et le chocolat, avec modération, bien sûr. Voilà qui peut remonter le moral en soi !)*

183. LE PALMIER NAIN (BAIES)

Les baies du palmier nain aident à soulager la cystite chronique et à prévenir les infections génito-urinaires chez l'homme et la femme. Mieux encore, on a montré que cette plante médicinale est très efficace dans le traitement d'une prostate élargie, une condition qui accentue le besoin d'uriner chez l'homme.

Je propose comme supplément entre 30 et 60 gouttes d'extrait de palmier nain par jour, dilué dans du liquide, ou des comprimés de 160 mg deux fois par jour.

ATTENTION : Tout homme qui ressent des douleurs à la prostate, qui a une prostate élargie, qui présente une difficulté à uriner ou du sang dans l'urine doit consulter un médecin sans faute.

184. LA GRANDE ORTIE

La racine de cette plante épineuse, qui, selon certains, a un effet diurétique permettant à l'organisme d'éliminer ses toxines, s'est montrée utile dans le traitement d'une prostate élargie bénigne. Il semble qu'elle peut aussi contribuer au traitement de l'arthrite, de la goutte et de l'eczéma. En outre, les feuilles lyophilisées de la plante peuvent aident à soulager les symptômes de la rhinite allergique.

Comme supplément, je recommande de prendre de 30 à 60 gouttes d'extrait dilué dans du liquide, de une à trois fois par jour. Pour les comprimés, la posologie est d'un comprimé de 250 mg deux fois par jour. Dans le cas des feuilles lyophilisées, prenez-en 600 mg deux fois par jour au besoin.

185. L'HUILE DE THÉIER

L'huile des feuilles de cet arbre australien sert depuis des années d'antiseptique topique pour les coupures et les brûlures. Elle a des propriétés antifongiques et peut contribuer à la prévention et au traitement du *Candida* (*voir la rubrique 295*), du pied d'athlète et des infections unguéales. De plus, on a montré qu'elle aide au traitement de certaines infections vaginales bactériennes et qu'elle entre dans le traitement de l'angine streptococcique.

Par voie orale, je recommande de vous gargariser avec de 5 à 10 gouttes d'extrait diluées dans un verre d'eau. Crachez le gargarisme. En application topique, étalez un onguent ou une pommade au besoin.

186. LE THYM

Un déodorant antiseptique naturel, le thym — appliqué en compresse — constitue un liniment efficace sur les blessures. En usage interne, il peut soulager la diarrhée et les crampes gastriques, en plus de calmer la bronchite et la laryngite.

187. LA VALÉRIANE

La valériane est en quelque sorte un « Valium naturel » qui a un effet relaxant sur l'organisme. Elle sert couramment à soulager l'anxiété, la tension musculaire et l'insomnie. Contrairement aux médicaments sur ordonnance, la valériane ne crée pas d'accoutumance et a peu d'effets secondaires déplaisants. Elle peut aussi soulager les flatulences et les douleurs menstruelles.

Comme supplément, je recommande de prendre 200 mg de valériane de une à trois fois par jour. Si vous préférez la teinture, diluez-en 10 gouttes dans du liquide et buvez ce mélange de une à trois fois par jour.

> ATTENTION : *Des doses excessives peuvent affaiblir les battements cardiaques, voire causer la paralysie. La valériane peut accroître les effets des sédatifs, des antidépresseurs, des barbituriques et des médicaments contre l'anxiété, ce qui nécessite d'ajuster leur posologie. Ne prenez jamais de la valériane sans consulter au préalable un médecin ou un professionnel de la santé.*

188. L'ÉCORCE DE SAULE BLANC

Pendant des siècles, on a utilisé la salicine, un dérivé de l'écorce de saule blanc, comme agent anti-inflammatoire et analgésique en vue de réduire la douleur et l'enflure articulaires causées par l'arthrite. À la suite d'études sur la salicine, les chercheurs sont parvenus à produire un médicament synthétique, l'acide acétylsalicylique, communément appelé aspirine. Nous connaissons tous la réputation de cedmédicament miracle qu'est l'aspirine, mais cette dernière ne convient pas à tous les estomacs. C'est là qu'intervient l'écorce de saule blanc : elle procure les bienfaits de l'aspirine, mais n'irrite pas l'estomac. En fait, le saule blanc contient des tanins favorables à l'appareil digestif.

Comme supplément, prenez une ou deux capsules d'écorce de saule blanc toutes les deux ou trois heures, au besoin.

189. L'IGNAME SAUVAGE

L'igname sauvage est une source végétale de l'hormone féminine progestérone. On l'utilise pour éliminer les troubles menstruels, atténuer les risques de fausse-couche et réduire les bouffées de chaleur, la sécheresse vaginale et d'autres symptômes de la ménopause. L'igname sauvage contient des saponines qui ont un effet anti-inflammatoire et aident à soulager la douleur et les raideurs de la polyarthrite rhumatoïde. L'igname sauvage (*Dioscorea villosa*) produit des agents chimiques servant à la synthèse des contraceptifs oraux. Par ailleurs, les Amérindiens et bon nombre de phytothérapeutes ont exploité ses propriétés contraceptives. (Je proscris l'usage de l'igname sauvage ou d'autres plantes médicinales comme méthode contraceptive sans la supervision d'un médecin.)

On admet généralement que l'igname sauvage est un substitut naturel de la progestérone, mais le Dr John R. Lee, auteur de *What Your Doctor May* Not *Tell You About Menopause : The Breakthrough Book on Natural Progesterone*, rapporte qu'il n'existe aucune preuve à l'effet que l'organisme humain transforme la diosgénine (contenue dans l'igname sauvage) en hormones. La diosgénine procure cependant nombre de bienfaits. On s'en sert comme adaptogène depuis des siècles. (*Voir la question sur les adaptogènes à la rubrique 194.*)

> *ATTENTION : Ne prenez pas d'igname du Mexique* (Dioscorea mexicana) *ou sauvage* (Dioscorea villosa) *dans le but d'augmenter vos taux de progestérone et d'autres hormones. On pense souvent qu'il s'agit de précurseurs de la progestérone, mais ce n'est pas le cas.*

190. L'ÉCORCE DE YOHIMBE

Le yohimbehe fait partie des quelques « aphrodisiaques » et a montré qu'il aide à traiter l'impuissance masculine. Par contre, il s'avère aussi dangereux, car il contient de la yohimbine, vendue strictement sur ordonnance et à prendre sous surveillance médicale. L'écorce de yohimbe, une forme moins puissante, se trouve en vente libre, mais n'est pas aussi efficace. (Sa posologie va de une à trois capsules par jour.)

ATTENTION : Étant donné que l'écorce de yohimbe peut abaisser la tension artérielle, les personnes atteintes d'hypotension artérielle doivent l'éviter. En raison de ses effets secondaires graves, toute personne ayant un problème d'ordre médical doit l'éviter, à moins d'en prendre sous surveillance médicale.

191. DES PLANTES NOCIVES

Les plantes qui suivent peuvent nuire à votre santé. Ne les consommez pas en tisanes ni d'autres façons sans les conseils et la surveillance d'un naturopathe ou d'une autorité en matière de nutrition.

ATTENTION : Bon nombre de plantes ont une appellation courante. Nous indiquons le nom botanique entre parenthèses.

Absinthe, grande absinthe, absinthe commune, alvine, herbe sainte, herbe aux vers, armoise amère (*Artemisia absinthium*)
L'huile d'absinthe est un narcotique toxique. On l'utilise pour parfumer les liqueurs. L'absinthe est interdite en Amérique du Nord, car son usage peut affecter le système nerveux.

Acore calame, acore aromatique, roseau aromatique, lis des marais, acore vrai (*Acorus calamus*)
L'huile d'acore calame est carcinogène (peut causer le cancer).

Arnica, arnique des boutiques, bétoine des montagnes (*Arnica montana*)
L'arnica, efficace pour traiter les ecchymoses, les traumatismes et la douleur, constitue un remède homéopathique sécuritaire sous forme sublinguale (les granules contiennent une quantité

infinitésimale d'ingrédients actifs). On trouve également des pommades à l'arnica dans le commerce.

L'arnica est un irritant qui peut entraîner une gastroentérite toxique aiguë, une faiblesse musculaire intense, des troubles nerveux, voire la mort.

Belladone (*Atropa belladonna*)
Elle est toxique et contient des alcaloïdes toxiques.

Eupatoire rugueuse, agérate blanche, eupatoire à feuilles d'ortie (*Eupatorium rugosum, E. ageratoides* et *E. urtucæfolium*)
Cette plante est toxique. Elle contient de l'alcool insaturé nocif qui cause des « tremblements » chez les bovins. Elle peut entraîner la « maladie du lait » chez l'humain qui consomme du lait, du beurre et même certaines viandes provenant des animaux ayant mangé cette plante.

Fève tonka (*Dypterix odorata, Coumarouna odorata, Dypterix oppositifolia* et *Coumarouna oppositifolia*)
Cette plante a comme composé actif la coumarine, que la FDA aux États-Unis a retiré du marché comme aliment ou additif alimentaire. On a trouvé qu'elle cause des troubles hépatiques graves, un retard de croissance et une atrophie testiculaire chez les animaux de laboratoire à l'étude. (Lisez bien les étiquettes des produits en vente libre).

Fusain d'Europe, bonnet d'évêque, bonnet carré (*Euonymus europaeus*)
C'est un purgatif très puissant.

Fusain noir pourpré (*Euonymus atropurpureus*)
Cette plante souvent utilisée comme laxatif. Bien que ses principes toxiques demeurent indéterminés, il vaut mieux faire preuve de prudence et s'en abstenir.

Genêt à balais, cytise à balais, brande (*Cytisus scoparius*)
Il contient de la spartéine, toxique, et d'autres alcaloïdes nocifs.

Grande ciguë, ciguë maculée (*Conium maculatum*)
Elle contient des alcaloïdes toxiques. On la confond souvent avec la carotte à Moreau (*Cicuta maculata*) et la pruche du Canada (*Tsuga canadensis*).

Grande pervenche, petite pervenche (*Vinca major* et *Vinca minor*)
Réservez ces plantes à votre jardin... et à l'écart de votre organisme. Elles contiennent des alcaloïdes toxiques pouvant déclencher des réactions neurologiques indésirables, en plus d'endommager le foie et les reins.

Gui (*Phoradendron juniperinum*)
Cette forme de gui pourrait être toxique. On sait peu de choses à son sujet, donc il vaut mieux limiter son usage aux décorations traditionnelles — et aux baisers sous le gui — de Noël.

Gui, vert de pommier, vert-bois, nid de sorcière, herbe de chèvre (*Viscum album*)
Il contient des amines toxiques et peut causer un empoisonnement.

Gui de chêne (*Phoradendron flavescens* ou *Viscum flavescens*)
Il contient des amines toxiques et doit être considéré comme une plante nocive.

Héliotrope d'Europe, héliotrope commun, girasol, herbe aux verrues (*Heliotropium europæum*)
Il est toxique et contient des alcaloïdes pouvant causer des dommages au foie.

Jalap tubéreux, jalap officinal (*Exogonium purga*, *Ipomoea jalapa* et *Ipomoea purga*)
Cette vigne tordue mexicaine a plusieurs appellations. Elle peut s'avérer très dangereuse. C'est un cathartique puissant. Ses effets purgatifs extrêmes peuvent provoquer une activité intestinale mortelle.

Jusquiame noire (*Hyoscyamus niger*)
C'est une plante toxique qui contient des alcaloïdes très toxiques.

Lobélie gonflée, lobélie enflée, lobélie, herbe à l'asthme, tabac indien (*Lobelia inflata*)
Cette plante toxique est souvent utilisée à tort comme émétique. Une surdose de l'extrait des feuilles ou des fruits peut provoquer des vomissements importants, de la transpiration, la paralysie, un pouls rapide mais faible, et plus souvent qu'autrement, un collapsus cardio-vasculaire, le coma ou la mort.

Mandragore, mandragore officinale, mandragore d'Europe (*Mandragora officinarum*)
C'est un narcotique toxique semblable à la belladone.

192. L'HOMÉOPATHIE ÉLÉMENTAIRE

L'homéopathie se base sur le « principe de similitude », c'est-à-dire que l'agresseur est aussi le remède. La médecine traditionnelle applique souvent ce principe pour traiter les allergies. Les symptômes sont des signes montrant que l'organisme essaie de retrouver son équilibre. L'homéopathie utilise une quantité infinitésimale des substances naturelles qui, prises en grande quantité, provoquent l'apparition d'un symptôme chez des personnes en santé afin de stimuler une réaction de défense dans l'organisme. Par exemple, quand vous pelez un oignon, vous avez les yeux qui piquent et qui larmoient ainsi que le nez qui coule, comme si vous aviez le rhume. Par conséquent, le remède homéopathique contre le rhume consisterait en une dose extrêmement petite d'oignon rouge (*Allium cepa*) qui aiderait l'organisme à se guérir lui-même.

Les remèdes homéopathiques proviennent de plantes, de minéraux et de substances animales naturels. La dilution en quantité infinitésimale des substances actives produit des remèdes non toxiques et sans effets secondaires déplaisants. Ils sont sécuritaires autant pour l'adulte que pour l'enfant, si on respecte bien la posologie, pour des conditions contraignantes telles la grippe, les ecchymoses mineures, les allergies, le SPM, les bouffées de chaleur et le mal des transports.

Aux États-Unis, la FDA régit la fabrication des remèdes homéopathiques en imposant les lignes directrices en matière d'étiquetage et de vente. On trouve ces remèdes sous forme de comprimés, de solutions, de suppositoires et de pommades, mais les granules demeurent la forme la plus populaire. En général, on met les remèdes sous la langue, car le grand nombre de capillaires de la bouche favorise une pénétration rapide dans la circulation sanguine.

Du bon usage des remèdes homéopathiques

- Gardez vos remèdes dans des contenants hermétiques, dans un endroit sombre et sec.

- Évitez de ranger vos remèdes à proximité de substances aromatiques comme les parfums, le camphre ou la menthe, qui peuvent les neutraliser.

- Avant de prendre vos remèdes homéopathiques, assurez-vous d'éliminer toute saveur persistante de votre bouche — notamment le café ou la menthe qui peuvent nuire à leur action. (Évitez le dentifrices à la menthe pour la durée du traitement.)

- Ne manipulez pas les granules. Versez-en quelques-unes dans le couvercle, et de là sous votre langue. Laissez-les se dissoudre.

- Évitez de vous brosser les dents, de boire ou de manger au moins trente minutes après avoir pris le remède pour lui permettre d'enclencher son action.

Quelques malaises courants et leurs remèdes homéopathiques

Symptôme	*Remède*
Anxiété	*Argentum nitricum* (nitrate d'argent)
Aphtes buccaux	*Borax* (borate de sodium)
Bouffées de chaleur	*Lachesis mutus* (lachésis muet ou surucucu)
Brûlures	*Calcarea sulphurica* (sulfate de calcium)
Congestion nasale	*Pulsatilla* (anémone pulsatille)
Conjonctivite	*Euphrasia officinalis* (euphraise officinale)

Constipation	*Graphites* (graphite)
Diarrhée (avec crampes)	*Veratrum album* (ellébore blanc)
Douleurs articulaires	*Calcarea fluorica* (fluorure de calcium)
Douleurs menstruelles	*Caulophyllum thalictroides* (cohosh bleu)
Ecchymoses	*Arnica montana* (arnique des montagnes)
Éruptions cutanées (avec démangeaisons)	*Sulfur* (soufre sublimé lavé)
Fièvre (rhume et grippe)	*Belladonna* (belladonne)
Grippe (douleurs et raideurs articulaires)	*Eupatorium perfoliatum* (herbe à la fièvre)
Gueule de bois	*Nux vomica* (noix vomique)
Hémorroïdes	*Hamamelis virginiana* (hamamélis de Virginie)
Herbe à puce	*Rhus toxicodendron* (espèce de sumac vénéneux)
Insomnie (causée par la tension/le stress)	*Coffea cruda* (café vert arabica)

Mal des transports	*Cocculus indicus* (coque du levant)
Nausées	*Ipecacuanah* (ipéca)
Piqûres d'insecte	*Ledum palustre* (lédon des marais)
Rhume (éternuements et yeux larmoyants)	*Allium cepa* (oignon)
Sinusite	*Kali bichromicum* (dichromate de potassium)
Syndrome prémenstruel	*Sepia* (encre de seiche)
Toux (bronchite)	*Antimonium tartaricum* (émétique)
Toux (sèche)	Phosphore
Troubles urinaires (brûlures, démangeaisons)	*Cantharis* (Cantharide)
Varices	*Calcarea fluorica* (fluorure de calcium)
Verrues	*Thuja occidentalis* (thuya d'Occident, arbre de vie)

193. AROMATHÉRAPIE, HUILES ESSENTIELLES ET TEINTURES

L'aromathérapie consiste en l'utilisation d'huiles essentielles de plantes — et parfois de sources animales — pour procurer un bien-être physique et psychologique. Cette thérapie globale amalgame l'esprit, le corps, le plaisir et la guérison. On l'utilise de par le monde depuis des siècles pour traiter des conditions allant de simples anomalies à des maladies quasi mortelles.

Bien que les aromathérapeutes se servent des différentes parties de la plante (feuilles, pétales, écorce, racines), ils utilisent pour leurs traitements les huiles essentielles, soit des essences ultra concentrées desdites plantes. Ces huiles contiennent des vitamines et des enzymes puissantes, et vu leur forte concentration, on les utilise en faibles quantités, par ailleurs plus efficaces une fois diluées. On peut en mettre dans l'eau de la baignoire ou d'un humidificateur, les inhaler depuis un flacon ou les mélanger à d'autres huiles en vue d'une application sur la peau.

DES BIENFAITS POUR LA SANTÉ

- Aider à guérir l'acné
- Aider à ralentir le vieillissement
- Améliorer la concentration
- Soulager l'angoisse
- Stimuler le système immunitaire
- Repousser les insectes
- Accroître l'énergie
- Stimuler le drainage des surrénales pour aider à désintégrer la cellulite
- Soulager la douleur arthritique
- Soulager la migraine
- Éliminer directement les déchets de la peau
- Réduire la rétention d'eau
- Aider à soulager les symptômes de la ménopause
- Aide à guérir les infections virales et bactériennes
- Favoriser la santé de la peau, des ongles et des cheveux

LES HUILES ESSENTIELLES COURANTES ET LEUR UTILISATION

Basilic — favorise l'acuité mentale.

Bois de rose —antidépresseur.
Bois de santal — renforce le système immunitaire, est aphrodisiaque.
Camomille — sédatif, apaise la tension (le stress).
Cannelle — stimule l'énergie et l'appétit sexuel.
Genièvre — diurétique, elle améliore la circulation.
Géranium — procure un équilibre hormonal chez la femme.
Lavande — bénéfique pour la peau, soulage les douleurs musculaires, réduit la tension (le stress).
Néroli — calme l'anxiété et améliore la peau.
Patchouli —anti-inflammatoire cutané.
Théier — antifongique et antiviral, combat l'acné.
Ylang-ylang — relaxant; réduit la tension artérielle et stabilise l'humeur.

> *AVERTISSEMENT : Il ne faut en aucun cas ingérer les huiles essentielles. Évitez certaines huiles si vous êtes enceinte, si vous faites de l'asthme, de l'épilepsie ou si vous êtes atteint d'autres problèmes de santé. Consultez un naturopathe, un professionnel de la médecine holistique ou un médecin spécialiste de la nutrition au sujet de la sécurité des huiles avant de les utiliser. Gardez toutes huiles essentielles hors de la portée des enfants; elles peuvent être toxiques même en petite quantité.*

En règle générale, il ne faut pas appliquer d'huiles essentielles non diluées sur la peau.

LES TEINTURES

Les teintures facilitent l'ingestion des plantes et des herbes. Si vous les gardez dans des flacons compte-gouttes en verre de 28 g (30 mL), vous pouvez les avoir sur vous en tout temps. Les herbes ou les plantes sous forme de capsule sont aussi pratiques, mais l'assimilation des composantes essentielles se fait moins rapidement. Vous absorbez une teinture dès qu'elle entre en contact avec la bouche, tandis que les capsules ne sont digérées que dans l'estomac.

Avant d'utiliser une teinture, faites d'abord un test avec quelques gouttes pour éliminer la possibilité d'une allergie. Si tout va bien, vous pouvez augmenter la dose en fonction de vos besoins. Il faut souvent ingérer trois ou quatre compte-gouttes combles avant d'atteindre l'effet désiré.

Renseignez-vous sur les effets d'une plante avant de prendre sa teinture. (*Voir les avertissements des rubriques 135 à 191.*) En règle générale, toute personne qui prend des hormones, des médicaments pour la glande thyroïde, des anticholinergiques ou des antibiotiques devrait consulter un professionnel de la santé avant de les combiner à des plantes.

La plupart des naturopathes et des phytothérapeutes sont d'avis que les plantes et les herbes sont le plus efficaces prises en petites quantités pendant une période donnée. Réduisez la posologie d'un adulte à un tiers ou à la moitié pour les enfants. Je vous recommande cependant de consulter un naturopathe ou un phytothérapeute avant d'administrer des plantes ou herbes à un enfant.

Conservez les teintures dans un endroit sombre et frais. L'alcool qu'elles contiennent agit comme agent de conservation. Les teintures préservent leur fraîcheur pendant plus d'un an si on les garde à l'écart de la chaleur, de la lumière du jour ou d'une exposition à l'air.

DES TEINTURES COURANTES ET LES PLANTES CORRESPONDANTES

Teintures stimulant les fonctions cérébrales : ginkgo, gotu kola, chardon bénit, ginseng sibérien.

Teintures apaisantes : cataire, camomille, camphre, baies de sureau, onagre, hysope officinale, fleurs de jasmin, baies de genièvre, mélisse officinale, molène vulgaire, passiflore, roses, orme rouge, verveine et violette.

Teintures nettoyantes : racine de bardane, racine de bourdaine, feuilles de chaparral, racine de pissenlit, ortie, chardon-Marie et racine de gingembre.

Teintures toniques générales : feuilles de ronce, camphre, pissenlit, ginseng, fleurs de jasmin, ortie, patchouli, feuilles de framboisier.

Teintures stimulantes : basilic, laurier, fleurs de souci officinal, citronnelle, fenouil, fleurs de lavande, verveine odorante, menthe, romarin, sauge, sarriette, thym.

Teintures pour les muscles et les articulations : laurier, baies de genièvre, armoise, origan, sauge.

194. DES QUESTIONS SUR LE CHAPITRE X

J'ai entendu parler d'une plante chinoise, le jujubier. Que pouvez-vous me dire à son sujet ?
Je connais très bien le jujubier. Cette plante, dont le fruit porte le nom *Da Zao* en Chine, a comme nom botanique *Zyzyphus spinosa*. Elle est un cadeau du ciel pour les femmes à la ménopause et pour quiconque souffre d'insomnie, d'anxiété ou de dépression. Elle agit aussi comme antidépresseur naturel, sédatif et substance hypnotique. Le jujubier aide à tonifier le corps, favorise une récupération rapide après les séances d'exercice et possède des propriétés antioxydantes qui protègent contre les maladies du cœur. De plus, elle peut réduire les taux très élevés de transaminase chez les personnes atteintes d'hépatite. La posologie recommandée est 150 mg d'extrait normalisé de la plante une ou deux fois par jour.

L'aneth a-t-il des propriétés nutritives ou favorables à la santé ?

Oui. Il peut améliorer l'appétit et faciliter la digestion en plus d'agir comme diurétique. En outre, mâcher ses graines permet d'éliminer la mauvaise haleine.

Les graines de lin sont-elles laxatives ?

Oui. Les graines ajoutent du volume au bol digestif. On a observé que 15 mL (1 c. à soupe) par jour de graines de lin, crues ou cuites (elles sont savoureuses dans les soupes) prévient la constipation chez les adultes. L'huile de graines de lin est également l'une des sources les plus riches d'acides gras oméga-3, utiles pour réduire le cholestérol et soulager les douleurs arthritiques.

Y a-t-il des plantes sans danger en temps normal, mais contre-indiquées durant la grossesse et l'allaitement ?

Il y en a beaucoup, par exemple, l'hydraste du Canada. (La berbérine, un alcaloïde de l'hydraste du Canada, est similaire à la morphine.) Les herbes à base de caféine, comme le guarana et les noix de kola, sont également à éviter.

Il faut éviter les laxatifs, naturels ou synthétiques, les premiers mois de la grossesse, car ils peuvent provoquer une fausse-couche. (La bourdaine, la rhubarbe et le séné sont des laxatifs naturels.) Je déconseille l'ingestion de sédatifs puissants tels la scutellaire et la valériane, de même que les épices relevées comme le cayenne et le raifort. Les émétiques comme la lobélie peuvent s'avérer dangereux au début de la grossesse et durant le dernier trimestre.

L'ail et les oignons ont bien des vertus, mais les femmes enceintes ou allaitantes devraient les éviter. On a montré qu'ils passent dans le lait maternel et provoquent des coliques chez les bébés. Les femmes enceintes ou allaitantes devraient consulter un médecin spécialiste de la nutrition (*voir la rubrique 383*) avant de prendre tout supplément de plantes ou d'herbes.

Mon époux est atteint de troubles hépatiques et déteste les médecins. On m'a dit que le chardon-Marie pourrait l'aider. Pouvez-vous m'en parler ?
Je peux vous dire que le fruit du chardon-Marie contient de la silymarine, soit l'une des substances les plus puissantes pour protéger le foie. On a montré que la silymarine contribue au traitement de l'hépatite chronique, de la cirrhose et d'autres troubles du foie.

Je dois également vous aviser que certains extraits contiennent de l'alcool. Ces derniers sont *à proscrire par toute personne ayant des troubles du foie*.

La dose standard, selon Michael T. Murray, auteur de *PSA Textbook of Natural Medicine* et de *The 21st Century Herbal*, est de 70 à 150 mg trois fois par jour. Toutefois, avant de prendre de la silymarine, votre mari doit consulter sans faute un médecin spécialiste de la nutrition (*voir la rubrique 383*).

Que sont les adaptogènes ? En trouve-t-on sous forme de suppléments ?
Les adaptogènes regroupent des plantes dont les propriétés agissent dans l'organisme — là où l'organisme en a besoin – pour le protéger contre les tensions (les stress) physiques, émotionnelles et environnementales (y compris les radiations et les poisons chimiques).

On attribue également aux adaptogènes un renforcement de l'immunité, un accroissement de l'énergie, une guérison accélérée des troubles respiratoires, une amélioration de la fonction nerveuse et la stabilisation des taux de cholestérol et de glycémie.

L'un des adaptogènes les meilleurs pour la santé est le suma, ou ginseng du Brésil (*Pfaffa paniculata martius kuntze*).

Le suma n'est pas un ginseng, mais un membre de la famille des amarantes. Il contient bon nombre de vitamines, de minéraux, d'acides aminés et d'autres substances dites guérisseuses comme le germanium (un activateur des cellules immunitaires), l'allantoïne (un guérisseur de blessures), du sitostérol et du stigmastérol (deux hormones végétales qui aident à réduire les taux de cholestérol sanguin et à augmenter l'œstrogène naturel du corps, au besoin).

Il y a des suppléments de suma sous forme de comprimés ou de tisane.

Qu'est-ce que le germanium ? Est-ce une plante ou un minéral ? Quelles sont ses sources naturelles ?
Le germanium est un oligo-élément (Ge-132). Selon Dr Parris M. Kidd, directeur du Germanium Institute of North America, le germanium a la capacité de restaurer et de stimuler la fonction immunitaire, de fournir les tissus en oxygène (capacité importante dans les régimes alimentaires riches en gras insaturés qui, bien qu'ils abaissent le taux de cholestérol, réduisent l'apport en oxygène), d'inhiber le développement des tumeurs et de traiter en partie certaines grandes maladies.

On le trouve en quantités infinitésimales dans l'ail, le ginseng, les baies de goji, les sushis, la chlorelle, l'orge perlé et le camphre.

J'ai entendu dire que le gotu kola est bon pour soigner la peau. J'aimerais bien en prendre, à condition qu'il contienne peu de caféine.
Le gotu kola ne contient pas de caféine! Il n'a aucun lien avec les noix de kola. (*Voir la rubrique 164.*)

Que pouvez-vous me dire à propos du pau d'Arco ?
À mon avis, on ne fait que commencer à utiliser cette plante dans les thérapies non conventionnelles. On a montré que le pau d'Arco (*Tabebuia impetiginosa*) est très efficace pour inhiber la croissance de *Candida albicans*. (*Voir la rubrique 295.*) Il donne aussi d'excellents résultats dans le traitement des allergies montrant des symptômes de bronchite asthmatique, d'eczéma et de congestion des sinus. Enfin, il aide le système à récupérer après des traitements de longue durée aux antibiotiques, aux immunosuppresseurs ou aux anti-inflammatoires stéroïdiens.

Pour accroître l'efficacité du pau d'Arco, il convient de le prendre avec les vitamines A et C, du potassium, du magnésium et des enzymes digestives.

Dois-je prendre les herbes sous forme liquide ou en teinture ?
Les liquides ont habituellement comme base une solution acide faible grâce à laquelle le supplément pénètre dans l'estomac sous forme d'acide soluble, ce qui en favorise l'absorption. En revanche, dans une teinture, les plantes sont en suspension dans de l'alcool ou du vinaigre de cidre et de l'eau en concentration plus faible, mais tout aussi efficace. L'appareil digestif absorbe aussi bien les liquides que les teintures. Beaucoup de gens estiment que les teintures de qualité procurent un concentré végétal plus puissant, mais tout dépend de l'entreprise qui les produit. Retenez la formule qui répond le mieux à vos besoins.

J'aimerais prendre des teintures, mais le goût de l'alcool me rebute. Que puis-je faire ?
L'alcool s'évapore si vous mettez la teinture dans de l'eau chaude.

J'ai entendu parler du Ev.Ext-77®. Quelle sorte de plante est-ce ? Quels sont ses effets ?
Le Ev.Ext-77® est un extrait breveté d'une sous-espèce de gingembre qui semble très efficace pour réduire l'inflammation et traiter les troubles articulaires. Il inhibe la production de prostaglandines, à l'origine de troubles articulaires à court terme, et la production de leucotriènes, qui semblent causer des problèmes articulaires à long terme. Je recommande de prendre un comprimé deux fois par jour aux repas.

Plus d'un million de nouvelles personnes souffrent de troubles articulaires chaque année, et 80 % des personnes de plus de 50 ans en sont déjà atteintes. On estime qu'en l'an 2020, plus de 60 millions de Nord-Américains seront touchés. Autrement dit, l'Ev.Ext-77® est plus que bienvenu.

Que pouvez-vous me dire au sujet du supplément huperzine A ?
De bien bonnes choses... L'huperzine A est un extrait d'une espèce de lycopode qui pousse en Chine, utilisée depuis des siècles pour soigner divers troubles neurologiques. On a montré qu'elle améliore la mémoire et peut aider à réduire les symptômes de l'Alzheimer. On en trouve sous forme de gélules ou de comprimés. Par contre, les femmes enceintes et les personnes qui font de l'hypertension artérielle doivent l'éviter.

Le melon amer aide-t-il à réduire le taux de glycémie ? Quelle quantité s'avère sécuritaire ?
Bien qu'il faudra de plus amples études pour le prouver, la recherche préliminaire au sujet du melon amer indique que ce fruit tropical, en plus de réduire le taux de glycémie, peut augmenter le HDL (bon cholestérol). Ses effets sont remarquables même en petite quantité. On en trouve dans les magasins d'alimentation naturelle sous forme d'extrait liquide. Une posologie de 1 à 2,5 mL (1/4 c. à thé) jusqu'à trois fois par jour est sécuritaire. Si vous en prenez davantage, vous pourriez souffrir de diarrhée, de céphalée, de douleurs abdominales ou faire de la fièvre. Évitez le melon amer si vous faites de l'hypoglycémie, si vous êtes enceinte ou si vous prenez des médicaments contre le diabète.

On vend du melon amer dans de nombreuses épiceries asiatiques. Robert Rister, un phytothérapeute réputé du Texas, aux États-Unis, suggère d'en faire un frappé : évidez le melon amer, tranchez finement la chair et faites la cuire à la vapeur ou faites-la bouillir jusqu'à ce qu'elle soit tendre. Lorsque la chair se coupe à la cuillère, passez-la au mélangeur avec une quantité égale d'eau pendant deux minutes.

J'ai entendu parler d'un supplément naturel utile pour soigner le diabète et efficace pour perdre du poids. Le connaissez-vous ? Je crois qu'on l'utilise en médecine ayurvédique.
Je sais de quel supplément vous parlez. Vous avez raison, la médecine ayurvédique en fait l'usage depuis des milliers d'années

pour traiter le diabète. Il s'agit d'une plante boisée grimpante originaire des forêts indiennes, le *Gymnema sylvestre* (« qui détruit le sucre »). Par tradition, ses feuilles et ses racines entrent dans le traitement de bon nombre d'affections, depuis l'intoxication et la fièvre jusqu'à la bronchite asthmatique et la toux. Le *Gymnema sylvestre* sert surtout à traiter les problèmes de glucose sanguin en équilibrant le taux de glycémie. C'est à ce stade qu'il intervient dans la perte de poids.

Une feuille de *Gymnema sylvestre* déposée directement sur la langue élimine la détection du goût sucré, même si vous mangez un bonbon tout de suite après. Toute personne ayant un faible pour le sucre et un tour de taille en conséquence verra une amélioration si elle prend 400 mg d'un supplément de *Gymnema sylvestre* normalisé.

> *ATTENTION : Consultez votre médecin ou un professionnel de la santé avant de prendre du* Gymnema sylvestre *si vous suivez un traitement contre le diabète, prenez des médicaments pour stabiliser votre taux de glycémie ou souffrez d'hypoglycémie.*

CHAPITRE 11

Comment définir vos besoins en vitamines

195. LA DÉFINITION D'UN RÉGIME ÉQUILIBRÉ : MANGEZ-VOUS BIEN ?

On trouve plus souvent les régimes alimentaires équilibrés dans les livres que dans les assiettes. Bien que les nutriments se répartissent dans les divers types d'aliments, les sols appauvris, le stockage, la transformation et la cuisson en détruisent une bonne partie. Il en reste assez toutefois pour qu'on s'attarde à composer des repas équilibrés. Après tout, les suppléments ont besoin de la nourriture pour agir; donc plus vos aliments sont de qualité, plus vos suppléments sont efficaces. Malheureusement, de nos jours, aucun régime alimentaire « équilibré » ne peut combler nos besoins nutritionnels.

Néanmoins, pour savoir si vous avez une alimentation équilibrée, il est bon de connaître les groupes alimentaires de base et les portions quotidiennes recommandées (plusieurs pays ont établi des recommandations, par exemple, la *Food Guide Pyramid*, aux États-Unis, et le *Guide alimentaire canadien*, au Canada). Des normes définissent ce qu'est une portion (elle est souvent plus petite que vous ne l'imaginez); toutefois, il convient d'adapter ces portions à la situation des gens : des portions plus petites pour les personnes sédentaires, et plus grandes pour les adolescents et les personnes très actives. Rappelez-vous qu'avec l'âge, le métabolisme ralentit et les besoins en énergie diminuent.

Selon les nouvelles normes de l'USDA aux États-Unis, les portions recommandées de produits céréaliers et de fruits et de légumes ont augmenté de façon significative, alors que les portions de produits laitiers et de viande ont diminué. Voici les recommandations récentes.

Les produits céréaliers

Céréales complètes ou enrichies, pains, céréales du petit déjeuner chaudes ou froides, pâtes et riz.

De 6 à 11 portions par jour

1 portion = 1 tranche de pain ou 125 mL (1/2 tasse) de riz

Les légumes

Légumes feuillus, vert foncé, jaunes ou orange.

De 3 à 5 portions par jour

1 portion = 250 mL (1 tasse) de légumes feuillus, crus (4 grandes feuilles) ou 180 mL (6 oz) de jus de légumes

Les fruits

Agrumes, tomates ou autres fruits riches en vitamine C.

De 2 à 4 portions par jour

1 portion = 1 fruit moyen ou 180 mL (6-oz) de jus de fruits frais

Les produits laitiers

Lait, fromage, yaourt, aliments à base de lait.

De 2 à 3 portions par jour

1 portion = 250 mL (1 tasse) de yaourt ou de lait ou 28 g (1 oz) de fromage

Les viandes

Bœuf, veau, porc, agneau, poisson, volaille, foie, œufs, substituts de viande, légumineuses sèches et noix.

De 2 à 3 portions par jour

1 portion = 84 à 113 g (3 à 4 oz) de protéines animales, environ de la grosseur d'un jeu de cartes, ou 60 mL (1/4 tasse) de noix

Le gras, les huiles et les sucreries

À consommer avec modération.

Les portions recommandées par le National Research Council aux États-Unis correspondent à un apport alimentaire de 1 200 calories. Il revient à chacun d'ajuster les portions selon sa croissance, son poids et ses besoins énergétiques.

196. COMMENT RECONNAÎTRE VOS CARENCES

Vous demandez-vous si vous devez prendre des suppléments de vitamines ou de minéraux ? À cet égard, je vous recommande de consulter un médecin spécialiste de la nutrition. (*Voir la rubrique 383.*) Il existe aussi divers tests qui peuvent vous orienter quant aux suppléments dont vous avez besoin.

Le Dr John M. Ellis a élaboré un test de dépistage rapide des carences en vitamine B6 (pyridoxine). Étendez la main, paume vers le haut, puis essayez de replier les deux jointures des quatre doigts (mais pas celles de la main), jusqu'à ce que le bout de vos doigts touche votre paume. (Vous ne formez pas un poing, car vous ne pliez que les jointures des doigts.) Faites le test avec l'autre main. Si vous avez de la difficulté à toucher votre paume du bout des doigts ou si vous n'y arrivez pas, vous avez probablement une carence en pyridoxine.

Feue Betty Lee Morales, nutritionniste célèbre, a affirmé que l'urine est un bon indicateur de la présence de vitamines B dans l'organisme. Ces vitamines sont hydrosolubles et éliminées chaque jour dans l'urine. Quand votre corps en utilise beaucoup, votre urine est pâle. Quand l'urine est foncée, c'est signe que votre corps a moins besoin de vitamines B. (*NOTA* : l'urine jaune foncé peut aussi indiquer un besoin de liquides — *voir la rubrique 71* — bien que bon nombre de médicaments, de maladies et d'aliments puissent modifier la couleur de l'urine. Il faut en tenir compte.)

La fiabilité des analyses du cheveu (on envoie au laboratoire 15 mL/1 c. à soupe de cheveux coupés sur la nuque pour déceler s'ils présentent des taux anormalement élevés de minéraux toxiques), fait l'objet d'une controverse. Les défenseurs de ces analyses prétendent que les cheveux conservent les traces des habitudes nutritionnelles d'une personne et de son exposition à des matières toxiques, car les substances qui passent dans les cheveux y restent jusqu'à leur chute. Leurs détracteurs, pour leur part, croient que trop d'autres facteurs que la nourriture influent sur le cheveu, notamment les teintures, les shampoings, les colorants, les lotions ondulantes, les produits chimiques des piscines, etc., pour fournir une analyse viable.

La controverse continue à l'heure actuelle. Je réitère ma recommandation : consultez un médecin spécialiste de la nutrition (*voir la rubrique 383*) avant d'investir dans de telles analyses.

Votre corps et vos sensations restent sans doute les meilleurs indicateurs de toute carence en vitamines ou en minéraux.

197. QUELQUES SIGNES AVANT-COUREURS

Un organisme qui n'a pas toutes ses vitamines le fait savoir tôt ou tard. Il est peu probable qu'un scorbut se manifeste avant qu'une personne ne s'aperçoive qu'elle a une carence en vitamine C. En revanche, le corps nous fait des signes que nous ne savons pas toujours décoder. Vu la hausse continuelle des primes d'assurance médicale (aux États-Unis), se tenir à l'affût de ces signes avant-coureurs constitue la meilleure assurance — et la plus économique — qui soit. Voici quelques-uns des symptômes que vous ignorez peut-être, mais dont vous devriez tenir compte. Je ne suggère pas que vous devez consommer ces aliments en quantités gargantuesques, mais je pense que s'ils ne figurent pas à votre menu, vous gagneriez à prendre des suppléments.

Les recommandations de suppléments qui suivent ne constituent pas un conseil d'ordre médical, mais un guide pratique à examiner avec votre médecin.

ATTENTION :
MSM = méthylsulfonylméthane
PVM = programme de vitamines Mindell.
Ce programme comprend :

- Une préparation multivitaminée entièrement naturelle et puissante et un complexe de minéraux et d'acides aminés chélatés (comprenant des enzymes digestives pour une meilleure absorption).

- Une formule antioxydante à large spectre, comprenant de l'alpha-carotène et du bêta-carotène, de la lutéine, du lycopène, des vitamines C et E, du sélénium, du ginkgo, de la co-enzyme Q10, des myrtilles, du lgluthation, de la cystéine, des isoflavones de soja (génistéine et daidzéine) ainsi que des extraits de pépins de raisin et de thé vert.

Un comprimé de préparation multivitaminée et un comprimé de formule antioxydante, deux fois par jour, aux repas.

SUR LA PISTE DES CARENCES – MANGEZ-VOUS ASSEZ DE CES ALIMENTS ?

Symptôme : Perte de l'appétit

Protéines : Viande, poisson, œufs, produits laitiers, fèves de soja, cacahuètes (arachides).

Vitamine A : Poisson, foie, jaunes d'œufs, légumes feuillus verts ou jaunes.

Vitamine B1 : Levure de houblon (bière), céréales complètes, viande (porc ou foie), noix, légumineuses, pommes de terre.

Vitamine C : Agrumes, tomates, pommes de terre, chou, poivrons verts.

Biotine : Levure de houblon (bière), noix, foie de bœuf, rognons, riz non glacé.

Phosphore : Lait, fromage, viande, volaille, poisson, produits céréaliers, noix, légumineuses.

Sodium : Bœuf, porc, sardines, fromage, olives vertes, pain de maïs, choucroute.

Zinc : Légumes, céréales complètes, son de blé, germe de blé, graines de citrouille, graines de tournesol.

Suppléments recommandés :
- 50 mg de vitamines du complexe B aux repas.
- 200 µg de vitamine B12 au petit déjeuner.
- 1 comprimé de fer complexe organique (avec vitamine C, cuivre, foie, manganèse et zinc qui facilitent l'assimilation du fer).

Symptôme : Mauvaise haleine
Niacine : Foie, viande, poisson, céréales complètes, légumineuses.

Suppléments recommandés :
- 15 à 30 mL (1 à 2 c. à soupe) d'acidophile liquide parfumé, de 1 à 3 fois par jour.
- 1 comprimé ou une capsule de chlorophylle 3 fois par jour.
- 50 mg de zinc chélaté lié à un acide aminé par jour .
- 1 à 3 capsules d'enzymes digestives multiples au début de chaque repas.

Symptôme : Odeur corporelle
B12 : Levure de houblon (bière), foie, bœuf, œufs, rognons.

Zinc : Légumes, céréales complètes, son de blé, germe de blé, graines de citrouille, graines de tournesol.

Suppléments recommandés :
- 15 à 30 mL (1 à 2 c. à soupe) d'acidophile liquide parfumé, de 1 à 3 fois par jour.
- 1 comprimé ou une capsule de chlorophylle 3 fois par jour.
- 15 à 50 mg de zinc chélaté par jour.
- 1 à 2 capsules d'enzymes digestives multiples de 1 à 3 fois par jour.

Symptôme : Ecchymoses faciles (bleuissement de la peau au moindre choc)
Vitamine C : Agrumes, tomates, pommes de terre, chou, poivrons verts.

Bioflavonoïdes : Orange, citron, limette, mandarine, pois.

Suppléments recommandés :
- 1 à 2 comprimés de 500 mg de vitamines du complexe C comprenant des bioflavonoïdes, de la rutine et de l'hespéridine, le matin et le soir aux repas.

Symptôme : Cholestérol élevé
Vitamines du complexe B (inositol). Levure, levure de houblon (bière), haricots de Lima séchés, raisins secs, cantaloup.

Suppléments recommandés :
- 15 mL (1 c. à soupe) de granules de lécithine saupoudrées sur une salade ou dans une boisson frappée au soja.

- 1 gélule de 1000 mg d'acide gras oméga-3 par jour.
- 1 grosse cuillerée de protéines de soja parfumées (25 mg) dans 250 à 375 mL (1 à 1 1/2 tasse) de lait de soja allégé.
- 1 à 3 comprimés comprenant 200 mg de niacine ne provoquant pas de bouffées de chaleur, 60 mg de policosanol, 10 mg de phytostérols de soja (bétasitostérol, campestérol, stigmastérol), du guggulipide (extrait de guggulstérone à 2,5 %) au coucher. (L'organisme génère la majeure partie du cholestérol pendant le sommeil.)

Symptôme : Constipation

Vitamines du complexe B : Céréales complètes, légumineuses, son, légumes feuillus verts.

Suppléments recommandés :

- 8 à 10 verres d'eau par jour.
- 1 capsule de 300 millions de bactéries souches de lactobacille.
- 45 mL (3 c. à soupe) de son ou 4 comprimés de fibres complexes par jour.
- 25 mg d'extrait normalisé de triphala.
- 5 mg de feuille d'aloès entière.
- 75 mg d'écorce de noyer cendré.
- 915 mg d'un complexe d'aliments verts.
- Fructo-oligosaccharides de chicorée et de topinambour.
- 500 mg d'arabinogalactane de mélèze.
- Extraits de champignon et oligosaccharides de mandarine.

Symptôme : Diarrhée

Vitamine K : Yaourt, luzerne, huile de fève de soja, huile de foie de poisson, varech.

Niacine : Foie, viande maigre, levure de houblon (bière), germe de blé, cacahuètes (arachides), levure nutritionnelle sèche, viande blanche de volaille, avocat, poisson, légumineuses, céréales complètes.

Vitamine F : Huile végétale, cacahuètes (arachides), graines de tournesol, noix de Grenoble.

Suppléments recommandés :

- 4 comprimés de fibres complexes contenant 2 g de fibres par jour.
- Morceaux de carottes, céréales complètes (pas de blé complet), ail.
- Tisanes de camomille et de feuilles de framboisier.

Symptôme : Étourdissements

Manganèse : Noix, légumes verts feuillus, pois, betteraves, jaunes d'œufs.

Vitamine B2 (riboflavine) : Lait, foie, rognons, levure, fromage, poisson, œufs.

Suppléments recommandés :

- 50 à 100 mg de niacine ne provoquant pas de bouffées de chaleur 3 fois par jour.
- 200 UI de vitamine E sèche 3 fois par jour.
- 60 mg de ginkgo normalisé de 1 à 3 fois par jour

Symptôme : Tintements des oreilles (acouphène)

Manganèse : Noix, légumes feuillus verts, pois, betteraves, jaunes d'œufs.

Potassium : Bananes, cresson, tous les légumes feuillus verts, agrumes, graines de tournesol.

Suppléments recommandés :

- 50 à 100 mg de niacine ne provoquant pas de bouffées de chaleur 3 fois par jour.
- 400 UI de vitamine E sèche de 1 à 3 fois par jour.
- 15 à 50 mg de zinc par jour.

Symptôme : Troubles oculaires

(cécité nocturne, incapacité de s'adapter à la noirceur, yeux injectés de sang, inflammation, sensation de brûlure, orgelets).

Vitamine A : Poisson, foie, jaunes d'œufs, beurre, crème, légumes feuillus verts ou jaunes.

Vitamine B2 (riboflavine) : Lait, foie, rognons, levure, fromage, poisson, œufs.

Suppléments recommandés :

- 50 mg de vitamines du complexe B, le matin et le soir aux repas.
- 500 mg de vitamine C contenant des bioflavonoïdes, de la rutine et de l'hespéridine, le matin et le soir.
- 400 UI de vitamine E sèche, le matin et le soir.
- L'antioxydant à large spectre (caroténoïdes, bêta-carotène, sélénium, n-acétylcystéine et quercétine), avec 200 mg de taurine, 80 mg d'extrait normalisé de myrtilles, d'euphraise, d'extrait de feuilles de ginkgo et de feuilles de thé vert, 100 mg d'extrait de pépins de raisin et 3 mg de lutéine, 2 fois par jour aux repas.

Symptôme : Fatigue

(lassitude, faiblesse, aucune propension à l'activité physique)

Zinc : Légumes, produits de céréales complètes, levure de houblon (bière), son de blé, germe de blé, graines de citrouille, graines de tournesol.

Glucides : Cellulose.

Protéines : Viande, poisson, œufs, produits laitiers, fèves de soja, cacahuètes (arachides).

Vitamine A : Poisson, foie, jaunes d'œufs, beurre, crème, légumes feuillus verts ou jaunes.

Vitamines du complexe B (PABA) : Levure, levure de houblon (bière), haricots de Lima séchés, raisins secs, cantaloup.

Fer : Germe de blé, farine de soja, bœuf, rognons, foie, haricots, palourdes, pêches, mélasse.

Iode : Fruits de mer, produits laitiers, varech.

Vitamine C : Agrumes, tomates, pommes de terre, chou, poivrons verts.

Vitamine D : Huiles de foie de poisson, beurre, jaunes d'œufs, foie, exposition au soleil.

Suppléments recommandés :
- 50 mg de vitamines du complexe B, 2 fois par jour.
- 1 000 µg de vitamines B12, le matin et le soir.
- 30 à 100 mg de coenzyme Q10 par jour.
- 1 PVM le matin et le soir aux repas.
- 1 compte-gouttes (1 mL) d'une formule d'adaptogènes contenant ginseng de Sibérie, racine de gingembre et racine d'ashwagandha, graines de schisandra, racine de ginseng, racine de rhodiole, pantocène, racines de ginseng d'Amérique, thé vert, feuilles et fleurs d'aubépine, pépins et pelure de raisins, de 2 à 3 fois par jour entre les repas.

- Aucune boisson à base de caféine.
- Buvez une boisson énergisante contenant de la l-phénylalanine avec ou avant chaque repas

Symptôme : Troubles gastro-intestinaux
(gastrite, ulcères gastriques, vésicule biliaire, troubles digestifs)

Vitamine B1 (thiamine) : Levure de houblon (bière), céréales complètes, viande (porc ou foie), noix, légumineuses, pommes de terre.

Vitamine B2 (riboflavine) : Lait, foie, rognons, levure, fromage, poisson, œufs.

Acide folique (folacine) : Légumes verts feuillus frais, fruits, abats, foie, levure nutritionnelle sèche.

PABA : Levure, levure de houblon (bière), haricots de Lima séchés, raisins secs, cantaloup.

Vitamine C : Agrumes, tomates, pommes de terre, chou, poivrons verts.

Chlore : Varech, farine de seigle, olives crues, algues.

Acide pantothénique : Levure, levure de houblon (bière), haricots de Lima séchés, raisins secs, cantaloup.

Suppléments recommandés :
- 10 000 UI de bêta-carotène de 1 à 2 fois par jour.
- 100 mg de vitamines du complexe B, le matin et le soir.
- Minéraux multiples, le matin et le soir.
- 500 mg de bétaïne HCl 30 minutes avant les repas avec un verre d'eau.

- 1 verre de jus de chou frais après chaque repas.
- 1 cuillerée de prébiotiques (avec inuline de racine de chicorée, écorce de mélèze et l-glutamine) dans de l'eau filtrée, de 1 à 3 fois par jour.

Symptôme : Problèmes capillaires

1. SQUAMES (pellicules) (squames jaunâtres et grasses détachées du cuir chevelu)

Vitamine B12 : Foie, bœuf, porc, abats, œufs (cyanocobalamine), lait et produits laitiers.

Vitamine F : Huiles végétales, cacahuètes (arachides), graines de tournesol, noix de Grenoble.

Vitamine B6 : Levure nutritionnelle sèche, foie, abats, légumineuses, céréales complètes, poisson.

Sélénium : Son, germe de céréales, brocoli, oignons, tomates, thon.

Suppléments recommandés :
100 µg de sélénium 2 fois par jour.
1 PVM le matin et le soir aux repas.
1 capsule oméga-3 de 1 000 mg à chaque repas.
1 000 mg de MSM avec des vitamines du complexe C, aux repas.

2. CHEVEUX SANS ÉCLAT, SECS CASSANTS OU GRISONNANTS

Vitamines du complexe B (PABA) : Levure, levure de houblon (bière), haricots de Lima séchés, raisins secs, cantaloup.

Vitamine F : Huiles végétales, cacahuètes (arachides), graines de tournesol, noix de Grenoble.

Iode : Fruits de mer, sel iodé, produits laitiers.

Suppléments recommandés :
- 1 000 mg d'oméga-3 aux repas.
- 3 capsules de lécithine par repas ou 15 mL (1 c. à soupe) de lécithine en granules par jour.
- 1 PVM le matin et le soir aux repas.
- 1 000 mg de MSM avec des vitamines du complexe C aux repas.

3. PERTE DE CHEVEUX

Biotine : Levure de houblon (bière), noix, foie de bœuf, rognons, riz non glacé.

Inositol : Mélasse brute et foie, lécithine, céréales complètes non raffinées, agrumes, levure de houblon (bière).

Chlore : Chlorure de sodium (sel de table).

Vitamines du complexe B avec vitamine C et acide folique : Levure, levure de houblon (bière), haricots de Lima séchés, raisins secs, cantaloup, agrumes, poivrons verts, tomates, chou, pommes de terre, légumes verts feuillus frais, fruits, abats, foie, levure nutritionnelle sèche.

Suppléments recommandés :
- 1 000 mg de choline et d'inositol par jour.
- 1 g de cystéine par jour.
- 1 000 µg de biotine par jour.

- 50 mg de vitamines du complexe B le matin et le soir aux repas.
- 160 mg d'extrait de baies de palmier nain par jour.
- 30 mg de complexe de bêta-sitostérol par jour.

Symptôme : Palpitations

Vitamine B12 (cobalamine, cyanocobalamine) : Levure, foie, bœuf, œufs, rognons.

Suppléments recommandés :

- 1 PVM le matin et le soir aux repas.
- 50 mg de vitamines du complexe B le matin et le soir aux repas.
- 500 mg de calcium par jour.
- 250 mg de magnésium par jour.
- 60 mg de coenzyme Q10 par jour.
- 200 mg d'extrait de fleurs et de feuilles d'aubépine normalisé par jour.
- 200 mg d'ail vieilli avec de l'huile de graines de persil de 1 à 3 fois par jour.

Symptôme : Hypertension artérielle

Choline : Jaunes d'œuf, cervelle, cœur, légumes verts feuillus, levure, foie, germe de blé.

Suppléments recommandés :

- 1 PVM le matin et le soir aux repas.
- 200 UI de vitamine E au début; augmentez graduellement la dose.
- 30 mg de coenzyme Q10 par jour.
- 500 mg de calcium 3 fois par jour, 30 minutes avant le coucher.
- 250 mg de magnésium 3 fois par jour, 30 minutes avant le coucher.
- 1 capsule d'ail inodore 3 fois par jour.
- 3 côtes de céleri par jour.

Symptôme : Infections
(grande vulnérabilité)

Vitamine A (carotène) : Poisson, foie, jaunes d'œufs, beurre, crème, légumes verts feuillus ou jaunes.

Acide pantothénique : Levure, levure de houblon (bière), haricots de Lima séchés, raisins secs, cantaloup.

Suppléments recommandés :
- 15 à 30 mL (1 à 2 c. à soupe) d'acidophile 3 fois par jour.
- Jusqu'à 10 000 UI de vitamine A tous les 2 jours pendant l'infection.
- 6 mL (2 oz) de jus de goji 2 fois par jour.
- 1 PVM le matin et le soir (de 2 à 5 g de vitamine C pendant l'infection).

Symptôme : Insomnie
Potassium : Bananes, cresson, tous les légumes feuillus verts, agrumes, graines de tournesol.

Vitamines du complexe B : Levure, levure de houblon (bière), haricots de Lima séchés, raisins secs, cantaloup.

Biotine : Levure de houblon (bière), noix, foie de boeuf, rognons, riz non glacé.

Calcium : Lait et produits laitiers, viande, poisson, œufs, produits céréaliers, haricots (fèves), fruits, légumes.

Suppléments recommandés :
- 1 à 5 mg de mélatonine au coucher.

- 1 comprimé de vitamine B6 (100 mg), de calcium et de magnésium au coucher.
- 1 ou 2 comprimés de 300 mg de complexe de millepertuis à libération progressive au coucher.
- 1 PVM le matin et le soir.

Symptôme : Perte de l'odorat

Vitamine A : Poisson, foie, jaunes d'œufs, beurre, crème, légumes feuillus verts ou jaunes.

Zinc : Légumes, céréales complètes, son de blé, germe de blé, graines de citrouille, graines de tournesol.

Suppléments recommandés :

- 50 mg de zinc chélaté lié à un acide aminé 3 fois par jour (réduisez à 1 ou 2 fois par jour à mesure que la condition s'améliore).
- 60 mg d'extrait de ginkgo normalisé de 2 à 3 fois par jour.

Symptôme : Perte de mémoire

B1 (thiamine) : Levure de houblon (bière), céréales complètes, viande (porc ou foie), noix, légumineuses, pommes de terre.

Suppléments recommandés :

- 1 comprimé aide-mémoire, contenant 3 mg de vitamine B1, 200 µg de folacine, 25 mg d'acide pantothénique, 12 µg de vitamine B12, 5 mg de citrate de zinc, 100 mg de bacopa, racine de Fo-ti (renouée multiflore), racine de gingembre, feuille de gotu kola, 15 mg de ginseng de Sibérie, 50 mg de phosphatydylcholine, 50 mg de phosphatidylsérine, 75 mg de DMAE (éthanol aminé de diméthyle), 60 mg d'extrait de feuille de ginkgo normalisé, 50 mg de l-glutamine, 5 mg de vinpocétine, 100 mg d'huperzine A, le tout pris 3 fois par jour aux repas.

Symptôme : Troubles menstruels

Vitamine B12 : Levure, foie, bœuf, œufs, rognons.

Suppléments recommandés :

- De 7 à 10 jours avant les règles :
- 1 PVM le matin et le soir aux repas,
- 100 mg de vitamine B6 3 fois par jour.
- 100 mg de vitamines du complexe B (à libération progressive) le matin et le soir.
- 500 mg d'huile d'onagre 3 fois par jour.
- 500 mg de magnésium et la moitié de cette quantité de calcium par jour.
- 40 mg d'extrait de cimicaire normalisé 1 fois par jour.
- 150 mg d'extrait de graines de jujubier 1 fois par jour.

Symptôme : Crampes musculaires

(faiblesse musculaire généralisée, douleurs aux mollets, crampes nocturnes, contusion du quadriceps crural)

Vitamine B1 (thiamine) : Levure de houblon (bière), céréales complètes, viande (porc ou foie), noix, légumineuses, pommes de terre.

Vitamine B6 (pyridoxine) : Levure nutritionnelle sèche, abats, légumineuses, céréales complètes, poisson.

Biotine : Levure de houblon (bière), noix, foie de bœuf, rognons, riz non glacé.

Chlore : Chlorure de sodium (sel de table).

Sodium : Bœuf, porc, sardines, fromage, olives vertes, pain de maïs, choucroute.

Vitamine D (calciférol) : Huiles de foie de poisson, beurre, jaunes d'œufs, foie, exposition au soleil.

Suppléments recommandés :
- 400 UI de vitamine E (sèche) 3 fois par jour.
- 3 comprimés de calcium et de magnésium chélatés liés à un acide aminé 3 fois par jour.

Symptôme : Nervosité
Vitamine B6 (pyridoxine) : Levure nutritionnelle sèche, foie, abats, légumineuses, céréales complètes, poisson.

Vitamine B12 (cyanocobalamine) : Levure, foie, bœuf, oeufs, rognons.

Niacine (niacinamide, acide nicotinique) : Foie, viande, poisson, céréales complètes, légumineuses.

PABA : Levure, levure de houblon (bière), haricots de Lima séchés, raisins secs, cantaloup.

Magnésium : Légumes feuillus verts, noix, produits céréaliers, blé, fruits de mer.

Suppléments recommandés :
- 50 mg de vitamines du complexe B de 1 à 3 fois par jour (50 mg de toutes les vitamines B).
- 1 comprimé à libération progressive de millepertuis de 2 à 3 fois par jour .

- 3 comprimés de calcium et de magnésium chélatés liés à un acide aminé 3 fois par jour.
- 1 PVM le matin et le soir aux repas.

Symptôme : Saignements de nez (épistaxis)
Vitamine C : Agrumes, tomates, pommes de terre, chou, poivrons verts.

Vitamine K : Yaourt, luzerne, huile de fève de soja, huiles de foie de poisson, varech.

Bioflavonoïdes : Écorces d'orange, de citron, de limette, de tangerine.

Suppléments recommandés :
- 1 000 mg de vitamine C avec 50 mg de rutine, 50 mg d'hespéridine et 500 mg de bioflavonoïdes (à libération progressive) le matin et le soir.

Symptôme : Croissance lente
Gras : Viande, beurre.

Protéines : Viande, poisson, œufs, produits laitiers, fèves de soja, cacahuètes (arachides).

Vitamine B2 (riboflavine) : Lait, foie, rognons, levure, fromage, poisson, œufs.

Acide folique : Légumes feuillus verts frais, fruits, abats, foie, levure nutritionnelle sèche.

Zinc : Légumes, céréales complètes, son de blé, germe de blé, graines de citrouille, graines de tournesol.

Cobalt : Foie, rognons, pancréas et rate (abats).

Suppléments recommandés :
- 1 PVM le matin et le soir aux repas.

Symptôme : Troubles de la peau
1. ACNÉ (peau présentant des imperfections, peau épaisse, comédons, comédons fermés, rougeurs)

Vitamine A hydrosoluble : Poisson, foie, jaunes d'œufs, beurre, crème, légumes feuillus verts ou jaunes.

Vitamines du complexe B : Levure, levure de houblon (bière), haricots de Lima séchés, raisins secs, cantaloup.

Suppléments recommandés :
- 1 comprimé de préparation multivitaminée et de minéraux (faible en iode) par jour.
- 400 UI de vitamine E (sèche) 1 à 2 fois par jour.
- 1 ou 2 comprimés de 10 000 UI de bêta-carotène par jour, 6 fois par semaine.
- 50 mg de zinc chélaté lié à un acide aminé 1 fois par jour à un repas.
- 15 à 30 mL (1 à 2 c. à soupe) d'acidophile liquide 3 fois par jour ou de 3 à 6 capsules 3 fois par jour.
- L'iode aggrave l'acné; il est donc préférable d'éliminer de votre alimentation tout aliment transformé contenant du sel iodé.
- 1 000 mg de MSM de 2 à 3 fois par jour aux repas.
- Une lotion thérapeutique à base de MSM à appliquer sur les régions touchées de 2 à 3 fois par jour

2. DERMATITE (inflammation cutanée)
Vitamine B2 (riboflavine) : Lait, foie, rognons, levure, fromage, poisson, œufs.

Vitamine B6 (pyridoxine) : Levure nutritionnelle sèche, foie, abats, légumineuses, céréales complètes, poisson.

Biotine : Levure de houblon (bière), noix, foie de bœuf, rognons, riz non glacé.

Niacine (niacinamide, acide nicotinique) : Foie, viande, poisson, céréales complètes, légumineuses.

Suppléments recommandés :

- 1 comprimé de préparation multivitaminée et de minéraux (faible en iode) par jour.
- 400 UI de vitamine E (sèche) 1 à 2 fois par jour.
- 1 ou 2 comprimés de 10 000 UI de bêta-carotène par jour, 6 jours par semaine.
- 50 mg de zinc chélaté lié à un acide aminé par jour.
- 15 à 30 mL (1 à 2 c. soupe) d'acidophile liquide 3 fois par jour ou de 3 à 6 capsules 3 fois par jour.
- 500 mg d'huile d'onagre de 2 à 3 fois par jour.
- 1 000 mg de MSM de 2 à 3 fois par jour aux repas.
- Une lotion thérapeutique à base de MSM à appliquer sur les régions touchées de 2 à 3 fois par jour

Symptôme : Troubles de la peau
3. ECZÉMA (peau sèche, rugueuse et squameuse, rougeur et inflammation, petites cloques)

Gras : Viande, beurre.

Vitamine A (carotène) : Poisson, foie, jaunes d'œufs, beurre, crème, légumes feuillus verts ou jaunes.

Vitamines du complexe B (inositol) : Levure, levure de houblon (bière), haricots de Lima séchés, raisins secs, cantaloup.

Cuivre : Abats, huîtres, noix, légumineuses sèches, céréales complètes.

Iode : Fruits de mer, sel iodé, produits laitiers.

Suppléments recommandés :
- 1 comprimé de préparation multivitaminée et de minéraux (faible en iode) par jour.
- 1 000 mg de MSM de 2 à 3 fois par jour aux repas.
- 400 UI de vitamine E (sèche) 1 à 2 fois par jour.
- 1 ou 2 comprimés de 10 000 UI de bêta-carotène par jour, 6 fois par semaine.
- 50 mg de zinc chélaté lié à un acide aminé à un repas.
- 15 à 30 mL (1 à 2 c. à soupe) d'acidophile liquide 3 fois par jour ou de 3 à 6 capsules 3 fois par jour.
- Une lotion thérapeutique à base de MSM à appliquer sur les régions touchées de 2 à 3 fois par jour.

Symptôme : Guérison lente de blessures et de fractures
Vitamine C : Agrumes, tomates, pommes de terre, chou, poivrons verts.

Suppléments recommandés :
- 50 mg de zinc par jour.
- 400 UI de vitamine E sèche 3 fois par jour.
- 1 PVM le matin et le soir aux repas.

Symptôme : Ramollissement des os et des dents
Vitamine D (calciférol) : Huiles de foie de poisson, beurre, jaunes d'œufs, foie, exposition au soleil.

Calcium : Lait et produits laitiers, viande, poisson, œufs, produits céréaliers, haricots, fruits, légumes.

Suppléments recommandés :
- 1 000 à 1 500 mg de calcium et 500 mg de magnésium répartis sur 2 repas par jour.
- 400 UI de vitamine D par jour.
- 80 µg de vitamine K par jour.
- 300 µg de bore par jour.
- 40 à 80 mg d'isoflavones de soja par jour.

Symptôme : Tremblements
Magnésium : Légumes feuillus verts, noix, céréales, blé, fruits de mer.

Suppléments recommandés :
- Vitamines du complexe B plus 50 mg de vitamine B6 3 fois par jour.
- 1 000 mg de calcium et 500 mg de magnésium répartis sur 3 repas par jour.
- 1 comprimé de millepertuis à libération progressive de 2 à 3 fois par jour, la dernière dose au coucher.

Symptôme : Démangeaisons vaginales
Vitamine B2 : Lait, foie, rognons, levure, fromage, poisson, œufs.

Suppléments recommandés :
- 30 mL (2 c. à soupe) d'acidophile 3 fois par jour ou de 3 à 6 capsules, de 3 à 4 fois par jour.

- Une douche vaginale à l'acidophile ou au vinaigre doux peut apporter un soulagement.

Symptôme : Rétention d'eau
Vitamine B6 : Levure nutritionnelle sèche, foie, abats, légumineuses, céréales complètes, poisson.

Suppléments recommandés :
- 100 mg de vitamine B6 3 fois par jour.
- 3 à 6 comprimés de 99 mg de potassium par jour.

Symptôme : Taches blanches sur les ongles
Zinc : Légumes, céréales complètes, son de blé, germe de blé, graines de citrouille, graines de tournesol.

Suppléments recommandés :
- 15 mg de zinc chélaté lié à un acide aminé 3 fois par jour.
- 1 000 mg de MSM 2 fois par jour.
- 1 PVM le matin et le soir aux repas.

198. LES DÉSIRS INSATIABLES : CE QU'ILS PEUVENT CACHER

Les désirs insatiables, parfois associés aux allergies, sont souvent une façon pour votre corps de vous faire savoir qu'il manque de vitamines ou de minéraux. Ces envies très précises se manifestent fréquemment lorsque l'alimentation en général comporte des lacunes. Voici les désirs insatiables les plus courants.

Beurre de cacahuètes (arachides) : L'un des dix désirs insatiables les plus répandus, et cela n'a rien d'étonnant. Le beurre de cacahuètes (arachides) est une riche source de vitamine B. Si vous en prenez souvent, vous vivez peut-être de la tension (du stress) ou avez une carence en vitamine B. Sachez que 50 g (60 mL ou 1/3 de tasse) de beurre de cacahuètes (arachides) équivaut à 284 calories.

Pour préserver votre tour de taille, il vaut mieux prendre un supplément de vitamines du complexe B.

Bananes : Un désir constant de bananes peut indiquer une insuffisance en potassium. Une demi-banane contient 555 mg de potassium. Les personnes qui prennent des diurétiques ou de la cortisone, lesquels éliminent le potassium essentiel à l'organisme, ont souvent des envies incontrôlables de bananes.

Fromage : Si vous engouffrez le fromage plus que vous ne le savourez, il y a de bonnes chances que vous ayez une carence en calcium et en phosphore. (Sachez que les préparations de fromage fondu contiennent également de l'aluminium et du sel.) Une option consiste à manger du brocoli : il est riche en calcium et en phosphore, mais fournit moins de calories que le fromage.

Pommes : « Une pomme par jour éloigne le médecin pour toujours. » Ce n'est pas forcément vrai, mais il est reconnu que les pommes fournissent des nutriments que votre alimentation ne vous apporte peut-être pas, comme le calcium, le magnésium, le phosphore et le potassium, en plus d'être une source essentielle de pectine, laquelle réduit le cholestérol ! Une grande consommation de gras saturés peut expliquer un désir insatiable de pommes.

Beurre : Les végétariens éprouvent souvent un désir insatiable de beurre vu leur apport très faible en gras saturés. Le désir de beurre salé, en revanche, peut correspondre à un besoin de sel.

Cola : Le désir de cola est principalement un désir de sucre et une accoutumance à la caféine. (*Voir la rubrique 321.*) Les boissons gazeuses n'ont aucune valeur nutritive.

Noix : Un désir insatiable continuel de noix peut signaler un besoin de protéines alimentaires, de vitamines B ou de gras. Si vous optez pour les noix salées, vous avez peut-être plutôt besoin de sel. Remarquez que les gens tendus (stressés) tendent à consommer plus de noix que les personnes sereines.

Glace : La glace est un produit très riche en calcium. Cependant, la plupart des gens la désirent pour sa teneur en sucre. Les victimes d'hypoglycémie et de diabète l'adorent, ainsi que les personnes en quête du sentiment de sécurité lié à l'enfance.

Marinades (cornichons) : Si vous désirez des marinades durant votre grossesse, vous avez besoin de sel. C'est probablement vrai même si vous n'êtes pas enceinte. (Les marinades contiennent aussi une bonne quantité de potassium.)

Bacon : Les désirs de bacon visent habituellement le gras qu'il contient. Les personnes qui font un régime minceur strict ressentent le plus ce désir de gras. Malheureusement, le gras saturé n'est pas le seul inconvénient du bacon, qui a aussi une forte teneur en nitrites carcinogènes. Si vous ne pouvez résister au bacon, assurez-vous de prendre suffisamment de vitamines C, A, D et E afin de contrecarrer l'action des nitrites.

Œufs : Outre les protéines (deux œufs en procurent 13 g), le soufre, les acides aminés et le sélénium, les amateurs d'œufs recherchent peut-être le contenu en gras des jaunes ou, fait paradoxal, la choline qui favorise la dissolution du cholestérol et des gras.

Cantaloup : Le fait d'apprécier le goût de ce melon ne peut expliquer à lui seul ce désir insatiable. Le cantaloup est riche en potassium et en vitamine A. En fait, un quart de cantaloup fournit 3 400 UI de vitamine A, de la vitamine C, du calcium, du magnésium, du phosphore, de la biotine et de l'inositol. Voilà un désir insatiable plutôt sain. En outre, un demi-cantaloup contient seulement 60 calories.

Olives : Noires ou vertes, les olives vous permettent d'absorber du sel. Les personnes atteintes d'hypothyroïdie en ont le plus envie.

Sel : Sans l'ombre d'un doute, votre organisme est en quête de sodium. L'envie de sel peut signaler une carence en iode de la thyroïde ou la maladie d'Addison (insuffisance surrénalienne). Les personnes qui font de l'hypertension artérielle désirent souvent du sel, mais doivent l'éviter.

Oignons : L'envie prononcée de mets épicés peut indiquer des problèmes aux poumons ou aux sinus.

Chocolat : L'un des désirs insatiables les plus courants, voire *le* plus répandu. Les accros de chocolat ont une accoutumance à la caféine et au sucre à la fois. (Il y a entre 5 et 10 mg de caféine dans 250 mL/1 tasse de cacao.) Essayez de remplacer le chocolat par le caroube. (Ce fruit du caroubier, arbre de la Méditerranée, produit des gousses comestibles.)

Lait : Le désir insatiable de lait à l'âge adulte peut signaler le besoin d'un supplément de calcium, ou bien d'acides aminés tels le tryptophane, la leucine et la lysine. Les personnes nerveuses recherchent souvent le tryptophane apaisant du lait.

Mets orientaux (chinois) : Quoique délicieux, les mets orientaux contiennent souvent du glutamate monosodique (GMS), et c'est ce dernier qui éveille les désirs insatiables. Les personnes qui manquent de sel adorent les mets orientaux. (Le GMS peut provoquer une réaction histaminique chez certaines personnes, de même que des céphalées et des bouffées de chaleur. La plupart des restaurants chinois préparent des aliments sans GMS sur demande.)

Mayonnaise : La mayonnaise est un gras. Elle fait souvent l'objet de désirs insatiables chez les végétariens et les personnes qui ont éliminé d'autres formes de gras de leur alimentation.

Fruits acides : Un désir constant de fruits acides peut indiquer des troubles de la vésicule biliaire ou du foie.

Peinture et poussière : Les enfants ont tendance à avaler de la peinture et de la poussière. Cela indique fréquemment une carence en calcium ou en vitamine D. Il convient de réviser à fond l'alimentation de votre enfant et de consulter votre pédiatre. Cette propension à ingérer des substances non alimentaires est connue sous le nom de pica. Elle existe aussi chez les femmes enceintes, qui doivent se rappeler que l'ingestion de telles substances peut nuire au développement du fœtus.

199. COMMENT TIRER LE MAXIMUM DE VITAMINES DE VOS ALIMENTS

Même si vous mangez de bons aliments, vous n'assimilez pas forcément les vitamines qu'ils contiennent. La transformation des aliments, le stockage et la cuisson peuvent facilement nuire aux meilleures intentions en matière de nutrition. Gardez les astuces qui suivent en tête afin de tirer le meilleur parti de votre alimentation (et de votre argent).

- Lavez les légumes frais sans les faire tremper afin de bénéficier des vitamines B et C qu'ils contiennent.

- Confectionnez vos salades au moment de les manger et non à l'avance. Les fruits et légumes coupés trop tôt perdent une partie de leurs vitamines.

- Utilisez un couteau bien aiguisé pour couper ou effiler de la laitue ou d'autres légumes. Il y a moins de vitamines A et C dans les tissus végétaux meurtris.

- Il est préférable de vous procurer des fruits et légumes surgelés si vous tardez à manger les produits frais après l'achat. Il y a davantage de vitamines dans de bons haricots verts surgelés que dans des haricots frais qui restent dans le bac à légumes pendant une semaine.

- Rangez la viande surgelée à -17 °C (0 °F) ou moins tout de suite après l'achat afin de prévenir une perte de qualité et la croissance de bactéries.

- Les feuilles externes de la laitue, même si elles sont plus grossières que les feuilles du centre, ont une teneur plus élevée en calcium, en fer et en vitamine A.

- Ne décongelez pas vos légumes surgelés avant de les faire cuire.

- Les feuilles de brocoli contiennent plus de vitamine A que les tiges ou les fleurons.

- Il y a plus de vitamines dans le riz étuvé ou précuit que dans le riz glacé. Le riz brun, pour sa part, est plus nutritif que le riz blanc.

- Les légumes surgelés à faire bouillir dans leur sachet contiennent souvent plus de vitamines que les légumes surgelés classiques; en outre, tout aliment surgelé est préférable aux aliments en boîte.

- La cuisson dans des ustensiles en cuivre peut détruire la vitamine C, l'acide folique et la vitamine E.

- Les ustensiles en acier inoxydable, en verre et en émail retiennent le mieux les vitamines durant la cuisson. (Les casseroles en fer fournissent du fer, mais détruisent la vitamine C.)

- Plus le temps de cuisson est court et la quantité d'eau, faible, moins les nutriments sont détruits.

- Coupez les légumes qui cuisent plus lentement en gros morceaux pour exposer le moins de surface possible à l'eau et à la chaleur.

- Rincez les légumes en boîte afin d'éliminer l'excès de sel.

- Le lait vendu dans des bouteilles en verre pourrait perdre de la riboflavine ainsi que ses vitamines A et D, à moins que vous le conserviez dans un endroit sombre. (Le pain exposé à la lumière perd aussi ces nutriments.)

- Les pâtisseries bien dorées, croustillantes ou rôties contiennent moins de thiamine que les autres.

- Faites cuire les pommes de terre au four ou dans l'eau bouillante avec la pelure pour qu'elles conservent le maximum de vitamines.

- Utilisez l'eau de cuisson des légumes dans les soupes, le jus des viandes dans les sauces et le sirop des fruits en boîte dans les desserts.

- Évitez le bicarbonate de soude dans la cuisson des légumes pour conserver leur thiamine et leur vitamine C.

- Rangez vos fruits et légumes au réfrigérateur dès que vous arrivez du marché.

LE SAVIEZ-VOUS ?
Il y a des bienfaits pour vous comme pour votre épicier lorsqu'il arrose les légumes avec de l'eau pour conserver leur apparence de fraîcheur. Par exemple, le brocoli aspergé de fines gouttelettes d'eau conserve davantage sa vitamine C qu'un autre non arrosé. Sachant que le brocoli est un crucifère qui combat le cancer, tenez-en compte au moment de le choisir.

200. DES QUESTIONS SUR LE CHAPITRE XI ?

Je fournis à mes enfants ce que je considère être une alimentation bien équilibrée. Toutefois, ce sont des adolescents et, quand ils mangent

à l'extérieur, ils se gavent de hamburgers, de chiens chauds, de boissons frappées et d'autres aliments vides. Est-ce mauvais pour eux?
Disons que bouchée pour bouchée et gorgée pour gorgée, le mauvais l'emporte sur le bon. Par exemple, un hamburger de restaurant minute peut procurer 44 % des protéines requises par un jeune adolescent. Mais si vous tenez compte du fait qu'un Big Mac contient aussi 600 calories, 33 g de gras, 8 g de sucre et 1 050 mg de sodium, vous constatez qu'on y perd au change. Qui a besoin de tout ce sel? (*Voir la rubrique 350.*) Pis encore, les salades de poulet croustillant de McDonald's n'offrent rien de mieux du point de vue nutritif: elles contiennent 21 g de gras et 1 130 mg de sodium.

Les chiens chauds ne valent pas beaucoup mieux: ils fournissent peu de protéines de viande, mais contiennent beaucoup de gras et de nitrites de sodium ou de potassium. Les nitrites se lient à des substances appelées amines, courantes dans les aliments, et forment des nitrosamines qui semblent avoir des propriétés carcinogènes.

Les boissons frappées, outre le lait ou un produit laitier, contiennent de 40 à 70 mL (8 à 14 c. à thé) de sucre, et de 276 à 685 mg de sel. Vos ados pourraient s'en faire à la maison avec deux fois moins de calories, de sucre et de sel — pour la moitié du prix — et doubler leur valeur nutritive. Parler de ces choses à vos enfants pourrait les aider à éviter les restaurants minute.

On m'a diagnostiqué des polypes au côlon. Y a-t-il des vitamines qui peuvent ralentir leur croissance et aider à diminuer les risques de cancer du côlon ou du rectum?
Je peux vous en recommander. J'aimerais que plus de gens comprennent l'origine et le caractère évitable des cancers du côlon et du rectum — qui constituent pratiquement une épidémie aux

États-Unis. Ils découlent le plus souvent de facteurs environnementaux, notamment l'alimentation. On a montré que les personnes qui mangent beaucoup de gras ont plus de risques de développer ces cancers que les personnes qui ont une alimentation riche en fibres, en fruits et en légumes. Des études ont révélé que l'acide folique contribue à réduire les risques de cancer du rectum. Une étude en particulier a fait ressortir que la consommation de 125 mL (1/2 tasse) d'épinards par jour peut fournir assez d'acide folique au corps pour réduire tout risque de cancer. Si, contrairement à Popeye, vous n'aimez pas les épinards, je vous recommande de prendre 2 comprimés ou capsules de 400 µg d'acide folique par jour, ainsi que 500 mg de calcium jumelé à 250 mg de magnésium deux fois par jour. (Assurez-vous de prendre 400 UI de vitamine D afin de favoriser l'absorption du calcium.) Je vous invite à avaler une boisson frappée au soja tous les jours. En effet, les inhibiteurs de protéases sont des composés qui inhibent l'action de l'enzyme favorisant la croissance tumorale, et l'acide phytique est un antioxydant et un chélateur qui se lie à certains métaux qui pourraient accentuer la manifestation de tumeurs. Ces deux éléments se trouvent en grande quantité dans les aliments à base de soja. (*Pour en savoir plus sur le soja, voir la rubrique 133.*)

Je ressens fréquemment une sensation de brûlure sur la langue et les lèvres, mais elle ne semble pas avoir de lien avec ce que je mange. Est-ce un signe de carence vitaminique ?

C'est possible. On a à plusieurs reprises associé une telle sensation à une carence en vitamine B1 (thiamine). Je vous recommande de consommer davantage de blé complet, d'avoine, de son, de légumes et de levure de houblon (bière), en plus de prendre un comprimé de 50 g de vitamines du complexe B deux fois par jour aux repas, ainsi que 1 PVM. (*Voir la rubrique 206.*)

Ma mère a des désirs constants de glaçons, non seulement quand il fait chaud, mais en tout temps. Elle mange des glaçons comme s'il s'agissait de bonbons. Cette manie indique-t-elle une carence quelconque ?
Si votre mère se sent souvent fatiguée, ses désirs de glaçons peuvent signaler une carence en fer (qui peut mener à une anémie ferriprive légère). Encouragez-la à augmenter son apport en fer alimentaire (foie, pêches séchées, viande rouge, huîtres, asperges, avoine) et à prendre un supplément de fer organique de 50 à 100 mg par jour.

J'ai 42 ans. Depuis quelque temps, des boutons jaunes se forment autour de mes yeux. Est-ce le résultat d'une carence nutritionnelle ?
Ces boutons sont probablement des dépôts de cholestérol que le corps produit quand il cherche à se débarrasser d'un excès de cholestérol. Cette condition semble héréditaire et peut signifier que vous êtes à grand risque de souffrir d'une maladie du cœur. *Voir la rubrique 94 pour des façons de réduire votre taux de cholestérol.* Augmentez aussi votre apport en vitamine B, en chrome et en zinc, sous forme alimentaire et en suppléments.

Combien de temps le jus d'orange conserve-t-il sa vitamine C ?
Le jus d'orange du commerce conserve sa vitamine C environ une semaine suivant l'ouverture de la boîte ou de la bouteille. En revanche, le jus d'orange frais gardé au réfrigérateur dans un contenant hermétique conserve sa vitamine C environ trois semaines.

La cuisson au four à micro-ondes élimine-t-elle plus ou moins de nutriments ?

Moins, en règle générale ! La cuisson au four à micro-ondes demande moins de temps et moins d'eau.

Chapitre 12 Lisez les étiquettes

201. L'IMPORTANCE DE BIEN COMPRENDRE LES ÉTIQUETTES

Les gens achètent trop souvent des suppléments sans même lire l'étiquette. Ils demandent au préposé au comptoir de leur suggérer une préparation multivitaminée et l'achètent sans penser que le produit ne répondra pas forcément à leurs besoins. Les préparations contiennent différentes quantités de chaque vitamine. Par ailleurs, le produit le plus cher n'est pas nécessairement le meilleur. La seule façon de vous assurer que la préparation multivitaminée choisie contient la vitamine B6, la folacine ou la vitamine C dont vous avez besoin est de lire l'information en petits caractères sur l'étiquette. En outre, il est sage de vérifier le contenu d'un supplément si vous souffrez d'allergies. (*Voir la rubrique 24.*)

Demandez au pharmacien ou au préposé de vous expliquer les termes que vous ne comprenez pas. Si la personne ne peut pas vous répondre, achetez vos vitamines là où quelqu'un vous renseignera adéquatement. Enfin, vérifiez la puissance des vitamines. Si vous devez prendre de la vitamine E quatre fois par jour, il est inutile d'acheter cette vitamine en doses de 400 UI. La puissance des vitamines et minéraux diffère d'une marque à une autre. Assurez-vous que l'on vous vend ce que vous recherchez — et ce dont vous avez besoin. Mal comprendre l'étiquette peut vous empêcher d'obtenir bien des bienfaits des vitamines.

La FDA aux États-Unis (Food and Drug Administration) a exigé que les fabricants de vitamines fournissent une information claire et facile à comprendre sur leurs étiquettes, et ce, dès le début de notre millénaire. Selon les nouvelles normes, il faut identifier les vitamines, les minéraux, les herbes et les acides aminés comme suppléments alimentaires. Dès lors, il faut aussi inclure de l'information sur les suppléments, à l'image de l'information nutritionnelle qui figure sur les emballages des aliments transformés.

Cette information inclut la posologie et les quantités adéquates, mais aussi des renseignements sur 14 nutriments en moyenne, si le produit en contient en quantité significative, notamment les vitamines A et C, le sodium, le calcium et le fer. Les ingrédients pour lesquels il n'y aucun apport quotidien recommandé doivent également apparaître. Les suppléments à base de plantes médicinales doivent mentionner la partie de la plante utilisée.

Malgré ces normes, vous devez *lire* l'étiquette. Par exemple, on permet d'utiliser l'expression « haute puissance » dans le cas où le supplément alimentaire contient au moins 100 % de l'apport quotidien recommandé d'un ingrédient, ce qui est la plupart du temps trop peu. Dans le cas de produits contenant plusieurs ingrédients, l'expression « haute puissance » peut s'appliquer si deux tiers des nutriments quotidiens essentiels représentent 100 % de l'apport quotidien recommandé.

202. COMPRENDRE LES UNITÉS DE MESURE

La terminologie de la mesure de l'action des vitamines est plutôt simple. Les vitamines liposolubles (A, E, D et K) sont habituellement mesurées en unités internationales (UI). Un comité expert de la Food and Agriculture Organization/World Health Organization (FAOAVHO) aux Etats-Unis a recommandé, il y a quelques années, de changer l'unité de mesure de la vitamine A. Dorénavant, il faudrait remplacer les UI par l'ER (équivalent rétinol), c'est-à-dire le poids équivalent du rétinol (vitamine A1, alcool) ***véritablement absorbé et métabolisé par l'organisme***.

L'équivalent rétinol représente environ le cinquième de nombre d'unités internationales. La posologie recommandée pour un homme âgé entre 23 et 50 ans, soit 5 000 UI, équivaut à 1 000 ER. Pour la femme du même âge, la posologie de 4 000 UI équivaut à 800 ER.

La plupart des autres vitamines et minéraux se mesurent en milligrammes (mg) et en microgrammes (µg). Sachant que 1 g équivaut à 10 mL/0,035 oz et que 28,25 g équivalent à 30 mL/1 oz liq., vous avez une meilleure idée de la quantité de vitamines et de minéraux qui se révèle efficace. Voici un guide pratique et facile à consulter :

LES MASSES ET MESURES DES VITAMINES ET MINÉRAUX

En métrique

1 kilogramme = 1 000 grammes
1 gramme = 1 000 milligrammes
1 milligramme = 1/1 000 d'un gramme
1 microgramme = 1/1 000 d'un milligramme
1 gamma = 1 microgramme

La masse

16 oz = 1 lb
7 000 grains = 1 lb
453,6 grammes = 1 lb
1 oz moyenne = 437,5 grains
1 oz moyenne = 28,35 grammes

Formules de conversion

1 gramme = 15,4 grains
1 grain = 0,085 grammes (85 milligrammes)
1 oz d'apothicaire = 31,1 grammes
1 oz liquide = 29,8 cc
1 oz liquide = 480 minimes (gouttes)

Mesures liquides
1 goutte = 1 minime
1 minime = 0,06 cc
15 minimes = 1,0 cc
4 cc = 1 drachme liquide
30 cc = 1 oz liquide

Mesures à domicile
5 mL = 1 c. à thé = 4 cc = 1 drachme liquide
15 mL = 1 c. à soupe = 15 cc = 1/2 oz liquide
250 mL = 1/2 pinte = 240 cc = 8 oz liquides

Abréviations
USP = Unités de pharmacopée des États-Unis
UI = Unités internationales
mg = milligramme
µg = microgramme
g = gramme
gr = grain

203. COMPRENDRE L'APPORT QUOTIDIEN RECOMMANDÉ

Les normes existantes quant à l'apport en vitamines peuvent vous laisser perplexe. Toutefois, tout s'éclaircit quand on connaît les différences entre les diverses appellations. Voici ce qu'il en est aux États-Unis.

Recommandations RDA (apport alimentaire recommandé). En 1941, le gouvernement américain a mis sur pied le Food and Nutrition Board of the National Research Council of the Academy of Sciences et lui a confié le mandat de protéger la santé des Américains. Les normes ne répondent pas aux besoins des personnes malades — elles n'ont aucune vertu thérapeutique et s'adressent à des personnes en santé — ni ne tiennent compte de la perte de nutriments attribuable à la transformation et à la cuisson des aliments. Il s'agit d'*estimations* des besoins nutritifs essentiels à la croissance de l'enfant et visant à prévenir la perte de nutriments chez l'adulte. *Elles ne prétendent pas représenter un apport optimal et ne définissent pas un régime alimentaire idéal.* Ce ne sont pas des exigences moyennes, mais des recommandations établies en vue de satisfaire au mieux les besoins nutritionnels de personnes *en santé*.

U.S. RDA (normes américaines quant à l'apport quotidien recommandé). Ces normes établies par la FDA (Food and Drug Administration) des États-Unis servent de normes *juridiques* pour l'étiquetage des aliments en regard de l'information nutritionnelle. (Elles se fondent sur les recommandations RDA.) L'étiquette doit indiquer la portion, le nombre de portions par emballage, les calories et la teneur en 10 nutriments, soit les protéines, les glucides, les matières grasses, la vitamine A, la vitamine C, la thiamine, la riboflavine, la niacine, le calcium et le fer. (Aujourd'hui, on omet la teneur en vitamines du complexe B à moins qu'un aliment soit enrichi ou qu'un fabricant garantisse que son produit représente une source adéquate de vitamine B.) Les données sur la teneur en sodium, en cholestérol, en gras saturés et en gras insaturés, auparavant facultatives sont dorénavant obligatoires. (Les pourcentages *U.S. RDA* concernant les vitamines D, E et B6, le phosphore, l'iode, le magnésium, le zinc, le cuivre, la biotine et l'acide pantothénique demeurent optionnels.)

Recommandations RDI (apport quotidien de référence) et *Valeurs quotidiennes (DV)*. C'est par ces normes que la FDA aux États-Unis aimerait remplacer les recommandations RDA et *U.S. RDA*. Les recommandations RDI indiquent les valeurs quotidiennes (DV) basées sur ces recommandations pour les vitamines et les minéraux ainsi que l'apport quotidien de référence (*Daily Reference Values*) relatif aux protéines, aux matières grasses et aux glucides. Malheureusement, malgré de nombreuses mises à jour des RDA, les recommandations RDI se fondent sur les RDA de 1968.

La tension (le stress) et la maladie, pendant et après, affectent les besoins nutritionnels de chaque personne. Même si un produit se réclame de fournir 100 % de la recommandation *U.S. RDA* ou de la valeur quotidienne requise pour un nutriment, cela ne signifie pas que ***vous*** l'obtenez ou que cette quantité répond à ***vos*** besoins. Bon nombre de mes collègues et moi-même estimons que les recommandations RDI, RDA et les *U.S. RDA* sont nettement insuffisantes. Néanmoins, elles sont définies aux rubriques 29 à 71 traitant des vitamines et des minéraux.

204. CE QU'IL FAUT RECHERCHER

L'étiquette des minéraux doit indiquer *chélaté* et *lié à un acide aminé*. L'organisme n'assimile que 10 % des minéraux ordinaires; en revanche, il en assimile de trois à cinq fois plus quand les minéraux sont liés à un acide aminé.

Le mot *hydrolysé* signifie « qui se disperse dans l'eau », alors que *protéines chélatées hydrolysées* indiquent que le supplément est dans sa forme la plus assimilable.

Les *protéines prédigérées* sont des protéines déjà dégradées qui entrent rapidement dans la circulation sanguine.

Achetez toujours de l'huile ou des capsules d'huile *pressée à froid*. Dans ce procédé, la chaleur ne détruit pas les vitamines et l'huile ainsi extraite est toujours polyinsaturée.

205. DES QUESTIONS SUR LE CHAPITRE XII ?

Comment définissez-vous les émulsifiants ?

Les émulsifiants servent à homogénéiser les ingrédients qui se combinent mal. La lécithine et la pectine, des substances à la fois naturelles et sécuritaires, sont des émulsifiants courants, mais malheureusement pas exclusifs. Le polysorbate 60 (toujours à l'étude à la FDA), le caroube (sur la liste des additifs toujours à l'étude à la FDA quant à leurs effets mutagènes, reproducteurs et tératogènes) et la carraghénine (objet d'une étude à la FDA qui se prolonge indûment), parmi tant d'autres, sont toujours en usage. Je préfère et je recommande les produits qui n'en contiennent pas même s'ils figurent sur la liste des ingrédients *G.R.A.S.* (généralement reconnus comme inoffensifs).

Les colorants dans les vitamines sont-ils naturels ou artificiels ? Comment puis-je le savoir ?
Malheureusement, l'enrobage de bon nombre de vitamines synthétiques contient des teintures à base de goudron de houille — sans l'indiquer. (Vous pouvez repérer le numéro de teinture de la FD&C.) Ces teintures ne sont pas forcément nocives, mais peuvent causer des réactions allergiques. Mettez toutes les chances de votre côté et choisissez des vitamines naturelles *sans* adultérants artificiels.

Est-ce qu'on calcule les calories différemment selon les pays ?
La plupart des pays autres que les États-Unis utilisent le système métrique et mesurent l'énergie alimentaire en joules. Quatre calories équivalent à 17 joules. Autrement dit, 1 joule vaut un peu moins que 1/4 de calorie.

Comment puis-je convertir les unités internationales de vitamine A en milligrammes ou en microgrammes ?
Voici une règle générale : 1 UI de vitamine A = 0,3 µg de rétinol et 1 UI de bêta-carotène = 0,1 µg de rétinol.

CHAPITRE 13

Vos besoins particuliers

206. DÉFINIR VOTRE RÉGIME

Nous savons tous que chaque personne a un métabolisme différent et pourtant, nous oublions souvent que les besoins en vitamines de chacune varient en conséquence. J'ai élaboré des recommandations en matière de suppléments pour diverses situations. Lisez-les attentivement et retenez celles qui vous correspondent le mieux. Si vous faites partie de plus d'une catégorie, veillez à ajuster les posologies de façon à ne pas prendre de surdose. Il suffit d'ajouter à la liste les suppléments qui sont différents.

Vous constaterez que dans la plupart des cas, je recommande de prendre un PVM (programme de vitamines Mindell). Cette combinaison simple, mais puissante, prise aux repas est ma recommandation pour une bonne santé générale.

PVM : programme de vitamines mindell

- Une préparation multivitaminée entièrement naturelle et puissante et un complexe de minéraux et d'acides aminés chélatés (sans agents de conservation artificiels, colorants, teintures ou cires) comprenant des enzymes digestives pour une meilleure absorption.

et

- Une formule antioxydante à large spectre, comprenant un mélange de caroténoïdes naturels (de l'alpha-carotène et du bêta-carotène, de la cryptoxanthine, de la lutéine et de la zéaxanthine), du lycopène, de l'acide alphalipoïque, de la l-carnosine, de la proanthocyanidine de pépins de raisin, de l'extrait de feuilles de thé vert, des bioflavonoïdes d'agrumes, de la n-acétylcystéine, de l'extrait de pelure de raisin, de la quercétine de rutine, du curcuma, des myrtilles, de la vitamine C, de la vitamine E complexe (alpha, gamma et deltatocophérols) plus des tocotriénols, du sélénium, du ginkgo, de la co-enzyme Q10, du lgluthation, des isoflavones de soja (génistéine et daidzéine).

Prenez un comprimé de préparation multivitaminée et un comprimé de formule antioxydante, deux fois par jour, aux repas. (Posologie pour personnes de 12 ans et plus.)

Les ingrédients à rechercher dans les suppléments combinés recommandés

- Complexe de coenzyme Q10 (vitamine E, ail, cayenne et extrait d'aubépine)

- Calcium et magnésium
(acides aminés/chélatés — mieux encore, acides aminés chélatés avec glycine, rapport calcium/magnésium de 2 : 1; dans un complexe, vitamine D, bore et isoflavonoïdes de soja)

- Complexe de ginkgo (éthanol aminé de diméthyle (DMAE), huperzine A, phosphatidylcholine, PC, phosphatidylsérine, PS, phosphatidylisoleucine, PT)

- Complexe de millepertuis à libération progressive, comprimés de MSM (méthylsulfonylméthane) (produit pharmaceutique avec vitamine C et bioflavonoïdes)

Je recommande de mêler tous les suppléments en poudre à de l'eau filtrée ou à du jus de fruit frais ou surgelé (mais pas à base de concentré). PRENEZ TOUJOURS LES SUPPLÉMENTS AVEC DE LA NOURRITURE SAUF AVIS CONTRAIRE.

207. LA FEMME

12 à 18 ans

- 1 PVM (*voir la rubrique* 206)
- 250 mg de calcium (hydroxyapatite, citrate de calcium, maléate de calcium et glycinate de calcium) avec 125 mg de magnésium, 2 fois par jour

19 à 50 ans

- 1 PVM (*voir la rubrique* 206)
- 500 mg de calcium (phosphate basique de calcium type III, citrate, maléate ou glycinate de calcium) avec 250 mg de magnésium, 2 fois par jour

De plus: 15 à 50 mg de fer organique par jour, au besoin, Complexe de millepertuis à libération progressive le matin et le soir en cas de tension (stress)

50 ans et plus

- 1 PVM (*voir la rubrique* 206)
- 400 UI de vitamine E (sèche)
- 2 comprimés de 500 mg de calcium avec 250 mg de magnésium, le matin et le soir au coucher

Consultez les rubriques 197, 270 et 310 en cas de règles irrégulières et de SPM; pour la ménopause, consultez la rubrique 269.

208. L'HOMME

12 à 18 ans

1 PVM (*voir la rubrique 206*)

19 à 30 ans

- 1 PVM (*voir la rubrique 206*)
- 15 mg de zinc par jour

30 à 50 ans

- 1 PVM (*voir la rubrique 206*)
- 15 à 50 mg de zinc par jour
- Arginine à libération progressive, 2 le matin et 2 le soir
- Formule pour la prostate, 1 fois par jour
- Formule pour la mémoire, le matin et le soir
- Formule pour le coeur, 1 par jour

50 et plus

- 1 PVM (*voir la rubrique 206*)
- 500 mg de complexe de calcium avec glycine par jour
- 250 mg de magnésium par jour
- Formule pour la prostate, 2 le matin et 2 le soir
- Formule pour la mémoire, le matin et le soir
- Formule pour le coeur, le matin et le soir
- 2 comprimés d'arginine à libération progressive le matin et le soir

209. LES NOURRISSONS

1 à 4 ans

Une préparation multivitaminée à croquer à bon goût par jour (lisez l'étiquette pour vous assurer qu'elle contient les vitamines essentielles); sans colorants artificiels, parfums ou sucres ajoutés. (Il y a des vitamines liquides pour les très jeunes enfants. Consultez toujours votre pédiatre avant de choisir un supplément.)

210. LES ENFANTS

4 à 12 ans

Les enfants en croissance ont besoin de préparations multivitaminées plus puissantes contenant des minéraux, notamment du calcium et du fer, essentiels à une croissance normale. Un comprimé doit aussi avoir une haute teneur en vitamines du complexe B et en vitamine C (50 % des enfants aux États-Unis n'absorbent pas les recommandations RDA pour la vitamine C). Un comprimé par jour suffit. (Lisez l'étiquette pour vous assurer qu'il n'y a pas de colorants artificiels, de parfum ou de sucre/sucrose ajoutés.)

211. LA FEMME ENCEINTE

Consultez toujours votre médecin avant de prendre des suppléments. Voici les vitamines *essentielles* durant la grossesse :

- 1 PVM (*voir la rubrique 206*) 2 fois par jour
- 100 µg d'acide folique, 2 le matin et 2 le soir
- 500 mg de calcium glycinaté avec 250 mg de magnésium, le matin et le soir
- 1000 mg de MSM avec complexe de vitamine C, à chaque repas
- 1 capsule d'extrait de gingembre, de 1 à 3 fois par jour en cas de nausées du matin

212. LA MÈRE ALLAITANTE

Les mêmes suppléments que pour la femme enceinte, plus des vitamines B6, B12 et C. Votre corps et votre nouveau bébé méritent la meilleure nutrition possible.

213. LES COUREURS

En général, vous ne dépensez que du glucose durant les 15 ou 20 premières minutes de course. Par la suite, l'organisme tire son énergie des graisses (lipides). Il se forme alors un composé appelé acétylcoenzyme A. S'il n'y a que du gras animal, le composé se forme lentement et vous manquez d'énergie. En revanche, en présence de gras polyinsaturés, le composé se forme rapidement. Augmentez votre apport en gras polyinsaturés sous forme de graines, de cacahuètes (arachides) et d'antioxydants comme les vitamines C et E, ainsi que le sélénium, afin d'éviter les réactions de radicaux libres.

Je recommande :
- 1 PVM (*voir la rubrique 206*)
- Arginine (à libération progressive), 2 le matin et 2 le soir
- 50 mg de vitamines du complexe B, le matin et le soir
- 1 frappé au soja : 1 pelletée de protéines alimentaires de soja dans 750 mL (1 1/2 tasse) de lait de soja avec des glaçons et de fruits au goût pour le petit déjeuner (substitut de repas)
- 30 mL (2 c. à soupe) de MSM en poudre dilué dans de l'eau filtrée ou du jus de fruits, 1 verre avant, pendant ou après la séance d'exercices pour réduire l'accumulation d'acide lactique

214. LES ADEPTES DE COURSE MODÉRÉE (JOGGING)

Les besoins nutritionnels des adeptes de course modérée (jogging) sont les mêmes que ceux des coureurs.

215. LES CADRES

Si la tension (le stress) fait partie intégrante de votre vie quotidienne et que l'énergie s'avère essentielle, il vous faut un programme de vitamines sans faille. Plusieurs personnes cadres de ma connaissance utilisent cette formule :

- 1 PVM (*voir la rubrique 206*)
- 1 complexe de millepertuis à libération progressive 2 fois par jour
- 50 mg de vitamines du complexe B, le matin et le soir
- 60 mg d'un complexe de ginkgo standardisé avec DMAE et huperzine A, 1 comprimé 2 fois par jour

- 500 mg de calcium chélaté avec 250 mg de magnésium, 1 ou 2 fois par jour

Essayez ma formule haute énergie au petit déjeuner si vous manquez de temps le matin :

RECETTE

- 30 mL (2 c. à soupe) de protéines de soja en poudre
- 15 mL (1 c. à soupe) de lactosérum (petit lait)
- 30 mL (2 c. à soupe) de granules de lécithine
- 3 ou 4 glaçons
- 30 mL (2 c. à soupe) de fruits surgelés ou 1 banane
- 750 mL (1 1/2 tasse) de lait de soja

Frappez au mélangeur pendant 1 minute.

216. LES ÉTUDIANTS

Manger sur le pouce, omettre le petit déjeuner et manquer de sommeil sont choses courantes dans la vie de nombre d'étudiants. Comme si ce n'était pas assez mauvais pour la santé, les étudiants consomment en majeure partie des féculents et des glucides. Si vous vous reconnaissez, sachez que ces facteurs de même que la tension (le stress) liée aux études ont de graves effets. Un bon supplément comprend :

- 1 PVM (*voir la rubrique 206*)
- 60 mg d'un complexe de ginkgo standardisé, de 2 à 3 fois par jour

217. LES ACCROS D'ORDINATEUR

Lisez ce qui suit si vous passez une grande partie de vos journées — et de vos nuits — devant un écran d'ordinateur. La lentille de l'oeil a besoin d'antioxydants en quantité adéquate pour éviter les dommages dus aux radicaux libres. Je vous recommande de vous brancher en matière de nutrition en prenant des suppléments qui allégeront la fatigue oculaire et préviendront les dommages des oxydants. Et si la navigation sur la toile vous met les nerfs à vif, prenez un supplément en conséquence.

- 1 PVM (*voir la rubrique 206*)
- 50 mg de vitamines du complexe B, le matin et le soir
- 500 mg de calcium avec 250 mg de magnésium, 2 fois par jour (et au coucher, au besoin)
- 60 mg de ginkgo standardisé, 2 fois par jour
- 1 capsule de coenzyme Q10 avec vitamine E complexe par jour
- 1 comprimé de millepertuis à libération progressive, par jour

218. LES AÎNÉS

Les besoins en nutriments des aînés varient grandement selon l'individu. En règle générale, au-delà de 65 ans, vous avez besoin de plus de minéraux, surtout du calcium et du magnésium, et de plus de vitamines, notamment les vitamines C et du complexe B. La vitamine E aidera à soulager la circulation lente souvent responsable des crampes dans les jambes. De plus, ne négligez pas les fibres. Découpez les aliments riches en fibres à la grosseur et à la texture appropriées si vous avez de la difficulté à mâcher. Ils seront tout aussi efficaces. Évitez les sucreries. Il y a beaucoup de cas de diabète chez les aînés.

Je recommande :

- 1 PVM (*voir la rubrique 206*)
- 200 à 400 UI de vitamine E
- 500 mg de calcium avec 250 mg de magnésium, 2 fois par jour
- 60 mg d'un complexe de ginkgo standardisé avec DMAE, de 2 à 3 fois par jour
- 1 capsule de 100 mg d'un complexe de coenzyme Q10, de 2 à 3 fois par jour

Consultez la rubrique 331 au sujet des interactions possibles entre les médicaments, les aliments et les nutriments qui peuvent causer une mauvaise assimilation et d'autres problèmes.

219. LES ATHLÈTES

Les besoins nutritionnels des athlètes dépassent la norme. L'énergie est une exigence première de la performance; donc, il faut privilégier les aliments riches en énergie — à distinguer des aliments qui procurent une énergie instantanée. Vous avez besoin de plus de glucides complexes et de protéines si vous pratiquez un sport rigoureux que si vous faites une activité qui demande moins d'énergie. Toutefois, même le golf peut demander beaucoup d'énergie si on le pratique intensément sur une longue période. Rappelez-vous que le glucose, le sucre, le miel et les bonbons durs ont tendance à concentrer les fluides dans le tractus gastro-intestinal. Cela peut intensifier la déshydratation à l'endurance. Une boisson acide, mais désaltérante, aux jus de fruits frais ou surgelés est une solution énergétique rapide et idéale.

Je recommande :

- 1 PVM (*voir la rubrique 206*)
- 50 mg de vitamines du complexe B, 2 fois par jour
- 30 à 100 mg de coenzyme Q10, par jour
- 1 000 µg d'octacosanol 3 fois, par jour
- 15 mL (1 c. à soupe) ou 5 000 mg de monohydrate de créatine dilué dans du jus (non fait de concentré) ou de l'eau, par jour

FACULTATIF : acides aminés à chaîne ramifiée (*voir la rubrique 220*)

- 1 à 2 cuillerées de MSM en poudre dilué dans 250 mL (8 oz) d'eau, avant, pendant ou après la séance d'exercices

220. LES CULTURISTES

Si vous levez des poids et haltères, un régime alimentaire adéquat est aussi essentiel que vos périodes d'échauffement et d'étirement. En fait, si vous ne mangez pas ce qu'il faut, vous bâtirez des muscles contenant des couches de gras qui ne rehausseront en rien votre silhouette.

Nous savons que les protéines fabriquent et réparent les muscles, mais ce sont les glucides complexes qui procurent l'énergie essentielle aux contractions musculaires effectuées à répétition durant les séances d'exercices prolongées. Je recommande de tirer entre 80 et 90 % de vos calories des glucides complexes et d'en tirer au plus 10 % des protéines animales. Vous pouvez essayer les acides aminés à chaîne ramifiée (*voir la rubrique* 87) qui sont des anabolisants naturels.

Je recommande :

- 1 PVM (*voir la rubrique* 206)
- 50 mg vitamines du complexe B, 2 fois par jour
- 1 000 µg d'octacosanol, de 1 à 3 fois par jour
- 15 mL (1 c. à soupe) ou 5 000 mg de monohydrate de créatine dilué dans du jus (non fait de concentré) ou de l'eau, par jour
- 1 à 3 g d'arginine avec lysine (à jeun une heure avant le coucher)
- 1 frappé de soja (*voir la recette à la rubrique* 215) au petit déjeuner et entre les repas, au goût
- 1 à 2 cuillerées de MSM en poudre dilué dans 250 mL (8 oz) d'eau après la séance d'exercices pour réduire l'accumulation d'acide lactique

FACULTATIF : 600 mg d'acides aminés à chaîne ramifiée
- entraînement rigoureux : de 4 à 6 doses 30 minutes avantl'entraînement
- entraînement modéré : de 3 à 4 doses 30 minutes avant l'entraînement

- entraînement léger : de 1 à 2 doses 30 minutes avant l'entraînement

221. LES TRAVAILLEURS DE NUIT

Le Center for Research on Stress and Health du Stanford Research Institute a trouvé que la rotation des équipes exerce une grande tension (un grand stress) physique et émotionnelle sur les travailleurs de nuit. Les rythmes biologiques sont perturbés en même temps que les habitudes alimentaires ou de sommeil. On dit que les rythmes circadiens mettent entre trois et quatre semaines à se stabiliser. Si votre horaire passe souvent du jour à la nuit, vous subissez une grande tension (stress), vos risques de maladies augmentent de même les risques d'ulcères. Je crois que les suppléments sont alors essentiels :

- 1 PVM (*voir la rubrique 206*)
- 400 UI de vitamine D au repas principal
- Si vous revenez à un horaire régulier le week-end, prenez 1 ou 2 comprimés de 500 mg de calcium avec 250 mg de magnésium 30 minutes avant le coucher. Vous pouvez aussi prendre 1 mg de mélatonine sous forme sublinguale (à faire fondre sous la langue) 15 minutes avant le coucher.

222. LES CAMIONNEURS

La tension (le stress), l'anxiété et une alimentation souvent trop grasse sont de très bonnes raisons d'envisager les suppléments suivants :

- 1 PVM (*voir la rubrique 206*)
- 50 mg de vitamines du complexe B, le matin et le soir
- 1 complexe de polyphénols de millepertuis, par jour

223. LES DANSEURS

Les danseurs ont des besoins énergétiques qui rappellent ceux des athlètes, mais en raison des restrictions de poids auxquelles ils font face, ils ne peuvent pas consommer la même quantité de glucides. La prise de bons suppléments s'avère donc essentielle, nombre de danseurs pourront vous le confirmer. Je recommande :

- 1 PVM (*voir la rubrique 206*)
- 2 comprimés d'un complexe de calcium et magnésium (avec isoflavonoïdes de soja), le matin et le soir
- 30 à 100 mg de coenzyme Q10, par jour
- 1 000 µg d'octacosanol, par jour

224. LES OUVRIERS EN BÂTIMENT

Un ouvrier en bâtiment sur quatre est exposé à des substances considérées dangereuses par le National Institute for Occupational Safety and Health (NIOSH) aux États-Unis. Ces travailleurs sont très vulnérables. Les degrés d'exposition varient selon le type de construction et le site de l'ouvrage, depuis la pollution en général jusqu'à l'inhalation d'oxyde de plomb, par exemple en soudure ou en assemblage de matières plastiques. Dans tous les cas, une alimentation riche en antioxydants comme les vitamines A, C et E vous aidera à détoxifier votre organisme. Je recommande :

1 PVM (*voir la rubrique 206*)
50 mg de vitamines du complexe B, 2 fois par jour
30 à 100 mg de coenzyme Q10, par jour
1 000 µg d'octacosanol, par jour

225. LES JOUEURS

Un niveau élevé de tension (stress), de l'insomnie et des lacunes en matière d'alimentation, voilà qui est familier aux joueurs. Vous savez sans doute que ces traits sont pires chez vous que chez la plupart des gens. Cependant, vous ignorez peut-être que vous devez prendre un supplément de vitamine D étant donné votre faible exposition au soleil. Pour une meilleure performance en général, je recommande :

- 1 PVM (*voir la rubrique 206*)
- 30 à 100 mg d'un complexe de coenzyme Q10, par jour
- 1 complexe de calcium et magnésium, le matin et le soir

226. LES VENDEURS

Il ne faut pas sous-estimer la pression ressentie lorsqu'on travaille tous les jours avec le public. Vous vivez une grande tension (un grand stress) physique et émotionnelle que vous vendiez des automobiles, des livres, de l'équipement d'exercice ou de la nourriture, que vous le fassiez sur la route ou debout derrière un comptoir. Et comme votre apparence importe souvent autant que le produit lui-même, munissez-vous de bons suppléments. Vous constaterez d'agréables résultats.

- 1 PVM (*voir la rubrique 206*)
- 50 mg de vitamines du complexe B, le matin et le soir
- 500 mg de calcium avec 250 mg de magnésium, le matin et le soir
- 30 à 100 mg d'un complexe de coenzyme Q10, par jour
- 60 mg de ginkgo, le matin et le soir
- 1 complexe de millepertuis à libération progressive, par jour

227. LES ACTEURS (THÉÂTRE, CINÉMA, RADIO ET TÉLÉVISION)

Je ne connais pas d'acteur qui ne requiert pas un supplément de vitamine B, car la tension (le stress) et l'anxiété font partie intégrante du métier. En outre, la plupart des comédiens sont constamment au régime minceur; si c'est votre cas, il vous manque des vitamines essentielles. Je recommande :

- 1 PVM (*voir la rubrique* 206)
- 50 mg de vitamines du complexe B, le matin et le soir
- 1 complexe de coenzyme Q10 avec vitamine E, 1 fois par jour
- 500 mg de calcium avec 250 mg de magnésium, le matin et le soir
- 1 complexe de millepertuis à libération progressive, par jour

228. LES CHANTEURS

Tout comme les acteurs, les chanteurs vivent une grande tension (un grand stress), tant lors des prestations que des répétitions. Gardez vos taux de vitamine C très élevés en tout temps si vous craignez une laryngite ou une infection de gorge.

- 1 PVM (*voir la rubrique* 206)
- 1 000 mg de vitamine C additionnelle, le matin et le soir au besoin

229. LES MÉDECINS ET LES INFIRMIÈRES

Vous devez vous protéger au maximum si vous travaillez avec des malades. Les longues journées, la tension (le stress) et les microbes justifient de prendre des suppléments de vitamines et de minéraux.

- 1 PVM (*voir la rubrique* 206)
- 50 mg de vitamines du complexe B, le matin et le soir
- Vitamine C additionnelle pour enrayer les risques d'infections
- 500 mg de calcium avec 250 mg de magnésium, le matin et le soir

230. LES MANUCURES ET LES COLORISTES

Quoique vous travailliez dans les soins de beauté, vous êtes constamment en présence de vapeurs chimiques qui engendrent des radicaux libres destructeurs. Voilà qui est loin d'être beau du point de vue de la santé! Il vous faut plus d'antioxydants pour contrecarrer l'action des radicaux libres.

- 1 PVM (*voir la rubrique* 206)
- 50 mg de vitamines du complexe B, le matin et le soir
- 500 mg de vitamine C additionnelle, 1 à 2 fois par jour
- 60 mg d'un complexe de ginkgo, le matin et le soir
- 1 complexe de coenzyme Q10 avec vitamine E, 1 à 2 fois par jour

231. LES CYCLISTES

Le cyclisme est un merveilleux exercice en aérobie. Toutefois, sur la route, vous absorbez également la pollution et les rayons ultraviolets du soleil. En outre, puisque l'exercice intense génère également des radicaux libres indésirables, vous devez soutenir vos antioxydants naturels.

- 1 PVM (*voir la rubrique* 206)
- 1 complexe de coenzyme Q10 avec vitamine E, par jour
- 1 complexe de calcium et de magnésium, 1 à 3 fois par jour
- 1 000 µg d'octacosanol, 1 à 3 fois par jour
- 15 à 30 mL (1 à 2 c. à soupe) de MSM en poudre dilué dans 250 mL (8 oz) d'eau ou de jus, avant, pendant ou après une randonnée

232. LES NAGEURS

La natation sur une base régulière constitue un excellent exercice pour tout le corps. Cependant, elle le soumet aussi à une tension (un stress) et génère des radicaux libres. Une alimentation riche en antioxydants de pair avec quelques suppléments vont vous permettre de suivre le courant.

- 1 PVM (*voir la rubrique* 206)
- 50 mg de vitamines du complexe B, le matin et le soir
- 30 à 100 mg de coenzyme Q10, par jour
- 15 à 30 mL (1 à 2 c. à soupe) de MSM en poudre dilué dans 250 mL (8 oz) d'eau ou de jus avant, pendant ou après la natation

233. LES PERSONNES HANDICAPÉES

Un handicap élève habituellement les besoins vitaminiques. Très souvent, quand une partie du corps ne fonctionne pas normalement, une autre travaille deux fois plus pour compenser et a donc besoin de nutriments. Voici des suppléments de base utiles :

- 1 PVM (*voir la rubrique* 206)
- 50 mg de vitamines du complexe B, le matin et le soir
- 500 mg de calcium avec 250 mg de magnésium, le matin et le soir
- 1 complexe de polyphénols de millepertuis à libération progressive, par jour

234. LES GOLFEURS

Même si on adore le golf, ce sport demande beaucoup d'énergie. La tension (le stress) liée à cette activité peut épuiser vos vitamines B en un clin d'oeil. De bons suppléments n'abaisseront peut-être pas votre score dans les 70, mais ils vous fourniront de l'énergie durant tout le parcours.

- 1 PVM (*voir la rubrique* 206)
- 50 mg de vitamines du complexe B, le matin et le soir
- 15 à 50 mg de zinc, par jour
- 500 mg de calcium avec 250 mg de magnésium, le matin et le soir

235. LES JOUEURS DE TENNIS

Si vous jouez souvent au tennis, votre belle apparence physique peut cacher un désordre nutritionnel. J'ai observé que de nombreux adeptes du tennis sautent des repas ou ne mangent que des protéines, deux mauvaises habitudes. Un sport demandant comme le tennis exige un service adéquat de toutes les vitamines dont vous avez besoin.

- 1 PVM (*voir la rubrique 206*)
- 50 mg de vitamines du complexe B, le matin et le soir
- 500 mg de calcium avec 250 mg de magnésium, le matin et le soir
- 15 à 30 mL (1 à 2 c. à soupe) de MSM en poudre dilué dans 250 mL (8 oz) d'eau ou de jus après le match afin de réduire l'accumulation d'acide lactique
- 1 complexe de coenzyme Q10 avec vitamine E, par jour
- 1 000 µg d'octacosanol, 1 à 3 fois par jour
- 1 frappé de soja (*voir la rubrique 215*)

236. LES JOUEURS DE RACQUETBALL

Peu de sports sont aussi intenses que le racquetball. Si vous voulez le pratiquer sur une base régulière, ou de temps en temps à l'heure du lunch, soyez prêt à affronter non seulement votre adversaire, mais aussi un grand défi nutritionnel.

- 1 PVM (*voir la rubrique 206*)
- 1 000 µg d'octacosanol, 1 à 3 fois par jour
- 1 complexe de coenzyme Q10 avec vitamine E, par jour
- 50 mg de vitamines du complexe B, le matin et le soir
- 15 à 30 mL (1 à 2 c. à soupe) de MSM en poudre dilué dans 250 mL (8 oz) d'eau ou de jus avant, pendant ou après le match

237. LES ENSEIGNANTS

L'école cause de la tension (du stress) tant aux enseignants qu'aux élèves, sinon plus. Un bon programme vitaminique est essentiel pour conserver votre énergie et votre positivisme.

- 1 PVM (*voir la rubrique 206*)
- 50 mg de vitamines du complexe B, le matin et le soir
- 500 mg de calcium avec 250 mg de magnésium, le matin et le soir
- 1 complexe de coenzyme Q10 avec vitamine E, par jour

- 1 complexe de polyphénols de millepertuis à libération progressive par jour

238. LES FUMEURS

Chaque cigarette fumée détruit entre 25 et 100 mg de vitamine C. Outre les risques de cancer du poumon, les fumeurs sont aussi plus vulnérables aux maladies cardiaques et pulmonaires que les non-fumeurs. Sans énumérer tous les effets néfastes du tabagisme, je peux en toute confiance conseiller aux fumeurs de se munir de tous les nutriments possibles, surtout les antioxydants comme les vitamines A, C et E et le sélénium.

- 1 PVM (*voir la rubrique 206*)
- 500 mg de vitamine C, le matin et le soir
- 60 mg d'un complexe de ginkgo, le matin et le soir
- 200 µg de sélénium, par jour

239. LES GRANDS CONSOMMATEURS D'ALCOOL

L'alcoolisme est la principale cause de carences vitaminiques chez les peuples civilisés où abonde la nourriture. Si vous consommez beaucoup d'alcool, sachez que cet alcool remplace les protéines essentielles ou, dans certains cas, prévient l'assimilation ou le stockage des vitamines.

- 1 PVM (*voir la rubrique 206*)
- 100 mg de vitamines du complexe B (notamment B1, B6 et acide folique) 2 fois par jour
- 500 mg de calcium avec 250 mg de magnésium, 2 à 3 fois par jour
- 1 capsule de silymarine (chardon-Marie) 3 fois par jour pour le « rajeunissement » du foie
- 1 à 3 capsules de 500 mg de kudzu avant ou après la consommation d'alcool

240. LES ACCROS DE LA TÉLÉVISION

Des heures de détente devant le téléviseur ne vous dispense pas d'avoir des besoins vitaminiques. Juste la fatigue oculaire justifie un supplément de vitamine A. Si vous allez rarement dehors, vous avez aussi besoin de vitamine D.

- 1 PVM (*voir la rubrique* 206)
- 10 000 UI de bêta-carotène au petit déjeuner (5 jours suivis d'un arrêt de 2 jours)
- 400 UI de vitamine D, 5 jours par semaine au besoin

241. LES GRANDS VOYAGEURS

La tension (le stress) des voyages peut s'avérer significative même si n'en avez pas conscience. Si vous allez dans des destinations tropicales, apportez vos vitamines dans des contenants opaques et gardez-les au frais, jamais au soleil. En revanche, si vous partez pour des climats plus frais, assurez-vous d'emporter amplement de vitamine C et prenez-en tous les repas, pas seulement le matin et le soir. N'oubliez pas votre acidophile si vous voyagez à l'étranger. En effet, il semble que trois capsules ou 30 mL (2 c. à soupe) 3 fois par jour préviennent la diarrhée.

- 1 PVM (*voir la rubrique* 206)
- 1 complexe de coenzyme Q10 avec vitamine E, 1 ou 2 fois par jour
- 50 mg de vitamines du complexe B, le matin et le soir

En cas d'insomnie attribuable au décalage horaire :

- 2 comprimés de 500 g de calcium avec 250 g de magnésium

ou

- 1 mg de mélatonine sublinguale (à faire dissoudre sous la langue) 15 minutes avant le coucher

242. DES QUESTIONS SUR LE CHAPITRE XIII ?

Les vitamines sont-elles différentes d'un pays à l'autre ?

Les vitamines sont les mêmes partout, seules les doses varient. Le système métrique est utilisé à l'échelle internationale et on indique la masse des nutriments. (*Voir la rubrique 202 au sujet des équivalences.*)

Mon obstétricien ne discute rien avec moi. Il ne fait que me répéter de prendre mes vitamines. Comme vous êtes pharmacien et spécialiste de la nutrition, pouvez-vous m'indiquer les drogues ou les médicaments qui peuvent être néfastes pour moi et mon bébé ?

J'ai envie de vous dire qu'ils le sont tous, à moins d'être prescrits par votre médecin. Tous les médicaments, en vente libre ou sur ordonnance, l'alcool, la nicotine et la caféine sont dangereux ou nuisibles pendant la grossesse. La plupart des drogues et médicaments pénètrent le placenta et, par conséquent, affectent à la fois le fœtus et la mère.

Sachant que les étapes importantes du développement de l'embryon surviennent au cours des premières semaines suivant la conception, consultez votre médecin avant de prendre quelque médicament que ce soit dès que vous *planifiez* une grossesse.

Les personnes âgées présentent-elles des carences nutritionnelles particulières ?

En règle générale, oui ! Outre le fait qu'elles prennent plus de médicaments que les personnes d'autres groupes d'âge, elles présentent habituellement des carences nutritionnelles sub-cliniques en raison de leur mode de vie et d'un apport négligeable des nutriments essentiels, de la malnutrition, d'une pauvre dentition, de la solitude et d'autres problèmes sociaux.

Les carences les plus courantes concernent l'acide folique, le calcium, la vitamine B12, la vitamine D et la vitamine C. Les personnes âgées ont aussi tendance à prendre régulièrement des laxatifs qui stimulent leurs intestins. Elles perdent ainsi des vitamines A, D, E et K de même que du calcium et du potassium. (*Voir la rubrique 331 au sujet des carences causées par les médicaments.*)

Je suis une femme de 35 ans et je fais de l'exercice tous les jours. J'entends par là un programme complet de musculation à un club santé appelé Nautilus. Je pense que j'ai besoin de plus de nutriments que la moyenne des gens, mais lesquels ?

Vous avez besoin de vitamine A, de vitamine B6, de vitamine C, de calcium (pour une synthèse optimale des protéines), de magnésium (perdu dans la transpiration et essentiel au relâchement des muscles) et d'acides aminés à chaîne ramifiée (réparations et reconstructions). Certains nutriments et aliments sont plus efficaces que d'autres pour vous fournir l'énergie nécessaire à votre entraînement; entre autres, les haricots de soja sont préférables aux pois; les pâtes de blé complet sont préférables aux pâtes blanches; les betteraves sont préférables aux carottes; le pamplemousse est préférable aux oranges, aux pommes ou aux bananes.

CHAPITRE

14 La bonne vitamine au bon moment

243. LES SUPPLÉMENTS ADAPTÉS AUX CAS PARTICULIERS

Les besoins de l'organisme en vitamines varient, et les situations spéciales exigent des aliments et des nutriments en conséquence. Vous trouverez ci-dessous une liste de situations, pour la plupart temporaires, et des recommandations de suppléments. (*Voir les rubriques 29 à 71 au sujet des aliments qui contiennent des vitamines et minéraux particuliers.*) Encore une fois, il s'agit de recommandations et non de conseils médicaux. (*Voir la rubrique 206 pour une description du PVM.*)

244. L'ACNÉ

Cette calamité de l'adolescence a connu diverses formes de traitement, depuis les rayons X jusqu'à la tétracycline, mais avec plus ou moins de succès. Je recommande une approche plus naturelle du problème et j'obtiens des résultats plus que satisfaisants.

- 1 PVM (*voir la rubrique 206*)
- 400 UI de vitamine E (sèche), par jour
- 10 000 UI de bêta-carotène, par jour
- 15 à 50 mg de zinc chélaté, 1 comprimé par jour avec un repas
- 15 à 30 mL (1 à 2 c. à soupe) d'acidophile liquide, 3 fois par jour, ou de 3 à 6 capsules, 3 fois par jour
- 1 g de cystéine, par jour, 30 minutes avant les repas avec 1 000 mg de vitamine C, 3 fois par jour
- 1 000 mg de MSM, par jour
- Lotion de MSM étalée sur la peau, 3 fois par jour

- Éliminez tous les aliments transformés. Leur teneur en sel iodé est habituellement très élevée.

ATTENTION : NE prenez PAS de supplément de vitamine A avec des médicaments sur ordonnance contre l'acné à moins d'un avis contraire de votre médecin.

245. LE PIED D'ATHLÈTE

La poudre ou les cristaux de vitamine C appliqués sur la région touchée semblent soulager cette infection fongique. Gardez vos pieds au sec, sans chaussures, le plus souvent possible, jusqu'à ce que l'infection se résorbe. L'application d'huile de théier peut aussi apporter un soulagement.

246. L'HALITOSE (LA MAUVAISE HALEINE)

Essayez le traitement qui suit en plus d'un bon brossage des dents et de l'utilisation de soie dentaire :

- 1 PVM (*voir la rubrique 206*)
- 1 comprimé ou capsule de chlorophylle, 1 à 3 fois par jour
- 3 capsules d'acidophile, 3 fois par jour, ou de 15 à 30 mL (1 à 2 c. à soupe) d'acidophile parfumé
- 1 à 3 capsules d'enzymes digestives multiples aux repas
- 50 mg de zinc par jour

247. LA CALVITIE (LA PERTE DE CHEVEUX)

Il n'y a aucune garantie, mais bon nombre de personnes ont rapporté une diminution marquée de leur calvitie grâce à cette approche :

- 50 mg de vitamines du complexe B, 2 fois par jour
- 1 000 mg de choline et d'inositol respectivement, par jour.
- Massage du cuir chevelu et shampoing à l'huile de jojoba tous les jours
- 500 mg de calcium avec 250 mg de magnésium, 1 fois par jour

- 1 000 mg de cystéine, par jour
- 500 mg de vitamine C, le matin et le soir
- 160 mg d'extrait de baies de palmier nain normalisé, 2 fois par jour

248. LES PIQÛRES D'ABEILLE

La meilleure chose à faire pour les piqûres d'abeille est de les éviter. La vitamine B1 (thiamine) constitue un insectifuge plutôt efficace. Des doses de 100 mg de vitamine B1 prises trois fois par jour confèrent à votre peau une odeur qui déplaît aux insectes. Si vous suivez ce traitement trop tard et que vous vous faites piquer, prenez 1 000 mg de vitamine C pour aider à soulager les réactions allergiques. En outre, il est bon de prendre 1 comprimé de MSM de 1 000 mg, trois fois par jour, pendant une semaine.

249. LES GENCIVES SAIGNANTES

Le traitement par suppléments le plus efficace contre le saignement des gencives attribuables à l'accumulation de plaque près des gencives, aussi appelée gingivite, consiste à prendre :

- 1 000 mg de vitamine C avec bioflavonoïdes, rutine et hespéridine, 3 fois par jour
- 15 mg de zinc, 1 à 2 fois par jour
- 400 à 500 UI de vitamine E par jour
- 60 mg de coenzyme Q10, 1 à 3 fois par jour
- 400 mg de quercétine, avant les repas, 1 à 3 fois par jour
- Je recommande également de brosser les dents régulièrement avec un dentifrice à l'huile de théier.

250. LES FRACTURES

Si vous avez déjà subi une fracture, vous connaissez les frustrations qu'occasionne la longue guérison. Vous pouvez alléger le sentiment de frustration et accélérer la guérison en augmentant votre apport en calcium et en vitamine D. Je recommande des doses de 1 000 mg de calcium avec 500 mg de magnésium combinés à de la vitamine D, deux à trois fois par jour, ainsi que 80 µg de vitamine K par jour.

251. LES ECCHYMOSES

Prendre 1 000 mg de vitamine C avec bioflavonoïdes, rutine et hespéridine, trois fois par jour, peut prévenir la fragilité capillaire, c'est-à-dire ces marques bleuâtres qui se manifestent lorsque les minuscules capillaires éclatent sous la peau. Pour la guérison, je recommande 60 mg de coenzyme Q10 de 1 à 3 fois par jour; 5 000 à 10 000 UI de vitamine A par jour; 400 à 500 UI de vitamine E par jour. Vous pouvez appliquer des pommades de plantes médicinales, telles que le gel d'aloès, le gel ou la pommade de souci, de camphre et d'hamamélis sur les ecchymoses, selon les directives du produit, pour accélérer la guérison et la disparition de l'ecchymose.

252. LES BRÛLURES

En réaction à une brûlure, il importe d'y appliquer de l'eau froide immédiatement. On a observé que la prise de 50 mg de zinc par jour s'avère utile pour favoriser la guérison. Je recommande de prendre 1 000 mg de vitamine C avec bioflavonoïdes, le matin et le soir, afin de prévenir l'infection. Prenez également 1 000 UI de vitamine E de façon orale et topique pour la prévention des cicatrices. Appliquez de la lotion MSM trois fois par jour et prenez 1000 mg de MSM trois fois par jour pendant un mois.

253. LA CHIMIOTHÉRAPIE

Une formule antioxydante complète peut accroître l'efficacité de la chimiothérapie à réduire les tumeurs cancéreuses tout en protégeant les tissus sains et en renforçant le système immunitaire. Le gingembre aide à soulager les effets secondaires indésirables comme les nausées et les vomissements. Je recommande de prendre une capsule de Ev.ext-33 (l'extrait breveté d'une sous-espèce unique de gingembre thérapeutique), deux fois par jour avec 1 PVM. (*Voir la rubrique* 206.)

> *ATTENTION : Assurez-vous de consulter votre médecin avant de prendre de nouveaux suppléments si vous suivez des traitements de chimiothérapie.*

254. LES PIEDS FROIDS

Si vous en avez assez de porter des chaussettes au lit, prenez un supplément de minéraux multiples contenant de l'iode deux fois par jour ainsi que des comprimés de varech. Il se peut que votre glande thyroïde ne produise pas assez de thyroxine. La niacine et la vitamine E peuvent aider à la circulation. Je recommande aussi 60 mg de ginkgo, de une à trois fois par jour, et deux comprimés de 1 500 mg d'arginine deux fois par jour.

255. L'HERPÈS LABIAL ET L'HERPÈS SIMPLEX

Peu d'affections sont tout aussi déplaisantes que l'herpès labial (aphtes buccaux). Selon moi, le meilleur traitement avec des suppléments est le suivant:

- 3 capsules de lactobacilles acidophiles, 3 fois par jour
- 28 000 UI d'huile de vitamine E appliquée sur la lésion
- 3 g (3 000 mg) de lysine (en doses réparties) entre les repas (à prendre avec de l'eau ou du jus, mais sans protéines)

Par mesure préventive: 500 mg de lysine par jour (à prendre avec de l'eau ou du jus, mais sans protéines)

- 1 000 mg de vitamine C, le matin et le soir

256. LA CONSTIPATION

Tout le monde est atteint de constipation à un moment ou à un autre. La constipation est causée par une insuffisance de fibres alimentaires ou par des médicaments, notamment la codéine. Les laxatifs agressifs peuvent épuiser les nutriments du corps, en plus de provoquer une constipation réactionnelle et de causer une accoutumance aux laxatifs. Je recommande d'accorder la priorité aux solutions naturelles.

- 2 g de fibres alimentaires (comprimés), 2 fois par jour, ou 5 mL (1 c. à thé) combles de fibres de psyllium (si vous n'êtes pas allergique), dans du jus ou du lait allégé
- 15 mL (1 c. à soupe) d'acidophile liquide, 3 fois par jour Laxatif végétal et émollient sans sucre pendant une brève période au besoin
- 8 à 10 verres d'eau par jour (un peu d'exercice ne vous fera pas de mal)

257. LES COUPURES

- 1 000 mg de vitamine C avec bioflavonoïdes, 2 fois par jour
- 50 mg de zinc
- 400 UI de vitamine E

258. LA PEAU SÈCHE

L'huile de vitamine E (sèche) fait des merveilles sur la peau sèche, de même que les huiles riches en vitamines A et D. Comme supplément alimentaire, je recommande de 200 à 400 UI de vitamine E par jour et 10 000 UI de vitamine A (cinq jours suivis d'une pause de deux jours). Je recommande également un comprimé PVM (*voir la rubrique 206*) et de une à trois capsules d'acides gras oméga-3 par jour (*voir la rubrique 96*).

Si vous préférez ne pas prendre d'huile de poisson, (la principale forme d'acides gras oméga-3 est l'EPA (acides eicosapentanoïque et docosahexanoïque), vous en trouverez d'autres sources naturelles comme l'huile de graines de lin, l'huile de citrouille, l'huile de canola et l'huile de soja (5 à 10 mL/1 à 2 c. à thé dans la vinaigrette peut aider). Il y a des acides gras oméga-3 dans les noix de noyer d'Europe, les petits haricots ronds blancs, les haricots communs, les fèves de soja et les haricots Great Northern.

259. LA GUEULE DE BOIS

Pour prévenir la gueule de bois, prenez 100 mg de vitamines du complexe B au début de la soirée, et prenez-en de nouveau avant de vous coucher. (L'alcool détruit les vitamines du complexe B.) De plus, 500 mg de cystéine avec 1 500 mg de vitamine C peuvent vous aider à vous sentir mieux. (*Voir la rubrique* 239.)

260. LA RHINITE ALLERGIQUE

La tension (le stress) peut aggraver les crises de rhinite allergique. Si vous en souffrez, comme bien d'autres, ce traitement peut vous apporter un certain soulagement : prendre un comprimé de vitamines du complexe B deux fois par jour, 1 000 mg d'acide pantothénique trois fois par jour et autant de vitamine C aux propriétés antihistaminiques. En outre, de l'extrait d'ortie normalisé, de la scutellaire du lac Baïkal, des feuilles de grande camomille, de racines de raifort et de l'herbe sainte de pair avec des comprimés de 1 000 mg de MSM, deux fois par jour, peuvent vous soutenir durant la saison des allergies.

261. LES CÉPHALÉES (MAUX DE TÊTE)

Voici une recette de vitamines et minéraux étonnamment efficace contre les céphalées :

- 100 mg de niacine, 3 fois par jour avec des aliments
- 100 mg de vitamines du complexe B (à libération progressive), 2 fois par jour
- Calcium et magnésium (dans un rapport de 2 : 1); ce sont des tranquillisants naturels

Dans le cas de migraines :
- Capsules d'écorce de saule blanc ou de grande camomille, 3 fois par jour
- Complexe de millepertuis à libération progressive, 1 à 2 fois par jour
- 60 mg de ginkgo, le matin et le soir, pour la prévention

262. LES AIGREURS

Les antiacides en vente libre comme Gelusil®, Kolantyl®, Maalox®, Di-Gel® et Rolaids® (produits américains) contiennent de l'aluminium, lequel peut perturber le métabolisme du calcium et du phosphore. Il vaut mieux pour vous de prendre un comprimé de 1 000 mg de MSM trois fois par jour pour réduire la production d'acide (ou deux comprimés de 250 mg de calcium avec 125 mg de magnésium, trois fois par jour); des enzymes digestives multiples, de une à trois fois par jour; de la papaye en comprimés à croquer. De plus, buvez des liquides avant ou après les repas, mais *pas* durant ces derniers, et mangez plus lentement.

263. LES HÉMORROÏDES

Près de la moitié des gens de plus de 50 ans souffrent d'hémorroïdes. Ce trouble résulte d'une mauvaise alimentation, d'un manque d'exercice et des efforts lors de la défécation. En outre, le café, le chocolat, le cola et le cacao empirent l'inconfort en causant des démangeaisons anales. Si vous avez des hémorroïdes, prendre 15 mL (1 c. à soupe) de son non traité trois fois par jour, ou 2 g de fibres alimentaires deux fois par jour peut vous aider, ainsi que 1 000 mg de vitamine C deux fois par jour pour la guérison des membranes et trois capsules d'acidophile trois fois par jour (ou de 15 à 30 mL/1 à 2 c. à soupe d'acidophile liquide, 1 à 3 fois par jour). Vous pouvez appliquer de l'huile de vitamine E (20 000 UI par 28 g/1 oz) sur la région touchée à l'aide d'un coton-tige.

264. L'IMPUISSANCE

S'il vous est difficile de maintenir une érection le temps d'une relation sexuelle satisfaisante, il vaut la peine d'essayer un traitement naturel avant de vous tourner vers le Viagra® (produit américain sur ordonnance). Je recommande 60 mg de ginkgo, trois fois par jour; deux à quatre capsules de baies de palmier nain, de zinc et d'huile de graines de citrouille combinés tous les jours; 1 500 mg d'arginine (à libération progressive) deux fois par jour.

Si vous avez plus de 50 ans, je vous recommande aussi un comprimé de 25 à 50 mg de DHEA par jour (à *éviter* par toute personne de moins de 40 ans à moins que le taux sanguin de cette hormone soit faible. Les hommes de plus de 50 ans peuvent en prendre 50 mg par jour, et les femmes, 25 mg.)

265. L'INSOMNIE

Vous n'arrivez pas à dormir ? Vous avez peut-être besoin d'un programme contre l'insomnie à la fois plus naturel et efficace.

- 1 comprimé de 250 mg de calcium chélaté avec 125 mg de magnésium, 3 fois par jour, et 3 comprimés 30 minutes avant le coucher
- 100 mg de vitamine B6 avec 100 mg de niacinamide (produisent ensemble la sérotonine, une substance chimique du cerveau essentielle au sommeil paradoxal)
- La dinde est une bonne source de tryptophane. Un sandwich ouvert à la dinde et une tisane (camomille, valériane, scutellaire) avant le coucher peuvent favoriser le sommeil et régler votre problème pour de bon.
- Dans un cas d'insomnie plus grave, essayez 1 mg de mélatonine ou de 1 à 2 comprimés d'un complexe de millepertuis à libération progressive 30 minutes avant le coucher.

266. LES DÉMANGEAISONS

En guise d'antihistaminique, un comprimé de 1 000 mg de vitamine C et un comprimé de 1 000 mg de MSM, le matin et le soir, aux repas, pourraient vous soulager. Je recommande aussi 1 000 mg d'acide pantothénique, de une à trois fois par jour, et l'application d'une crème de vitamine E (20 000 UI par 28 g/1 oz) sur la région touchée, trois fois par jour.

267. LE TROUBLE DU DÉCALAGE HORAIRE

Votre vol Londres-New York se pose à 9 h le matin et on vous attend à une réunion à 10 h. Le seul problème est que pour vous, il est toujours 4 h et que vous devriez dormir profondément.

Votre meilleure option consiste à aider votre organisme en lui fournissant les vitamines qui lui permettront de tenir le coup.

- 50 mg de vitamines du complexe B, le matin et le soir (à prendre dans l'avion)
- 1 PVM avec des aliments, 2 fois durant les vols de 5 heures ou plus (*voir la rubrique 206*)
- 1 mg de mélatonine au goût
- Vitamine C additionnelle en cas de fatigue ou d'épuisement

ATTENTION : Les gaz intestinaux prennent de l'expansion en haute altitude. Évitez donc les haricots et les autres aliments qui causent les flatulences avant et pendant votre vol pour vous sentir en forme une fois à destination. Rappelez-vous aussi que l'alcool détruit les vitamines du complexe B, parmi les plus efficaces contre le trouble du décalage horaire. Assurez-vous de boire de l'eau toutes les heures au cours du vol. La pressurisation cause une déshydratation plus rapide de l'organisme.

268. LES DOULEURS AUX JAMBES

Augmentez votre apport en calcium. Essayez ceci : un comprimé de calcium chélaté et de magnésium au petit déjeuner et au déjeuner. On a rapporté que la vitamine E serait efficace contre les crampes d'athlète. La posologie la plus courante est de 400 à 1 000 UI de vitamine E, de une à trois fois par jour. Du ginkgo, à raison de 60 mg de une à trois fois par jour, peut aussi améliorer la circulation sanguine dans les jambes.

269. LA MÉNOPAUSE

En raison des préoccupations pour la santé relatives aux œstrogènes et à l'hormonothérapie substitutive – notamment une augmentation des risques de cancers ovariens et du sein, d'accidents vasculaires cérébraux, de l'asthme adulte, d'épisodes cardiaques, de caillots sanguins graves, de démence et de perte de libido – bon nombre de femmes cherchent des traitements de remplacement pour soulager l'inconfort de la ménopause. Beaucoup de femmes ont constaté que 200 à 400 UI de vitamine E (combinaison de tocophérols) pris avec du sélénium de une à trois fois par jour soulagent efficacement les bouffées de chaleur. Si vous êtes à ce stade de la vie, il peut être bon de prendre 1 PVM et 50 mg de vitamines du complexe B deux fois par jour. Vous pouvez prendre 250 g de calcium chélaté avec 125 g de magnésium de pair avec un complexe d'isoflavonoïdes de soja (avec daidzéine, génistéine, vitamine D et bore), deux fois par jour. Essayez un comprimé combinant un complexe de mille-pertuis à libération progressive et extrait de cimicaire une ou deux fois par jour pour vous détendre, améliorer votre humeur et détendre vos muscles. Beaucoup d'autres plantes médicinales recèlent des composantes d'œstrogène et peuvent en augmenter le taux dans l'organisme, aider à réduire les bouffées de chaleur et soulager la sécheresse vaginale, la fatigue, la dépression ou d'autres symptômes de la ménopause. (*Voir la rubrique 382 au sujet des substituts naturels à l'hormonothérapie substitutive.*)

270. LES RÈGLES (MENSTRUATIONS)

Les règles sont pour la plupart des femmes un inconvénient mensuel en raison des crampes et de l'enflure qu'elles peuvent provoquer. Vous pouvez cependant diminuer cet inconfort au minimum :

- 1 PVM (*voir la rubrique 206*)
- 50 mg de vitamine B6, 3 fois par jour (diurétique naturel efficace)
- 50 mg de vitamines du complexe B, le matin et le soir
- 500 mg d'huile d'onagre, 3 fois par jour

271. LE MAL DES TRANSPORTS

Dans le cas du mal des transports, il est préférable de prendre le traitement avant le départ. Les vitamines B1 et B6 sont les nutriments de prédilection (en fait, de nombreuses formules contre la nausée attribuable à la grossesse contiennent de la vitamine B6). On a montré que 50 mg de vitamines du complexe B pris la veille, puis le matin du départ, soulagent efficacement de nombreux voyageurs sensibles.

Les capsules d'extrait de gingembre prises 3 fois par jour fonctionnent également.

272. LES DOULEURS MUSCULAIRES

Dans bien des cas, les douleurs musculaires générales ressenties après une séance d'exercice ou autres trouvent un soulagement avec la prise de 400 à 800 UI de vitamine E, une à trois fois par jour. Un comprimé de calcium chélaté avec magnésium le matin et le soir se révèle aussi efficace.

273. LES CONTRACEPTIFS ORAUX

Les contraceptifs oraux accroissent non seulement vos risques de subir un caillot, un accident vasculaire cérébral et des maladies du cœur comparativement aux autres femmes, mais ils favorisent les carences en zinc, en acide folique, en vitamine C, en vitamine B6 et en vitamine B12 (qui expliquent de nombreux cas de nervosité et de dépression chez les femmes qui prennent des contraceptifs oraux).

Il importe de prendre ces suppléments :

- 1 PVM (*voir la rubrique 206*)
- 15 mg de zinc chélaté, 1 comprimé par jour
- 800 µg d'acide folique, par jour
- 50 à 100 mg de vitamine B6, par jour

274. LE SUMAC VÉNÉNEUX/LE SUMAC À FEUILLES DE CHÊNE

Une lotion de MSM, de l'huile de vitamine E ou un gel d'aloès en application topique sur la région affectée, trois fois par jour, peut aider à la guérison; un comprimé de 1 000 mg de vitamine C, le matin et le soir, devrait soulager les démangeaisons.

275. LES POLYPES

Un médecin doit sans faute examiner ces petites croissances ennuyantes. Dans la plupart des cas, leur ablation chirurgicale s'impose. En matière de suppléments, le Dr Jerome J. DeCosse, professeur et directeur du département de chirurgie du Medical College of Wisconsin, aux États-Unis, a administré 3 000 mg de vitamine C par jour à des patients atteints de polypes avec un succès notable.

276. LE RÉTABLISSEMENT POSTOPÉRATOIRE

L'organisme a besoin de tout le soutien nutritionnel possible à la suite d'une intervention chirurgicale.

- 1 PVM (voir la rubrique 206) 3 fois par jour aux repas
- 2 comprimés de 1 000 mg de vitamine C avec bioflavonoïdes, hespéridine et rutine, le matin et le soir
- Suivez ce programme deux semaines avant la chirurgie, puis de deux à quatre semaines après.

Dans le cas de chirurgie plastique, prenez, après l'intervention :

- 4 granules d'arnica sous la langue, à jeun, avant les repas, 3 à 4 fois par jour (contre les ecchymoses)
- 1 ou 2 comprimés de 500 mg de bromélaïne, par jour (pour réduire l'enflure)

ATTENTION : Ne prenez pas de fortes doses de vitamine E deux semaines avant et après une intervention.

277. LA MILIAIRE ROUGE

Tout comme les démangeaisons, la miliaire rouge semble réagir favorablement aux propriétés antihistaminiques de la vitamine C. (*Voir le régime recommandé à la rubrique 266.*)

278. LES TROUBLES DE LA PROSTATE

Les cas de prostatite chronique, où l'inflammation de la glande est souvent associée à de l'infection, semblent réagir favorablement à un traitement au zinc. (La prostate contient habituellement dix fois plus de zinc que tout autre organe.) Dans beaucoup de cas, les symptômes disparaissent complètement, surtout si le traitement inclut des suppléments à base de pygeum et de palmier nain.

- 1 PVM (*voir la rubrique 206*)
- 1 comprimé combinant palmier nain, pygeum, sélénium, ortie, bêta-sitostérol, zinc et lycopène, 2 fois par jour

279. LE PSORIASIS

Le psoriasis fait l'objet de nombreuses plaisanteries, mais cette condition n'a rien d'amusant pour les personnes qui en sont atteintes. À date, aucun traitement n'a une efficacité totale, mais le régime suivant connaît un certain succès :

- 1 PVM (*voir la rubrique 206*)
- 10 000 IU de bêta-carotène, par jour
- 50 mg de vitamines du complexe B, le matin et le soir
- 500 mg de vitamine C tirée du cynorrhodon (fruit du rosier), le matin et le soir
- 200 à 400 UI de vitamine E (sèche), 2 fois par jour
- Capsules de 500 mg d'huile d'onagre, d'huile de bourrache ou d'huile de graines de lin, 3 fois par jour
- 100 à 200 mcg de sélénium, par jour

280. L'INTERRUPTION DU TABAGISME

Cesser de fumer est tout un exploit, et votre corps le sait. Les symptômes de sevrage sont réels. Contre l'irritabilité, prenez 1 complexe de millepertuis à libération progressive de deux à trois fois par jour; un comprimé de 250 mg de calcium chélaté avec 125 mg de magnésium; 50 mg de vitamines du complexe B le matin ou l'après-midi avec de la nourriture. Prenez 1 000 mg de cystéine entre les repas. Au dîner, prenez un autre comprimé de calcium et magnésium, ainsi que 50 g de vitamines du complexe B.

N'oubliez pas votre PVM (*voir la rubrique 206*).

ATTENTION : Sachez que le café, le cola et les boissons acides bus avant de mâcher de la gomme à la nicotine pour cesser de fumer inhibe de façon significative l'absorption de la nicotine.

281. LA TENSION (LE STRESS)

La tension (le stress) peut être d'ordre physique ou psychologique, peut résulter d'une blessure, d'une maladie, d'une infection, d'un surmenage, de soucis financiers, de conflits relationnels, voire d'un excès d'une bonne chose. Nous en connaissons tous les symptômes, mais nous ne savons pas toujours comment y remédier sur le plan nutritionnel. Avant de vous tourner vers les médicaments sur ordonnance, je vous invite à découvrir les bienfaits des thérapies naturelles.

- 1 PVM (*voir la rubrique 206*)
- 500 à 1 000 mg de calcium par jour (1 500 à 2 000 mg pour les femmes de plus de 40 ans)
- 25 mg de DHEA par jour pour les femmes de plus de 40 ans, 50 mg par jour pour les hommes de plus de 40 ans
- 250 à 500 mg de magnésium par jour
- 1 à 3 comprimés de 1 mg de mélatonine à libération progressive avant le coucher
- 25 à 50 mg de vitamines du complexe B par jour
- Camomille, selon les directives sur l'étiquette
- 300 mg de complexe de millepertuis à libération progressive, 1 à 2 fois par jour

282. LE COUP DE SOLEIL

Il faut toujours appliquer un bon écran solaire sur la peau avant l'exposition au soleil et aux rayons ultraviolets, peu importe la durée. Ce qu'il faut comprendre, c'est que le soleil brûle littéralement la peau et que les mauvaises brûlures la rendent vulnérable à l'infection.

Si c'est déjà trop tard :

- Application de gel d'aloès, 3 à 4 fois par jour
- Application d'une lotion de MSM ou de vitamine E (20 000 UI) 3 à 4 fois par jour
- 1 PVM (*voir la rubrique 206*)
- 500 mg de vitamine C additionnelle, le matin et le soir jusqu'à la résorption du coup de soleil

283. LE BRUXISME (LE GRINCEMENT DES DENTS)

Peu de gens ont conscience qu'ils grincent des dents. Ce problème est plus fréquent à l'enfance qu'à l'âge adulte, et survient le plus souvent la nuit. Essayez ce qui suit:

- 1 PVM (*voir la rubrique 206*)
- 50 mg de vitamines du complexe B, le matin et le soir
- 1 complexe de millepertuis à libération progressive, 1 à 2 fois par jour
- 250 mg de calcium chélaté avec 125 mg de magnésium, avant le coucher

284. LES VARICES

L'âge, le manque d'exercice et la constipation chronique sont des facteurs qui contribuent aux varices. Surveiller son alimentation et faire de l'exercice de façon régulière contribuent grandement à éviter le problème. On a montré une amélioration à l'administration d'un comprimé PVM avec 500 mg de vitamine C en complexe deux fois par jour, ainsi que de 400 à 800 UI de vitamine E. Je recommande également de l'extrait de marron d'Inde deux fois par jour accompagné de 60 mg de ginkgo deux à trois fois par jour pour améliorer la circulation sanguine.

285. LA VASECTOMIE

Les hommes ayant subi une vasectomie sont plus sujets aux infections. Je leur recommande de prendre 1 000 mg de vitamine C en complexe en plus d'un comprimé PVM. Un apport additionnel de 15 à 50 mg de zinc par jour est aussi efficace.

286. LES VERRUES

Les verrues ne s'attrapent pas en prenant des crapauds dans vos mains, mais elles semblent disparaître une fois traitées à l'huile de vitamine E. Le traitement le plus efficace requiert une à deux applications de vitamine E (28 000 UI) par jour et 400 UI de vitamine E sèche par voie orale trois fois par jour. Il semble que 1 000 à 2 000 mg de vitamine C en complexe, une fois par jour, puisse renforcer le système immunitaire et prévenir l'apparition de verrues.

287. DES QUESTIONS SUR LE CHAPITRE XIV ?

Vous mentionnez que les enzymes digestives sont efficaces contre les aigreurs. De quoi s'agit-il et comment agissent-elles ?

Les enzymes, qu'on trouve aussi sous forme de suppléments, aident aux fonctions digestives, soit l'assimilation des aliments que vous mangez. La *bromélaïne*, par exemple, est une enzyme digestive provenant de l'ananas; la *cellulose* aide à digérer la matière végétale et à dégrader les fibres alimentaires. *L'acide chlorhydrique* (HCL), pour sa part, agit dans l'estomac sur les aliments plus denses, comme les fibres des viandes, des légumes et de la volaille. (*L'hydrochlorure de bétaïne* est la forme la plus efficace.) La *lipase* contribue à la digestion des graisses et la *mylase* dissout plus de mille fois son poids en féculents pour faciliter leur assimilation.

La *papaïne* (de la papaye) est une enzyme qui dégrade les protéines et la *prolase* (de la papaïne) est une enzyme concentrée qui dégrade les protéines. (*Voir la rubrique* 262.)

Avez-vous une raison particulière de recommander un complexe d'isoflavonoïdes de soja pour le soulagement des symptômes de la ménopause ?

Oui ! L'hormonothérapie substitutive a commencé dans les années 1950. Depuis, on a établi un lien avec l'augmentation d'environ 35 % des cas de cancer de l'utérus. Les isoflavones de soja, entre autres la génistéine et la daidzéine, sont des composés comparables à l'œstrogène qui aident non seulement à soulager les symptômes de la ménopause comme les bouffées de chaleur, l'irritabilité et la sécheresse vaginale, mais aussi à prévenir le cancer. En fait, on a montré que la combinaison d'isoflavones de soja, de calcium, de magnésium, de vitamine D et de bore est utile dans la prévention de l'ostéoporose ! (*Voir les rubriques* 269 *et* 316.)

On m'a dit que j'étais sujet aux calculs biliaires. Y a-t-il une façon naturelle de réduire mes risques d'en développer ?

Les calculs biliaires sont des masses cristallisées composées en majeure partie de cholestérol. Je vous recommande de prendre 15 mL (1 c. à soupe) de granules de lécithine une à trois fois par jour et 500 à 1 500 mg de taurine par jour. Il serait également bon d'éviter les glucides raffinés et les gras saturés en plus de consommer davantage de son d'avoine.

CHAPITRE

15 La santé pour de bon

288. POURQUOI PRENDRE DES SUPPLÉMENTS DURANT LA MALADIE

Le corps subit de la tension (du stress) durant la maladie. Des cellules sont détruites; les surrénales surmenées, manquant des nutriments essentiels, n'arrivent pas à fonctionner correctement; la combinaison de nutriments antitension vitamine C, vitamine B6, acide folique et acide pantothénique s'épuise gravement. L'organisme a besoin d'une plus grande quantité de zinc et de vitamine C.

Puisque ces vitamines sont indispensables à la synthèse adéquate des autres nutriments et au fonctionnement normal du métabolisme, il va de soi que le besoin que nous en avons s'accroît quand nous sommes malades. Nous savons déjà que la fièvre et la tension (le stress) nous volent la plupart des nutriments essentiels à notre bien-être, donc l'importance des suppléments n'est plus à démontrer. Rappelez-vous de prendre tout supplément avec de la nourriture, à moins d'indication contraire.

Rappel : Encore une fois, je ne donne pas ici de conseils médicaux, mais je fais plutôt des recommandations à examiner avec votre médecin.

289. LE TROUBLE DÉFICITAIRE DE L'ATTENTION (ADD) ET LE TROUBLE DÉFICITAIRE DE L'ATTENTION AVEC ACTIVITÉ (ADHD)

Le trouble déficitaire de l'attention (ADD) se caractérise par une attention de faible qualité ou de courte durée ainsi que par un comportement à la fois inapproprié et impulsif. Le trouble déficitaire de l'attention avec activité (ADHD) est l'ADD avec hyperactivité. Ces troubles affectent habituellement les enfants d'âge scolaire, mais ils peuvent aussi se poursuivre à l'âge adulte avant d'être diagnostiqués. Parmi les symptômes figurent l'agitation, un bavardage excessif, une indifférence aux conséquences et une incapacité de se concentrer. Des psychostimulants comme le Ritalin® (méthylphénidate) et l'Adderall® (amphétamine), produits des États-Unis, sont souvent, trop souvent à mon avis, prescrits pour contrôler l'ADD/ADHD. Toutefois, des suppléments naturels ont représenté, dans de nombreux cas, des solutions de remplacement aux médicaments sur ordonnance.

- 1 PVM (*voir la rubrique 206*), le matin et le soir
- 500 à 1 000 mg de calcium, par jour
- 250 à 500 mg de magnésium, par jour
- 1 000 mg de MSM, 1 à 3 fois par jour
- 100 mg d'extrait de bacopa, par jour
- 50 µg d'huperzine A (extrait de lycopode), 1 à 3 fois par jour
- 60 mg de ginkgo, 1 à 3 fois par jour
- 100 mg respectivement d'extrait de pépins de raisin et de thé vert, 2 fois par jour
- 300 à 600 mg de phosphatidylsérine (PS) par jour
- 300 mg d'un complexe de millepertuis à libération progressive, 1 à 2 fois par jour

290. ALLERGIES

Les allergies se manifestent de différentes manières et avec différentes intensités. En outre, elles peuvent concerner à peu près n'importe quoi. Elles consomment les réserves de nutriments et par conséquent des suppléments peuvent vous aider.

- 1 PVM (*voir la rubrique 206*), le matin et le soir
- 50 mg de vitamines du complexe B, 2 fois par jour
- 500 mg d'acide pantothénique, le matin et le soir
- 1 000 mg MSM, avec complexe de vitamine C, 1 à 3 fois par jour.
- 1 comprimé d'extrait d'ortie, de scutellaire, de feuilles de grande camomille, de racines de raifort et d'herbe sainte, 2 fois par jour

Il serait souhaitable de réviser votre alimentation actuelle si vous souffrez d'une allergie quelconque. Bon nombre d'allergies proviennent du MSG, des colorants alimentaires, des additifs alimentaires et des agents de préservation.

291. L'ARTHRITE

Des milliers de personnes sont atteintes de cette affection chronique douloureuse. Des suppléments de vitamines et de minéraux sont dorénavant essentiels en raison de la grande tension (du grand stress) que la maladie exerce sur le corps.

- 1 PVM (*voir la rubrique 206*)
- 500 mg de vitamine C additionnelle, 1 à 2 fois par jour (si vous prenez beaucoup d'aspirine, vous perdez de la vitamine C)
- 100 mg d'acide pantothénique, 3 fois par jour
- 2 capsules d'oméga-3, 2 à 3 fois par jour
- 2 mg de cuivre, par jour
- 1 capsule d'Ev.Ext-77, 2 fois par jour
- 1 complexe de millepertuis à libération progressive, par jour

Augmentez votre consommation de poissons gras comme la morue, le saumon et le flétan, car ce sont des sources riches d'acides gras oméga-3 aux propriétés anti-inflammatoires. Je vous recommande d'éliminer de votre alimentation les solanacées comme les pommes de terre, les tomates et l'aubergine, car elles peuvent aggraver votre condition.

292. L'ASTHME

L'asthme est une allergie chronique qui affecte les bronches. Lors d'une crise d'asthme, les tissus musculaires des bronches se resserrent de façon irrégulière, limitant l'ouverture des voies respiratoires et entraînant une respiration saccadée et une sensation d'étouffement. Les allergies, l'hérédité et les émotions fortes comptent parmi les facteurs responsables des crises d'asthme. Par bonheur, plusieurs nutriments naturels procurent un soulagement notable.

- 1 PVM (*voir la rubrique 206*), le matin et le soir
- 500 mg de vitamine C additionnelle, par jour
- 2 capsules de 500 mg d'huile d'onagre, 3 fois par jour, pendant 3 à 4 mois; puis 1 capsule 3 fois par jour (Sachez que l'efficacité de l'huile d'onagre est inhibée par les stéroïdes, donc évitez-les.)
- 1 comprimé de 50 mg de vitamine B15 par jour pendant 1 mois, puis 2 fois par jour le deuxième mois, et enfin 3 fois par jour le troisième mois. (Les cas plus graves peuvent exiger 2 comprimés de 50 mg, 3 fois par jour avec de la nourriture. Réduisez la dose à mesure que votre état s'améliore.)
- 1 000 mg de MSN avec complexe de vitamine C, 2 à 3 fois par jour
- 50 mg de vitamines du complexe B, 2 fois par jour
- 60 mg de ginkgo, 2 à 3 fois par jour
- 1 capsule de Ev.Ext-77, 2 fois par jour

293. LA TENSION ARTÉRIELLE (ÉLEVÉE, MODÉRÉE ET FAIBLE)

ÉLEVÉE

Plus de 80 millions d'Américains souffrent d'une tension artérielle élevée (hypertension artérielle), laquelle est directement liée aux crises cardiaques et aux accidents vasculaires cérébraux. Des études ont aussi montré qu'elle peut mener à une insuffisance rénale, à l'évolution de la déficience mentale et à la démence. Il est primordial de garder sa tension artérielle à un taux normal. Par ailleurs, il existe de nombreuses façons naturelles d'y parvenir.

- Parlez plus lentement (les gens qui parlent vite respirent mal, ce qui peut faire augmenter leur tension artérielle).
- Perdez du poids si vous le devez. (Un régime minceur bien géré peut aider à réduire la tension artérielle de façon significative chez les personnes obèses.)
- Diminuez votre apport en sodium et augmentez votre apport en potassium dans votre alimentation (*voir la rubrique 351 au sujet des sels cachés dans les aliments*).
- Diminuez votre consommation de sucre (*voir la rubrique 349*).
- Éliminez, ou du moins, modérez, votre consommation d'alcool — une seule boisson par jour pour la femme et deux pour l'homme.
- Éliminez la caféine (*voir la rubrique 322*).
- Mangez davantage d'oignons et d'ail.
- Cessez de fumer.
- Évitez les situations sources de tension (stress) : les bruits agaçants de tous les jours, voire le volume trop élevé du téléviseur, peuvent accroître la tension (le stress) et conséquemment faire grimper la tension artérielle.
- Faites de l'exercice sur une base régulière (marche rapide) et prenez suffisamment de repos.
- Mangez de 3 à 4 côtes de céleri par jour (il a des propriétés naturelles qui font baisser la tension artérielle).

APPROCHE

Vous avez peut-être besoin de potassium si vous prenez un anti-hypertenseur, mais vérifiez auprès de votre médecin s'il n'est pas contre-indiqué avec votre médicament.

- 1 PVM (*voir la rubrique 206*)
- 1 000 mg de calcium, par jour
- 500 mg de magnésium, par jour
- Complexe de coenzyme Q10 avec vitamine E, 2 à 3 fois par jour

MODÉRÉE (PRÉHYPERTENSION)

Une révision récente des valeurs directrices d'une tension artérielle dite « normale » (*voir la rubrique 316*) a mené à l'établissement d'une condition appelée « préhypertension » pour décrire les personnes dont la lecture de tension artérielle varie entre 120 et 139 mmHg (la valeur la plus élevée, ou pression systolique) et entre 80 à 90 mmHg (la valeur la moins élevée ou pression diastolique). Si votre tension artérielle se trouve dans cette fourchette, vous êtes à risque de souffrir d'hypertension artérielle, une condition dangereuse. La première chose à faire consiste à appliquer les recommandations précédentes afin de réduire ce risque le plus tôt possible. Sachez que la tension artérielle tend à s'élever avec l'âge. (Selon l'étude Framingham, 90 % des gens qui ont une lecture normale à 55 ans font de l'hypertension artérielle plus tard.)

FAIBLE

Une faible tension artérielle (hypotension), à moins d'être extrême, est préférable à l'hypertension. Néanmoins, les personnes atteintes d'hypotension connaissent souvent des épisodes d'étourdissements, des évanouissements et des pertes de conscience.

APPROCHE

- 1 à 3 comprimés de varech par jour (consultez votre médecin si vous prenez des médicaments pour la glande thyroïde, car le varech peut vous amener à réduire la dose)
- 1 PVM (*voir la rubrique 206*)

294. LA BRONCHITE

L'inflammation de la paroi du tube bronchique est un phénomène à la fois courant et débilitant. Elle soumet l'organisme à une grande tension (un grand stress). Même les antibiotiques ont un effet négatif en regard des nutriments (*voir la rubrique 331*).

- 10 000 UI de bêta-carotène, par jour
- 1 000 mg de vitamine C tirée de baies de rosier, le matin et le soir
- 1 PVM (*voir la rubrique 206*)
- 400 UI de vitamine E (sèche), 1 à 3 fois par jour
- 1 capsule d'Ev.Ext-77, 2 à 3 fois par jour avec de la nourriture
- 1 000 mg de MSM avec un complexe de vitamine C, 2 à 3 fois par jour avec de la nourriture
- 6 à 8 verres d'eau, par jour
- 3 capsules d'acidophile, 3 fois par jour, ou 15 à 30 mL (1 à 2 c. à soupe) d'acidophile liquide, 3 fois par jour

295. *LE CANDIDA ALBICANS*

Cette infection à la levure profite de toutes les occasions de croître que lui donne l'organisme, et elles sont nombreuses : les antibiotiques, les contraceptifs, la cortisone, le diabète sucré, les insuffisances nutritionnelles, la constipation chronique ou la diarrhée ainsi que la tension (le stress) d'ordre physique ou émotionnel.

Les symptômes vont des symptômes associés à la vaginite (pertes vaginales, démangeaisons, infections de la vessie, règles irrégulières et crampes) jusqu'aux cas de dépression grave, d'acné, de fatigue, de nervosité et de confusion mentale.

La première étape d'un traitement de *Candida albicans* consiste à priver le corps d'aliments à base de levure, notamment le fromage, les pains à la levure, la crème fraîche (sure), le babeurre, la bière, le vin, le cidre, les champignons, la sauce de soja, le vinaigre, les fruits séchés, les pastèques (melons) et les jus de fruits surgelés ou en boîte.

Bon nombre d'aliments peuvent vous défendre naturellement de façon étonnamment efficace si votre médecin ne vous a pas encore prescrit un antifongique comme la nystatine. Mentionnons l'ail, le brocoli, le chou, les oignons, le yaourt nature, les navets et d'autres légumes.

Je recommande cette approche efficace :

- 1 PVM (*voir la rubrique* 206)
- 1 000 mg de MSM, 3 fois par jour
- 200 à 400 UI de vitamine E (sèche), 1 à 3 fois par jour
- Supplément d'acide caprylique, 1 à 3 fois par jour
- 1 capsule d'acidophile sans levure, 3 fois par jour

296. LA VARICELLE

Cette maladie infantile est attribuable à un virus étroitement liée au virus du zona. La fièvre et les démangeaisons épuisent grandement les nutriments de l'organisme. Plusieurs mères ont vu leurs enfants se remettre sur pied plus rapidement en ajoutant les nutriments qui suivent à leur alimentation :

- 500 mg de vitamine C tirée de baies de rosier, 3 fois par jour
- 100 à 200 UI de vitamine E (sèche), 1 à 3 fois par jour
- 10 000 UI de bêta-carotène par jour (consultez votre pédiatre pour adapter la posologie à l'âge et au poids de l'enfant)
- Vitamines et minéraux PVM naturels à croquer si l'enfant a plus de 12 ans
- Lotion thérapeutique MSM à appliquer sur les régions touchées, 3 fois par jour

297. LE SYNDROME DE FATIGUE CHRONIQUE

Ce syndrome porte plusieurs noms selon les pays, mais ses symptômes sont les mêmes, notamment l'apparition soudaine d'une fatigue extrême, des frissons, une faible fièvre, un mal de gorge, des ganglions lymphatiques sensibles, de la douleur musculaire, des céphalées, une douleur articulaire (sans enflure), de la confusion, des trous de mémoire, des troubles de la vue et un sommeil perturbé, entre autres.

Entre deux et cinq millions d'Américains sont affectés par le syndrome de fatigue chronique. Les Britanniques et les Canadiens l'appellent « encéphalo-myélite myalgique »; les Japonais, « syndrome des cellules tueuses naturelles ». Aux États-Unis, la maladie est connue sous le nom CFIDS (*chronic fatigue immune dysfunction syndrome*) ou CFS (*chronic fatigue syndrome*).

On a d'abord cru que la maladie provenait du virus Epstein-Barr (le virus de l'herpès qui provoque la mononucléose infectieuse). On sait maintenant que les personnes atteintes du syndrome de fatigue chronique produisent une quantité importante d'anticorps contre bon nombre d'autres pathogènes.

Selon un article publié dans le magazine *Newsweek*, le Dr Jay Goldstein, un médecin de la Californie du Sud, aux États-Unis, a énoncé une théorie selon laquelle la maladie se manifeste lorsqu'une substance chimique inconnue ou qu'une contagion endommagent le système immunitaire, ce qui permet aux virus habituellement inoffensifs de s'activer. Les lymphocytes T qui soutiennent le système immunitaire commencent alors à émettre des substances chimiques plus coriaces appelées cytokines qui, lesquelles peuvent entraîner les symptômes de fatigue chronique. Les lymphocytes T tueurs normaux, qui attaquent normalement tout corps étranger, deviennent mystérieusement peu actifs (ou parfois trop pour la santé).

Il n'y a pas de traitement miracle contre le syndrome de fatigue chronique, mais toute aide nutritionnelle est la bienvenue.

- 1 PVM (*voir la rubrique 206*), le matin et le soir
- 10 000 UI de bêta-carotène par jour, 5 jours par semaine (faites une pause 2 jours par semaine)

- 1 000 mg de vitamine C, 1 à 3 fois par jour
- 200 à 400 UI de vitamine E (sèche), 1 à 3 fois par jour
- 1 comprimé de cystéine par jour avec de la vitamine C (3 fois plus de vitamine C que de cystéine)
- 200 µg de sélénium par jour
- 15 à 50 mg de zinc chélaté, par jour
- 500 mg d'huile d'onagre, 1 à 3 fois par jour
- 1 000 mg de MSM, 3 fois par jour

MA RECOMMANDATION

Comme il s'agit du virus de l'herpès, je vous conseille d'éviter les aliments riches en arginine (*voir la rubrique 83*). Je vous conseille également d'éliminer les glucides raffinés, la caféine, l'alcool, les aliments très allergènes et les aliments contenant des arômes, des colorants et d'autres additifs artificiels qui peuvent épuiser le système immunitaire.

298. LES RHUMES

Le rhume est une maladie qui attire peu l'attention, mais le corps en subit pleinement les effets.

- 1 PVM (*voir la rubrique 206*)
- 1 000 mg de vitamine C tirée de baies de rosier, 3 à 6 fois par jour, pendant 2 jours
- 10 000 UI de bêta-carotène, 1 à 3 fois par jour (5 jours suivis d'une pause de 2 jours)
- 6 à 8 verres d'eau, par jour
- 3 capsules d'acidophile, 3 fois par jour, ou 15 à 30 mL (1 à 2 c. à soupe) d'acidophile liquide, 3 fois par jour
- Pastilles de zinc (à faire fondre dans la bouche), 3 à 4 fois par jour
- 1 compte-gouttes d'extrait d'échinacée, de grande camomille et de baies de sureau, toutes les 3 ou 4 heures au besoin

299. LA COLITE

En règle générale, cette maladie touche plus souvent la femme que l'homme et découle souvent d'un choc émotionnel. Ses symptômes troublants incluent une alternance entre la diarrhée et la constipation ainsi que des douleurs abdominales. Un régime alimentaire adéquat est primordial et je recommande les suppléments qui suivent :

- 1 PVM (*voir la rubrique 206*)
- 99 mg de potassium (élémentaire), 1 à 3 fois par jour
- 1 verre de jus de chou frais (vitamine U), 3 fois par jour
- 6 à 8 verres d'eau par jour
- Jus d'aloès à boire : 15 mL (1 c. à soupe), 3 fois par jour, ou 1 à 3 capsules, 3 fois par jour
- 3 à 6 capsules d'acidophile, 3 fois par jour, ou 30 mL (2 c. à soupe) d'acidophile liquide, 3 fois par jour
- 15 mL (1 c. à soupe) de flocons de son, 3 fois par jour, ou 2 g de fibres en comprimés, 2 fois par jour
- 1 000 mg de MSM, 3 fois par jour

300. LE DIABÈTE

Le diabète, à la base, résulte du fait que le pancréas génère une quantité insuffisante d'insuline et que le taux de glycémie grimpe de façon incontrôlable. Le régime alimentaire peut suffire à contrôler un diabète léger. (Attention cependant aux sucres cachés. *Voir la rubrique 349*.) Dans les cas plus graves, il faut fournir à l'organisme l'insuline qui lui manque. Peu importe la gravité du diabète, vous devez consulter votre médecin sans faute.

Une plante médicinale nouvellement arrivée sur le marché semble aider nombre de diabétiques — la feuille de banaba. Le banaba pousse aux Philippines et en Asie. Les feuilles infusées en tisane servent depuis longtemps de remède populaire contre le diabète et les maladies du rein. La recherche a montré que ces feuilles contiennent de l'acide corosolique, lequel agit comme l'insuline naturelle et aide à acheminer le glucose vers les cellules, diminuant ainsi les taux de glycémie. Contrairement à l'insuline que les diabétiques s'injectent, le banaba ne génère pas de gras. En outre, il semble réduire les taux de glycémie chez les personnes atteintes de diabète de type 2 sans entraîner de prise de poids. De plus, du fait que les fluctuations des taux glycémiques sanguins éveillent souvent des désirs insatiables de sucre, cette plante peut, en maîtrisant les taux de glycémie dans le sang, aider à contrôler le poids.

L'extrait de feuilles de banaba se trouve sous forme de suppléments. La posologie recommandée varie de 16 à 48 mg par jour. (Je recommande 16 mg à la fin de chaque repas.) Certaines formules pour traiter le diabète ou favoriser la perte de poids, ainsi que des suppléments de minéraux et de nutriments renforçant le métabolisme en contiennent également. Suivez les directives sur l'étiquette si vous prenez un de ces produits.

Voici d'autres suppléments qui aident les personnes atteintes de diabète :

- 1 PVM (*voir la rubrique 206*)
- 200 µg de picolinate de chrome
- 50 mg d'acide alphalipoïque, par jour
- 99 mg de potassium, 3 fois par jour
- 50 mg de zinc chélaté, 1 à 3 fois par jour
- 6 à 8 verres d'eau, par jour

301. LES TROUBLES OCULAIRES

Les troubles oculaires, depuis les simples inflammations aux troubles réfractifs, en passant par les maladies de l'œil plus graves, méritent une attention constante. Il ne faut pas omettre les consultations chez l'ophtalmologiste. Je vous recommande néanmoins certains suppléments :

- 1 PVM (*voir la rubrique 206*)
- 10 000 UI de bêta-carotène, par jour
- 500 mg de complexe de vitamine C, le matin et le soir
- 400 UI de vitamine E (sèche) par jour
- 20 mg de lutéine, par jour

302. LA GOUTTE

Des facteurs alimentaires, telle une consommation élevée de protéines, jouent un rôle dans le développement de cette condition douloureuse. La goutte se manifeste lorsqu'un excédent d'acide urique se cristallise dans une ou des articulations et cause de l'inflammation. Les pieds, les genoux, les poignets et les coudes sont les articulations les plus touchées. Les suppléments et les plantes médicinales qui suivent aident à éliminer l'acide urique en trop dans l'organisme et à diminuer l'inflammation.

- 1 PVM (*voir la rubrique 206*)
- 1 000 mg de MSM, 1 à 3 fois par jour
- 50 mg de vitamines du complexe B, par jour
- 1 ou 2 capsules de 170 mg d'Ev.Ext-77 (extrait de gingembre) par jour
- 100 mg d'extrait de pépins de raisin, 3 fois par jour

303. LES TROUBLES CARDIAQUES

Tout trouble cardiaque exige le suivi d'un médecin. On a montré que les suppléments qui suivent sont sécuritaires et efficaces, mais je vous recommande de consulter votre médecin avant d'en prendre afin de vous assurer que, dans votre cas, les suppléments ne sont pas contre-indiqués. (La vitamine E, par exemple, peut accroître le déséquilibre entre les deux parties du cœur chez certaines personnes atteintes de cardite rhumatismale.)

- 1 PVM (*voir la rubrique 206*)
- Complexe de coenzyme Q10, 2 à 3 fois par jour
- 100 mg de vitamine B, le matin et le soir
- Complexe d'isoflavonoïdes de soja, 2 fois par jour
- 1 à 3 capsules d'EPA et de DHA par jour (huile de poisson ou huile de graines de lin)

MESURES PRÉVENTIVES CONTRE LES MALADIES DU CŒUR

- Réduisez votre consommation de sucres et de sels.
- Consommez de l'alcool avec modération.
- Cessez de fumer.
- Faites de l'exercice sur une base régulière.
- Surveillez votre poids.
- Pratiquez des techniques de relaxation comme la méditation et la rétroaction biologique pour réduire la tension (le stress).
- Réduisez votre apport en gras saturés, en huiles hydrogénées et en cholestérol.
- Mangez plus d'ail, de fruits frais et de poisson.
- Augmentez votre apport en protéines de soja (substituez-les aux protéines animales le plus souvent possible).
- Assurez-vous d'absorber suffisamment de calcium et de magnésium de source alimentaire; je recommande des suppléments de 1 000 mg de calcium et de 500 mg de magnésium par jour. (*Voir la rubrique 61 au sujet des bienfaits du magnésium.*)
- Ajoutez de la lécithine à votre alimentation.
- Prenez des suppléments de vitamines B6 et B12, d'acide folique et de vitamines C et E. (Ils aident à prévenir une surproduction de l'acide aminé toxique homocystéine, qui contribue encore plus aux maladies du cœur qu'un taux de cholestérol élevé !)

- Rire est un excellent remède [en plus de libérer les émotions et la tension (le stress) accumulées, c'est agréable].

304. LE VIH (SIDA)

Lorsque le virus de l'immunodéficience humaine (le VIH, qui cause le sida), attaque les lymphocytes T, lesquels combattent la maladie, et qu'il prolifère, il met en échec le système immunitaire de l'organisme. Les personnes atteintes du VIH ou du sida ont besoin de plus de nutriments, car la malabsorption est un problème courant. Je recommande fortement de consulter un médecin spécialiste de la nutrition (*voir la rubrique 383*) qui pourra dresser un programme personnalisé, donc plus efficace. Vous trouverez aussi sur Internet plusieurs sites traitant du VIH et du sida qui présentent les meilleures thérapies conventionnelles ou alternatives, notamment les sites *www.hivinsite.ucsf.edu* et *www.tpan.com*. Je vous invite à les consulter. Afin de renforcer le système immunitaire, je recommande :

- 1 PVM (*voir la rubrique 206*)
- 200 µg de sélénium par jour
- 500 mg de vitamine C (tamponnée), 1 à 3 fois par jour
- 2 capsules d'acidophile, 3 fois par jour, 30 minutes avant ou après les repas
- Complexe de coenzyme Q10, 1 à 3 fois par jour
- 1 comprimé d'extrait de champignons maitake normalisé par jour
- 1 capsule, par jour de callose (bêta-1,3 glycane), 30 minutes avant le repas ou 2 h après
- 1 à 3 capsules de 500 mg de griffe de chat par jour

ATTENTION : Assurez-vous de consulter votre médecin avant d'inclure des suppléments dans votre alimentation si vous prenez déjà un médicament. (Voir la rubrique 380 au sujet des suppléments qui peuvent renforcer votre système immunitaire.)

305. L'HYPOGLYCÉMIE

On estime qu'entre 20 et 40 millions d'Américains souffrent d'hypoglycémie. Pourtant, cette maladie reste l'une des moins diagnostiquées. Elle résulte d'un taux de glycémie faible et, comme le diabète, se présente comme une incapacité de l'organisme de métaboliser les glucides efficacement. Les personnes hypoglycémiques réagissent à l'excès aux sucres et produisent trop d'insuline. La solution pour augmenter le taux de glycémie ne consiste pas à absorber des glucides raffinés rapidement, mais à consommer davantage de glucides complexes et de protéines.

Je recommande :

- Capsules de bêta-carotène et de vitamine D (500 et 400 UI) chaque jour
- 500 mg de vitamine C, avec ou après chaque repas
- 50 mg de vitamines du complexe B, 3 fois par jour
- Capsules de 1 000 mg d'huile de poisson, 3 fois par jour
- Enzymes digestives au besoin
- 200 µg de chrome GTF ou de chrome (dinicotinoglycinate), 2 à 3 fois par jour
- Extrait normalisé de feuilles de gymnéma aux repas ou 16 mg d'extrait de feuilles de banaba après chaque repas
- 1 comprimé de millepertuis à libération progressive par jour
- Boisson frappée de lactosérum au petit déjeuner ou comme substitut de repas (*voir la rubrique 215*)

306. L'IMPÉTIGO

Cette affection est attribuable à des microbes semblables à ceux qui sont responsables des furoncles — staphylocoque ou streptocoque. Elle touche davantage les enfants que les adultes, mais personne n'est à l'abri. Elle résulte souvent de piqûres d'insectes grattées et infectées, alors que les microbes pénètrent la peau par les lésions.

- Capsules de vitamine A et de vitamine D (10 000 et 400 UI), par jour (réduisez la dose pour un enfant), 5 jours suivis d'une pause de 2 jours
- 100 à 400 UI de vitamine E (sèche), par jour
- 500 mg de vitamine C tirée de baies de rosier, le matin et le soir
- 1 000 mg de MSM, le matin et le soir
- Lotion de MSM à appliquer 3 fois par jour

307. LA ROUGEOLE

La rougeole peut survenir à tout âge, bien qu'elle soit plus courante pendant l'enfance. C'est la plus contagieuse de toutes les maladies. Il existe aujourd'hui un vaccin préventif contre la rougeole, mais le virus continue de faire un grand nombre de victimes chez les personnes sans protection chaque année. L'éruption cutanée qui en résulte peut être faible ou grave et accompagnée d'une toux violente. L'organisme a besoin de vitamines pour combattre la maladie et la surmonter.

- 10 000 UI de bêta-carotène (réduisez la dose pour un enfant), 1 à 3 fois par jour
- 500 à 1 000 mg de vitamine C tirée de baies de rosier, le matin et le soir
- 200 à 400 UI de vitamine E (sèche), le matin ou le soir

308. LA MONONUCLÉOSE

Courante chez les adolescents et les jeunes adultes, la « fièvre glandulaire » ou « maladie du baiser » peut toucher n'importe qui et épuiser les réserves de nutriments de l'organisme.

Une bonne alimentation s'avère primordiale et les suppléments, essentiels, surtout durant la longue convalescence.

- 1 PVM (*voir la rubique 206*) le matin et le soir avec de la nourriture

- 1 000 mg de vitamine C additionnelle, le matin et le soir pendant 3 mois
- 99 mg de potassium, 3 fois par jour
- 50 mg de vitamines du complexe B, le matin et le soir
- 15 à 50 mg de zinc chélaté, par jour
- 1 compte-gouttes d'extrait d'échinacée, de grande camomille et de baies de sureau, 2 fois par jour pendant 1 à 3 mois

309. LES OREILLONS

Il existe un vaccin contre les oreillons, mais la maladie est toujours répandue et débilitante du point de vue nutritionnel. Le virus peut envahir l'organisme de la personne atteinte, touchant non seulement les glandes salivaires, mais aussi les testicules ou les ovaires, le pancréas, le système nerveux, voire le cœur.

- 10 000 UI de bêta-carotène (réduisez la dose pour un enfant), 1 à 3 fois par jour pendant 5 jours suivis d'une pause de 2 jours
- 500 à 1 000 mg de vitamine C tirée de baies de rosier, 2 fois par jour
- 200 à 400 UI de vitamine E (sèche), par jour

310. LE SYNDROME PRÉMENSTRUEL (SPM)

De deux à dix jours avant le début de leurs règles, des millions de femmes ressentent un inconfort physique et des sautes d'humeur : des ballonnements, de la dépression et de l'insomnie, jusqu'à une douleur lancinante, des épisodes de rage incontrôlés, des crises de larmes et même des envies de suicide. C'est ce qu'on appelle le syndrome prémenstruel, ou SPM.

ALIMENTS ET BOISSONS À ÉVITER

- Le sel et les aliments salés (*voir la rubrique 351*)
- La réglisse (elle stimule la production d'aldostérone, qui favorise la rétention d'eau et de sel)

- Les aliments froids et les boissons froides (ils dérangent la circulation abdominale et aggravent les crampes)
- La caféine sous toutes ses formes (*voir la rubrique 322*). La caféine accroît l'envie de sucre; elle gaspille la vitamine B; elle diminue les réserves de potassium et de zinc; elle augmente les sécrétions d'acide chlorhydrique qui peuvent causer de l'irritation abdominale
- Les thés foncés astringents (leurs tanins lient des minéraux essentiels et préviennent ainsi leur absorption dans le tube digestif)
- L'alcool (nuit à la production de glucose, épuise les réserves de magnésium et peut déranger la fonction hépatique, ce qui peut aggraver le SPM)
- Les épinards, les feuilles de betteraves et autres légumes contenant de l'oxalate (l'oxalate rend les minéraux non assimilables et complique leur absorption)

ALIMENTS ET BOISSONS À PRIVILÉGIER

- Les fraises, la pastèque ou le melon d'eau (avec ses graines), les artichauts, les asperges, le persil et le cresson (ce sont des diurétiques naturels)
- Les graines de tournesol nature, les dattes, les figues, les pêches, les bananes, les pommes de terre, les cacahuètes (arachides) et les tomates (riches en potassium)
- Le dong quai et la cimicaire (ils peuvent améliorer la circulation, réguler la fonction hépatique et contribuer à éliminer l'excès d'eau)

Suppléments recommandés :

- 50 à 300 mg de vitamine B6, par jour (commencez à 50 mg puis augmentez graduellement)
- 1 PVM (*voir la rubrique 206*)
- 500 mg de magnésium avec 250 mg de calcium, par jour (dans le cas du SPM, il faut un rapport magnésium : calcium de 2 : 1, car une insuffisance en magnésium entraîne bon nombre des symptômes du SPM)

- 100 à 400 UI de vitamine E (sèche), par jour
- 1 000 mg (1 g) d'acide pantothénique (vitamine B5), par jour
- 500 mg d'huile d'onagre, 1 à 3 fois par jour
- Millepertuis à libération progressive, 1 à 3 fois par jour
- De l'exercice ! En plus d'améliorer la circulation dans l'abdomen, vous éliminerez les fluides en trop par la transpiration. Je recommande 2 séances de 30 minutes de marche rapide ou de natation par jour.

311. LA SINUSITE

La sinusite est une inflammation des sinus (cavités nasales des os entourant le nez). Son origine est une allergie ou une infection bactérienne, virale ou fongique; elle peut être de courte durée ou chronique, causant de la douleur sous les yeux et sur la saillie des joues, en plus de céphalées et de maux de dents.

- 1 PVM (*voir la rubrique 206*) le matin et le soir avec de la nourriture
- 60 mg de coenzyme Q10, 1 à 3 fois par jour
- 1 000 mg de MSM, 1 à 3 fois par jour
- 15 mg de zinc, 1 à 2 fois par jour
- 500 mg d'ail, par jour
- Échinacée, selon les directives sur l'étiquette

ATTENTION : *Un mouchage violent, l'abus de décongestifs, l'inspiration de vapeurs irritantes et de fumée secondaire peuvent souvent aggraver les symptômes.*

312. LE ZONA

Le zona (l'herpès zoster) est causé par un virus semblable à celui qui cause la varicelle. La varicelle entraîne une éruption cutanée générale, alors que le zona fait éruption le long des voies nerveuses. Au-delà de ces différences, les deux maladies causent un important déficit nutritionnel.

- 10 000 UI de bêta-carotène, par jour
- 50 mg de vitamines du complexe B, le matin et le soir
- 1 000 à 2 000 mg de vitamine C tirée de baies de rosier avec bioflavonoïdes, le matin et le soir
- 400 UI de vitamine D, pendant 5 jours suivis d'une pause de 2 jours
- 1 000 mg de lysine, 2 fois par jour, à jeun entre les repas

313. L'AMYGDALITE

Une inflammation des amygdales peut affliger tous les groupes d'âge, même si elle est plus commune chez l'enfant. Une bonne nutrition et des suppléments se révèlent efficaces tant pour la prévention que pour la guérison.

- 1 PVM (*voir la rubrique 206*), le matin et le soir avec de la nourriture.
- 10 000 UI de bêta-carotène (réduisez la dose pour un enfant), 1 à 3 fois par jour
- 1 000 mg d'un complexe de vitamine C additionnel, le matin et le soir
- 200 à 400 UI de vitamine E (sèche), par jour
- 3 capsules d'acidophile ou 15 à 30 mL (1 à 2 c. à soupe) d'acidophile liquide, 3 fois par jour
- 6 à 8 verres d'eau, par jour

314. LES ULCÈRES

Il y a deux types d'ulcères peptiques : l'un se forme dans l'estomac et l'autre, dans le duodénum, le plus souvent associé à un excès d'acidité des sucs gastriques (*voir la rubrique 9*). Les suppléments seront efficaces dans les deux cas.

- 10 000 UI de bêta-carotène, par jour
- 100 mg de vitamines du complexe B, le matin et le soir

- 1000 mg de MSM avec complexe de vitamine C, 3 fois par jour
- 5 g de l-glutamine, 1 à 2 fois par jour
- 1 à 3 capsules de gel d'aloès ou entre 15 à 45 mL (1 à 3 c. à soupe) d'aloès liquide, par jour

315. LES MALADIES TRANSMISSIBLES SEXUELLEMENT (MTS)

La syphilis et la gonorrhée comptent encore aujourd'hui parmi les maladies transmissibles sexuellement les plus répandues. Bien que les sulfamides, la pénicilline, la tétracycline, l'érythromycine et d'autres antibiotiques récemment mis au point constituent les traitements les plus efficaces contre ces maladies, ils entraînent un besoin de nutriments aussi grand que les maladies elles-mêmes le font.

- 1 PVM (*voir la rubrique 206*)
- 3 capsules d'acidophile ou de 15 à 30 mL (1 à 2 c. à soupe) d'acidophile liquide, 3 fois par jour
- 1 000 mg de vitamine C additionnelle, le matin et le soir
- 100 µg de vitamine K si vous prenez des antibiotiques sur une longue période

L'herpès génital était la maladie transmissible sexuellement la plus répandue aux États-Unis durant les années quatre-vingt, et elle a malheureusement survécu jusqu'au XXIe siècle. Comme l'herpès simplex de type I qui cause des feux sauvages (*voir la rubrique 255*), l'herpès de type II, responsable des infections génitales, semble réagir favorablement (c'est-à-dire s'affaiblir), aux aliments riches en lysine. Par mesure préventive, je vous recommande d'augmenter votre apport en fromage blanc (cottage), de flet (sole), de thon, de cacahuètes (arachides), de pois chiches crus et de haricots de soja. Les médicaments Valtrex© et Acyclovir© (produits américains) semblent efficaces – à ce jour – contre la récidive de l'herpès, mais il faudra attendre les résultats des études. Entre-temps, je recommande de prendre, pour la prévention, ces suppléments : 500 mg de lysine par jour (avec de l'eau ou du jus, mais sans protéines), et 1 000 mg de vitamine C, le matin et le soir. Si vous avez déjà le virus, prenez 3 g ou 3 000 mg de lysine, 3 fois par jour, en doses réparties entre les repas.

ATTENTION : Évitez les suppléments d'arginine ou les aliments riches en arginine si vous présentez les symptômes de l'herpès simplex de type I ou II (voir la rubrique 83).

316. DES QUESTIONS SUR LE CHAPITRE XV ?

Que sont les prostaglandines, et sont-elles bonnes ou mauvaises ? On m'a recommandé de prendre une aspirine par jour afin de bloquer, voire de prévenir une crise cardiaque. Je viens de lire récemment que ces substances permettent de réduire la tension artérielle. Si c'est le cas, pourquoi devrait-on les bloquer ? Je suis perplexe.

Je comprends votre confusion. Les prostaglandines sont des substances similaires aux hormones qui régulent en permanence toutes les cellules de l'organisme par l'entremise de nombreuses interactions. Certaines prostaglandines, si l'organisme en génère trop, peuvent favoriser les maladies du cœur, l'inflammation et la douleur. L'aspirine bloque ces « mauvaises » prostaglandines, ce qui est en soi positif. Toutefois, l'aspirine bloque aussi la formation des « bonnes » prostaglandines, supprimant de ce fait le système immunitaire.

Allons plus loin. Alors que les « mauvaises » prostaglandines peuvent causer une agrégation plaquettaire, et éventuellement une crise cardiaque ou un accident vasculaire cérébral, les « bonnes » prostaglandines abaissent la tension artérielle, inhibent l'agrégation plaquettaire — ainsi que la production de cholestérol — et réduisent les réactions inflammatoires. Autrement dit, les « bonnes » prostaglandines procurent au cœur les mêmes avantages que l'aspirine sans ses effets secondaires sur l'estomac. La difficulté consiste à s'assurer que les « bonnes » prostaglandines l'emportent sur les « mauvaises ». Les huiles hydrogénées, une alimentation riche en glucides raffinés, les maladies virales et un excès d'hormones surrénales sécrétées en réponse à la tension (au stress) peuvent toutes entraîner la production de plus de « mauvaises » prostaglandines et une carence de « bonnes » prostaglandines, ces dernières dérivant surtout des huiles oméga-3. (*Voir la rubrique 96 et la liste des suppléments anti-inflammatoires à la fin de la présente rubrique.*)

Qu'est-ce qu'une lecture normale de tension artérielle, et qu'est-ce qu'une lecture élevée ?
Bonne question. Il fut un temps où une tension artérielle montrant une pression systolique entre 100 et 140 mmHg et une pression diastolique entre 60 et 90 mmHg était considérée comme normale. Toutefois, en mai 2003, une équipe de spécialistes de la tension artérielle du National Heart, Lung and Blood Institute a émis de nouvelles lignes directrices révisant les normes établies à la baisse. De nos jours, seuls les niveaux de tension artérielle *inférieurs à* 120/80 sont considérés comme normaux chez l'adulte. Une tension artérielle égale ou supérieure à 140/90 ou plus est considérée comme élevée.

Je fais fonctionner un métier à tisser toute la journée et je pense que je développe le syndrome du canal carpien. Pouvez-vous me recommander des suppléments ?
En effet, ce travail vous rend davantage à risque de développer le syndrome. Le microtraumatisme répété, un autre nom du syndrome du canal carpien, résulte de l'utilisation abusive des muscles et des tendons des doigts, des mains, des bras et des épaules. Je recommande 50 mg de vitamines du complexe B avec vitamine B6, 3 fois par jour; 1 000 mg de MSM avec complexe de vitamine C, le matin et le soir; 1 capsule d'Ev.Ext-33, 2 fois par jour; un supplément combinant millepertuis à libération progressive et polyphénols, 2 fois par jour, jusqu'à la disparition des symptômes.

Mon père récupère d'un accident vasculaire cérébral, et il aimerait accélérer sa convalescence. Pouvez-vous nous recommander des suppléments ?
On a montré que le ginkgo et le DMAE aident à l'amélioration de la fonction mentale et de la mémoire en favorisant la circulation sanguine dans les cellules du cerveau. Je recommande ceci à votre père : 1 PVM (*voir la rubrique 206*) au petit déjeuner et au dîner, ainsi qu'une capsule de 60 mg de ginkgo en combinaison (huperzine A, vinpocétine, phosphatidylsérine et choline, bacopa et DMAE), 3 fois par jour.

J'ai souvent des cystites. Y a-t-il des suppléments qui pourraient les prévenir ?
La cystite est une affection inflammatoire de la vessie causée par une bactérie. On a trouvé que certains suppléments engendrant un effet antibactérien et augmentant le taux d'acide dans l'urine semblent procurer un soulagement et aider à empêcher les récurrences.

Le jus de canneberge aide à éloigner les mauvaises bactéries des parois des voies urinaires. (La canneberge contient aussi des composés appelés ***anthocyanosides***, qui sont des antibiotiques naturels.) Si ce jus vous paraît trop acide, vous pouvez tout de même profiter de ses bienfaits (sans le sucre) en prenant 1 ou 2 capsules de canneberge concentrée, 1 à 3 fois par jour. Buvez au moins 6 à 8 verres d'eau par jour et évitez la caféine, les glucides raffinés et l'alcool. Mangez davantage de diurétiques naturels comme le persil, le céleri, les asperges et le cresson, et consommez moins d'agrumes; ils produisent une urine alcaline favorisant la croissance des bactéries. Outre 1 PVM (*voir la rubrique 206*), vous pourriez avoir besoin d'un supplément de 95 mg de potassium par jour pour remplacer le potassium perdu lors de la miction.

Avez-vous des plantes médicinales à recommander pour combattre le syndrome de fatigue chronique ?
À ce jour, il n'y a pas eu d'études portant sur l'effet des plantes médicinales. Par contre, bon nombre de patients ont affirmé qu'un complexe de millepertuis à libération progressive les aide grandement à surmonter la dépression et à donner de l'appétit. Les champignons shiitake et les citrons peuvent apporter une contribution en stimulant la production d'interféron de l'organisme et en inhibant la réplication virale. De plus, pour soutenir à long terme les glandes surrénales, les ginsengs sibérien et asiatique sont recommandés comme adaptogènes efficaces, c'est-à-dire des plantes médicinales qui renforcent les réactions de l'organisme face à la tension (au stress) et améliorent la résistance à l'infection.

Pouvez-vous m'expliquer ce que sont les bêta-1, 3 glycanes ? Comment aident-ils le système immunitaire ?
Les bêta-1, 3 glycanes sont des polysaccharides (molécules de sucres complexes), le plus souvent extraits des levures du boulanger, mais provenant aussi du son d'avoine ou d'orge, ainsi que des champignons reishi et shiitake. On a découvert qu'ils semblent renforcer le système immunitaire en augmentant la capacité des macrophages corporels de combattre les bactéries envahissantes, les champignons, les virus et les parasites. Mieux encore, pendant qu'ils favorisent la fonction immunitaire, ils ne la rendent pas hyperactive, ce qui pourrait nuire aux personnes atteintes de maladies auto-immunes.

On dit tant de choses sur l'ostéoporose que j'en suis toute confuse. Pouvez-vous m'expliquer simplement comment je peux savoir si je suis à risque ? Je suis une femme très active de 48 ans. Vers quels suppléments devrais-je me tourner ?

Les faits sont simples, mais il faut les connaître. L'ostéoporose est une diminution graduelle de la densité osseuse qui rend les os plus fragiles et sujets aux fractures. La densité osseuse augmente jusqu'à la trentaine, en supposant une alimentation saine et un apport adéquat en calcium et en vitamine D. Après trente ans, la densité osseuse commence à diminuer, surtout si l'organisme absorbe difficilement les nutriments essentiels. Du fait que l'œstrogène est la principale hormone féminine qui aide à réguler l'absorption du calcium dans les os, l'ostéoporose survient plus fréquemment chez la femme après la ménopause.

FACTEURS QUI AUGMENTENT LES RISQUES D'OSTÉOPOROSE CHEZ LA FEMME

- Antécédents familiaux d'ostéoporose
- Silhouette svelte
- Tabagisme
- Alcool
- Ménopause précoce
- Absence de grossesse
- Carence en calcium alimentaire
- Manque d'exercice (mise en charge)
- Hyperthyroïdie
- Trop de caféine
- Trop de boissons gazeuses contenant du phosphore (en grande quantité, il épuise le calcium du corps)

Sachez que seul l'exercice avec mise en charge, comme la marche, les escaliers, le jogging et le tennis, augmentent la densité osseuse. La natation, par exemple, n'a pas cet effet. Quant aux suppléments, je vous recommande de prendre quotidiennement :

- 1 000 mg de vitamine C avec bioflavonoïdes
- 400 UI de vitamine D
- 400 à 800 UI de vitamine E (sèche)
- 100 à 200 µg de vitamine K

- 500 µg de vitamine B12, sous forme sublinguale
- 1 à 3 mg de bore (borate de sodium)
- Complexe d'isoflavones de soja (avec 10 mg de daidzéine et de génistéine)
- 1 200 à 1 500 mg de calcium (*voir la rubrique 53 au sujet des bonnes sources alimentaires de calcium*)

Est-il vrai que les femmes âgées végétariennes sont plus susceptibles de faire de l'ostéoporose ?
Il semble que oui. Les femmes à la préménopause ou à la postménopause devraient avoir une alimentation fournissant une quantité adéquate de protéines (15 à 20 % de l'apport quotidien en calories) pour maintenir les minéraux de leur densité osseuse. La viande, la volaille, les œufs et le fromage sont d'excellentes sources de protéines complètes et protectrices, alors que les protéines végétales ne le sont pas. La combinaison adéquate d'acides aminés de sources non animales peut cependant réduire les risques. Les végétariennes peuvent éliminer ce problème en faisant de la céréale quinoa (*voir la rubrique 87*) un élément de base de leur alimentation.

Qu'est-ce que le prédiabète et quels sont ses symptômes ?
Le prédiabète est souvent asymptomatique. Les médecins ne disposent que depuis peu des lignes directrices servant au diagnostic. Cette condition mérite une attention particulière même avant l'apparition complète du diabète, car elle peut causer des dommages au coeur et à l'appareil circulatoire. Les nouvelles lignes directrices ont abaissé le taux de glycémie acceptable de 110 à 100 mg/dL, ce qui permet aux médecins de reconnaître le prédiabète et les aide à mieux suivre l'évolution de la maladie.

J'ai lu qu'un supplément appelé hydroxyapatite peut aider à combattre l'ostéoporose. Pouvez-vous m'en dire plus ?

L'hydroxyapatite est un supplément de calcium très efficace et l'un des rares que l'organisme absorbe très facilement. Elle contient du calcium semblable à celui que l'on trouve dans les os, ainsi que d'autres minéraux essentiels à l'édification osseuse, notamment le magnésium, le fluor, le sodium et le potassium.

Il existe plusieurs suppléments contenant de l'hydroxyapatite. Assurez-vous de choisir un produit qui fournisse au moins 1 000 mg de calcium. Vous pourrez obtenir les 200 à 500 mg manquants par l'alimentation. (*Voir la rubrique* 53.) Le citrate de calcium est une autre forme assimilable par l'organisme si vous êtes végétarien.

Je fais de l'arthrite et j'ai entendu dire que la glucosamine peut soulager les douleurs articulaires. J'hésite à en prendre, car je ne connais pas ce produit, je ne sais pas s'il a des contre-indications ou s'il a des effets secondaires indésirables. Que dois-je rechercher pour obtenir les meilleurs bienfaits ?

Voici une leçon éclair sur la glucosamine. La glucosamine est un constituant de cartilage naturel qui stimule la production de tissus conjonctifs dans le corps. Elle contribue à soulager les douleurs articulaires, à réparer les tissus conjonctifs, à préserver la santé des ligaments et des tendons, en plus de traiter les symptômes d'arthrose et de polyarthrite rhumatoïde. Ces deux affections sont très différentes, mais ont un point commun, la destruction des tissus conjonctifs, appelé le cartilage. L'usure du cartilage laisse les extrémités osseuses à nu, causant de la douleur, de la raideur et de l'inflammation articulaire.

La production de glucosamine par l'organisme diminue avec l'âge. Par conséquent, le cartilage ne parvient plus à retenir le fluide qui lui permet d'agir comme amortisseur. La glucosamine soulage la douleur en permettant de restaurer le cartilage perdu. Elle est des plus efficaces avec deux autres suppléments, la chondroïtine aussi contenue dans le cartilage et la pregnénolone, une hormone naturelle.

Certains produits de produits de glucosamine et de sulfate de chondroïtine ont donné des renseignements trompeurs. Avant d'acheter de la glucosamine, assurez-vous que le produit contient du chlorure de potassium en guise de stabilisateur (plutôt que du chlorure de sodium). Nul besoin d'ajouter du sel à votre alimentation (*voir la rubrique 350*).

Quant aux effets secondaires, la glucosamine peut dans de rares cas causer des nausées ou des aigreurs. Pour réduire ces effets, on peut prendre le supplément aux repas. Certaines études ont révélé que la glucosamine peut nuire à la résistance insulinique, laquelle contribuerait à l'apparition du diabète, mais ce phénomène n'a pas été prouvé. Si cela vous inquiète, prenez 200 µg de picolinate de chrome par jour (qui vous aidera en même temps à éliminer du gras ainsi qu'à diminuer le cholestérol et les triglycérides).

Vous trouverez ces suppléments sous forme de capsules, de poudre et de liquides. Je recommande de prendre 1 à 3 comprimés de 500 mg de chlorhydrate de glucosamine par jour (une forme 40 % plus puissante que la glucosamine régulière). Les effets positifs de la glucosamine peuvent prendre plus de temps à se manifester si vous prenez de l'aspirine ou une autre forme d'analgésique.

J'ai entendu dire que l'inflammation est à la base de la plupart des maladies chroniques, et pas seulement l'arthrite et l'asthme. Est-ce vrai ? Si oui, de quelles maladies s'agit-il et quels suppléments recommandez-vous ?

C'est vrai et les toutes dernières recherches fournissent de précieux renseignements. Il semble qu'une faible inflammation chronique puisse être une cause sous-jacente de maladies coronariennes, de la maladie d'Alzheimer, de certains cancers, voire de l'obésité et du diabète. Une recherche récente menée par le Dr Paul Ridker de la Harvard Medical School, dans laquelle on a utilisé un test sanguin très délicat sur la protéine C-réactive (CRP), une protéine sanguine qui stimule les taux d'inflammation dans le corps, a montré qu'une inflammation forte quadruple les risques de crise cardiaque. On a observé des taux élevés de CRP dans bon nombre de maladies chroniques qu'on a regroupées sous le nom « syndrome d'inflammation ». Jack Challem, auteur du livre ***The Inflammation Syndrome***, mentionne que l'inflammation présente dans un cas d'obésité ou de diabète qui s'étend dans tout le corps peut être un signe précurseur d'une inflammation des vaisseaux sanguins et augmenter les risques de maladies du cœur.

L'inflammation est un signe que l'équilibre inflammatoire de l'organisme est perturbé. Il existe des suppléments anti-inflammatoires qui peuvent vous aider à retrouver cet équilibre.

SUPPLÉMENTS ANTI-INFLAMMATOIRES

- L'*AGL (acide gamma-linolénique)* : Le corps le synthétise à partir de l'acide linolénique. Aussi appelé acide gras oméga-6, il est le précurseur d'importantes prostaglandines qui aident à supprimer l'inflammation. On puise l'AGL dans l'huile de bourrache, l'huile de cassis et l'huile d'onagre. Le corps peut aussi en fabriquer à partir d'acides gras oméga-6. Malheureusement et bien qu'il y ait des oméga-6 dans l'alimentation américaine, bon nombre des huiles qui en contiennent sont hydrogénées, ce qui peut inhiber la conversion des oméga-6 en AGL.

- L'*EPA (acide eicosapentanoïque)* : C'est un précurseur de la production d'agents anti-inflammatoires par le corps. Bien que l'EPA, un acide gras oméga-3, puisse découler de la conversion par l'organisme de l'acide alpha- linolénique (***voir la rubrique** 47*), on peut en absorber en mangeant certains poissons d'eaux froides comme le saumon, le maquereau et les sardines (*voir les rubriques 96 et 97*).

• L'*acide oléique*: L'acide oléique est le principal acide gras oméga-9 de l'huile d'olive. Il est anti-inflammatoire et il renforce l'effet de l'EPA.

• La *vitamine E*: La vitamine E (*voir la rubrique 46*) ainsi que d'autres antioxydants (*voir les rubriques 106 à 121*) détruisent les radicaux libres qui peuvent stimuler l'inflammation.

CHAPITRE 16 Tout ne se joue pas que dans la tête

317. L'EFFET DES VITAMINES ET DES MINÉRAUX SUR VOTRE HUMEUR

Les premières découvertes scientifiques documentées liant les maladies mentales à l'alimentation ont vu le jour lorsqu'on a montré que la niacine permettait de soigner la pellagre (ainsi que la dépression, la diarrhée et la démence qui l'accompagnent). Plus tard, on a trouvé que les suppléments comprenant tout le complexe B avaient un effet encore plus favorable.

Nous avons de plus en plus de preuves à l'effet que les maladies mentales découlent de perturbations biochimiques. Des expériences ont révélé que les symptômes de maladies mentales se manifestent ou non selon les variations des taux de vitamines dans le corps.

Le Dr R. Shulman, dans un article publié dans le *British Journal of Psychiatry*, a rapporté que 48 patients psychiatriques sur 49 présentaient une insuffisance en acide folique. D'autres recherches ont montré que la majorité des personnes atteintes de maladies mentales et affectives manquent de l'une ou de toutes les vitamines du complexe B ou de vitamine C. Même chez les personnes dites « normales » et heureuses, on a observé des épisodes de dépression ou d'autres symptômes de perturbation émotionnelle lorsque leurs taux de niacine ou d'acide folique étaient à la baisse.

318. LES NUTRIMENTS QUI COMBATTENT LA DÉPRESSION, L'ANXIÉTÉ ET LA TENSION (LE STRESS)

Vitamine B1 (thiamine)

Des quantités au-delà de la moyenne peuvent aider à soulager la dépression et les crises d'angoisse.

Vitamine B6 (pyridoxine)

Contribue à la production d'antidépresseurs naturels comme la dopamine et la norépinéphrine.

Acide pantothénique

Un antistress naturel.
Vitamine C (acide ascorbique)
Essentielle pour lutter contre la tension (le stress).

Vitamine B12 (cobalamine)

Aide à réduire l'irritabilité, à améliorer la concentration, à augmenter l'énergie et à préserver la santé du système nerveux.

Choline

Envoie des influx nerveux au cerveau et a un effet apaisant.

Vitamine E (sèche; alpha-tocopthérol)

Favorise l'apport d'oxygène aux cellules du cerveau.

Acide folique (folacine)

On a montré qu'une insuffisance en acide folique contribue aux maladies mentales.

Zinc

Favorise l'acuité mentale et contribue au bon fonctionnement du cerveau.

Magnésium
Minéral antistress par excellence; indispensable au bon fonctionnement du système nerveux.

Manganèse
Aide à diminuer l'irritabilité nerveuse.

Niacine
Vitale au fonctionnement adéquat du système nerveux.

Calcium
Soulage la tension (le stress), l'irritabilité en plus de favoriser la détente.

Tyrosine
Contribue à accroître la rapidité à laquelle les neurones du cerveau génèrent les antidépresseurs comme la dopamine et la norépinéphrine.

Tryptophane
S'allie à la vitamine B6, à la niacine et au magnésium pour synthétiser la sérotonine, substance chimique du cerveau, un tranquillisant naturel.

Phénylalanine
Indispensable à la libération, par le cerveau, des antidépresseurs dopamine et norépinéphrine.

319. D'AUTRES MÉDICAMENTS PEUVENT AGGRAVER VOS PROBLÈMES

L'alcool est un neurodépresseur. La combinaison d'antidépresseurs et d'alcool peut causer une grave dépression nerveuse, voire la mort.

Une personne qui prend un somnifère avec un antihistaminique (par exemple, une préparation contre le rhume en vente libre) risque de ressentir des tremblements intenses et de la confusion.

Les contraceptifs oraux dépouillent l'organisme de ses vitamines B6 et B12, de son acide folique et de sa vitamine C. Ne soyez pas étonnée de souffrir de dépression alors que vous prenez un contraceptif oral. Vos besoins en vitamine B6, nécessaire au métabolisme normal du tryptophane, sont de 50 à 100 fois plus grands que ceux d'une femme qui ne prend pas de contraceptif oral.

DROGUES ET MÉDICAMENTS QUI PEUVENT CAUSER DE LA DÉPRESSION À VOTRE INSU

La liste qui suit n'est pas exhaustive, mais toutes les substances énumérées détruisent des nutriments qui agissent sur l'humeur, et ce, à différents degrés. (*Voir la rubrique 331.*) Si vous prenez des médicaments pour vous sentir mieux, mais que vous êtes d'humeur triste, il y a de fortes chances que la cause ne soit pas d'ordre psychologique.

- Adrénocorticoïdes
- Amphétamines
- Antibiotiques
- Anticonvulsivants
- Antidépresseurs (oui!)
- Antihistaminiques
- Antihypertenseurs
- Médicaments contre l'arthrite
- Baclofène
- Barbituriques
- Bêta-bloquants (Inderal©)
- Diurétiques
- Fluorure
- Hormones (œstrogène, y compris le Premarin©, et progestines synthétiques comme le Provera©)

- Indométhacine (Indocin©)
- Isoniazide (INH©, Nydrazid©)
- Laxatifs, lubrifiants
- Méprednisone (Betapar©)
- Méthotrexate (Mexate©)
- Narcotiques
- Nitrofurantoïne (Furadantin©, Macrodantin©)
- Contraceptifs oraux
- Analgésiques
- Pénicillamine (Cuprimine©)
- Pénicilline (toutes ses formes)
- Phénytoïne (Dilantin©)
- Suppléments de potassium
- Procaïnamide
- Propoxyphène (Darvon©)
- Pyriméthamine (Daraprim©)
- Somnifères
- Corticostéroïdes systémiques (prednisone, cortisone, etc.)
- Tagamet©
- Tétracyclines
- Tranquillisants (Halcion©, Librium©, Restoril©, Xanax©, etc.)
- Triméthobenzamide (Tigan©)
- Zantac©

320. DES QUESTIONS SUR LE CHAPITRE XVI ?

Comme réalisateur d'une émission de télé quotidienne, je subis une tension constante. Je mange quand je peux, alors j'aimerais savoir s'il y a des aliments qui me seraient plus favorables.

Oui, il y en a. Optez pour des aliments riches en glucides complexes au lieu des protéines, que ce soit pour un petit déjeuner nutritif ou pour un déjeuner sur le plateau de tournage. Autrement dit, mangez des pâtes, du riz ou des céréales au lieu de steak et d'œufs.

Les glucides complexes aident à augmenter le taux de *sérotonine* dans le cerveau; ainsi, vous serez plus calme et moins tendu sans perdre de votre vivacité.

À l'occasion, je me sens dépressif sans raison valable. Je suis un homme de 29 ans, heureux en ménage. Je n'ai aucune idée de ce qui déclenche ces épisodes de dépression. Mon alimentation peut-elle y être pour quelque chose ?
Absolument, surtout si vous vous réconfortez à l'aide d'aliments riches en sucre. Le sucre, sous forme de glucides raffinés, d'alcool ou autres, peut épuiser vos réserves de vitamines du complexe B, surtout de vitamine B1, dont la carence peut entraîner de la dépression. Les acides aminés (*voir les rubriques 78 et 80*) comme la tyrosine et la phénylalanine peuvent agir comme des antidépresseurs. Consultez d'abord votre médecin, mais je vous recommande de 500 à 2 000 mg (2 g) d'une combinaison de ces acides aminés, au coucher ou le matin, avec de l'eau ou du jus (sans protéines). En outre, vous pourriez prendre un comprimé d'un complexe de millepertuis à libération progressive, 1 à 2 fois par jour.

CHAPITRE

17 Les médicaments, les drogues et vous

321. D'ABORD, LA CAFÉINE

Il n'y a aucun doute, la caféine est une drogue puissante. Oui, une *drogue*. Alors que vous croyez simplement savourer votre café ou vos colas quotidiens, en réalité, vous êtes accro à la caféine.

La caféine agit directement sur le système nerveux central. Elle donne instantanément le sentiment d'avoir les idées claires et amoindrit la fatigue. Elle stimule aussi la libération de sucres stockés dans le foie, ce qui explique la sensation de « coup de fouet » produite par le café, les colas et le chocolat (le trio caféine). Toutefois, les effets secondaires indésirables dépassent ces bienfaits.

- La libération des sucres stockés exerce une grande pression sur le système endocrinien. (L'épuisement des glandes surrénales peut conduire à de l'hypoglycémie.)

- Les grands consommateurs de café manifestent souvent de la nervosité ou de l'agitation.

- L'apport quotidien de caféine s'accumule pendant un an; une bonne partie de la caféine se loge dans les tissus adipeux et est difficile à éliminer.

- Les femmes au foyer qui consomment du café ont présenté des symptômes semblables à ceux d'un sevrage aux drogues lorsqu'elles ont remplacé le café par une boisson décaféinée.

- Le Dr John Minton, professeur de chirurgie à la Ohio State University, aux États-Unis, et spécialiste en oncologie, a observé qu'un apport excessif de méthylxanthines (substances actives du café) peut causer des maladies bénignes du sein et des troubles de la prostate.

- La caféine peut épuiser les réserves de l'organisme en vitamines du complexe B, surtout l'inositol, ainsi qu'en vitamine C, en zinc, en potassium et en d'autres minéraux.

- Le café augmente l'acidité dans le tractus gastro-intestinal et peut causer des démangeaisons rectales.

- Plusieurs médecins estiment que la caféine est un facteur des cardiopathies hypertensives.

- La revue médicale britannique *Lancet* a rapporté qu'il existe un lien étroit entre la consommation de café et les cancers de la vessie et du bas tractus urinaire.

- Les personnes qui boivent cinq tasses de café par jour ont 50 % plus de chances de subir une crise cardiaque que ceux qui n'en boivent pas.

- Le *Journal of the American Medical Association* mentionne une maladie appelée « caféisme » qui présente les symptômes suivants : perte de l'appétit, perte de poids, irritabilité, insomnie, sensations de bouffées de chaleur, frissons et faible fièvre à l'occasion.

- On a montré que la caféine intervient dans la réplication de l'ADN.

- Le Center for Science in the Public Interest, aux États-Unis, déconseille la caféine aux femmes enceintes, car des études ont montré que la quantité de caféine contenue dans environ 4 ta ses de café par jour peut causer des anomalies congénitales chez les animaux de laboratoire.

- De fortes doses de caféine provoquent des convulsions, puis la mort, chez les animaux de laboratoire.

- La caféine peut augmenter dangereusement le rythme cardiaque et la tension artérielle si on la prend de pair avec des décongestionnants ou des bronchodilatateurs commerciaux, comme les inhalants Proventil©, Ventolin©, Bronkaid© et Primatine©.

La caféine peut être très toxique. (On a établi à 10 g sa dose létale.) Une nouvelle étude a révélé que 1 L (4 tasses) de café bu en trois heures peut détruire presque toute la thiamine de l'organisme.

322. C'EST PIRE QUE VOUS NE LE CROYEZ

La véritable révélation en ce qui concerne la caféine est la quantité comprise dans les aliments et boissons que nous absorbons, à notre insu, enfants comme adultes. En fait, une étude récente menée par le *Consumer Reports* sur 25 produits susceptibles d'être consommés par les enfants a montré que certaines boissons gazeuses, glaces ou collations regorgent de caféine. Il y a eu peu de recherches sur les effets de la caféine sur les enfants, mais les médecins et les nutritionnistes s'entendent sur le fait que 100 mg de caféine par jour peut causer de l'angoisse, de la tension (du stress) et de l'insomnie. Des quantités plus grandes peuvent entraîner des nausées, des vomissements, des crampes et de la diarrhée. Le tableau qui suit indique la quantité de caféine, en milligrammes, contenue dans certaines boissons, certains médicaments et certaines collations.

BOISSONS (BOÎTE OU BOUTEILLE DE 355 mL/12 oz) (produits américains)

Coca-Cola	64,7 mg
Dr Pepper	60,9 mg
Mountain Dew	54,7 mg
Diet Dr Pepper	54,2 mg
Tab	49,4 mg
Pepsi-Cola	43,1 mg
RC Cola	33,7 mg
Diet RC Cola	33,0 mg
Diet-Rite	0,0 mg

BOISSONS (240 mL/8 oz) (produits américains)

Frappuccino Starbucks	83,0 mg
AMP Energy Drink	77,0 mg
Red Bull	70,0 mg
Red Fusion	38,0 mg
Jus de pomme Elements Atomic Jacked	33,0 mg
SoBe Energy aux agrumes	25,0 mg
Boisson gazeuse à l'orange Sunkist	24,0 mg

CAFÉ (150 mL/5 oz)

Instantané	40 à 108 mg
Au percolateur	64 à 124 mg
Goutte à goutte	110 à 150 mg
Velouté	12 à 35 mg
Décaféiné	2 à 5 mg
Décaféiné instantané	2 mg

THÉ (150 mL/5 oz)

Noir, infusé 5 minutes	20 à 50 mg
Noir, infusé 1 minute	9 à 33 mg

Vert, infusé 5 minutes	35 mg
Instantané	12 à 28 mg
Thé glacé	22 à 36 mg
Décaféiné	10 à 41 mg
Cacao	13,0 mg

CHOCOLAT

Chocolat au lait (28 g/1 oz)	6,0 mg
Chocolat noir semi-sucré (28 g/1 oz)	20,0 mg

MÉDICAMENTS (1 comprimé) (produits américains)

Actamin Super	65,4 mg
Alka-Seltzer Morning Relief	65,0 mg
Anacin (aussi offert sans caféine)	32,0 mg
Excedrin sans aspirine	65,0 mg
Bayer Select Maximum Strength Headache Pain Relief	65,4 mg
B.C. Headache Powder	65,0 mg
Cafergot	100,0 mg
Darvon Compound 65 Puvules	40,0 mg
Dexatrim (aussi offert sans caféine)	200,0 mg
Dexatrim Results	40,0 mg
Dristan (capsules)	16,0 mg
Excedrin (Excedrin PM ne contient pas de caféine, mais contient un antihistaminique)	65,0 mg
Fiorinal	130,0 mg
Goody's Extra Strength	16,25 mg
Goody's Headache Powder	32,4 mg
Midol	32,4 mg
No-Doz	100,0 mg
Norgesic Fort	60,0 mg
Norphadrine Forte	60,0 mg
Soma CMPD	32,0 mg

Triaminicin	30,0 mg
Vanquish	33,0 mg
Vivarin	200,0 mg

COLLATIONS

Yaourt Dannon allégé au café (180 mL/6 oz)	36 mg
Glace Starbucks aux pépites de java (125 mL/1/2 tasse)	28 mg
Glace Haagen-Dazs au café (60 mL/1/4 tasse)	24 mg
Bonbons au chocolat au lait M&M (125 mL/1/2 tasse)	16 mg
Sirop de chocolat Hershey (30 mL/2 c. à soupe)	5 mg

323. POUR REMPLACER LA CAFÉINE

Le café décaféiné *n*'est *pas* la meilleure solution au problème de la caféine. On a découvert que le trichloréthylène, d'abord utilisé pour éliminer la caféine du café, cause de nombreux cas de cancer chez les animaux de laboratoire. Les producteurs emploient maintenant du chlorure de méthylène, plus sécuritaire; cependant, ce produit donne lieu à la même liaison carbone-chlore dans l'organisme qui est caractéristique d'un grand nombre d'insecticides toxiques.

Le thé régulier ne constitue pas une solution non plus, car il contient presque autant de caféine. En revanche, les tisanes peuvent se révéler revigorantes. Les magasins d'alimentation naturelle en vendent une très grande variété. Le ginseng est un autre stimulant qui vous fouettera autant que la caféine, sans ses effets secondaires.

Les colas, de régime ou non, sont maintenant tout aussi populaires que le café chez les personnes qui recherchent le coup de fouet de la caféine. Remplacez-les par de l'eau gazéifiée ou minérale, ou même par un soda parfumé s'il le faut. Vous ne ressentirez pas de bouffée d'énergie, mais vous vous ferez beaucoup de bien.

324. LES EFFETS DE L'ALCOOL

L'alcool est la drogue la plus répandue dans notre société mais, du fait de son accessibilité, personne ne le considère comme tel. C'est pourtant bel et bien une drogue, et son abus peut causer de grands dommages à l'organisme.

- L'alcool n'est pas un stimulant, mais un dépresseur ataraxique du système nerveux central.
- Il peut contribuer à l'éclatement des veines.
- Il ne réchauffe pas; en fait, il cause une sensation de froid ne augmentant la transpiration et la perte de chaleur corporelle.
- Il détruit les cellules du cerveau en leur retirant l'eau dont elles ont besoin.
- Il peut vider le corps des vitamines B1, B2, B6, B12, de l'acide folique, de la vitamine C, de la vitamine K, du zinc, du magnésium et du potassium.
- Quatre boissons alcoolisées par jour suffisent à causer des dommages aux organes.
- L'alcool peut entraver la synthèse du gras par le foie.

325. CE QUE VOUS BUVEZ, ET QUAND

Ne vous laissez pas berner par les différentes teneurs en alcool des boissons. Il est vrai que la bière contient aussi peu que 4 % d'alcool, que le vin en contient 12 % et le whisky, jusqu'à 50 %. Cependant, une boîte de bière, un verre de vin ou un coup de whisky peuvent causer le même état d'ivresse. Autrement dit, vous ressentirez les mêmes effets, que vous buviez quatre boîtes de bière ou quatre coups de tequila.

Fait étonnant, ce que vous buvez a moins d'importance que le *moment* où vous le buvez. Le Dr John D. Palmer, de la University of Massachusetts, aux États-Unis, a rapporté que le temps de séjour de l'alcool dans le sang varie selon le moment de la journée. Bien sûr, plus longtemps l'alcool reste dans le sang, plus il a l'occasion d'agir sur les cellules du cerveau. Les moments de plus grande vulnérabilité vont de 2 h à midi; l'alcool absorbé tard en après-midi ou au début de la soirée cause moins de dommages. L'organisme évacue 25 % plus vite un cocktail pris au dîner qu'un Bloody Mary pris au petit déjeuner ou après minuit. En outre, le corps métabolise plus lentement le dernier verre d'une soirée bu après minuit que les précédents, ce qui maintient plus élevé, plus longtemps le taux d'alcool dans le sang.

326. DES VITAMINES POUR RÉDUIRE L'ENVIE D'ALCOOL

Une recherche menée à la University of Texas, aux États-Unis, a montré que des souris alcooliques auxquelles on administre une diète nourrissante et enrichie de vitamines perdent rapidement tout intérêt pour l'alcool. Cela semble aussi vrai pour les humains, car de grands buveurs ont réussi à briser leur accoutumance à l'alcool, voire à perdre leur attirance, grâce à une alimentation adéquate et à des suppléments nutritionnels appropriés. Les vitamines A, D, E et C, ainsi que toutes les vitamines B, surtout B12, B6 et B1, du calcium, du magnésium, de la choline, de l'inositol, de la niacine et une alimentation hyperprotéique ont donné les meilleurs résultats. Le Dr H. L. Newbold, de New York aux États-Unis, a travaillé longuement avec des alcooliques. Il recommande de commencer avec 5 capsules de 200 mg de glutamine (pas d'acide glutamique), 3 fois par jour pour maîtriser la consommation d'alcool et de consulter un médecin spécialiste de la nutrition pour élaborer le meilleur régime qui soit. (*Voir la rubrique* 383.)

Récemment, l'ancienne plante chinoise kudzu (*voir la rubrique* 172), longtemps utilisée pour soulager la gueule de bois, a aussi servi à éliminer l'accoutumance à l'alcool. Ce n'est pas une découverte en soi, car les phytothérapeutes asiatiques font l'utilisation des racines de kudzu infusées pour traiter l'alcoolisme depuis près de 2 000 ans. Le kudzu contient deux phytochimiques, la daidzine et la daidzéine, qui aident à réduire le taux d'alcool dans le sang. Le kudzu se vend sous forme de supplément en capsules de 500 mg. Pour de meilleurs résultats, prenez une capsule trois fois par jour, avant ou après la consommation d'alcool.

327. À PROPOS DE LA MARIJUANA ET DU HASCHICH

La marijuana et le haschich proviennent de la plante du chanvre, *Cannabis saliva*. Les feuilles et les tiges broyées de la plante constituent la marijuana, alors que le haschich consiste en la résine prélevée des sommités florales.

Ces deux drogues se fument ou se mangent. Les fumer produit un effet qui dure une à trois heures; les manger donne une sensation pendant environ quatre à dix heures, quoique plus lente à se manifester.

Contrairement à d'autres drogues illicites, la marijuana et le haschich possèdent une propriété particulière, soit celle de la « tolérance inverse », c'est-à-dire que les consommateurs habitués ont besoin de moins de drogue pour en ressentir les effets que les nouveaux utilisateurs. Ces drogues agissent essentiellement comme substances intoxicantes, relaxants, tranquillisants, stimulants de l'appétit et hallucinogènes légers, bien que les effets varient d'une personne à une autre.

Fumer un joint peut faire augmenter la tension artérielle et le rythme cardiaque, en plus d'abaisser la température corporelle et les taux sanguins de vitamine C. On a aussi observé que fumer de la marijuana durant la grossesse peut mener à une insuffisance pondérale à la naissance chez le nouveau-né et augmenter les risques de cancer des poumons.

> *ATTENTION : Une psychose toxique peut découler de la consommation de* Cannabis *en quantité non déterminée.*

SUPPLÉMENTS ET ALIMENTS UTILES POUR LES CONSOMMATEURS DE MARIJUANA ET DE HASCHISH

Augmentez votre apport en agrumes et en légumes feuillus verts. (Votre « consommation » vous apporte plus de sucres raffinés et de glucides qu'il n'en faut, ce qui signifie que vous privez votre corps des vitamines du complexe B essentielles.)

1 000 mg de vitamine C, le matin et le soir

100 à 400 UI de vitamine E, 1 à 3 fois par jour, pour la protection des poumons

328. LA COCAÏNE VOUS COÛTE PLUS QUE DE L'ARGENT

La cocaïne est un vasoconstricteur, un stimulant du système nerveux central, et intensifie la stimulation nerveuse. En application externe, elle bloque l'influx nerveux et produit un engourdissement.

Peu importe le prix payé, la poudre achetée contient rarement plus que 60 % de cocaïne pure. Les 40 % restants sont des produits ajoutés pour étirer la drogue ou accroître ses effets. Certains de ces produits sont relativement inoffensifs, notamment le lactose, le dextrose, l'inositol (une vitamine B) et du mannitol. D'autres, incluant la fécule de maïs, le talc et la farine, peuvent représenter un danger, car ils sont pratiquement insolubles dans le sang et peuvent coaguler dans l'organisme. La *benzocaïne*, active d'un point de vue pharmacologique, peut aussi causer la formation de caillots et entraîner de graves complications si on la mêle à de la cocaïne.

Comme cette drogue pénètre facilement les muqueuses, l'inhalation est la façon la plus répandue de la consommer. Toutefois, beaucoup de gens la placent sous la langue et sous les paupières ou sur les parties génitales. On peut l'injecter par voie intraveineuse ou l'inhaler sous forme de crack, lequel est un amalgame de cocaïne, de bicarbonate de soude et d'eau formant un cristal prêt à fumer.

Les effets de la cocaïne sont de courte durée (environ 30 minutes) : euphorie, sensation d'énergie psychique et confiance en soi, mais comme l'effet est éphémère. Il faut de plus en plus de cocaïne pour réussir à atteindre ces sensations. L'accoutumance est très forte.

Outre les saignements de nez, une accélération du rythme cardiaque, les sueurs froides, la perte de l'appétit et, dans certains cas, l'impression d'avoir des insectes sur le corps, la cocaïne peut aussi provoquer des convulsions, des vomissements, des chocs anaphylactiques, voire la mort. Sa toxicité est imprévisible. La cocaïne mêlée à de mauvais ingrédients, même en petite quantité, peut s'avérer mortelle chez des personnes sensibles.

SUPPLÉMENTS ET ALIMENTS QUI PEUVENT AIDER LES CONSOMMATEURS DE COCAÏNE

1 PVM (*voir la rubrique 206*)

500 mg de calcium chélaté avec 250 mg de magnésium, 2 fois par jour, un au coucher

1 capsule de kava kava au coucher (en cas d'insomnie)

1 000 mg de vitamine C, 200 à 400 UI de vitamine E et 100 mg de vitamines du complexe B, 1 à 3 fois par jour

329. DE L'AIDE POUR RÉDUIRE OU CESSER LA CONSOMMATION DE COCAÏNE

La tyrosine est un acide aminé qui se trouve dans la viande et le blé (*voir la rubrique 86*). On a montré qu'elle aide à soulager la dépression, la fatigue et les sautes d'humeur (l'irritabilité) qui rendent le sevrage de la cocaïne si difficile. À l'hôpital Fair Oaks de Summit, au New Jersey, aux États-Unis, des cocaïnomanes ont dilué l'acide aminé dans leur jus d'orange pendant 12 jours. En même temps, ils ont pris de la vitamine C, des vitamines du complexe B (thiamine, niacine et riboflavine) ainsi que de la tyrosine hydroxylase (TH), une enzyme qui favorise le métabolisme de la tyrosine par l'organisme. Les résultats ont été très concluants. Un comprimé de millepertuis à libération progressive chaque matin semblait aussi soulager la dépression.

330. LES MÉDICAMENTS SUR ORDONNANCE OU EN VENTE LIBRE : DES SOLUTIONS DE RECHANGE

Les Américains consomment plus de 0,7 million de kilogrammes (1,5 million de livres) de médicaments psychotropes et plus de 2 millions de kilogrammes (4 millions de livres) d'antibiotiques par an. Ces drogues sont-elles toutes nécessaires ? Je ne le crois pas, mais bien des gens qui consultent leur médecin s'attendent à en obtenir une ordonnance.

Il y a des solutions de rechange que la thérapie orthomoléculaire et les spécialistes de la nutrition cherchent à appliquer avant de se tourner vers les médicaments sur ordonnance.

Feu Dr Robert C. Atkins, auteur de *Atkins' New Diet Revolution*, suggérait à des patients de remplacer des médicaments comme le Seconal®, le Nembutal®, le Butisol® ou d'autres barbituriques par de l'acide pantothénique et environ 2 000 mg d'inositol pour favoriser le sommeil. Il a aussi connu de bons résultats quand il a utilisé la vitamine B15 pour contrôler le taux de glycémie et de la vitamine B13 (acide orotique) afin de réduire l'hypertension artérielle.

Avant d'avaler votre prochaine pilule, vous pourriez expérimenter une approche plus naturelle.

DROGUE OU MÉDICAMENT	SOLUTIONS DE RECHANGE NATURELLES
Antiacides	Extrait de racine de réglisse déglycyrrhizinisé (DGL); papaye; tisanes tièdes de fenugrec, d'orme rouge, de camphre

et de spirée à larges feuilles (sans citron); MSM (méthylsulfonylméthane).

Antibiotiques et antihistaminiques

Ail, vitamine C et (oui, c'est vrai!) bouillon de poulet ont des propriétés antibiotiques et antihistaminiques remarquables. Autres produits qui combattent l'infection et bloquent les histamines : vitamine A, zinc, sélénium, extrait de pépins de pamplemousse, échinacée, acide pantothénique, quercétine et thé vert.

Antidépresseurs

Millepertuis à libération progressive, plus un complexe d'extrait de graines de jujubier avec calcium et magnésium; vitamines B1, B6 et B12; tyrosine et phénylalanine (ne pas prendre de pair avec des IMAO, ou inhibiteurs monoamine oxydase).

Antidiarrhéiques

Riz; bananes; yaourt à l'acidophile lactobacille si la diarrhée est causée par les antibiotiques.

Antihypertenseurs

Acides gras oméga-3; magnésium; calcium; crucifères (brocoli, chou, chou fourrager); céleri; vitamine C; potassium (interdit aux personnes atteintes de troubles rénaux); dong quai; ginseng sibérien.

Antinauséeux	Vitamines B1 et B6 pour les nausées dues au mal des transports ou à la grossesse; racine de gingembre; Ev.Ext-77; niacine, bioflavonoïdes et ginkgo normalisé aident à traiter les étourdissements et les nausées dus à la maladie de l'oreille interne.
Hypocholestérolémiants	Niacine sans bouffées de chaleur (*voir la rubrique* 32); vitamine C, magnésium, calcium, cuivre et vitamine E; psyllium (5 à 10 mL/1 à 2 c. à thé par jour) et eau; n-acétylcystéine, thé vert, proanthocyanidines (extrait de pépins de raisin, cayenne, cari); guggulipide.
Décongestionnants	Vitamines A et C; tisanes de quercétine, d'échinacée, d'hydraste du Canada, de cirier de Pennsylvanie; potassium; racines de raifort.
Diurétiques	Luzerne, céleri, feuilles de pissenlit et vitamine B6 sont d'excellents diurétiques naturels.
Laxatifs	Vitamine C; vitamines B1, B2, B6 et B12; potassium; magnésium; acidophile; luzerne; baies d'aubépine; gotu kola; scutellaire; son; eau.

Tranquillisants (sédatifs, calmants, autres)	Valériane, mélatonine, choline, niacine, vitamines B1, B6 et B12, calcium et magnésium; manganèse, zinc, acide pantothénique et inositol; complexe de millepertuis à libération progressive; phénylalanine et tyrosine.

ATTENTION : Ne cessez pas brusquement de prendre vos médicaments pour les remplacer par une solution de rechange naturelle. Consultez un professionnel de la nutrition (voir la rubrique 383) afin de bien ajuster les doses pendant que vous éliminez progressivement vos médicaments sur ordonnance.

331. L'ESCROQUERIE DE LA MÉDECINE

Les Américains consomment plus que jamais des médicaments. Ce que la plupart des gens ignorent est que bon nombre des médicaments — sur ordonnance ou en vente libre — nuisent autant qu'ils aident, du moins sur le plan nutritionnel. Trop souvent, les médicaments empêchent l'absorption des nutriments ou interviennent dans la capacité des cellules de bien les utiliser.

Une étude récente a montré que les substances contenues dans les médicaments en vente libre contre le rhume, la douleur et les allergies abaissent le taux de vitamine A dans le sang. Étant donné que la vitamine A protège et renforce les muqueuses du nez, de la gorge et des poumons, une insuffisance favoriserait la prolifération de la bactérie, prolongeant la maladie que le médicament est supposé enrayer au départ.

L'aspirine, qu'on retrouve dans tous les foyers, est l'ingrédient le plus courant des analgésiques, des remèdes contre le rhume ou les infections des sinus, mais aussi une voleuse de vitamine C.

Même une infime quantité peut *tripler* la vitesse d'élimination de la vitamine C du corps. Elle peut aussi entraîner une insuffisance en acide folique et en vitamine B, et de là causer de l'anémie et des troubles digestifs.

Les corticostéroïdes (cortisone, prednisone), utilisés pour soulager les douleurs arthritiques, les problèmes cutanés, les troubles de la vue et du sang ainsi que l'asthme, semblent avoir un lien avec la baisse des taux de zinc.

Selon une étude publiée dans le *Postgraduate Medical Journal*, un grand nombre de personnes qui prennent des barbituriques montrent un faible taux de calcium.

On a montré que les laxatifs et les antiacides que prennent des millions de personnes perturbent le métabolisme du calcium et du phosphore de l'organisme. En outre, les laxatifs pris à l'excès peuvent épuiser les réserves de potassium et des vitamines A, D, E et K.

Les diurétiques, communément prescrits contre l'hypertension artérielle, de même que les antibiotiques dérobent le potassium de l'organisme.

La liste qui suit répertorie les médicaments sur ordonnance populaires qui causent des insuffisances nutritionnelles. Consultez-la avant de vous procurer votre prochain médicament.

VOLEUR DE NUTRIMENTS	**NUTRIMENTS DÉROBÉS**
Alcool (y compris les antitussifs, les élixirs et les médicaments en vente libre comme le Nyquil® à base d'alcool)	Vitamines A, B1, B2, biotine, choline, niacine, vitamine B15, acide folique et magnésium

Chlorure d'ammonium (p. ex. l'expectorant Ambenyl®, le sirop antitussif décongestionnant Triaminicol®, le sirop P.V. Tussin®)	Vitamine C
Antiacides (p. ex. Maalox®, Mylanta®, Di-Gel® liquide)	Calcium, phosphate, cuivre, fer, magnésium, potassium, zinc, protéines
Antibiotiques (p. ex. Amoxil®, Ceclor®, Keflex®, Augmentin®, PenVee K®)	Vitamines du complexe B, C et K, acidophile
Anticoagulants (p. ex. Coumadin®, dicumarol, Panwarfin®)	Vitamines A et K
Antihistaminiques (p. ex. Chlor-Trimeton®, pyribenzamine)	Vitamine C
Aspirine (y compris les médicaments à base d'aspirine, de phénacétine et de caféine)	Vitamines A, du complexe B et C, calcium, potassium
Barbituriques (p. ex. phénobarbital, Seconal®, Nembutal®, Butisol®, Tuinal®)	Vitamines A et D, acide folique vitamine C

Bêta-bloquants (p. ex. Inderal®, Lopressor®, Sectral®)	Coenzyme Q10
Caféine (y compris les médicaments à base d'aspirine, de phénacétine et de caféine)	Vitamine B1, inositol et biotine, potassium, zinc; peut aussi inhiber l'assimilation du calcium et du fer; vitamine K et niacine
Traitements chimiothérapiques	Presque tous les nutriments Vitamines A, D, E, K, B12, bêta-carotène, acide folique, fer et gras
Hypocholestérolémiants (p. ex. Colestid®, Questran®, Locholest®)	Vitamines A, D, E, K, B12, bêta-carotène, acide folique, fer et gras
Clofibrate (Atromid-s®)	Vitamine K
Colchicine (Colbenemid®)	Vitamines B12 et A, potassium
Corticostéroïdes (p. ex. cortisone, hydrocortisone)	Calcium, vitamine D, potassium, sélénium et zinc
Diéthylstilbestrol (DES)	Vitamine B6
Diurétiques (p. ex. Diuril®, Hydrodiuril®, Ser-Ap-Es®, Lasix®)	Vitamines du complexe B, potassium, magnésium, zinc et coenzyme Q10
Hormonothérapie substitutive (p. ex. Premarin®, Menest®)	Vitamine B6

Fluorure	Vitamine C
Glutethimide (Doriden®)	Acide folique
Médicaments contre la goutte (p. ex. Zyloprim®)	Bêta-carotène, vitamine B12, sodium, potassium
Isoniazide (INH, Nydrazid®)	Vitamine B6
Kanamycine (Kantrex®)	Vitamines K et B12
Laxatifs, lubrifiants (p. ex. huile de ricin, huile minérale)	Vitamines A, D, E et K, calcium et phosphore
Méprednisone (Betapar®)	Vitamines B6 et C, zinc, potassium
Méthotrexate (Mexate®)	Acide folique
Nitrofurantoïne (p. ex. Furadantin®, Macrodantin®)	Acide folique
AINS (p. ex. Anaprox®, Dolobid®, Indocin®)	Vitamines B1 et C, acide folique
Contraceptifs oraux (p. ex. Brevicon®, Demulen®, Enovid®, Lo/Ovral®, Tri Norinyl®, Ovral®)	Acide folique, vitamines C, B2, B6, B12 et E

Pénicillamine (Cuprimine®)	Vitamine B6
Pénicilline (sous toutes ses formes)	Vitamine B6, niacine et vitamine K
Phénytoïne (Dilantin®)	Acide folique
Phénytoïne (Dilantin®)	Vitamines B12 et D, acide folique, calcium
Prednisone (p. ex. Meticorten®, Prednisolone®, Orasone®)	Vitamines B6, D et C, zinc et potassium
Propanthéline (Pro-Banthine®)	Vitamine K
Inhibiteur de la pompe à protons (p. ex. Prevacid®, Prilosec®)	Vitamine B12, protéines
Pyriméthamine (Daraprim®)	Acide folique
Statines (p. ex. Zocor®, Lipitor®, Pravachol®)	Coenzyme Q10
Sulfonamides, systémiques (p. ex. Bactrim®, Gantanol®, Tantrisin®, Septra®)	Acide folique, vitamines K et B12

Sulfonamides et stéroïdes topiques (p. ex. Aerosporin®, Cortisporin®, Neosporin®, Polysporin®)	Vitamines K et B12, acide folique
Tétracyclines (p. ex. Achromycin-V®, Sumycin®, Tetracyn®)	Vitamine K, calcium, magnésium et fer
Tabac	Vitamines C et B1, acide folique, calcium
Tranquillis ants (p. ex. Clorazil®, Haldol®, Moban®, Loxitane®)	Vitamine B2, coenzymeQ10
Antidépresseurs tricycliques (p. ex. Elavil®, Tofranil®, Norpramin®)	Vitamine B2, coenzyme Q10
Trifluopérazine (Stelazine®)	Vitamine B12
Triamtérène (Dyrenium®)	Acide folique
Antituberculeux	Vitamines B6, D et E, niacine et calcium
Anti-ulcéreux (p. ex. Tagamet®, Pepcid®, Axid®, Zantac®)	Vitamines D et B12, acide folique et zinc

332. DES QUESTIONS SUR LE CHAPITRE XVII ?

Je sais que le café peut causer de l'agitation, donc je bois maintenant du café décaféiné. Toutefois, j'ai encore des sautes d'humeur et je ressens de l'anxiété. Est-ce possible qu'aussi peu de caféine ait cet effet sur moi ?

La caféine n'est pas la seule substance du café qui influe sur le comportement. Une autre substance, pas encore identifiée cependant, des cafés ordinaire et décaféiné (mais pas du thé) bloque l'action normale des opioïdes (endorphines) du cerveau, lesquels agissent comme analgésiques et stimulants de l'humeur.

Certains médicaments sur ordonnance qu'on m'a prescrits comportent cet avertissement : « Ne consommez pas d'alcool quand vous prenez ce médicament. » S'il n'y a pas d'indication à cet effet, cela signifie-t-il qu'il est sécuritaire de prendre un verre pendant la médication ?

Oui, si vous aimez jouer à la roulette russe. L'alcool peut interagir de façon négative avec presque tous les médicaments. En fait, tout médicament à libération progressive ou en spansule peut s'avérer dangereux si on le prend avec de l'alcool. L'enrobage qui permet une libération lente du médicament dans l'organisme (habituellement entre 8 et 12 heures) peut se dissoudre rapidement au contact de l'alcool, augmentant la dose du médicament de façon dangereuse, voire toxique. Soignez-vous donc d'abord, vous célébrerez plus tard.

Je prends du Tagamet® (produit américain) contre les aigreurs d'estomac. On m'a dit d'éviter le cheddar vieilli ou d'autres aliments riches en tyramines avec ce médicament. Pouvez-vous m'expliquer pourquoi et m'indiquer quels aliments contiennent des tyramines ?

Les aliments riches en acide aminé tyramine peuvent causer des céphalées intenses et élever temporairement la tension artérielle si on les consomme en même temps que du Tagamet® (de la cimétidine). Toutes les sources de protéines comme la viande, le poisson ou les produits laitiers qu'on laisse trop vieillir développent des tyramines. Par prudence, ne mangez pas les restes qui ont plus de deux jours, vérifiez les dates de péremption du poisson, de la viande et des produits laitiers. Tous les produits vieillis, marinés ou fermentés comme les fromages vieillis, le vin et les cornichons contiennent des tyramines.

ALIMENTS RICHES EN TYRAMINE

- Fromages vieillis
- Produits laitiers vieillis; crème fraîche (crème sure)
- Avocat
- Foie de bœuf et de volaille
- Poisson séché et en saumure
- Exhausteurs de goût, y compris les protéines végétales hydrolysées
- Raisins secs
- Saucisses, pepperoni, salami, mortadelle
- Produits de soja : tofu, miso, sauce de soja, sauce teriyaki
- Vin, bière, liqueurs, champagne
- Levure

La tyramine peut aussi nuire à l'action des médicaments sympathomimétiques utilisés dans les inhalateurs pour les personnes atteintes d'asthme, y compris l'albutérol, le salmétérol et l'épinéphrine.

Les parents d'enfants asthmatiques qui font l'usage de sympathomimétiques doivent surveiller de près l'apport en aliments à base de tyramine. Une dose d'inhalant après avoir mangé un sandwich à la mortadelle peut provoquer une interaction grave.

Y a-t-il des suppléments qui peuvent interagir de façon dangereuse avec des médicaments sur ordonnance ?

Oui, il y en a, et c'est pourquoi je recommande toujours aux personnes qui prennent des médicaments sur ordonnance de consulter leur médecin avant de choisir des suppléments. Bon nombre de suppléments et de plantes thérapeutiques procurent le même effet que les médicaments sur ordonnance, ce qui peut entraîner une réaction puissante. Par exemple, si quelqu'un prend de la warfarine (Coumadin®) de pair avec un supplément qui est un anticoagulant naturel, comme de la vitamine E en fortes doses ou du ginkgo, ou même des huiles de poisson, cette personne accroît ses risques d'hémorragie. Ceci dit, personnellement, je choisirais une plante médicinale ou une vitamine qui ne produit pas d'effets secondaires indésirables au lieu d'un médicament comme la warfarine (Coumadin®), qui a beaucoup d'effets secondaires. Je le répète : consultez toujours votre médecin pour déterminer si vous pouvez diminuer votre posologie, minimisant ainsi l'effet médicamenteux indésirable, et prendre le supplément.

Rappelez-vous que certains suppléments peuvent atténuer l'effet d'un médicament sur ordonnance. C'est pourquoi je vous recommande encore une fois de consulter un professionnel de la santé avant de passer à une thérapie naturelle. Rappelez-vous aussi qu'un médicament peut diminuer ou renforcer de façon dangereuse l'effet d'un supplément. Il est bon d'y penser *avant* de vous procurer vos médicaments sur ordonnance.

Voici une courte liste des combinaisons de médicaments et de suppléments incompatibles.

MÉDICAMENTS CONTRE LE SIDA (Millepertuis)

ALCOOL (androstènediones, bêta-carotène, camomille, DHEA, gamma-butyrolactone (GBL), kava kava, valériane)

ANESTHÉSIQUES (kava kava, millepertuis, valériane)

ANTICOAGULANTS (racine d'angélique, anis, arnica, ase fétide, huile de graines de bourrache, broméline, capsicine, céleri, camomille, clou de girofle, coenzyme Q10, griffe du diable, dong quai, fenugrec, grande camomille, huiles de poisson, huile de graines de lin, ail, gingembre, ginkgo, ginseng, hydraste du Canada, thé vert, marronnier d'Inde, racine de réglisse, oignon, spirée blanche, papaïne, persil, passiflore, peuplier, trèfle des prés, millepertuis, curcuma, vitamine E, écorce de saule)

ANTIDÉPRESSEURS (ginkgo, SAM-e [adénosylméthionine], millepertuis)

ASPIRINE (écorce de saule et tout supplément qui interagit avec les anticoagulants)

HYPOCHOLESTÉROLÉMIANTS (levure de riz rouge, bêta-sitostérol)

DIABÈTE (acide alpha-lipoïque, melon amer, picolinate ou polynicotinate de chrome, d-pinitol, 4-hydroxy-isoleucine)

DIURÉTIQUES (aloès, racine de pissenlit, hydraste du Canada, réglisse)

ŒSTROGÈNES (cimicaire, DHEA, palmier nain, isoflavones de soja)

MÉDICAMENTS POUR LE CŒUR (aloès, huperzine A, l-arginine, réglisse, millepertuis)

MÉDICAMENTS CONTRE L'HYPERTENSION ARTÉRIELLE (aloès, coléus de Forskohl, racine de pissenlit, glycérol, hydraste du Canada, guarana, huperzine A, réglisse, millepertuis)

IMMUNO-SUPPRESSEURS (astragale, échinacée, ginseng, méltonine, millepertuis, vitamine E, zinc)

MÉTHOTREXATE (échinacée, acide folique à fortes doses)

INHIBITEURS DE MONOAMINE OXIDASE (MAO) (mauve parviflore, éphédra, mélatonine, SAM-e, millepertuis, yohimbehe)
PHÉNOTHIAZINES (huile d'onagre)
PHÉNYLPROPANOLAMINE (éphédra, synéphrine, yohimbehe)
PSEUDOÉPHÉDRINE (éphédra, synéphrine, yohimbehe)
ANTICONVULSIFS (ginkgo, acide folique à fortes doses, millepertuis)
TAMOXIFÈNE (millepertuis)
HORMONE THYROÏDIENNE (calcium, guggulstérone)
TRANQUILLISANTS OU SÉDATIFS (camomille, 5-HTP, guarana, kava kava, mélatonine, millepertuis, valériane)

CHAPITRE 18 Les régimes minceur du point de vue nutritionnel

333. LE RÉGIME ATKINS

Ce régime minceur ne tient pas compte des calories et s'attarde avant tout à la restriction des glucides. Cependant, à l'inverse d'autres méthodes faibles en glucides, le programme de feu Dr Atkins n'admet pratiquement ***aucun*** glucide (du moins pendant les deux premières semaines, où la limite est d'environ 20 g de glucides par jour). Avec cette approche, le corps commence à libérer des cétones (de petites particules de carbone qui sont des sous-produits des résidus de graisses) en quantité suffisante pour entraîner une perte de poids notable. Selon le Dr Atkins, les glucides sont le carburant premier de l'organisme; par conséquent, en leur absence, le corps doit tirer son énergie des graisses emmagasinées; à mesure que les cétones sont éliminées, la faim ainsi que l'excès de poids disparaissent.

Il y a beaucoup d'arguments pour et contre le régime Atkins, surtout du fait qu'il encourage une consommation élevée de gras. Une étude récente publiée dans le *New England Journal of Medicine* a montré que le régime n'a pas nui comme prévu aux taux de cholestérol sanguin (le mauvais cholestérol montrait une légère hausse, mais une augmentation sensible des taux de bon cholestérol et de triglycérides compensait pour cette hausse). Malgré cela, il y avait un fort taux d'abandon de la méthode et, comme avec d'autres régimes, les gens reprenaient le poids perdu en un an ou deux. Si vous faites ce régime, je vous recommande de prendre 1 PVM (*voir la rubrique 206*) et 1 000 mg de vitamine C additionnelle avec bioflavonoïdes si vous avez éliminé les agrumes de votre alimentation. En outre, prenez au moins 50 mg de vitamines du complexe B au petit déjeuner et au dîner; 1 g de potassium réparti sur trois repas et 400 à 800 µg d'acide folique par jour.

Mieux encore, vous pourriez éliminer vos graisses et réduire votre consommation de glucides naturellement grâce aux suppléments qui suivent : 16 à 48 mg d'extrait de feuille de banaba par jour; 2 capsules de 200 mg de gymnéma par jour (réduit l'envie de sucre) et 2 capsules de 1 000 mg de MSM (méthylsulfonylméthane) par jour.

334. LE RÉGIME ZONE DIET

Le mot « zone » est un terme que les athlètes utilisent fréquemment pour décrire un état supérieur de quasi euphorie ressenti lorsque le corps et l'esprit sont simultanément à leur maximum. Dans son livre *Mastering the Zone*, Barry Sears, Ph.D., présente une approche alimentaire conçue pour atteindre ce stade par un contrôle serré des protéines, des glucides et du gras répartissant ces derniers en « blocs » toujours égaux à chaque repas. La femme a droit à trois « blocs », l'homme à quatre « blocs » (1 bloc de protéines = 7 g de protéines; 1 bloc de glucides = 9 g de glucides; 1 bloc de gras = 1,5 g de gras). En bref, dans le régime Zone Diet, 30 % des calories proviennent des protéines, 40 % proviennent des glucides et les 30 % restants proviennent des gras.

Barry Sears estime que la proportion de calories provenant des glucides indiquée dans les recommandations alimentaires américaines, soit entre 55 et 60 %, est beaucoup trop élevée. Par conséquent, son régime restreint les aliments présentant un index glycémique élevé (*voir la rubrique 100*), mais pas seulement les glucides raffinés. M. Sears conseille également d'éviter les carottes, les bananes, le riz brun et le pain de blé complet — un principe auquel je ne peux souscrire.

Les acides gras essentiels sont indispensables pour atteindre la « zone », ce qui est en soi une bonne chose. L'acide gamma-linolénique (AGL) des acides gras oméga-6 est, selon Barry Sears, le plus important. Toutefois, un excès d'AGL, qu'il provienne des suppléments ou de l'alimentation, défait les bienfaits de la « zone » à moins que l'AGL soit adéquatement équilibré avec de l'acide eicosapentanoïque (EPA), ce qui ne va pas de soi.

Le régime propose des aliments sains, mais il ne faut pas déroger des quantités et manger aux moments prescrits, même si vous n'avez pas faim. Que vous atteigniez la « zone » ou non, je vous recommande de vous assurer d'obtenir tous les nutriments nécessaires en prenant un PVM (*voir la rubrique 206*).

335. LE RÉGIME WEIGHT WATCHERS

Le régime Weight Watchers est une méthode à long terme qui préconise trois repas par jour, composés de portions mesurées de protéines, de glucides et de gras.

Bien que ce régime respecte les normes nutritionnelles, j'ai entendu dire de la plupart des personnes qui le suivent que des suppléments les ont aidées à maintenir leur énergie malgré la réduction de leur apport calorique. Un PVM (*voir la rubrique 206*) devrait faire l'affaire.

336. LE RÉGIME JENNY CRAIG

Ce régime réduit en calories (environ 1 200 calories par jour) se fonde sur une alimentation équilibrée (60 % de glucides, 20 % de protéines et 20 % de gras) et sur des mets préparés pour contrôler la taille des portions. Il peut convenir pour perdre du poids à court terme, mais il ne vous apprend pas à gérer le choix des aliments et à contrôler les portions à long terme. En outre, le régime n'encourage pas l'exercice, qui est essentiel pour maintenir la perte de poids et rester en bonne santé.

Bien que le régime soit acceptable sur le plan nutritionnel, je recommande de prendre un PVM (*voir la rubrique 206*) afin de préserver le maximum d'énergie malgré la réduction de votre apport calorique.

337. LES RÉGIMES DE PROTÉINES LIQUIDES

On a montré que ces régimes sont dangereux, voire mortels. En fait, la Food and Drug Administration (FDA) aux États-Unis, oblige à inclure l'avis suivant sur les étiquettes de tous les suppléments de protéines, liquides ou en poudre utilisés dans les programmes d'amaigrissement : « Avertissement : les régimes protéiniques à très faibles calories (moins de 800 calories par jour) peuvent causer des maladies graves, voire la mort. Ne pas utiliser pour la perte de poids sans surveillance médicale. Utilisez avec prudence si vous prenez des médicaments. Ne pas administrer aux nourrissons, aux enfants, aux femmes enceintes ou aux femmes allaitantes. » (traduction libre)

Les régimes extrêmes de ce genre peuvent avoir des effets désastreux sur le corps, dont, parmi les plus graves, une fonction cardiaque anormale et des carences graves en minéraux essentiels attribuables à une perte de poids accélérée. Je ne peux en toute conscience vous recommander des suppléments, car je crois fermement que ces régimes minceur ne doivent pas être faits sans surveillance médicale rigoureuse.

338. LE RÉGIME SOUTH BEACH

Assez près du régime Atkins, le régime South Beach du Dr Arthur Agtston préconise une coupure générale des glucides et enseigne à ne choisir que les glucides à faible index glycémique (*voir la rubrique 100*). Il permet de consommer de grosses portions de protéines et de bons gras, misant sur le peu de glucides pour contrôler le taux de glycémie et vous rassasier. La volaille, la dinde et le poisson, ainsi que les noix, les fromages allégés et le yaourt, font partie des aliments admissibles.

Les deux premières semaines constituent la période la plus stricte du régime, où peut survenir une perte de poids significative. À ce stade, vous ne devriez plus ressentir de désirs de sucreries et de féculents. Bien entendu, si ce n'est pas le cas, poursuivre le régime ne sera pas une partie de plaisir. Assurez-vous de combler vos besoins nutritionnels pour persévérer et garder votre bonne humeur tout en réduisant votre poids. (*Voir la rubrique 206 au sujet du PVM.*)

339. LE ZEN MACROBIOTIQUE

Contrairement à la croyance populaire, ce régime n'a rien à voir avec la pratique du bouddhisme zen. On le doit au Japonais George Ohsawa. Bien qu'il ait de nombreux adeptes, le zen macrobiotique est dangereux sur le plan nutritionnel si on le suit à la lettre.

Le régime comprend dix étapes et le lait est proscrit. D'abord, vous abandonnez les desserts et ne consommez que des céréales, du riz brun de préférence. Le régime, fondé sur les principes philosophiques orientaux du yin et du yang, lequel restreint l'apport en liquides, ce qui est très dangereux, aussi dangereux que l'insuffisance nutritionnelle qui découle de ne manger que de riz brun. Les personnes qui le suivent croient que si leur état d'esprit est à son meilleur, l'organisme peut générer de lui-même les vitamines, les minéraux et les protéines essentiels et même convertir un élément en un autre.

Si toutefois vous n'avez pas atteint le stade de la pensée parfaite, il est préférable de prendre des suppléments avec le zen macrobiotique ou même avec une alimentation végétarienne stricte. Je recommande une préparation multivitaminée végétarienne à puissance élevée et de minéraux, deux fois par jour, ainsi que des vitamines du complexe B avec acide folique. Prenez aussi 100 µg de vitamine B12, une à trois fois par jour.

340. LE RÉGIME DE VARECH, DE LÉCITHINE, DE VINAIGRE ET DE VITAMINE B6

Ce régime peu connu, transmis de bouche à oreille, existe depuis plus de trois décennies et est toujours populaire. Vous trouvez en un comprimé les composantes de base de ce régime : du varech, de la lécithine, du vinaigre de cidre de pomme et de la vitamine B6. Les comprimés se trouvent en deux puissances : régulière et double. (Avec la version régulière, il faut prendre deux comprimés; avec la double puissance, un seul comprimé suffit.)

Comme dans le cas de tout régime hypocalorique, je recommande de prendre un PVM au petit déjeuner et au dîner. Prenez également des vitamines du complexe B et 500 mg de vitamine C deux fois par jour.

341. LES ASTUCES MINCEUR DE MINDELL

- Consultez d'abord votre médecin avant d'entreprendre quelque régime que ce soit. Communiquez avec un spécialiste en médecine bariatrique si votre médecin ne semble pas comprendre vos besoins. Écrivez à l'American Society of Bariatric Physicians (ASBP), 5453 East Evans Place, Denver, Colorado, États-Unis, 80222-5234 pour obtenir le nom d'un tel spécialiste dans votre région ou envoyez un courriel à *infor@asbp.org*.

- Si vous faites un régime faible en glucides ou sans glucides, méfiez-vous des gommes à mâcher et des friandises « sans sucre » ou « de régime », car elles contiennent du sorbitol, du mannitol ou de l'hexitol. L'organisme métabolise ces ingrédients comme du sucre, *mais plus lentement*.

- Évitez aussi les boissons de régime si vous faites un régime faible en glucides ou sans glucides. Ces boissons contiennent de l'aspartame qui, on l'a montré, inhibe la conversion du gras corporel en glucose.

- Si votre régime permet la consommation d'alcool, un verre de vin avant le dîner peut stimuler la production de jus gastriques et favoriser une bonne digestion.

- Rappelez-vous que le vin blanc contient moins de calories que le rouge.

- Si vous choisissez le maïs éclaté comme collation faible en calories, sachez que le maïs éclaté des salles de cinéma contient deux fois plus de calories par 250 mL (1 tasse) que les versions allégées au four à micro-ondes et deux fois et demi plus que le maïs éclaté à l'air chaud.

- Rappelez-vous que les protéines amènent le corps à dépenser 25 fois plus de calories pour la digestion que le gras ou les glucides.

- Dans les recettes, remplacez la crème fraîche (sure) par du yaourt nature allégé. Vous épargnerez ainsi 300 calories.

- Souvenez-vous de la réaction naturelle du corps quand il reçoit moins de nourriture : il dépense alors *moins* de calories. C'est pourquoi les régimes qui n'insistent pas sur l'exercice ne fonctionnent pas à long terme.

- Attention aux idées fausses suivantes :
  Les desserts à base de gélatine ne font pas engraisser.
  Le pamplemousse fait perdre du poids.
  Les fruits ne contiennent pas de calories.
  Les aliments riches en protéines ne contiennent pas de calories.
  Le steak (0,5 kg/1 lb) est moins engraissant qu'une pomme de terre.
  Les biscottes contiennent beaucoup moins de calories que le pain.

- Quoi que vous mangiez, assoyez-vous pour manger et prenez votre temps. (Vous dépensez peut-être plus de calories en restant debout, mais vous mangez davantage.) En outre, ne lisez pas et ne regardez pas la télé avant la fin du repas.

- Tenez compte du fait que tous les fruits ne sont pas équivalents. Par exemple, une pomme, une banane ou une poire contiennent plus de calories et de glucides qu'un demi-cantaloup, 250 mL (1 tasse) de fraises fraîches ou une mandarine.

- Pour les légumes, préférez les haricots verts aux petits pois (40 calories de moins par portion des 125 mL/1/2 tasse), les épinards à la macédoine (35 calories de moins) et la purée de pommes de terre – s'il le faut – aux pommes de terre rissolées (139 calories de moins).

- Si vous comptez les glucides, surveillez les oignons : 250 mL (1 tasse) d'oignons cuits contiennent 18 g de glucides.

- Si vous comptez les calories, sachez que 15 mL (1 c. à soupe) de lécithine en granules contiennent 50 calories, et qu'une capsule en contient environ 8.

- Essayez de faire un jeûne à l'eau une journée par semaine (les Grecs de l'Antiquité le faisaient). Buvez seulement de l'eau du robinet filtrée ou de l'eau en bouteille (pas glacée) ou des tisanes aromatisées avec jus de citron ou de limette. Rien de plus. Ce jeûne remet en forme.

342. LE RÉGIME ÉQUILIBRÉ EN VITAMINES DE MINDELL, CONÇU POUR PERDRE DU POIDS ET VIVRE MIEUX

Votre mère vous l'a sûrement dit et elle avait raison : le petit déjeuner *est* le repas le plus important de la journée. On le prend après la plus longue période de jeûne, et même un bon déjeuner ou un bon dîner pris plus tard ne permettent pas de combler les besoins nutritionnels du moment.

Si vous faites un régime minceur, il est d'autant plus important de renflouer votre énergie au début de la journée.

PETIT DÉJEUNER

- 250 mL (8 oz) de lait de soja sans gras ou allégé (ou de jus)
- Protéines de lactosérum en poudre parfumées, faibles en calories et en glucides
- 4 glaçons

Mêlez au mélangeur pendant 60 secondes. Environ 150 calories.

Vous pouvez surgeler le mélange et en faire un dessert ou une collation remontante si votre compte de calories vous le permet.

DÉJEUNER

Ce repas constitue un piège. Les restaurants minute sont terriblement pratiques, mais rien ne fait tomber à l'eau un régime aussi vite que « quelques frites » et un « petit lait fouetté ». Si vous désirez sincèrement perdre du poids, optez plutôt pour ce qui suit :

Une portion moyenne (90 à 150 g / 3 à 5 oz) de poisson en boîte dans de l'eau ou frais, de blanc de volaille ou de dinde sans la peau; une salade de légumes crus (vinaigrette au citron ou au vinaigre) et un fruit.

ou

Un sandwich faible en calories (85 g / 3 oz de dinde, 5 mL / 1 c. à thé de mayonnaise, 2 tranches de pain de blé complet, de la laitue et de fines tranches de tomates), une petite carotte, 125 mL (1/2 tasse) de compote de pommes sans sucre mêlée à 125 mL (1/2 tasse) de yaourt faible en glucides.

ou

Une pointe de pizza de régime (56 g / 2 oz de mozzarella allégé en tranches, 1/2 muffin de blé complet, une petite tomate en tranches, 5 mL / 1 c. à thé d'huile d'olive, une pincée d'origan), 1/4 de cantaloup ou 250 mL (1 tasse) de boules de pastèque (melon) surgelées.

Variez vos déjeuners tous les jours.

DÎNER

Le dîner est souvent le pire repas d'une personne au régime, mais cela peut changer.

Je recommande un repas de poisson (plie, truite, saumon, flétan, etc.) ou de volaille grillée, bouillie ou rôtie (retirez la peau avant de manger, mais laissez-la pour la cuisson) cinq soirs par semaine et un repas de viande grillée, bouillie ou rôtie deux soirs par semaine; un légume cuit; une grosse salade (pas plus de 5 mL/1 c. à thé d'huile dans la vinaigrette); une petite pomme de terre au four ou bouillie une ou deux fois par semaine et un fruit frais au dessert. Substituer du tofu à la viande ou à la volaille est une excellente façon de réduire les calories et le gras.

BOISSONS

Pour de meilleurs résultats (et une meilleure santé), évitez l'alcool; optez plutôt pour de l'eau minérale gazéifiée avec du jus de citron ou de limette. Je me prépare parfois une boisson avec une poudre prête à l'emploi contenant de la l-phénylalanine, un acide aminé naturel qui augmente mon énergie et mon bien-être tout en diminuant mon appétit. C'est tout à fait vivifiant !

Assurez-vous aussi de boire au moins 6 à 10 verres d'eau filtrée de 250 mL (8 oz) par jour. (Consultez la rubrique 71 pour déterminer vos besoins en eau.) Les tisanes, chaudes ou froides, peuvent très bien remplacer les boissons de régime, surtout celles qui contiennent de la caféine. (*Voir la rubrique 322.*)

SUPPLÉMENTS

- 1 PVM (*voir la rubrique 206*)
- 500 mg de calcium avec 250 mg de magnésium, 1 comprimé 2 fois par jour pour l'homme et 2 comprimés 2 fois par jour pour la femme
- 200 µg d'un complexe de picolinate de chrome, 1 à 3 fois par jour

343. DES SUPPLÉMENTS QUI PERMETTENT DE MANGER PLUS SANS ENGRAISSER

On a montré que les acides aminés arginine et ornithine (*voir la rubrique 85*) stimulent l'hypophyse à continuer de produire l'hormone de croissance qui peut contribuer au rajeunissement de votre métabolisme. Alors que certaines hormones encouragent le corps à stocker les graisses, l'hormone de croissance agit comme mobilisateur de ces graisses, vous aidant à paraître plus mince et à avoir plus d'énergie. Mieux encore, vous profitez de l'effet de cette hormone alors que vous dormez, car c'est à ce moment qu'elle est sécrétée.

On trouve ces suppléments sous forme de comprimés ou de poudre. Les comprimés à libération progressive sont les plus efficaces. Vous pouvez prendre 1 500 mg d'arginine deux fois par jour. Une combinaison d'arginine et d'ornithine en poudre agit plus efficacement si vous la prenez à jeun avec de l'eau ou du jus (sans protéines). Prenez-en 2 g (2 000 mg) immédiatement avant d'aller au lit pour profiter de ses propriétés réductrices.

> *ATTENTION : L'arginine est contre-indiquée pour les enfants en pleine croissance, les personnes souffrant de schizophrénie et toutes les personnes atteintes d'une infection virale d'herpès. Des doses supérieures à 20 g sont déconseillées.*

344. DES SOLUTIONS DE RECHANGE NATURELLES AUX MÉDICAMENTS AMAIGRISSANTS

En raison des nombreux dangers associés aux médicaments amaigrissants, plusieurs personnes recherchent des méthodes plus sûres. La liste qui suit présente des méthodes naturelles que vous pouvez associer à votre régime minceur et à votre programme d'exercices si vous souhaitez être en meilleure forme que vous ne l'êtes actuellement.

Chitosane : Ce polysaccharide est un bloquant de lipides efficace qui favorise la perte de poids en prévenant l'absorption des graisses. Alors qu'il parcourt le tube digestif, il peut absorber de quatre à six fois sa masse de gras, éliminant ce dernier de l'organisme avant même qu'il soit métabolisé, puis stocké comme surplus de poids. Par contre, le chitosane vous enlève aussi d'importantes vitamines liposolubles comme les vitamines E, A, D et K. N'en faites usage qu'à l'occasion et jamais plus de deux semaines à la fois. Vous *devez* supplémenter sans faute votre alimentation en vitamines liposolubles et en acides gras essentiels si vous prenez du chitosane. Prenez 1 à 3 comprimés de 250 mg par jour avec les repas. Assurez-vous de boire un verre d'eau filtrée (250 mL/8 oz) avec chaque comprimé.

> *ATTENTION : Ne prenez pas de chitosane si vous êtes allergique aux crustacés. Les femmes enceintes ou allaitantes et les enfants doivent absolument éviter ce bloquant, ou tout autre bloquant de lipides.*

Coenzyme Q10 (Co-Q10) : Ce merveilleux antioxydant qui facilite aussi la production d'énergie peut faciliter la conversion du gras en carburant par le corps. (*Voir la rubrique 114.*)

Acide linoléique conjugué (ALC) : Cet acide aide à réduire les graisses corporelles tout en édifiant les muscles. Puisque les muscles dépensent les calories en trop, plus votre masse musculaire est développée, moins vous tendez à avoir un excès de poids. (L'ACL peut aussi vous protéger contre de nombreuses formes de cancer.) Comme supplément diététique, je recommande trois capsules de 600 à 1 200 mg avant les repas.

Pyruvate et DHA (DHAP) : Il s'agit d'une combinaison de pyruvate et de dihydroxyacétone, son précurseur. Le DHAP se vend comme supplément. Il augmente la résistance et accroît la quantité de gras éliminé durant l'exercice. Il aide le corps à convertir son gras en énergie, même au repos. La posologie recommandée est de 2 à 5 g deux fois par jour avec les repas. Le DHAP est toutefois à éviter par les enfants et les femmes enceintes.

dl-phénylalanine, tyrosine et 5-HTP : On a montré que cette combinaison d'acides aminés, qu'on trouvera sous peu dans une formule brevetée, aide à réduire les désirs insatiables de sucre et de glucides qui causent la perte de tant de personnes au régime. (Consulter le chapitre V pour connaître les doses recommandées d'acides aminés.)

Gymnéma (gymnema sylvestre) : Voir la rubrique 194.

Acide hydroxycitrique (HCA) : Cet acide est l'ingrédient actif extrait du fruit amer indien garcinia cambogia, que les guérisseurs ayurvédiques utilisent comme suppresseurs naturels de l'appétit depuis des siècles. On le commercialise sous les noms Citrin®, Citrimax® et HCA. Il ne crée pas d'accoutumance. Selon certaines études, il peut réduire l'apport calorique d'environ 10 %. Pour de meilleurs résultats, prenez trois capsules de 500 à 750 mg par jour, 30 minutes avant les repas. Combinez cette utilisation à une alimentation équilibrée et un programme d'exercices.

l-carnitine : Ce nutriment semblable à une vitamine peut accroître la résistance et tout en favorisant la perte de poids. (Il peut en outre faire baisser les taux de cholestérol élevés et augmenter le taux de HDL, le bon cholestérol.) Je recommande entre 1 et 3 capsules (doses de 250 à 500 mg) 30 minutes avant les repas.

Pyruvate : Il peut augmenter la résistance et contribuer à la conversion des graisses en énergie, et ce, *sans* exercices. Le pyruvate est naturellement présent dans l'organisme comme sous-produit du métabolisme; il déclenche la libération de l'ATP, l'adénosine triphosphate, le carburant du corps. Il aide également à diminuer le cholestérol et la tension artérielle. Les gens qui font confiance au pyruvate affirment qu'une dose aussi faible que 5 g par jour a donné des résultats positifs. Il y a peu d'effets secondaires, sauf des troubles gastriques occasionnels. Il est à éviter par les femmes enceintes et les enfants.

345. DES QUESTIONS SUR LE CHAPITRE XVIII ?

Je sais que je ne dois pas consommer plus de 30 % de calories provenant du gras chaque jour. Toutefois, je ne suis pas à l'aise avec les pourcentages. Je lis les étiquettes, mais cela ne me dit rien. Y a-t-il une manière plus facile de savoir combien de calories provenant du gras je consomme ?

Au fait, oui ! Le bulletin d'information américain *Alternatives* propose la règle suivante : 1 g de gras = environ 9 calories. Donc, pour ne pas dépasser 30 % de gras par jour, vérifiez si l'étiquette indique qu'il y a moins de 3 g de gras pour 100 calories.

Qu'est-ce que le poids d'équilibre ? Quel est son rôle dans la perte de poids ?

La théorie du poids d'équilibre est l'une des théories les plus acceptées en regard de la prise ou de la perte de poids. Selon cette théorie, le degré de gras du corps dépend de la programmation d'une région de l'hypothalamus (une partie du cerveau) qui contrôle l'appétit, un genre de centre de régulation de la masse graisseuse. Faut-il le préciser, personne n'a un centre de régulation de la masse graisseuse identique.

Le glycérol, qui se lie, puis est libéré selon la teneur lipidique d'une cellule, de pair que selon le taux d'insuline sanguin, informe le cerveau de ses réserves en gras et programme le centre de régulation en conséquence. Malheureusement, des facteurs externes, comme l'arôme et le goût d'aliments savoureux, fixent le centre de régulation *à la hausse*.

Vous pouvez toutefois ramener le centre de régulation à ses valeurs de départ en faisant de l'exercice sur une base régulière. Autrement dit, vous pouvez réduire votre appétit en abaissant la valeur de référence à laquelle vous vous sentez rassasié.

Pour amener le centre de régulation de la masse graisseuse à vous faire perdre du poids, vous devez faire 30 minutes d'exercices en aérobie 3 fois par semaine. Il est facile d'y parvenir en marchant 3,2 km (2 milles) en 30 minutes, 3 fois par semaine (ou 1,6 km / 1 mille en 15 minutes, 6 fois par semaine).

Le pamplemousse favorise-t-il vraiment la perte de poids ?
Oui, si vous le substituez au gâteau au chocolat ! Le pamplemousse, qualifié d'aliment de régime miracle, n'est à peu près qu'une bonne source de vitamine C et d'autres nutriments en quantités moindres. Même si on en trouve sous forme de comprimés, ce n'est toujours que du pamplemousse. Voyons les choses du bon côté : un demi-pamplemousse ne contient que 58 calories.

J'ai entendu dire qu'il était plus facile de maigrir sous un climat chaud. Est-ce vrai ?
Si c'était vrai, à peu près toutes les personnes au régime iraient s'installer sous des cieux plus cléments ! Ce que Susan Perry et Jim Dawson ont mentionné dans leur ouvrage *The Secrets Our*

Body Clocks Reveal (Rawson Associates) est que avons une prédisposition génétique à accumuler de la graisse quand viennent l'automne et l'hiver. Selon ce raisonnement, ils ont avancé que lorsque les journées allongent, au printemps, il serait plus facile de perdre du poids. Je vous pose la question : plus facile que quoi ?

Quels sont les dangers réels d'un régime liquide — outre reprendre le poids perdu ?
Il s'agit d'une pratique très dangereuse. Bien des gens entreprennent des régimes très hypocaloriques sans surveillance médicale adéquate. Ils ignorent que ce genre de régime s'adresse à des personnes qui excèdent d'au moins 30 % leur poids idéal (déterminé par un médecin et non par les standards de la mode).

Dès le début d'un régime liquide, une personne doit être suivie régulièrement par un médecin, c'est-à-dire subir des prélèvements sanguins à intervalles réguliers, des électrocardiogrammes et des analyses de la tension artérielle.

Les régimes du type Slim Fast® (États-Unis), qui proposent une boisson substitut de repas au petit déjeuner et au déjeuner, puis un repas raisonnable au dîner (120 à 180 g / 4 à 6 oz de volaille, de poisson ou de viande rouge, pomme de terre au four, 3 légumes vapeur et un fruit en guise de dessert), ne présentent aucun danger. Par contre, si vous n'excédez pas 30 % de votre poids idéal et que vous faites un régime minceur liquide rapide qu'on trouve en vente libre dans le commerce, et que vous le substituez à *tous* vos repas, vous risquez de perdre trop de masse musculaire, de masse osseuse et de masse maigre par rapport au gras, ce qui peut éventuellement causer de l'arythmie cardiaque, un ralentissement du métabolisme, de la fatigue et même la mort dans des cas extrêmes.

J'ai remplacé pratiquement tous les aliments riches en gras par des substituts allégés et je continue d'engraisser. Pourquoi ?
Sans gras et faible en gras ne signifient pas sans sucre et sans calories ! J'estime que vous consommez plus de sucres et de glucides raffinés qu'auparavant.

Puis-je prendre du poids si je mâche des aliments gras, mais que je les crache ensuite ?
Vous n'engraisserez peut-être pas, mais vous pourriez vous faire du mal. On a montré que le simple fait de goûter aux aliments gras fait augmenter le taux de lipides sanguins. Dans une étude menée à la Purdue University, aux États-Unis, des personnes qui mâchaient, puis crachaient des craquelins garnis de fromage blanc (à la crème) ont vu presque doubler leur taux de triglycérides, ces éléments nuisibles pour le cœur.

Qu'est-ce qui contient le moins de gras : un aliment étiqueté extra-maigre ou un aliment étiqueté faible en gras ?
Les aliments portant la mention « extra-maigre » contiennent moins de 5 g de gras, dont moins de 2 g de gras saturés et moins de 95 mg de cholestérol par portion de 100 g. Par ailleurs, les aliments dits faibles en gras contiennent 3 g ou moins de gras par portion.

Pouvez-vous définir ce qu'est l'indice de masse corporelle ? Mon médecin précédent me considérait normale avec une taille de 1,65 m (5 pi 5 po) et une masse de 68 kg (150 lb). Par contre, mon omnipraticien actuel me dit que je suis obèse. Qu'est-ce qui se passe ?
Laissez-moi d'abord vous dire que vous n'êtes pas un cas unique. Environ 29 millions d'Américains viennent de découvrir qu'ils font de l'embonpoint. C'est que le National Heart, Lung, and Blood Institute, aux États-Unis, a établi de nouvelles normes de taille et de masse, remplaçant celles qui étaient en vigueur depuis les

années 1950. L'indice de masse corporelle, IMC, est un nombre qui représente la taille et la masse sans égard à l'âge ou au sexe.

Pour déterminer votre IMC, divisez votre masse en kilogrammes par le carré de votre taille en mètres (ou multipliez votre masse en livres par 703, puis divisez le résultat par le carré de votre taille en pouces). Le nombre que vous obtenez est votre IMC.

On considère qu'une personne ayant un IMC entre 22 et 24 est en santé. Une personne ayant un IMC au-delà de 27 est considérée comme présentant une obésité dangereuse. Un IMC de 25, ou entre 25 et 26, signalent de l'embonpoint. Toutefois, tout le monde n'est pas d'accord avec ces normes. Le National Center for Health Statistics, aux États-Unis, estime toujours qu'une personne n'est pas obèse tant que son IMC ne dépasse pas 27. Voici mon opinion : si vous faites de l'exercice, que vous mangez bien et que vous avez une alimentation faible en gras et riche en fibres, en plus de vous sentir bien dans votre peau — au propre et au figuré – ne vous en faites pas et retournez voir votre ancien médecin.

Si vous voulez connaître votre IMC sans faire le calcul, consultez le tableau suivant du National Center for Health Statistics aux États Unis.

Mètres et kilogrammes

IMC	**23**	**24**	**25**	**26**	**27**	**28**
1,52 m	53	56	58	60	63	65
1,55 m	55	58	59	62	65	67
5,25 ft	59	61	64	66	69	71
1,65 m	62	65	68	71	73	76
1,70 m	66	69	72	75	78	80
1,75 m	70	73	76	79	82	85
1,80 m	75	78	81	84	87	91
1,85 m	78	82	85	89	92	96
1,90 m	83	87	90	94	98	101

Pieds, pouces et livres

5 pi	118	123	128	133	138	143
5 pi 1 po	122	127	132	137	143	148
5 pi 3 po	130	135	141	146	152	158
5 pi 5 po	138	144	150	156	162	168
5 pi 7 po	146	153	159	166	172	178
5 pi 9 po	155	162	169	176	182	189
5 pi 11 po	165	172	179	186	193	200
6 pi 1 po	174	182	189	197	204	212
6 pi 3 po	184	192	200	208	216	224

Chapitre 19 Ainsi, vous consommez peu de sel et de sucre...

346. LES TYPES DE SUCRES

Plus de 100 substances à caractère sucré peuvent porter le nom de sucre. Les plus courantes sont le *fructose*, un sucre naturel des fruits et du miel; le glucose sanguin, qui est aussi la forme la plus simple sous laquelle un glucide est assimilé par l'organisme; le *dextrose*, produit à partir de la fécule de maïs et chimiquement identiques au glucose; le *lactose*, le sucre du lait; le *maltose*, un sucre fabriqué à partir de fécule sous l'effet de levure et le *sucrose*, le sucre dérivé de la canne à sucre ou des betteraves et distribué sous forme de granules.

Même si bien des gens croient que la cassonade est meilleure pour la santé que le sucre blanc, il ne s'agit en fait que de cristaux de sucre enrobés d'un sirop de mélasse. (Aux États-Unis, dans la plupart des cas, on produit la cassonade en vaporisant le sirop de mélasse sur du sucre.) Le sucre brut est interdit aux États-Unis, car il contient des contaminants. Une fois raffiné partiellement et décontaminé, on le vend sous forme de sucre turbiné ou turbinado. Le *miel* est une combinaison de fructose et de glucose.

347. LES ÉDULCORANTS

Le *sorbitol*, le *mannitol* et le *xylitol* sont des sucres naturellement présents dans l'alcool qui pénètrent plus lentement dans le sang que le glucose ou le sucrose. L'idée fausse la plus courante au sujet des édulcorants est qu'ils ne contiennent aucune calorie. Bien au contraire, ils en contiennent autant et, dans certains cas, les produits faits d'édulcorants fournissent *plus* de calories que si on les avait faits avec du vrai sucre. Autrement dit, les édulcorants ne sont pas des substituts du sucre faibles en calories ou sans calories, même s'ils entrent souvent dans la confection d'aliments de régime. Lisez toujours les étiquettes. Les produits contenant ces succédanés doivent indiquer qu'ils ne sont pas à faible teneur en calories ou préciser qu'ils ne s'adressent pas aux personnes voulant perdre du poids.

L'*aspartame* (Equal®, Nutrasweet®) est une combinaison des acides aminés phénylalanine et acide aspartique (*voir les rubriques 80 et 86*), et ne contient pas de calories. L'*acésulfame K* (Sunette®, Sweet One®) ressemble au sucre, mais est dérivé de l'acide acéto-acétique. Il ne contient aucune calorie. La *saccharine* (Sweet 'n Low®, Sweet* 10®), pour sa part, est un dérivé du pétrole sans calories qu'on estime être de 300 à 500 fois plus sucré au goût que le vrai sucre. Ses propriétés chimiques ressemblent à celles de l'acésulfame K. L'organisme l'absorbe sans le modifier, puis l'élimine intact dans l'urine. Le *stevia* est un édulcorant naturel. Il s'agit d'une plante 200 fois plus sucrée que le sucre, qui ne contient aucune calorie et convient aux diabétiques. Le stevia possède en outre des propriétés qui renforcent le système immunitaire. On en trouve sous forme de poudre ou de liquide dans les magasins d'alimentation naturelle. (Il n'a pas reçu l'approbation de la FDA aux États-Unis pour une classification d'additif alimentaire, mais il est répandu comme supplément alimentaire.)

Le *sucralose* (Splenda®) est le seul édulcorant sans calories ni glucides provenant directement du sucre. Il est 600 fois plus sucré que le sucrose, mais comme l'organisme ne le reconnaît pas comme un sucre ni un glucide, il n'est pas métabolisé. Voilà pourquoi il ne fournit pas de calories. Les organismes qui ont approuvé l'utilisation du Splenda® n'ont pas exigé l'ajout d'un avertissement ou d'information spécifique relativement à cet édulcorant sur l'étiquette des produits qui en contiennent.

Le *Neotame®* est le succédané le plus intense à ce jour et le plus récent qu'a approuvé la FDA, aux États-Unis. Son goût sucré équivaut à 7 000 à 13 000 fois celui du sucrose. C'est un dérivé d'un dipeptide constitué d'acides aminés, d'acide aspartique et de phénylalanine. À l'heure actuelle, aucun produit du commerce ne contient du Neotame®, bien que ce soit la compagnie fabriquant l'aspartame qui le produise. En outre, il n'y a aucune exigence relative à l'étiquetage des produits. (*Voir les rubriques 80 et 86.*)

> *ATTENTION : Si vous faites du diabète ou de l'hypoglycémie, assurez-vous de consulter votre médecin ou un spécialiste de la nutrition avant d'inclure tout produit contenant des substituts de sucre dans votre alimentation.*

348. LES DANGERS ASSOCIÉS À UNE CONSOMMATION EXCESSIVE DE SUCRE

Le problème avec le sucre est que nous en mangeons trop (plus de 69 kg/154 lb par an, par personne), souvent sans le savoir. Tous les édulcorants glucidiques comptent comme du sucre, même s'ils portent un autre nom; et lorsque le sucrose apparaît au troisième rang des ingrédients de vos céréales du petit déjeuner, le sirop de maïs, au cinquième rang et le miel, au septième rang, vous mangez un aliment qui contient 50 % de sucre sans vous en rendre compte.

De nos jours, les consommateurs deviennent accros au sucre dès la naissance. Les préparations lactées et bon nombre d'aliments préparés pour nourrissons contiennent souvent du sucre (lisez les étiquettes). Du fait que le sucre agit comme agent de préservation et qu'il retient et absorbe l'humidité, il entre dans la confection de produits inattendus : sel, beurre de cacahuètes (arachides), légumes en boîte et cubes de bouillon. Le croiriez-vous? le ketchup dont vous garnissez votre hamburger contient juste un peu moins que 8 % plus de sucre que la glace; le succédané de crème à café consiste en 65 % de sucre, alors qu'une tablette de chocolat en contient 51 %.

C'est bien vrai, nous consommons trop de sucre et c'est mauvais pour la santé. Le sucre joue sans contredit un rôle majeur dans la carie dentaire. De plus, 33 % de la population américaine fait de l'embonpoint et l'obésité augmente les risques de maladies du cœur, de diabète, d'hypertension artérielle, de calculs biliaires, de problèmes de dos et d'arthrite. Bien sûr, le sucre n'est pas le seul responsable de ces troubles, mais sa présence dans les aliments vous incite à manger davantage. Vous perdrez davantage de nutriments que de poids si vous coupez les calories sans réduire votre consommation de sucre. Le sucre est également coupable dans les cas d'hypoglycémie et, bien qu'on ait avancé des arguments pour et contre cette hypothèse, il jouerait un rôle direct ou indirect dans le diabète et les maladies du cœur.

349. LES SUCRES CACHÉS

Les sucres cachés se trouvent là où vous vous y attendez le moins. (Croyez-le ou non, le soda tonique de marque Canada Dry contient environ 91 g/18 1/4 c. à thé de sucre dans une portion de 355 mL/ 12 oz.) Si vous voulez vraiment savoir où se cachent les sucres, je vous recommande de lire les étiquettes. Vérifiez si le produit contient un substitut de sucrose comme du sirop de maïs ou du dextrose, et méfiez-vous de façon générale des mots se terminant en *-ose*. Le sucre, peu importe son nom, est toujours du sucre. Sachez que même les médicaments peuvent contenir des édulcorants !

MÉDICAMENTS	SUCRE (dans 15 mL/1 c. à soupe)
Alternagel®, liquide	2 000 mg
Basaljel®, liquide extra-fort	375 mg
Gaviscon®, liquide	1 500 mg

Gaviscon-2®, comprimés	2 400 mg
Maalox Plus®, comprimés	575 mg
Mylanta®, liquide	2 000 mg
Riopan Plus®, comprimés à croquer	610 mg

Consultez votre pharmacien si vous vous inquiétez de la teneur en sucre ou en saccharine d'un médicament.

350. LES DANGERS ASSOCIÉS À UNE CONSOMMATION EXCESSIVE DE SEL

L'apport normal en chlorure de sodium ou sel de table est de 6 à 8 g par jour, mais l'American Heart Association recommande de limiter cet apport à 3 g (3 000 mg) par jour. Une consommation de plus de 14 g est considérée comme excessive, et c'est le cas de beaucoup trop de gens. L'Américain moyen consomme environ 15 g de sel (l'équivalent d'une boule de quille) chaque année!

L'excès de sel peut causer de l'hypertension artérielle (tension artérielle élevée), laquelle augmente les risques de maladies du cœur, et on l'a récemment associé aux facteurs déclenchant la migraine. Il favorise une rétention anormale de fluides qui peut entraîner des étourdissements et de l'enflure dans les jambes. L'excès de sel peut aussi induire l'élimination de potassium dans l'urine et nuire au métabolisme des aliments protéiniques. En outre, des études récentes ont établi qu'un excès de sodium alimentaire et un faible rapport potassium/sodium étaient d'importants facteurs de risques de cancer colorectal, surtout chez l'homme.

351. OÙ SE CACHE LE SEL ?

Même si vous évitez les bretzels et les collations salées ou omettez le sel de table, cela ne signifie pas pour autant que ne consommez pas plus de sel que vous ne le devriez. Le sel se cache aussi bien que le sucre.

Voici quelques astuces pour éviter l'excès de sel.

- Limitez votre consommation de bière. (Il y a 25 mg de sel dans 355 mL/12 oz de bière.)

- Évitez le bicarbonate de soude, le glutamate monosodique (GMS, Accent®) et la levure chimique dans la préparation de vos aliments.

- Évitez les laxatifs, qui contiennent presque tous du sodium.

- Ne buvez pas l'eau traitée au moyen d'un adoucisseur d'eau domestique, et ne cuisinez pas avec, car l'adoucisseur ajoute du sodium à l'eau.

- Cherchez les mots sel ou sodium, ou leur symbole chimique Na, sur l'étiquette.

- Méfiez-vous du jus de tomate. Il est faible en calories, mais très riche en sodium.

- Évitez les viandes transformées comme le jambon, le bacon, le bœuf salé ou les saucisses, les saucissons, les crustacés, de même que les viandes, la volaille ou le poisson surgelés ou en boîte avec sodium ajouté.

- Au restaurant, demandez un morceau de viande intérieur, une escalope ou un steak préparés sans sel.

- Méfiez-vous des boissons de régime; elles contiennent peu de calories, mais ont une teneur en sodium *élevée*!

- Sachez que deux tranches de la plupart des pains du commerce (même ceux dits allégés ou de blé complet) contiennent en moyenne 230 mg de sel.

352. LA VÉRITABLE TENEUR EN SEL

Teneur en sodium approximative d'aliments courants (produits américains)

Aliment	*Quantité*	*Sel (mg)*
Cornichon à l'aneth	1 gros	1 928
Dîner surgelé à la dinde (Swanson®)	480 g (17 oz)	1 735
Sauce de soja	5 mL (1 c. à thé)	1 320
Crêpes (Hungry Jack Complete®)	3 crêpes de 10 cm (4 po)	1 150
Soupe au poulet et nouilles (Campbell's®)	284 g (10 oz)	1 050
Soupe à la tomate (Campbell's®)	300 g (10 oz)	950
Haricots verts en boîte (Del Monte®)	250 mL (1 tasse)	925
Fromage américain, pasteurisé et fondu (Kraft®)	60 g (2 oz)	890
Haricots rouges cuits au four (B and M®)	250 mL (1 tasse)	810
Pizza, surgelée (Celeste®)	120 g (4 oz)	656

Jus de légumes V*	180 mL (6 oz)	654
Brioches à la cannelle avec raisins (Pillsbury®)	1 portion	630
Crème-dessert instantanée au chocolat (Jell-0®)	375 mL (1 1/2 tasse)	486
Mortadelle (Oscar Mayer®)	2 tranches	450
Thon, dans l'huile	90 g (3 oz)	430
Saucisse fumée au Bœuf (Oscar Mayer®)	1	42

353. DES QUESTIONS SUR LE CHAPITRE XIX ?

Est-ce vrai que dans les climats très chauds, une personne a besoin de suppléments de sel, surtout si elle fait de l'exercice et qu'elle transpire abondamment ?

C'est faux ! Ce n'est qu'un mythe, qui pourrait cependant avoir des répercussions dangereuses. En réalité, les comprimés de sel ont une action déshydratante et sont contre-indiqués en tout temps. En faisant de l'exercice, votre corps active les mécanismes qui conservent le sel. Puisque l'Américain moyen consomme environ soixante fois plus de sel qu'il en a besoin, une insuffisance en sodium est fort improbable. Un excès de sel dans ces conditions pourrait au contraire mener à un épuisement dû à la chaleur, voire à un coup de chaleur. Dans un cas très, *très* rare où une insuffisance en sel survenait, je recommande une solution de remplacement comprenant 1 % de soluté dilué dans de l'eau potable — et une consultation médicale.

J'ai entendu dire que de manger une tablette de chocolat avant de faire de la course est néfaste. Je ne comprends pas pourquoi un petit influx d'énergie peut faire du tort. Comment expliquez-vous cela ?
On a montré que le fait de manger du sucre ou boire une boisson sucrée 30 minutes avant une séance d'exercice peut stimuler la libération d'insuline, ce qui fait baisser le taux de glycémie (ainsi que les réserves d'énergie). Des recherches menées au Human Performance Lab de la Ball State University à Muncie, Indiana, États-Unis, a révélé que la réaction insulinique est inhibée une fois que l'exercice commence. Voilà pourquoi les athlètes peuvent boire des boissons comme du Gatorade® (produit américain) contenant du sucre sous une forme de glucose qui n'entraîne pas de ballonnements.

La gomme à mâcher sans sucre prévient-elle vraiment la carie dentaire ?
En fait, on affirme plutôt que la gomme à mâcher ne *favorise* pas la carie dentaire. On ne prétend aucunement qu'elle joue un rôle de guérison. En fait, la gomme à mâcher ou les bonbons sans sucre, qui contiennent du sorbitol ou du mannitol, peuvent augmenter vos risques de développer des caries.

Le sorbitol et le mannitol ne favorisent pas directement la carie, mais ils alimentent et multiplient le type de bactéries buccales qui causent ce problème, le *Streptococcus mutans*. Selon le Dr Paul Keyes, fondateur de la International Dental Health Foundation, le *Streptococcus mutans* possède un mécanisme qui permet aux bactéries d'adhérer aux dents, mais il reste inoffensif jusqu'à ce que vous mangiez du sucre ou du sucrose. Lié à ces derniers, il peut rapidement causer la carie. Comme le sorbitol et le mannitol ont permis à ces bactéries de se multiplier, il y en a un plus grand nombre qui s'attaquent à vos dents.

Par prévention, rincez-vous la bouche au plus 15 minutes après avoir consommé ou bu quelque chose contenant du sucrose.

CHAPITRE

20 Pour une apparence belle et radieuse

354. DES VITAMINES POUR UNE PEAU EN SANTÉ

Votre apparence dépend beaucoup de la façon dont vous traitez votre intérieur. Les vitamines et une bonne alimentation sont indispensables à une peau en santé.

Pour paraître à votre meilleur, assurez-vous de boire huit verres d'eau par jour (il peut s'agir en partie de tisanes). Optez pour les versions sans gras du lait et du yaourt. Évitez le chocolat, les noix, les fruits séchés, les aliments frits, les colas, le café, l'alcool, la cigarette et l'excès de sel. Évitez également le sucre. Remplacez-le par un peu de miel, vous n'en aurez que meilleure apparence.

Un premier pas vers une peau saine et radieuse consiste à boire tous les jours une boisson de protéines de soja. Elle peut remplacer n'importe quel repas, mais elle fait un excellent petit déjeuner.

BOISSON DE PROTÉINES DE SOJA

- 30 mL (2 c. à soupe) de protéines de soja en poudre
- 15 mL (1 c. à soupe) de lactosérum
- 30 mL (2 c. à soupe) de granules de lécithine
- 375 mL (1 1/2 tasse) de lait de soja
- 30 mL (2 c. à soupe) de fruits frais ou surgelés, ou 1 banane
- 3 ou 4 glaçons.

Passez au mélangeur à vitesse maximale durant une minute.

LES SUPPLÉMENTS

À prendre avec un repas sauf indication contraire.

- 1 multivitamine naturelle extra-forte avec complexe de minéraux et d'acides aminés chélatés (vitamine A, bêta-carotène ou caroténoïdes, vitamines B1, B2, B3, B5, B6, B12, biotine, choline, acide folique, inositol, vitamine C, vitamine D, vitamine E, bore, calcium, chrome, cuivre, magnésium, manganèse, sélénium, vanadium et zinc), 2 fois par jour, le matin et le soir

Elle est essentielle pour le teint et la santé du système nerveux.

- 1 formule d'antioxydants à large spectre (avec alpha- et bêta-carotène, lutéine, lycopène, vitamine C, vitamine E, sélénium, ginkgo, coenzyme Q10, myrtilles, l-glutathion, isoflavones de soja [génistéine et daidzéine], extrait de pépins de raisin et extrait de thé vert) 2 fois par jour, le matin et le soir

Cette formule aide à refaire le plein des antioxydants qui protègent la peau tout en la gardant jeune et en santé.

Si votre complexe de vitamines et minéraux multiples et votre formule d'antioxydants ne contiennent pas les suppléments qui suivent, prenez-les séparément.

- Complexe ARN/ADN

Stimule la formation de nouvelles cellules; contribue à améliorer la texture de la peau.

- Superoxyde dismutase (SOD) et igname sauvage, 300 mg

Aident à la croissance et à la reconstitution des tissus; garde la peau souple.

• Bêta-carotène, 10 000 UI

Aide à protéger la peau contre les dommages dus aux radicaux libres.

• Vitamine C avec bioflavonoïdes, 500 mg

Aide à prévenir la détérioration des capillaires; favorise la guérison des blessures, des ecchymoses et des tissus cicatriciels.

• Vitamine E, 400 à 800 UI

Améliore la circulation dans les petits capillaires de surface; contribue au remplacement des cellules sur la couche externe de la peau.

• Vitamines du complexe B avec acide pantothénique, 50 mg

Contribuent à la formation de cellules et aident à la guérison des blessures.

• MSM (méthylsulfonylméthane), 1 000 mg

Favorise la formation du collagène qui aide à générer la nouvelle peau.

• Acides gras essentiels, 1 000 mg

L'huile de graines de lin est une excellente source d'acides gras oméga-3, qui ramènent l'humidité naturelle de la peau.

• l-cystéine, 1 g par jour (entre les repas avec du jus ou de l'eau)

Aide à conserver une peau souple et d'apparence jeune.
• Zinc, 15 à 50 mg

Participe à la croissance et à la réparation d'une peau très abîmée.

355. DES VITAMINES POUR DES CHEVEUX EN SANTÉ

Les shampoings et les revitalisants ne suffisent pas à maintenir la santé des cheveux. Afin de traiter adéquatement votre chevelure, vous devez savoir que l'alimentation joue un rôle très important dans l'apparence des cheveux. Contrairement à la peau, les cheveux ne se reconstituent pas, mais il *peut* en pousser de nouveaux en meilleure santé.

Avant tout, étudiez votre alimentation. Mangez-vous du poisson, du germe de blé, de la levure et des haricots de soja ? Vous le devriez. Les vitamines et minéraux que procurent ces aliments sont indispensables à une belle chevelure, en plus de fréquents massages du cuir chevelu, d'un shampoing enrichi de protéines au pH équilibré et de suppléments.

LES SUPPLÉMENTS

À prendre avec un repas sauf indication contraire.

• 1 multivitamine naturelle extra-forte avec complexe de minéraux et d'acides aminés chélatés (*voir la rubrique 354 pour les ingrédients optimaux*) 2 fois par jour, le matin et le soir

Elle est essentielle à la santé générale des cheveux.

• 1 formule d'antioxydants à large spectre (*voir la rubrique 354 pour les ingrédients optimaux*) 2 fois par jour, le matin et le soir

Cette formule aide à reconstituer les antioxydants qui protègent les cheveux contre l'oxydation.

Si votre complexe de vitamines et minéraux multiples ainsi que votre formule d'antioxydants ne contiennent pas les suppléments qui suivent, prenez-les séparément.

- Acides gras essentiels (graines de lin ou tout acide gras oméga-3), 1 000 mg

Empêchent les cheveux de devenir secs et cassants; améliorent la texture.

- Silice, 500 mg, 1 à 3 fois par jour

Aide à retarder la perte des cheveux; préserve le lustre de la chevelure.

- Biotine et inositol, 50 à 100 mg

Aident à prévenir la perte des cheveux; essentiels à leur croissance.

- Coenzyme Q10, 60 mg

Favorise la circulation sanguine dans le cuir chevelu.

- l-cystéine, 1 g (entre les repas avec du jus ou de l'eau)

La cystéine est la principale protéine constituante du cheveu; elle peut contribuer à préserver le lustre de la chevelure.

- MSM (méthylsulfonylméthane), 1 000 mg

Favorise une chevelure plus dense et lustrée.

- Vitamines du complexe B, avec acide pantothénique, acide fo lique et PABA, 50 à 100 mg

Indispensables à la croissance des cheveux; aident à préserver la couleur naturelle.

- Bêta-carotène, 10 000 UI

Agit de pair avec les vitamines du complexe B pour préserver le lustre des cheveux.

Rappelez-vous qu'il est normal de perdre entre 50 et 100 cheveux par jour.

356. DES VITAMINES POUR LES MAINS ET LES PIEDS

Vos mains subissent de nombreux traumatismes. Les détergents éliminent les huiles naturelles de la peau. L'eau et la température à elles seules peuvent causer des gerçures. Le port de gants de caoutchouc est une bonne idée, mais si votre peau est fendillée ou que vous souffrez d'un type de dermatite, *évitez* de les porter directement sur la peau. (Des gants de coton sous les gants en caoutchouc peuvent absorber la transpiration et prévenir une nouvelle infection.) Ne mettez pas de fécule de maïs dans les gants, car elle favorise la croissance de micro-organismes. Optez plutôt pour une poudre de talc non parfumée.

La meilleure solution aux problèmes des ongles de doigts ou d'orteils reste sans doute une alimentation adéquate. Selon une croyance répandue, la gélatine permet de renforcer les ongles mous, mais c'est faux. Les ongles ont besoin de protéines, alors que la gélatine en fournit peu. Non seulement il lui manque deux acides aminés essentiels, mais un autre acide aminé, la l-glycine, s'y trouve en quantité indésirable. Incluez les aliments riches en soufre (*voir la rubrique 68*) dans votre alimentation. Vous pouvez gagner à prendre aussi 300 µg de biotine deux fois par jour avec les repas (*voir la rubrique 38*). Prenez une forme de soufre organique qui s'absorbe facilement, soit 1 000 mg de MSM, avec un complexe de vitamine C, 2 fois par jour avec les repas.

LES SUPPLÉMENTS

À prendre avec un repas sauf indication contraire.

- 1 multivitamine naturelle extra-forte avec complexe de minéraux et d'acides aminés chélatés (*voir la rubrique 354 pour les ingrédients optimaux*), 2 fois par jour, le matin et le soir

Elle est essentielle à la santé générale, à la croissance et à la solidité des ongles.

- 1 formule d'antioxydants à large spectre (*voir la rubrique 354 pour les ingrédients optimaux*), 2 fois par jour, le matin et le soir

Cette formule protège contre les dommages des tissus dus aux radicaux libres.

Si votre complexe de vitamines et minéraux multiples ainsi que votre formule d'antioxydants ne contiennent pas les suppléments qui suivent, prenez-les séparément.

- Complexe ARN/ADN

Stimule la formation de nouvelles cellules; aide à améliorer la texture de la peau et la solidité des ongles.

- Vitamines du complexe B avec acide pantothenique, 50 à 100 mg

Offrent une résistance à l'infection; sont essentielles à la croissance des ongles.

- Bêta-carotène, 10 000 UI

Aide à prévenir les ongles cassants.

- Silice, 500 mg, 1 à 3 fois par jour

Aide à prévenir les taches blanches sur les ongles ou les ongles friables.

- Vitamine E, 400 UI

Indispensable à la bonne synthèse de la vitamine A.

- Zinc, 15 à 50 mg

Renforce les ongles cassants et élimine les taches blanches sur les ongles.

357. LES PRODUITS DE BEAUTÉ NATURELS – CE QU'ILS CONTIENNENT

De nos jours, bien des cosmétiques portent la mention « naturel », mais si on lit la liste des ingrédients, on peut se demander si c'est bien le cas. Lisez toujours attentivement l'étiquette d'un produit pour savoir ce que vous achetez. Voici quelques définitions qui peuvent vous aider.

Diméthyle d'amyle PABA : un écran solaire provenant du PABA et un facteur du complexe B.

Annatto : un colorant végétal provenant des graines d'une plante tropicale.

Huile d'avocat : une huile végétale tirée de l'avocat.

Triglycéride caprique et caprylique : un émollient issu de l'huile de noix de coco.

Carraghénine : un agent épaississant naturel provenant de mousse d'Irlande séchée.

Huile de ricin : une huile émolliente obtenue par la pression des graines de ricin.

Alcool cétylique : un composant d'huiles végétales.

Palmitate de cétyle : un composant des huiles de palme et de noix de coco.

Acide citrique : un acide organique naturel présent en abondance dans les agrumes.

n-cocoyldiéthanolamide : un agent épaississant tiré de l'huile de noix de coco.

Huile de noix de coco : une huile issue de la pression des cerneaux de graines du cocotier.

Oléate de décyle normal : tiré de l'huile de suif ou de l'huile de noix de coco.

Monolaneth-5-sulfosuccinate disodique : un dérivé de la lanoline servant à améliorer la texture du cheveu.

Fragrance : une essence de fleurs, d'herbages, de racines ou de tiges dégageant une odeur douce et agréable.

Stéarate de glycéryle : un agent émulsifiant naturel tiré de la glycérine.

Lactosérum de chèvre : un petit-lait riche en protéines provenant du lait de chèvre.

Huile de ricin hydrogénée : une substance cireuse provenant de l'huile de ricin.

Imidazolidinylurée : un agent de conservation dérivé naturellement comme un produit de synthèse des protéines (hydrolyse).

Alcool de lanoline : un composant de la lanoline qui agit comme émollient et émulsifiant.

Laureth-3 : une substance organique tirée des huiles de noix de coco et de palme.

Sesquistéarate de méthylglucoside : un émulsifiant organique provenant d'un sucre naturel simple.

Huile minérale : un émollient et lubrifiant organique.

Huile d'olive : une huile naturelle provenant des olives.

Huile de cacahuètes (arachides) : une huile végétale extraite des cacahuètes (arachides).

Pectine : un dérivé des agrumes et de la pelure de pommes.

Lanoline de polyéthylèneglycol (PE) : un émollient et émulsifiant provenant de la lanoline.

Vaseline® : gelée de pétrole.

Sesquistéarate de polyoxyéthylène-20 méthylglucoside : un émulsifiant organique provenant d'un sucre naturel simple.

Sorbate de potassium : issu de l'acide sorbique présent dans les baies du sorbier.

Huile de carthame hybride : un émollient naturel tiré de plantes cultivées pour cet usage.

Huile de sésame : une huile obtenue par la pression des graines de sésame.

Sulfate de cétyle de sodium : un détergent et émulsifiant provenant de l'huile de noix de coco.

Sulfate de laureth de sodium : un détergent obtenu de l'huile de noix de coco.

Sodium PCA : une substance humectante naturellement présente dans la peau où elle agit comme hydratant naturel.

Acide sorbique : un agent de conservation naturel dérivé des baies du sorbier.

Tocophérol : une vitamine E naturelle.

Undecylenamide DEA : un agent de conservation naturel dérivé de l'huile de ricin.

Eau : le solvant universel et le principal élément de toutes les matières et tous les êtres vivants.

358. DES EFFETS SECONDAIRES À CONNAÎTRE

Les médicaments sont essentiels au traitement de certaines affections, mais les médecins omettent souvent d'indiquer les effets secondaires possibles. Rares sont les médecins qui prescrivent un contraceptif oral en disant à leur patiente qu'il peut causer une éruption cutanée au visage ou la perte de cheveux; néanmoins, bien des femmes s'en aperçoivent assez vite. En fait, de nombreux médicaments peuvent déclencher des problèmes de peau ou d'autres troubles d'ordre cosmétique. La liste qui suit en mentionne quelques-uns, mais n'est pas exhaustive.

Alfenta®	Éruptions cutanées, rougeurs
Codéine	Éruptions cutanées, démangeaisons, transpiration
Coumadin®	Éruptions cutanées, démangeaisons, urticaire
Darvon®	Éruptions cutanées, peau squameuse, démangeaisons
Demerol®	Éruptions cutanées, rougeurs, rétention d'eau
Doxycycline	Éruptions cutanées, lésions ouvertes, décoloration des dents
Fentanyl®	Rougeurs, transpiration, réactions allergiques
Miltown®	Marques de coups, peau squameuse, démangeaisons
Nembutal®	Éruptions cutanées
Phenobarbital®	Éruptions cutanées, démangeaisons, enflure des paupières
Quaalude®	Boutons, marques de coups
Talwin®	Éruptions cutanées, enflure du visage, peau squameuse
Tétracycline	Prise durant la grossesse ou l'enfance, peut causer une décoloration permanente de la dentition de l'enfant
Thorazine®	Peau squameuse, ictère, marques de coups, enflure

Tofranil®	Éruptions cutanées, démangeaisons, ictère
Tuinal®	Peut aggraver un problème de peau existant
Valium®	Ictère, éruptions cutanées, plaques tuméfiées

359. DES QUESTIONS SUR LE CHAPITRE XX ?

Considérez-vous l'huile de jojoba comme un soin de beauté ?
Personnellement, je crois que c'est l'un des meilleurs. On la trouve sous diverses formes, notamment sous forme d'huile, de crème, de savon et de shampoing. Elle fait des merveilles... tout naturellement !

Par exemple, quelques gouttes d'huile de jojoba sous votre fond de teint agissent comme hydratant. Massez doucement sur le visage, surtout autour des yeux où les ridules se forment. (Évitez tout contact avec les yeux et cessez l'usage au tout premier signe d'irritation.) Appliquez-en le soir pour assouplir votre peau durant votre sommeil. Étalez une fine couche d'huile de jojoba sur le visage et le cou après un bon nettoyage, bien sûr.

L'huile de jojoba convient comme hydratant pour la peau après la douche (quelques gouttes suffisent) ou comme huile de bain luxuriante (là encore, n'utilisez que quelques gouttes). Appliquez directement sur la peau sèche, irritée ou fraîchement rasée.

Après le shampoing, vous pouvez masser votre cuir chevelu et votre chevelure avec l'huile de jojoba, sans la rincer. Un usage quotidien redonne leur lustre aux cheveux les plus secs.

Je n'arrive pas à faire pousser mes ongles. J'ai pris toutes sortes de vitamines, mais rien ne fonctionne. Que dois-je faire ?
Vous avez peut-être un trouble de la thyroïde. Consultez donc un médecin spécialiste de la nutrition. (*Voir la rubrique* 383.)

Entre temps, prenez de la prêle des champs (*Equisetum arvense*) que l'organisme synthétise immédiatement en calcium assimilable, lequel nourrit les ongles, la peau, les os et les tissus conjonctifs.

CHAPITRE 21 Comment rester jeune, énergétique et attirant

360. RALENTIR LE PROCESSUS DU VIEILLISSEMENT

Le vieillissement est causé par la dégénérescence des cellules. Des millions de cellules constituent l'organisme, qui ont une durée de vie de deux ans ou moins. Mais avant qu'une cellule meure, elle se reproduit. Dans ce cas, pourquoi n'avons-nous pas encore la même apparence qu'il y a dix ans, demandez-vous ? C'est que chaque fois qu'une cellule se reproduit, elle subit une modification, ou plus justement, une détérioration. À mesure que nos cellules se remplacent, donc se détériorent, nous vieillissons.

La situation a un bon côté : les cellules peuvent rajeunir si elles reçoivent des substances directement assimilables, comme des acides nucléiques.

L'ADN (acide désoxyribonucléique) et l'ARN (acide ribonucléique) sont les acides en question. L'ADN est à la base la « matrice » chimique des nouvelles cellules. Il confie leur formation aux molécules d'ARN comme à une équipe d'ouvriers chevronnés. Lorsque l'ADN cesse de transmettre des ordres à l'ARN, la génération des nouvelles cellules prend fin, et par conséquent la vie. Si vous fournissez à votre organisme les acides nucléiques dont il a besoin, vous pouvez paraître et vous sentir plus jeune de six à douze ans.

Pour ce faire, votre corps exige 1,5 g d'acides nucléiques par jour. Il peut, bien sûr, générer ses propres acides nucléiques, mais ces derniers se dégradent trop rapidement en composés moins efficaces, d'où la nécessité de lui en fournir de sources externes afin de ralentir le processus du vieillissement.

Parmi les aliments riches en acides nucléiques figurent le germe de blé, le son, les épinards, les asperges, les champignons, le poisson (surtout les sardines, le saumon et les anchois), le foie de volaille, l'avoine, les oignons et certains types de levure nutritionnelle dont l'étiquette indique clairement « riche en ADN et en ARN ».

J'ai remarqué, peu après avoir opté pour une alimentation riche en acides nucléiques ainsi que pour la prise de suppléments d'ADN et d'ARN, il y a plusieurs années, une énorme différence dans mon apparence et dans mon bien-être. Je débordais d'énergie et ma peau avait une apparence plus saine, plus jeune. Bon nombre de mes clients et amis ont obtenu les mêmes résultats. Une alimentation riche en acides nucléiques et des suppléments d'ADN et d'ARN ne renversent pas le processus de vieillissement, mais je suis convaincu qu'ils peuvent le ralentir.

> *ATTENTION : Une alimentation riche en acides nucléiques peut aggraver la goutte et certaines formes d'arthrite. Consultez d'abord votre médecin si vous souffrez de ces affections avant de consommer ces aliments ou de prendre de tels suppléments.*

D'AUTRES SUPPLÉMENTS ANTIVIEILLISSEMENT

La SOD (*superoxyde dismutase*) est l'un des plus récents et populaires adversaires du vieillissement. (*Voir la rubrique 120.*) Cette enzyme accroît la capacité de l'organisme de combattre les dommages dus aux radicaux libres, des molécules destructrices qui accélèrent le processus du vieillissement, car elles éliminent les cellules saines et attaquent le collagène (le « ciment » qui lie les cellules).

Au fil du temps, le corps produit moins de SOD, donc les suppléments — de pair avec une alimentation naturelle qui réduit la formation de radicaux libres – peuvent allonger notre vie de quelques années énergiques et productives. Il faut se rappeler, cependant, que la SOD peut vite devenir inactive en l'absence de minéraux essentiels comme le zinc, le cuivre et le manganèse.

On vante également l'efficacité de l'*extrait de pépins de raisin* pour combattre les radicaux libres et comme supplément anti-vieillissement. Il contient des *proanthocyanidines*, des bioflavonoïdes qui intensifient l'action de la vitamine C. En aidant la vitamine C à pénétrer les cellules, l'extrait de pépins de raisin contribue à renforcer les membranes cellulaires et à protéger les cellules contre l'oxydation. Il peut améliorer la circulation, renforcer les capillaires et assurer la protection des fibres de collagène, nécessaires à la croissance et à la réparation des cellules, contre les dommages causés par les radicaux libres au cours des années. (Les proanthocyanidines se trouvent aussi dans la pelure de raisin, les myrtilles, les canneberges, le cassis et le thé, vert et noir.)

Je recommande de prendre 1 ou 2 capsules (30 à 100 mg) d'extrait de pépins de raisin par jour en guise de supplément anti-vieillissement.

La *coenzyme Q10*, une substance que l'organisme peut synthétiser, bien qu'il la tire aussi des aliments, est utilisé par les cellules pour la respiration. L'insuffisance en coenzyme Q10 est courante dans le processus normal du vieillissement. En fait, des études ont montré que de faibles taux de coenzyme Q10, laquelle a un grand nombre de propriétés antioxydantes en commun avec la vitamine E, peuvent contribuer directement au vieillissement, alors que des taux plus élevés ralentissent ce processus, en plus :

- de réduire les risques de crise cardiaque (aider à la ventilation du muscle cardiaque; offrir une protection contre les inflammations virales du cœur; aider à prévenir l'arythmie; minimiser les dommages au myocarde suivant un pontage; diminuer la fréquence des angines de poitrine);

- de stimuler le système immunitaire;
- de contribuer au traitement des maladies parodontales;
- d'aider à réduire la tension artérielle;
- de contribuer à prévenir la toxicité de médicaments servant à soigner de nombreuses maladies associées au vieillissement.

Comme supplément, je recommande de prendre une capsule de 30 mg de coenzyme Q10, deux fois par jour avec les repas.

La *DHEA* (*déhydroépiandrostérone*), une hormone naturelle générée par les surrénales, est l'hormone stéroïdienne la plus abondante dans l'organisme, mais son taux diminue avec l'âge. (Les stéroïdes constituent un type de composés qui favorisent l'équilibre émotionnel et augmentent la capacité de l'organisme à supporter la tension (le stress), entre autres choses.) À environ 45 ans, nous ne produisons plus que la moitié de la DHEA que nous générions à 20 ans. À 70 ans, nous n'en produisons pratiquement plus. Des chercheurs reconnus lient cette baisse de production d'hormones comme la DHEA au déclin psychique et physique associé au vieillissement normal. Les personnes âgées à qui on a donné de la DHEA se sentent mieux, ont plus d'énergie, développent leur masse corporelle maigre et produisent davantage d'hormones sexuelles.

On a aussi montré que la DHEA renforce le système immunitaire, qu'elle ralentit la production des gras responsables de l'obésité, qu'elle protège les femmes contre les maladies du cœur après la ménopause, qu'elle amoindrit la fatigue, qu'elle augmente la fonction cognitive tout en améliorant l'humeur et les réactions à la tension (au stress).

De nouvelles études indiquent que la DHEA constitue un traitement prometteur contre l'ostéoporose et la dépression et qu'elle pourrait soulager les symptômes du lupus érythémateux, un trouble auto-immun pour lequel il n'y a pas de solution médicale à ce jour. (Toute personne atteinte de lupus devrait parler à son médecin de la DHEA.)

Si vous avez plus de 40 ans, faites vérifier votre taux de DHEA. La posologie habituelle est de 25 mg par jour pour la femme de plus de 40 ans, et de 50 mg pour l'homme de plus de 40 ans. Quand vous achetez un supplément de DHEA, recherchez la mention « qualité pharmaceutique » (*pharmaceutical grade*); elle vous assure le produit le plus pur possible.

L'un des avantages pour la femme qui prend de la DHEA (ou de la DHEA liée à de la pregnénolone) au lieu de l'hormonothérapie substitutive est l'absence d'effets sur l'endomètre, même avec une dose assez importante pour causer un changement dans les muqueuses vaginales. Avec la DHEA seule, il n'y a pas lieu de s'inquiéter d'équilibrer les doses d'œstrogène et de progestérone.

> *ATTENTION: La déhydroépiandrostérone (DHEA) est une hormone qui peut, en théorie, stimuler la croissance de certains cancers associés à l'hormone de croissance. Je vous recommande de l'éviter si vous avez des antécédents de cancer de la prostate ou de cancer du sein. Les femmes à la ménopause souffrant d'obésité abdominale ont davantage de risques de développer un cancer du sein. Elles ne doivent pas prendre de suppléments de DHEA à moins qu'une analyse sanguine indique une insuffisance.*

La *pregnénolone* est produite dans le cerveau et le cortex surrénal à partir du cholestérol. Elle agit comme une hormone mère qui se transforme en DHEA, en œstrogène, en testostérone, en progestérone et en d'autres hormones.

La pregnénolone est reconnue comme un supplément anti-vieillissement général pour l'homme comme pour la femme. Elle atteint ses taux les plus élevés dans la trentaine, puis la production baisse. Des études récentes semblent indiquer que les suppléments peuvent améliorer la concentration et la mémoire, agir comme antidépresseurs, réduire la tension (le stress) et aider à soulager les symptômes de la polyarthrite rhumatoïde, du lupus érythémateux et de la sclérose en plaques.

Le supplément habituel est de 5 à 10 mg par jour.

> *ATTENTION : La pregnénolone peut faire augmenter le taux d'hormones sexuelles et interagir de façon indésirable avec d'autres médicaments. Son usage est interdit aux femmes enceintes. Je vous recommande de consulter un médecin averti avant de prendre ce supplément.*

361. UN PROGRAMME DE BASE POUR UNE APPARENCE JEUNE

Un bon programme de suppléments pris en plus d'une alimentation adéquate est important pour vous amener à paraître, vous sentir et rester jeune. (*Voir la rubrique 206 au sujet du PVM.*) Si vous avez plus de 40 ans, ajoutez ce qui suit :

- 400 UI de vitamine E, le matin et le soir
- 500 mg de vitamine C avec bioflavonoïdes, le matin et le soir
- Complexe de coenzyme Q10, 1 fois par jour
- 100 mg d'ADN/ARN, 1 fois par jour
- 125 μg de SOD, par jour
- 1 à 3 capsules de 60 mg de ginkgo standardisé, par jour
- 1 à 3 capsules de 500 mg de poivre de Cayenne, par jour

- Femmes : complexe d'isolate de soja avec 1 000 mg de calcium et 500 mg de magnésium, par jour
- Hommes : complexe d'isolate de soja avec 500 mg de calcium et 150 mg de magnésium, par jour
- 1 comprimé de millepertuis à libération progressive, par jour, au besoin

362. UN RÉGIME HAUTE ÉNERGIE

L'exercice, une bonne alimentation et de bons suppléments vous assurent de l'énergie à revendre, que vous recherchiez le bien-être ou une belle apparence.

Pour les personnes qui ne font pas de course, ne peuvent pas se payer d'espadrilles, ne jouent pas au tennis, refusent de nager à -30 °C (-20 °F) et abhorrent la callisthénie ou gymnastique rythmique, il y a un exercice idéal : le saut à la corde.

Une corde à sauter ne coûte presque rien, est très pratique (elle s'emporte partout) et donne du plaisir. De plus, elle est efficace ! Le saut à la corde fait dépenser plus de calories que le vélo, le tennis et la natation. Une personne moyenne d'environ 68 kg (150 lb) peut dépenser 720 calories l'heure en sautant à la corde (à un rythme de 120 à 140 sauts par minute). En comparaison, une heure de tennis ne consomme que 420 calories; cela montre ce que la corde à sauter peut faire pour vous.

Pour garder un bon niveau d'énergie, je vous recommande de manger une combinaison de deux aliments riches en protéines (ou une boisson protéinique) à chaque repas; de boire entre 6 et 8 verres d'eau par jour, trente minutes avant ou après les repas; d'éviter les sucres raffinés, la farine, le tabac, l'alcool, le thé, le café, les boissons gazeuses, de même que les aliments transformés et frits.

Voici la recette d'une boisson ravigotante :

- 15 mL (1 c. à soupe) de soja en poudre
- 15 mL (1 c. à soupe) de granules de lécithine
- 15 mL (1 c. à soupe) de lactosérum
- 30 mL (1 c. à soupe) d'acidophile liquide (non laitier)

Mêlez au mélangeur 1 minute avec du lait de soja allégé ou sans gras, de l'eau ou du jus et 3 ou 4 glaçons. (Ajoutez des fruits frais ou surgelés au goût. Délicieux avec une banane pelée et surgelée !)

363. DES SUPPLÉMENTS HAUTE ÉNERGIE

Au petit déjeuner

- 1 PVM (*voir la rubrique 206*)
- 400 UI de vitamine E (sèche)
- Complexe de coenzyme Q10
- Femmes : complexe d'isolate de soja avec 1 000 mg de calcium et 500 mg de magnésium
- Hommes : complexe d'isolate de soja avec 500 mg de calcium et 250 mg de magnésium

Au dîner:

- 1 PVM (*voir la rubrique 206*)
- Complexe de coenzyme Q10
- Femmes : complexe d'isolate de soja avec 1 000 mg de calcium et 500 mg de magnésium
- Hommes (plus de 45 ans) : palmier nain, pygeum, zinc, complexe d'huile de graines de citrouille, 2 fois avec le repas

364. LES VITAMINES ET L'APPÉTIT SEXUEL

Rappelez-vous bien que si vous n'êtes pas en bonne forme, votre appétit sexuel s'en ressentira lui aussi.

On a beaucoup parlé de la vitamine E en lien avec l'appétit sexuel. Des études ont bel et bien montré que la vitamine E augmente la fertilité chez l'homme et chez la femme, en plus de stimuler la puissance sexuelle chez l'homme. Toutefois, son effet sur l'appétit sexuel de l'homme et de la femme reste à prouver, bien que de nombreuses personnes prenant de la vitamine E m'aient affirmé être convaincues de ses bienfaits.

Il faut mentionner un autre nutriment favorable à l'appétit sexuel : le zinc. Un pourcentage important du zinc chez l'homme se trouve dans la prostate; une insuffisance en zinc peut causer une atrophie des testicules ainsi que des troubles de la prostate.

Rappelez-vous que les vitamines qui préservent votre niveau d'énergie (*voir la rubrique 362*) auront aussi un effet positif sur votre rendement sexuel.

365. LES ALIMENTS, LES PLANTES MÉDICINALES ET DE NOUVEAUX SUPPLÉMENTS QUI AUGMENTENT L'APPÉTIT SEXUEL

Que vous cherchiez à stimuler votre libido ou à mettre du piquant dans votre vie amoureuse, incorporez ces ingrédients à votre alimentation quotidienne :

Asperge	Ginseng
Avoine	Kava kava
Avocat	Huîtres
Orge	Pignon
Levure de houblon (bière)	Coing
Cardamome	Salsepareille
Carotte	Shiitake
Cannelle	Aliments de soja
Coriandre	Germe de blé
Œufs de volaille fertilisés	Grains complets
Ginkgo	Yohimbehe (*voir la rubrique 190*)

PROGRAMME DE SUPPLÉMENTS

- 1 PVM (*voir la rubrique 206*)
- 400 UI de vitamine E (sèche), 1 à 3 fois par jour
- 15 à 50 mg de zinc (chélaté) par jour
- 60 mg de complexe de ginkgo, 2 fois par jour
- Femmes (plus de 40 ans) : 25 mg de DHEA, par jour
- Hommes (plus de 50 ans) : 50 mg de DHEA, par jour
- Hommes : 3 g d'arginine 45 minutes avant un rapport sexuel

366. DES QUESTIONS SUR LE CHAPITRE XXI ?

J'ai entendu dire que l'octacosanol peut grandement améliorer le rendement sexuel chez l'homme. Qu'en pensez-vous ?

À mon avis, son effet dépend en grande partie de l'homme en question. Il est vrai, cependant, que l'octacosanol (une substance alimentaire naturelle présente en quantités minimes dans plusieurs huiles végétales, le son de luzerne et de blé, le germe de blé et d'autres aliments) favorise la libération d'énergie, ce qui accroît la force et la résistance. En laboratoire, les tests semblent montrer une amélioration des perturbations du système de reproduction.

Faites preuve de patience si vous décidez de prendre de l'octacosanol, car les effets peuvent mettre de quatre à six semaines à se manifester.

Sachez aussi qu'une alimentation énergisante contenant des aliments crus ou légèrement cuits, riches en vitamines B et en acides aminés, contribueront aussi à une bonne vie sexuelle.

Je suis une femme de 45 ans, active et heureuse en ménage, mais mon appétit sexuel semble être à la baisse. Quels stimulants naturels de l'appétit sexuel me recommandez-vous ?

En plus de prendre un PVM (*voir la rubrique 206*), vous pouvez augmenter votre consommation de produits de soja. Les haricots de soja sont riches en œstrogènes végétaux, les isoflavones. Ces derniers peuvent soulager certains symptômes de la périménopause qui réduisent souvent le désir. Il est bon de faire vérifier vos taux de DHEA. S'ils sont faibles, 25 mg additionnels de DHEA par jour pourraient accroître votre libido. Je vous invite également à essayer la plante médicinale damiana, reconnue comme un stimulant sexuel. Prenez-en 1 à 3 capsules par jour avant les repas et mettez quelques bougies sur la table... vous pourriez être agréablement surprise.

Qu'est ce qu'est la mouche espagnole et est-ce vraiment un aphrodisiaque naturel ?

Loin de là ! La mouche espagnole, ou cantharidine, consiste en réalité en cantharides tirés de la carapace de scarabées. Elle cause des démangeaisons, mais ne stimule pas forcément l'appétit sexuel. En fait, cette substance toxique est tout *sauf* aphrodisiaque. Des études l'ont associée à des convulsions et à des troubles rénaux. On rapporte qu'elle mène pratiquement à une miction très difficile, sans mentionner qu'elle produit des érections très douloureuses.

Le produit vendu aux États-Unis comme mouche espagnole n'est en général rien de plus qu'une combinaison de plantes séchées n'ayant pas plus d'effet que du persil. Investissez plutôt votre argent dans un dîner romantique. Cela peut sembler vieux jeu, mais un dîner à la chandelle se révélera toujours plus aphrodisiaque qu'une poudre de scarabée.

J'ai entendu parler d'une substance aphrodisiaque, le DMG. Le connaissez-vous ? De quoi s'agit-il ?

J'en ai aussi entendu parler, mais je ne peux garantir son efficacité. Le DMG est de la diméthylglycine, un dérivé de l'acide aminé glycine présent surtout dans les graines et les céréales. Il favorise l'oxygénation du sang et des tissus. Les personnes qui le vantent comme aphrodisiaque prétendent que l'apport accru en oxygène dans les tissus augmente aussi le désir sexuel. (Nos bonnes vieilles céréales de blé en font peut-être autant!) Quoi qu'il en soit, on trouve du DMG sous forme de supplément, donc vous pouvez l'essayer. Les résultats ne sont pas garantis, mais vous n'avez rien à perdre.

Ma grand-mère disait que les patates douces et les carottes favorisaient la fertilité chez la femme. Elle en mangeait régulièrement et elle a eu neuf enfants. Avait-elle raison ?
Peut-être que oui, peut-être que non. On a montré que les carottes et les patates douces ont une structure chimique similaire à l'œstrogène — une hormone de fertilité féminine essentielle. Par ailleurs, les suppléments de pregnénolone sont produits à base d'igname sauvage.

Existe-t-il des nutriments pour le cerveau ? Si oui, lesquels ? Que recommandez-vous à une personne qui n'est pas très vieille, mais qui s'inquiète tout de même de quelques trous de mémoire ?
Eh bien, oui, il y a des nutriments pour le cerveau. Ils peuvent faire une différence mémorable chez une personne qui semble présenter des déficits cognitifs — ou le déclin associé à l'âge (ARCD), parfois aussi tôt que 45 ans. Assurez-vous de les inclure dans votre alimentation. Voici quelques nutriments que j'estime les plus bénéfiques pour le cerveau.

Vitamine B6 : 50 à 75 mg par jour, en quantités égales à la vitamine B1 et à la vitamine B12 (*Voir la rubrique 33.*)

Vitamine E : 200 à 400 UI par jour (*Voir la rubrique 46.*)

Sélénium : 100 à 200 µg par jour

Phosphatidylsérine (PS, un phospholipide naturellement présent dans les tissus du cerveau qui aide à acheminer les messages chimiques d'une cellule du cerveau à une autre) : 200 mg par jour

Ginkgo, standardisé : 60 mg en capsules ou comprimés, 1 à 3 fois par jour

Diméthylaminoéthanol (DMAE, présent dans le cerveau et dans certains aliments comme les sardines et les anchois) : 1 à 2 comprimés par jour. On en trouve dans une formule combinant DMAE, ginkgo, PS et vitamines B inositol et choline.

Huperzine A : un extrait dérivé du lycopode chinois et un excellent activateur de la mémoire. Recherchez l'huperzine A (ou la tisane de lycopode) dans des formules conçues pour activer la fonction mentale.

CHAPITRE 22 Les animaux familiers aussi doivent bien manger

367. DES VITAMINES POUR VOTRE CHIEN

Les chiens ont autant besoin de vitamines que les humains. Leurs exigences diffèrent des nôtres, mais il leur faut tout de même absorber tous les nutriments. (Il n'y a pas de recommandations RDA pour les chiens. Pour mieux savoir en quoi consiste la nutrition de base, je vous suggère de demander par écrit le guide du National Research Council, ***Nutrient Requirements for Dogs***, National Academy of Sciences, Washington, D.C., É.-U.)

Le chien adulte doit absorber 4,4 g de protéines par jour, ainsi que 1,3 g de gras, 0,4 g d'acide linoléique ou arachidonique et 15,4 g de glucides. Les chiots exigent le double de cet apport.

Les protéines sont essentielles à la croissance et à la réparation des tissus du chien. Les aliments à riche valeur biologique comme les œufs, les viandes musculaires, la chair de poisson, les haricots de soja, le lait et la levure figurent parmi les meilleures sources. Assurez-vous cependant de bien faire cuire les œufs avant d'en donner à votre chien. Le blanc d'œuf cru contient de l'avidine, qui prévient l'absorption de la biotine. Le lait, même s'il est bon pour les chiens, cause souvent la diarrhée; par conséquent, le yaourt et le fromage blanc (cottage) sont préférables.

Les chiens tirent leur énergie des glucides, mais ces derniers ne devraient pas représenter plus de 50 ou 60 % de leur alimentation.

Les gras, la source d'énergie la plus concentrée, procurent l'acide gras essentiel à la santé de la peau et du pelage. Une insuffisance en gras peut ralentir la croissance des chiots et leur donner un poil grossier et une peau squameuse. L'ajout de 5 mL (1 c. à thé) d'huile de carthame ou de maïs à la nourriture sèche pour chien peut avoir un effet positif.

L'alimentation du chien devrait fournir du calcium et du phosphore selon le rapport 1,2 : 1. Un rapport incorrect risque d'entraîner une minéralisation anormale des os des chiots en pleine croissance ainsi que des os des chiens adultes. L'apport en vitamine D doit également être suffisant pour permettre l'absorption de ces deux minéraux. Comme cet équilibre est primordial, ***assurez-vous d'administrer des suppléments équilibrés à votre animal***. Un excès de farine d'os ou d'huile de foie de morue peut causer des problèmes aussi graves que ceux que vous essayez de d'éviter.

L'huile de foie de morue ne convient pas comme supplément régulier, puisqu'elle entraîne parfois une saturation de la vitamine D. (Un apport alimentaire suffisant en calcium et en phosphore diminue grandement les besoins de votre chien en vitamine D. Cette vitamine peut être toxique pour le chien dès qu'elle atteint un seuil aussi bas que dix fois la dose recommandée par jour.)

Les régimes strictement carnivores ne sont pas bons pour les animaux. Ils présentent un rapport calcium/phosphore non équilibré. De plus, ils ne fournissent pas les quantités adéquates de vitamines D, A et E.

La levure de houblon (bière) et l'ail, mélangés à la nourriture du chien, préviendront les puces. (Cela fonctionne aussi chez le chat.) Les puces détestent l'odeur que dégage le chien après en avoir mangé.

Évitez de donner des vitamines A et D ou de la niacine à un chien à moins d'avoir l'assurance qu'il a une insuffisance ou qu'un vétérinaire le recommande. Elles peuvent avoir un effet indésirable chez l'animal. (*Voir la rubrique 374, « Avertissements »*.)

Ne suralimentez pas un chiot et ne dépassez pas les doses de suppléments recommandées. Le chien n'en sera pas plus massif, mais il sera plutôt aux prises avec des troubles squelettiques et l'obésité.

368. UN RÉGIME CONTRE L'ARTHRITE ET LA DYSPLASIE CHEZ LE CHIEN

Contrairement aux humains, le chien fabrique sa propre vitamine C. Toutefois, des études ont montré qu'un apport en vitamine C supplémentaire peut être efficace pour traiter l'arthrite et la dysplasie. Je recommande cependant de consulter votre vétérinaire avant de d'entreprendre tout programme de suppléments. Demandez-lui ce qu'il pense de ce qui suit :

- 500 à 1 000 mg de vitamine C (ascorbate de sodium ou une autre forme de vitamine C tamponnée; l'acide ascorbique de base peut causer des troubles gastriques) 4 ou 5 comprimés de luzerne (aide à réduire l'inflammation)
- 100 à 200 UI de vitamine E (liquide ou en poudre)
- 25 à 50 µg de sélénium (selon la taille du chien)
- 500 mg de glucosamine
- 1 capsule d'Ev.Ext-33 par jour (2 si le chien pèse plus de 45 kg/ 100 lb)
- Mêlez à la nourriture chaque jour.

369. UN RÉGIME DE PRÉVENTION CONTRE LE CANCER CHEZ LE CHIEN

Un chien sur quatre développe un cancer, et environ 50 % des chiens de plus de 10 ans meurent d'un cancer. Un chien ayant un système immunitaire sain risque moins d'avoir la maladie. Je propose ici une approche quotidienne préventive en suppléments à cet effet. (NOTA : Les doses sont établies pour les chiens de taille moyenne. Réduisez-les de moitié pour les chiens de petite taille et doublez-les pour les gros ou très gros chiens. Si votre chien prend déjà des vitamines et minéraux multiples, assurez-vous de ne pas doubler les doses.)

- 1 000 à 2 000 mg de vitamine C
- 200 UI de vitamine E
- 15 UI de bêta-carotène (toutes tailles)
- 25 µg de sélénium (doublez pour tous les chiens de plus de 9 kg/20 lb)

370. DES ANTIOXYDANTS SANTÉ

Les chiens et les chats ont tout autant besoin d'antioxydants, sinon plus, que l'être humain. Pensez-y : ils sont plus fortement exposés aux substances chimiques que les humains en raison de leur plus petite taille et ils respirent en plus grande concentration les substances chimiques des planchers et des pelouses. Leur habitude de faire leur toilette eux-mêmes augmente également leurs risques d'exposition à des substances toxiques, sans mentionner les colliers antipuces traités chimiquement et les « collations » malsaines qu'ils trouvent dans le parc ou dans la rue.

La vitamine C

Les chiens et les chats génèrent leur propre vitamine C, mais pas suffisamment pour prévenir la maladie ou en tirer des bienfaits significatifs. L'ajout de cet antioxydant puissant à l'alimentation de votre animal familier peut atténuer les risques de cancer, renforcer le système immunitaire, stimuler le processus de guérison, diminuer les risques de cataractes, soulager les allergies et aider à la prévention et à la guérison de la cystite. La vitamine C est aussi essentielle à la bonne formation des os et à la prévention des maladies du cœur.

Posologie additionnelle :

- Chiens adultes : 500 à 1 000 mg de vitamine C
- Chats adultes : 50 à 300 mg de vitamine C

Je recommande de l'ascorbate de sodium ou une forme de vitamine C tamponnée afin d'éviter les troubles gastriques. Des formules de suppléments préparés spécifiquement pour canins et félins se trouvent dans les animaleries ou chez le vétérinaire. (NOTA : Des selles molles ou de la diarrhée indiquent souvent que la quantité de vitamine C excède l'apport recommandé. Diminuez alors la dose.)

La vitamine A

Bien que les chiens et les chats la métabolisent différemment, la vitamine A leur procure à tous deux une protection contre les radicaux libres, en plus de renforcer leur système immunitaire, de favoriser leur croissance, la santé de leur peau et de leur pelage ainsi que celle de leur système de reproduction, d'améliorer leur vision et d'aider à la prévention des troubles de la vessie, des problèmes respiratoires ou d'autres infections.

Les chats, contrairement aux humains ou aux canins, ne peuvent pas synthétiser le bêta-carotène en vitamine A et doivent tirer cette dernière du rétinol, une source animale. Assurez-vous que la vitamine A figure parmi les ingrédients sur l'étiquette de la nourriture, mais pas le nitrite de sodium, car il peut épuiser les réserves de vitamine A. À moins de soupçonner une carence importante, un peu de foie peut à peu près combler les besoins en suppléments alimentaires de votre animal. Il ne doit toutefois représenter plus de 25 % de l'alimentation du chat — pas plus de 3 ou 4 fois par semaine.

La façon dont le chien métabolise la vitamine A lui permet de mieux tolérer des doses plus élevées que l'être humain (seulement 30 % d'un excès se loge dans le foie, le reste est éliminé par les reins). Néanmoins, les niveaux de toxicité semblent les mêmes chez les humains et les canins, et un surcroît risque d'entraîner de graves problèmes. Des suppléments, cependant, ont aidé à la prévention d'une atrophie rétinienne progressive, une maladie génétique de la rétine de l'œil, ainsi que de nombreux problèmes de la peau.

(Prélevez un poil du pelage de votre chien pour déterminer s'il a une carence en vitamine A. Votre animal pourrait souffrir d'une insuffisance si l'extrémité du poil présente une substance collante ou gluante. Consultez votre vétérinaire.)

La vitamine E

Cette vitamine antioxydante a un effet important sur le système immunitaire. Elle procure aux animaux une protection contre les polluants environnementaux et les toxines. (C'est d'autant plus important pour les animaux qui vivent dans les villes.) Les chiens qui vivent de la tension (du stress) ou les races plus grosses, davantage sujettes aux maladies du cœur, bénéficient des suppléments de vitamine E. Cette vitamine confère aux chats une protection contre la stéatite (maladie de la graisse jaune), qui découle d'une alimentation ne contenant que du poisson, et qui épuise cette vitamine importante. (Votre chat a probablement besoin de plus de vitamine E si son alimentation est riche en gras polyinsaturés présents dans les boîtes de thon.)

Posologie supplémentaire :

- Chiens adultes : 100 à 400 UI de vitamine E (selon la taille)

- Chats adultes : 10 à 15 UI de vitamine E (15 à 30 UI pour les chats plus vieux, les chattes enceintes ou allaitantes; répartissez la dose sur deux repas par jour)

Le sélénium

Le sélénium agit de pair avec la vitamine E. Il aide à renforcer le système immunitaire de votre animal et à prévenir les maladies du cœur et le cancer. Il se combine aussi à l'iode pour assurer un bon fonctionnement de la thyroïde. La plupart des chats et des chiens obtiennent une quantité adéquate de sélénium de leur alimentation, surtout dans le poisson, la viande rouge, les abats, les œufs et la volaille.

Comme supplément, quelques microgrammes suffisent. Demandez à un vétérinaire de déterminer la quantité nécessaire en fonction du poids de l'animal et de ses besoins alimentaires particuliers.

Le zinc

Ce minéral de premier plan, des plus efficaces une fois combiné à des quantités adéquates de calcium, de phosphore et de vitamine A, est indispensable à la production d'enzymes. Le zinc soutient le système immunitaire, aide à la guérison des plaies et permet d'éliminer les toxines de l'organisme tout en procurant une protection contre le cancer. De plus, il est essentiel à la santé du pelage de l'animal, de sa peau et de ses griffes. Les chats et les chiens tirent leur zinc alimentaire de l'agneau, du porc, du bœuf, du foie, de la levure de houblon (bière) et des haricots. Vous devrez peut-être donner plus de zinc à votre chat s'il consomme beaucoup de moulée de soja (lisez les étiquettes).

Posologies quotidiennes recommandées :
Chiens adultes :
10 à 30 mg de zinc (selon la taille)

Chats adultes :
0,25 à 0,5 mg de zinc

371. DES VITAMINES POUR VOTRE CHAT

Les chats ont besoin de vitamines, tout comme les humains et les chiens, mais on ne connaît pas encore bien leurs exigences. (Pour l'information la plus récente, communiquez par écrit avec le National Research Council et demandez que l'on vous envoie le document *Nutrient Requirements of Laboratory Animals*, National Academy of Sciences, Washington, D.C., É.-U.)

Les chats requièrent beaucoup de protéines, plus que les humains et les chiens. Le chat adulte en requiert 6 g par kilogramme (3 g par livre) par jour. Les chatons ont besoin de 17,2 g par kilogramme (8,6 g par livre) par jour. ***De plus, les chats n'ont pas la capacité d'emmagasiner les protéines et doivent reconstituer leurs réserves par l'alimentation chaque jour***. Les viandes musculaires, les abats, la volaille, le poisson, le fromage et le lait sont d'excellentes sources de protéines. (Faites bien cuire les œufs; sinon, ne donnez que le jaune à l'animal.) De préférence, substituez le lait en poudre au lait de vache dans le cas des chatons, mais doublez la concentration de la préparation par rapport à celle destinée à un nourrisson. Le lait de vache ne comprend pas assez de nutriments pour combler les besoins d'un chaton.

Les glucides importent peu dans l'alimentation féline, mais ils servent à la production d'énergie. Si l'alimentation contient des quantités adéquates de gras et de protéines, les glucides peuvent représenter jusqu'à 33 % de cet apport.

Les gras sont la source d'énergie la plus concentrée chez le chat. Contrairement aux humains, un chat peut avoir une alimentation contenant 64 % de gras sans présenter de troubles vasculaires. Étant donné que les gras coûtent plus cher que les glucides, la plupart des nourritures pour chat en contient peu. En fait, vous pouvez donner à votre chat le gras que vous devez éviter, comme le beurre, le gras animal et le gras végétal. Ce sont les gras polyinsaturés qui nuisent aux chats. Un excès d'acide gras polyinsaturé est antagoniste à la vitamine E et les dépôts de gras chez le chat peuvent s'en trouver gravement affectés.

On ne connaît pas encore les exigences des chats pour toutes les vitamines, mais il y a lieu de mentionner l'importance de certaines vitamines. Par exemple, les chats dépendent de leur alimentation pour obtenir une vitamine A pleinement formée (Leurs exigences en vitamine A excèdent celles des chiens, car contrairement à ces derniers, ils sont incapables de générer leur propre vitamine A à partir de la carotène.) D'autre part, un excès de vitamine A peut se traduire par une déformation osseuse. Je recommande le foie comme supplément (pas en tout temps) ainsi qu'une préparation de vitamines et minéraux multiples *équilibrée*. Le poisson, le beurre, le lait et le fromage sont aussi riches en vitamine A.

Les vitamines du complexe B sont également essentielles à la stabilité du système nerveux du félin, à sa pelisse externe et à ses tissus internes. La vitamine B6 (pyridoxine) aide à prévenir les calculs urinaires, un problème grave chez les chats mâles castrés. (Je recommande une alimentation à faible teneur en minéraux.) En règle générale, les chats requièrent deux fois plus de vitamines du complexe B que les chiens (leurs besoins en vitamine B6 sont quatre fois plus élevés que ceux du canin). Donner de la nourriture pour chien à un chat pendant une période prolongée peut mener à une insuffisance en vitamines du complexe B. Sachez aussi que la vitamine B1 (thiamine) peut être détruite par un antagoniste qui se trouve dans le poisson cru. (*Voir les rubriques 30 à 43 au sujet des aliments riches en vitamines du complexe B.*)

Une carence en vitamine E peut découler d'un menu comportant trop de thon à chair rouge (ou d'une alimentation basée uniquement sur le poisson). Une perte de l'appétit, de la fièvre, des douleurs et une hésitation à bouger sont des caractéristiques d'une panstéatite causée par une carence en vitamine E. Le cas échéant, consultez votre vétérinaire et ne donnez pas de thon à votre chat à moins d'inclure des suppléments de vitamine E. Évitez les suppléments d'huile de poisson.

Le rapport calcium/phosphore dans l'alimentation du chat devrait être de 1 à 1, avec des quantités adéquates de vitamine D. Les fabricants de nourriture en boîte pour chat ajoutent habituellement de la levure irradiée, une source de vitamine D; les suppléments de D sont inutiles dans ce cas, voire dangereux. (*Voir la rubrique 374, « Avertissements ».*)

Une préparation multivitaminée comprenant du fer, conçue spécifiquement pour les chats, sert souvent à contrer l'anémie féline. Cette maladie est plutôt rare chez le chat dont l'alimentation équilibrée comprend des viandes musculaires crues et cuites, des abats, des viandes cuites, de la volaille cuite ou en boîte, du poisson, des produits céréaliers enrichis de vitamines et des légumes.

Rappelez-vous que les chattes enceintes ou qui allaitent, mangeant souvent entre 285 et 425 g (10 et 15 oz) de nourriture par jour, voient leurs besoins en vitamines doubler ou tripler (par rapport à un chat d'environ 2,5 à 4 kg (5 à 7 lb).

372. LES CHATS ET LES THÉRAPIES PARALLÈLES À ÉVITER

Les chats ont des réactions très différentes aux drogues et aux plantes en raison de l'individualité biologique de leur espèce. (La morphine, par exemple, est une drogue analgésique calmante qui excite les chats.) De nombreux autres produits de remplacement courants et efficaces chez les humains peuvent ainsi faire du tort à un chat.

Tout composé à base de benzène, d'alcool benzylique ou d'huiles essentielles contenant du phénol comme le thym, la cannelle et le théier peut s'avérer toxique pour le chat. On ne doit pas l'administrer par voie orale ni topique, car le chat pourrait le lécher.

D'autres plantes à éviter pour le chat sont celles qui ont une forte teneur en salicine (saule blanc), en coumarine (trèfle des prés) et en réglisse (*Glycyrrhiza glabra*). L'ail (*Allium sativum*) est un proche parent de l'oignon (*Allium cepa*) et peut provoquer de l'anémie s'il sert au contrôle des puces à long terme. Consultez un praticien chevronné avant de soumettre votre animal familier à une thérapie parallèle. (*Voir la rubrique 383.*)

373. DES QUESTIONS SUR LE CHAPITRE XXII ?

Je prends de la coenzyme Q10. Puis-je en donner à ma chienne qui se fait vieille ? Elle a déjà 10 ans.

Non seulement vous le pouvez, mais je vous le recommande. La coenzyme Q10 est un nutriment vital, non toxique et sécuritaire. Sans elle, les cellules de votre chienne ne fonctionneraient pas correctement. Avec l'âge, les chiens produisent moins de coenzyme Q10, donc c'est le bon moment pour commencer à donner ce supplément à votre chienne. En outre, la coenzyme Q10 peut renforcer le cœur et le système immunitaire ainsi que l'habileté de votre chien à supporter la tension (le stress). On trouve la coenzyme Q10 sous forme de capsule ou de gélule. (La gélule est plus puissante.). Dans le cas des chiens petits ou moyens, je recommande 10 mg par jour. Si votre chienne est d'une race grande ou très grande, vous pouvez lui administrer 30 mg de coenzyme Q10 par jour, que vous mêlez à sa nourriture.

Chaque fois que nous amenons notre chat siamois à notre maison de campagne, il éternue, se gratte et perd son poil. Serait-ce une allergie ? Que pouvons-nous faire si c'est le cas ?

Il semble que votre chat soit aux prises avec une réaction allergique quelconque (à la poussière, à la moisissure, aux spores dans l'air) dans votre maison de campagne. Je vous recommande d'inclure 100 mg de vitamine C, un antihistaminique naturel, dans son alimentation au moins un mois avant votre départ, puis de continuer pendant votre séjour. Vous passerez de meilleurs moments. (Les suppléments de vitamine C pour félins se vendent dans les animaleries ou chez votre vétérinaire.

Je connais des gens qui veulent donner leurs propres vitamines à leur animal familier, mais le comprimé qui vous convient risque d'être trop fort pour votre chat. De plus, s'il s'agit d'acide ascorbique, il peut brûler l'œsophage de l'animal.)

J'ai adopté un chiot de sept semaines de la fourrière. Quelle sorte de nourriture et quelle quantité dois-je lui donner pour lui assurer un bon départ dans la vie ?
À sept semaines, votre chiot devrait avoir suffisamment de dents pour bien mastiquer. (Rangez vos antiquités !) Ajoutez graduellement des aliments solides à son alimentation. Si vous optez pour la nourriture pour chiens du commerce, donnez-lui de la nourriture pour chiots pendant un an, puis passez à la nourriture pour chiens adultes. (Suivez les portions recommandées sur l'emballage et ajustez-les à mesure que le chiot vieillit.) Si vous avez plutôt l'intention de préparer vous-même la nourriture, vous devez prévoir des portions combinant 30 % d'abats, 30 % de viande musculaire, 20 % de produits céréaliers et 20 % de légumes. Donnez aux chiens qui ont de la difficulté à digérer les protéines, tels les dalmatiens, les terriers Bedlington et les terriers blancs West Highland, de la viande crue ou une portion réduite de viande que vous complétez avec des protéines d'autres sources comme le sarrasin, le quinoa ou autres. Je vous recommande aussi de lui donner une fois par jour des protéines provenant des œufs, du fromage blanc (cottage) ou du yaourt de culture. Évitez le soja, car le système digestif des chiots métabolise mal les acides aminés du soja.

À quelle fréquence recommandez-vous de nourrir un chien ?
Bien des gens nourrissent leur chien une fois par jour, mais j'estime que deux repas par jour mettent moins de pression sur le système digestif de l'animal, en plus de permettre au chien d'absorber plus de nutriments à chaque repas. Dans le cas du chiot, je recommande quatre repas par jour jusqu'à ce qu'il refuse un repas. Passez alors à trois repas par jour jusqu'à ce qu'il refuse de la nourriture, puis continuez avec deux repas par jour pour de bon.

J'ai souvent entendu dire que les vaccins annuels ou la revaccination peuvent nuire à la santé du chien. De quelle façon ?

Les vaccins sont une minime dose de la maladie à prévenir. L'injection d'un organisme contagieux dans un chien attaque le système immunitaire de l'animal en l'incitant à produire des anticorps. Par exemple, lorsque le chien reçoit son vaccin contre la rage, certains anticorps précis de l'affection se manifestent et détruisent le virus de rage qui pourrait s'introduire dans le corps de l'animal. Si le chien reçoit son vaccin alors qu'il présente déjà de nombreux anticorps contre la maladie, son système immunitaire est en mesure de détruire le virus s'il se manifeste, mais il ne produira pas d'anticorps additionnels. En outre, le fait de combattre cette petite dose du virus de la rage exige beaucoup du système immunitaire du chien. Cela peut affaiblir le système immunitaire et rendre l'animal plus fragile face à d'autres maladies. Consultez votre vétérinaire et discutez de la possibilité de diminuer le nombre de vaccins en faisant subir une analyse sanguine à l'animal pour mesurer les anticorps actifs qu'il possède déjà. Il est inutile de revacciner votre chien si son taux d'anticorps suffit à le protéger.

Ne vaccinez pas un animal tendu (stressé) ou malade. Laissez le système immunitaire du chien ou du chat combattre la maladie avant de le faire inoculer.

CHAPITRE 23

Les vitamines : arguments « pour » et « contre »

374. AVERTISSEMENTS

Nous savons bien sûr que les vitamines sont bonnes pour la santé, mais il faut se rappeler qu'il y a des cas, des situations et des conditions du métabolisme pour lesquels il faut faire preuve de prudence et de vigilance. Je vous recommande de parcourir la liste qui suit afin d'assurer votre bien-être optimal et de tirer le maximum de vos vitamines.

> *NOTA : Je vous recommande aussi d'être sur vos gardes face à tout supplément faisant miroiter la promesse de guérir des maladies « dites » incurables ou se présentant comme un remède miracle. Un grand nombre de charlatans vendent des thérapies parallèles, surtout sur Internet. Méfiez-vous. Ce n'est pas parce qu'un produit se vend qu'il est sécuritaire, efficace ou même légal. Si un produit annonce des résultats qui semblent trop beaux pour être vrais, consultez un professionnel de la santé avant de vous le procurer ou de l'essayer.*

- L'hypervitaminose A chronique peut se manifester chez les personnes qui prennent des mégadoses de vitamine A pour traiter des troubles dermatologiques. Utilisez plutôt du bêta-carotène.

- Une insuffisance en vitamine A peut mener à une perte de vitamine C.

- De fortes doses de vitamine A peuvent entraîner des anomalies congénitales, surtout si la femme les prend durant le premier trimestre de la grossesse. Les femmes enceintes doivent donc les éviter. Utilisez plutôt du bêta-carotène.

- Un apport excédentaire de vitamine B1 (thiamine) peut affecter la thyroïde et la production d'insuline, en plus de causer une insuffisance en vitamine B6 de même qu'une perte des autres vitamines du complexe B.

- L'ingestion prolongée de toutes les vitamines du complexe B peut résulter en un épuisement majeur des autres vitamines du même complexe.

- Les femmes enceintes doivent consulter leur médecin avant de prendre plus de 50 mg de vitamine B6 (pyridoxine) de façon continue.

- Quiconque subit des traitements à la lévodopa, ou L-dopa, contre la maladie de Parkinson doit éviter la vitamine B6.

- La vitamine B2 (riboflavine) à fortes doses peut causer une sensibilité au soleil surtout si on la prend sans suppléments d'antioxydants.

- Comme la vitamine D favorise l'absorption du calcium, trop de vitamine D peut entraîner un excès de calcium dans le sang (hypercalcémie).

- Ne mangez pas de blanc d'œuf cru, car il désactive la biotine du corps.

- Il est possible que de grandes quantités de vitamine C renversent l'action anticoagulante du warfarin vendu sur ordonnance sous le nom Coumadin®.

- Les diabétiques et les personnes atteintes de maladies du cœur doivent consulter leur médecin, car la prise de vitamine C peut exiger qu'on réduise leurs doses de médicaments.

- De trop grandes quantités de vitamine C éliminent la vitamine B12 et l'acide folique. Assurez-vous de prendre au moins les quantités recommandées pour chacune.

- Un apport excessif de choline sur une période prolongée peut entraîner une insuffisance en vitamine B6.

- Si vous souffrez d'un trouble du cœur, consultez votre médecin afin de déterminer la quantité de vitamine D qui vous convient.

- Faites preuve de prudence en regard de la vitamine E, surtout si vous souffrez d'hyperthyroïdie, de diabète, d'hypertension artérielle ou d'un rhumatisme cardiaque. (Si c'est le cas, commencez par une très faible dose, puis ajoutez 100 UI à la dose quotidienne pendant un mois jusqu'à atteindre entre 400 et 800 UI.)

- Les personnes atteintes de cardiopathie rhumatismale doivent savoir qu'elles présentent un déséquilibre entre les deux parties du cœur et que de fortes doses de vitamine E peuvent accroître ce déséquilibre, donc aggraver leur condition. (Consultez votre médecin avant de prendre des suppléments.)

- La vitamine E peut hausser la tension artérielle chez les hypertensifs. Par contre, si ces personnes prennent les suppléments d'abord à petite dose, qu'elles augmenteront graduellement, elles pourraient voir leur tension artérielle baisser grâce aux propriétés diurétiques de la vitamine.

- Des diabétiques ont réussi à diminuer leur taux d'insuline avec de la vitamine E. Consultez votre médecin.

- Toute diminution des suppléments de vitamine E doit aussi se faire graduellement.

- Un apport excessif d'acide folique peut masquer les symptômes de l'anémie pernicieuse.

- Les personnes qui ont des antécédents médicaux de troubles convulsifs ou de cancers associés aux hormones doivent éviter de prendre de fortes doses d'acide folique pendant une période prolongée.

- Prise à fortes doses, la vitamine K peut s'accumuler dans l'organisme et causer une dégradation des érythrocytes (globules rouges) et de l'anémie.

- Les suppléments d'acide folique sont contre-indiqués à toute personne qui prend de la phénytoïne anticonvulsivante.

- Les patients qui prennent du dicumarol, un anticoagulant, doivent savoir que la vitamine K synthétique peut nuire à l'efficacité du médicament. Réciproquement, le médicament inhibe l'absorption de la vitamine K naturelle.

- Un excès de vitamine K peut provoquer des bouffées de chaleur et de la transpiration.

- Toute personne atteinte de diabète grave, de glaucome, d'ulcère gastroduodénal, de détérioration de la fonction hépatique ou de goutte doit utiliser la niacine avec prudence.

- Ne donnez pas de niacine à un chien ou à un chat, car elle cause des bouffées de chaleur et une transpiration abondante incommodantes pour l'animal. Ne donnez pas de suppléments de vitamine A ou D à un animal à moins qu'un vétérinaire les prescrive.

- Des quantités excessives de PABA (acide para-aminobenzoïque) peuvent avoir chez certaines personnes un effet indésirable sur le foie, les reins et le cœur.

- Le fer est à éviter par toutes les personnes atteintes d'anémie pernicieuse, d'hémochromatose ou de thalassémie.

- Vous épuisez vos réserves de vitamine E si votre supplément de fer consiste en sulfate de fer.

- La caféine en grande quantité peut inhiber l'absorption du fer.

- Les personnes souffrant d'un trouble rénal quelconque ne doivent pas excéder 3 000 mg de magnésium par jour.

- Trop de manganèse peut réduire l'utilisation du fer par l'organisme.

- Trop de manganèse peut causer des troubles moteurs et de la faiblesse chez certaines personnes.

- Les régimes riches en gras améliorent l'absorption du phosphore et diminuent les réserves de calcium.

- Vous perdez du potassium et retenez du sodium si vous prenez de la cortisone, comme Aldacton® et de la prednisone.

- Une transpiration excessive peut épuiser les réserves de sodium.

- Un excès de sodium peut entraîner la perte de potassium.

- Un apport excessif en zinc peut résulter en un épuisement du zinc et du cuivre.

- Assurez-vous de prendre suffisamment de vitamine A si vous ajoutez du zinc à votre alimentation.

- Toutes les personnes atteintes de la maladie de Wilson sont sujettes à une intoxication au cuivre.

- Un excès de cobalt peut causer une hypertrophie de la thyroïde.

- Les personnes qui prennent des médicaments pour la thyroïde doivent savoir que le varech a également un effet sur cette glande. Si vous prenez les deux, je vous recommande de consulter votre médecin afin de faire d'autres analyses. Il y a peut-être lieu de *réduire* la dose de médicaments sur ordonnance.

- De grandes quantités de chou cru peuvent entraîner une carence en iode et déséquilibrer la production hormonale de la thyroïde chez les personnes qui manquent déjà d'iode.

- Les coquilles d'huîtres, la dolomite et la farine d'os peuvent contenir du plomb ou d'autres substances toxiques même si elles constituent de bonnes sources de calcium.

- Une pellicule plastique déposée sur les aliments cuits ou chauffés au four à micro-ondes à puissance maximale peut relâcher des toxines dans la nourriture; utilisez plutôt un essuie-tout.

- Le lait enrichi de vitamine D synthétique peut épuiser les réserves de magnésium.

- Les grands buveurs de café et de thé — de colas également — doivent savoir que l'ingestion de grandes quantités de caféine cause une carence en inositol.

- Si vous prenez beaucoup de vitamine C, avisez votre médecin. La vitamine C peut modifier les résultats de vos analyses de glycémie et d'urine en laboratoire en plus de donner des résultats erronés quant à la présence de sang dans les fèces.

- Évitez d'entreprendre des exercices rigoureux dans les quatre heures suivant la prise de vitamine A pour bénéficier d'une absorption maximale.

- Le cuivre a tendance à s'accumuler dans le sang et à réduire les réserves de zinc du cerveau.

- Les suppléments d'ARN/ADN augmentent le taux d'acide urique dans le sérum. Les personnes atteintes de goutte doivent les *éviter*.

- La tyrosine et la phénylalanine peuvent faire monter la tension artérielle. Il ne faut *jamais* les prendre avec les inhibiteurs de la monoamine-oxydase (I.M.A.O.) ou d'autres antidépresseurs. Ces acides aminés sont aussi contre-indiqués à toutes les personnes ayant un mélanome pigmenté malin.

- Le PABA est contre-indiqué avec le ***méthotrexate*** (Mexate®), un médicament contre le cancer.

- Boire du jus de pamplemousse avec des anti-allergènes comme le Seldane®, qui contient de la terfénadine, peut entraîner une perturbation du rythme cardiaque et augmenter les risques de crise cardiaque.

- Les personnes qui prennent des I.M.A.O. doivent éviter les aliments riches en tyramine (fromage, vin, etc.), car la teneur en tyramine des aliments ***augmente*** habituellement avec l'âge.

- La folacine (acide folique) réduit l'effet de l'anticonvulsivant ***phénytoïne*** (Dilantin®).

- Les antibiotiques sont moins efficaces quand on les prend avec des suppléments. (Prenez les suppléments au moins une heure avant ou deux heures après les antibiotiques sur ordonnance.)

- Le calcium peut nuire à l'efficacité de la tétracycline.

- De fortes doses de vitamine D ou d'ascorbate de calcium sont contre-indiquées si vous prenez le médicament pour le cœur ***digoxine*** (Lanoxin®).

- Évitez de prendre des antibiotiques à large spectre avec de fortes doses de vitamine A.

- Évitez de prendre de la vitamine A avec de l'Acutane® (***isotrétinoïne***), un médicament contre l'acné.

- La choline est à déconseiller durant les phases dépressives de la maniaco-dépression, car elle peut amplifier ce type de dépression.

- Toute personne atteintes d'un ulcère doit éviter la payaye ainsi que l'ananas crus.

- Les plantes médicinales suivantes peuvent perturber l'absorption du fer : myrtille, bardane, damiane, genièvre, menthe poivrée, sauge, saule et achillée.

375. DES QUESTIONS SUR LE CHAPITRE XXIII ?

Est-ce vrai que les friandises en bâtons de réglisse peuvent nuire aux personnes qui prennent des antihypertenseurs ?
C'est étonnant, mais c'est vrai. En fait, deux bâtons de réglisse faits de réglisse naturelle peuvent perturber l'action de nombreux médicaments antihypertenseurs (et diurétiques), car ils augmentent la réabsorption du sodium, l'excrétion du potassium et la rétention d'eau.

On m'a conseillé d'éviter les aliments contenant du GMS. Je lis donc les étiquettes attentivement et j'évite généralement les mets orientaux (chinois). Toutefois, je me demande si tous les aliments qui contiennent du GMS l'indiquent.
La FDA aux États-Unis exige que tous les produits contenant du GMS le mentionnent. (Cherchez les termes GMS, glutamate monosodique ou glutamate de sodium.) Des études récentes ont cependant révélé que certains aliments tels la tomate et le fromage en contiennent naturellement. Autrement dit, un repas italien peut en contenir autant qu'un repas oriental. (Sachez également que les mets orientaux contiennent souvent des substances chimiques naturelles comme les salicylates et les amines, qui peuvent aussi provoquer des réactions allergiques.)

CHAPITRE 24 En bref

376. LES SUPPLÉMENTS PAR ACRONYMES

(Les acronymes qui suivent ont cours aux États-Unis et n'existent pas toujours en français. Nous avons donc laissé l'acronyme anglais, suivi de l'acronyme français entre parenthèses et en italique le cas échéant.)

De nos jours, on désigne bon nombre de suppléments par des lettres, qui semblent toutes se mêler dans une grande soupe à l'alphabet. Je dresse ici la liste des acronymes des nutriments les plus courants. J'espère qu'elle saura vous aider à reconnaître les suppléments qui vous conviennent.

AHA (*AHA*) (acides alpha-hydroxy) — un exfoliant qui déloge les cellules mortes de la peau et qui stimule la croissance de nouvelles cellules.

AKG (alkyglycérols) — un composé de l'huile de foie de requin qui aide à combattre la maladie.

BHA (*BHA*) (acide bêta-hydroxy) — un exfoliant qui déloge les cellules mortes de la peau et qui stimule la croissance de nouvelles cellules.

CLA (*ALC*) (acide linoléique conjugué) — aide à diminuer le gras corporel, favorise la perte de poids et rehausse le tonus musculaire; offre une protection contre de nombreuses formes de cancer.

Co-Q10 (*Co-Q10*) (coenzyme Q10) — aide à renforcer le cœur, à renverser les maladies des gencives et à abaisser la tension artérielle.

DGL (extrait déglycyrrhiziné de réglisse) — constitue un tampon naturel contre l'acidité gastrique; soulage la douleur causée par un excès de flatulences ou des ulcères; aide à réduire la douleur due à l'arthrite.

DHA (*ADH*) (acide docosahexaénoïque) — acide gras essentiel qui aide à prévenir la dépression et les trous de mémoire, en plus d'améliorer la vision.

DHEA (*DHEA*) (déhydroépiandrostérone) — hormone naturelle qui renforce le système immunitaire; peut aider à traiter les symptômes du lupus, de la polyarthrite rhumatoïde et d'autres maladies auto-immunes.

DMAE (diméthylaminoéthanol) — améliore les facultés mentales; agit comme substitut naturel au Ritalin® pour les enfants atteints du trouble déficitaire de l'attention.

DNA (*ADN*) (acide désoxyribonucléique) et RNA (*ARN*) (acide ribonucléique) — acides présents dans toutes les cellules du corps, essentiels à la réparation et à la croissance des cellules; peuvent ralentir, voire renverser le processus de vieillissement.

Ev.Ext-33 — extrait breveté d'une sous-espèce unique de gingembre qui peut atténuer la douleur et diminuer l'inflammation

Ev.Ext-77 — autre extrait breveté d'une sous-espèce unique de gingembre qui peut aussi atténuer la douleur et diminuer l'inflammation.

FOS (*FOS*) (fructooligosaccharide) — sucre végétal complexe; rehausse la fonction immunitaire; régularise le taux de glycémie; multiplie les bonnes bactéries dans l'estomac; offre une protection contre les cancers gastrointestinaux.

GLA (*AGL*) (acide gamma-linolénique) — acide gras présent dans l'huile de bourrache utilisé pour traiter l'arthrite.

HCA (acide hydroxycitrique) — anorexigène naturel.

HMB (bêta-hydroxy bêta-méthylbutyrate) — supplément athlétique qui édifie les muscles et diminue le gras.

5-HTP (*5-HTP*) (5-hydroxytryptophane) — similaire au tryptophane; substitut naturel du Prozac®; supprime l'appétit; aide à soulager la dépression et favorise le sommeil.

IHN (hexanicotinate d'inositol) — niacine « stable » qui aide à prévenir les maladies du cœur en diminuant les taux de triglycérides et en augmentant le HDL (le bon cholestérol); il peut aussi améliorer la mémoire.

MCP (pectine citrique modifiée) — glucide présent dans les parois cellulaires des plantes qui peut ralentir la métastase d'un cancer.

MCTs (*MCT*) (triglycérides à chaîne moyenne) — gras saturés rapidement éliminés par l'organisme qui ne favorisent pas la prise de poids ni la hausse du taux de cholestérol sanguin, améliorent l'endurance athlétique et aident les personnes au régime à maigrir.

MSM (*MSM*) (méthylsulfonylméthane) — soufre organique; aide à réduire les symptômes d'allergie; favorise la guérison des blessures; soulage la douleur et l'inflammation causées par l'arthrite.

NAC (*NAC*) (n-acétylcystéine) — augmente les taux de gluthation, l'antioxydant le plus abondant dans l'organisme; aide au traitement des infections de l'oreille; accélère la récupération après l'exercice; protège contre les substances chimiques de la fumée secondaire qui causent le cancer.

NADH (*NADH*) (nicotinamide adénine dinucléotide) — protège contre le vieillissement du cerveau; améliore la mémoire; soulage certains symptômes des maladies d'Alzheimer et de Parkinson; accroît la capacité de faire de l'exercice.

PC (phosphatidylcholine) — soutient la fonction hépatique et aide à renverser les dommages au foie.

PCOs (proanthocyanidines) — antioxydants présents dans l'écorce, la tige, les feuilles et la pelure de certaines plantes; aident à protéger le collagène des radicaux libres; favorisent une bonne circulation et peuvent aider à prévenir le vieillissement de la peau.

PS (*PS*) (phosphatidylsérine) — aide à raviver la mémoire et accroît la capacité de concentration.

PSK (extrait de coriolus versicolore) — dérivé d'un champignon comestible; rehausse et régularise la fonction immunitaire; augmente l'efficacité des traitements anticancéreux.

SAMe (s-adénosyl-L-méthionine) — agit comme antidépresseur et anti-inflammatoire naturels; peut aussi soulager la douleur associée à l'ostéoarthrite.

SOD (*SOD*) (superoxyde dismutase) — antioxydant puissant qui peut aider à ralentir le processus du vieillissement.

TMG (triméthylglycine) — aussi connue sous le nom de bétaïne; transforme l'homocystéine nocive en un acide aminé bénéfique; réduit les risques de maladies du coeur; aide à prévenir certains cancers; offre une protection contre la maladie d'Alzheimer.

377. DES SOURCES DE BONS GRAS

Les bons et les mauvais gras créent beaucoup de confusion. J'espère vous avoir renseigné à ce sujet dans le chapitre VI (*voir les rubriques 88 à 98*). Voici une courte liste qui vous permettra de reconnaître rapidement les bons gras.

Huile de bourrache — contient de l'AGL (acide gamma-linolénique); aide à réduire l'inflammation et les douleurs dues à l'arthrite; peut renforcer les surrénales; peut aider à réguler le cycle menstruel et à réduire les symptômes du SPM.

Huile de canola — excellente source de gras monoinsaturés qui peuvent élever le taux de bon cholestérol et réduire les risques de maladies du cœur.

Huile d'onagre — un autre acide gras essentiel contenant de l'AGL; se transforme en composés semblables aux hormones utiles pour atténuer les symptômes du SPM, pour garder la peau en santé, pour réduire le cholestérol et pour contrôler l'hypertension artérielle.

Huile de lin — l'une des meilleures sources d'acides gras oméga-3; peut interrompre la croissance des tumeurs malignes; réduit l'inflammation; aide à régulariser les taux d'hormones.

Huile d'olive — riche en gras monoinsaturés qui peuvent faire monter le taux de bon cholestérol; diminue les risques de maladies du cœur (optez pour l'huile extravierge pressée à froid dans la cuisine).

Huile de graines de citrouille — fort pourcentage d'acides gras oméga-3 et oméga-6; aide à la digestion, à la circulation; favorable aux femmes enceintes et aux mères allaitantes.

378. GUIDE ÉCLAIR DES ACIDES AMINÉS

Ces composantes des protéines sont essentielles à notre santé. Il peut cependant s'avérer difficile de se rappeler la nature et les fonctions de chacune. (*Voir le chapitre 5 pour une liste détaillée des acides aminés, rubriques 73 à 87.*) Pour une consultation rapide :

Alanine : renforce le système immunitaire; diminue les risques de calculs rénaux; aide à réduire l'hypoglycémie.

Arginine : augmente le compte de spermatozoïdes; accélère la guérison des blessures; améliore la performance sexuelle chez l'homme; tonifie le tissu musculaire.

Asparagine : favorise l'équilibre du système nerveux central.

Acide aspartique : renforce le système immunitaire; augmente la résistance et l'endurance; élimine l'ammoniac nocif de l'organisme.

Acides aminés à chaîne ramifiée (leucine, isoleucine, valine) : Voir Acide aspartique.

Cystéine : aide à prévenir la calvitie; soulage le psoriasis; améliore la santé des cheveux, de la peau et des ongles; favorise l'élimination du gras et l'édification des muscles (se transforme en cystine au besoin).

Cystine : aide à prévenir les effets secondaires de la chimiothérapie et de la radiothérapie; réduit l'accumulation des taches de vieillesse (se transforme en cystéine au besoin).

Acide glutamique : aide à améliorer les fonctions du cerveau; aide au métabolisme des sucres et du gras; est utile dans le traitement des troubles du comportement chez l'enfant, de l'épilepsie et la dystrophie musculaire (se transforme en glutamine au besoin).

Glutamine : aide à améliorer les fonctions du cerveau; diminue la fatigue; aide à accélérer le temps de guérison des ulcères; édifie et maintient les muscles; améliore l'humeur; atténue le désir de sucre et d'alcool (se transforme en acide glutamique dans le cerveau).

Glycine : est essentielle au bon fonctionnement du cerveau; favorise la guérison; aide à traiter l'hyperacidité gastrique; prévient les crises d'épilepsie (peut même se transformer en sérine dans l'organisme au besoin).

Histidine : aide à soulager la polyarthrite rhumatoïde; réduit la tension (le stress); contribue à l'augmentation de la libido.

Lysine : contribue à améliorer la concentration et à favoriser la fertilité; aide aussi à prévenir les infections d'herpès simplex.

Méthionine : aide à réduire le cholestérol; contribue au traitement de la schizophrénie et de la maladie de Parkinson; peut offrir une protection contre les tumeurs.

Ornithine : agit comme hormone édifiante du muscle; accroît la puissance de l'arginine.

Phénylalanine : agit comme antidépresseur; aide à supprimer l'appétit; peut servir à l'occasion d'analgésique naturel.

Proline : aide à la guérison des plaies; favorise la capacité d'apprentissage.

Sérine : aide à soulager la douleur; peut agir comme antipsychotique naturel.

Taurine : aide à renforcer la fonction cardiaque; peut prévenir la dégénérescence maculaire; aide à la digestion des gras et à l'absorption des vitamines liposolubles.

Thréonine : essentielle dans les régimes protéiques; peut apporter une amélioration des symptômes chez les patients atteints de la maladie de Lou Gehrig, ou sclérose latérale amyotrophique (SLA).

Tryptophane : aide à réduire l'anxiété; favorise le sommeil et peut contribuer au contrôle de l'alcoolisme.

Tyrosine : accroît l'appétit sexuel; aide à soulager la tension (le stress); peut agir comme anorexigène et ravive la bonne humeur.

379. LES SOURCES VÉGÉTALES DES VITAMINES ET MINÉRAUX ANTIOXYDANTS PRINCIPAUX

Vitamine A et caroténoïdes : luzerne, feuilles de bourrache, racines de bardane, cayenne, piment sec (capsicum), euphraise, graines de fenouil, houblon, prêle, varech, citronnelle, ortie, paprika, persil, menthe poivrée, feuilles de framboisier, trèfle rouge, baies de rosier, sauge, uva ursi, cresson, rumex crépu

Vitamine C : luzerne, racine de bardane, cayenne, mouron des oiseaux, euphraise, graines de fenouil, fenugrec, houblon, prêle, varech, molène, ortie, paille d'avoine, paprika, persil, menthe poivrée, plantain (banane), feuilles de framboisier, trèfle rouge, baies de rosier, scutellaire, achillée, rumex crépu.

Vitamine E : luzerne, pissenlit, dong quai, graines de lin, ortie, paille d'avoine, feuilles de framboisier, baies de rosier.

Sélénium : luzerne, racine de bardane, cataire, cayenne, camomille, mouron des oiseaux, graines de fenouil, fenugrec, ail, ginseng, baies d'aubépine, houblon, prêle, citronnelle, chardon-Marie, ortie, paille d'avoine, persil, menthe poivrée, feuilles de framboisier, baies de rosier, uva ursi, rumex crépu.

Zinc : luzerne, racine de bardane, cayenne, camomille, mouron des oiseaux, pissenlit, euphraise, graines de fenouil, houblon, chardon-Marie, molène, ortie, persil, baies de rosier, sauge, salsepareille, scutellaire, igname sauvage.

380. DES STIMULANTS FANTASTIQUES DU SYSTÈME IMMUNITAIRE

Le système immunitaire est votre meilleure arme pour rester en santé. Par conséquent, il est très utile de se souvenir facilement des nutriments, des plantes médicinales et des suppléments qui le renforcent; cela peut vous simplifier la vie et même l'allonger !

- Acidophile
- Ail
- Astragale
- Cirier
- Acides gras essentiels
- Bioflavonoïdes
- Cartilage bovin
- Griffe de chat
- Chlorelle
- Hydraste du Canada
- Coenzyme Q10
- DHEA (déhydroépiandrostérone)
- Échinacée
- Extrait de pépins de raisin
- Bêta-1,3-glycane
- Grande camomille
- Germanium
- Ginseng
- Glutathion
- Quercétine

- Guggulipide
- Varech
- l-arnine et l-ornithine
- Champignons maitake, shiitake et raishi
- Manganèse
- Mélatonine
- Propolis
- PSK (extrait de coriolus versicolor)
- Sélénium
- Cartilage de requin /huile de foie de requin
- Suma (ginseng du Brésil)
- Vitamines du complexe B
- Vitamine C
- Vitamine E
- Lactosérum
- Zinc

381. GUIDE ÉCLAIR DES AGENTS ANTI-CANCER

En plus des vitamines et des minéraux antioxydants (*voir la rubrique 105*), de nombreuses substances naturellement présentes dans les aliments semblent avoir une action très puissante contre le cancer. Parmi ces substances figurent le bêta-carotène, la quercétine, les indoles et les isothiocyanates (légumes crucifères) et les acides gras oméga-3.

Votre meilleure défense contre le cancer est une forte offensive nutritionnelle. Assurez-vous d'inclure ces aliments gagnants dans votre alimentation.

ALIMENTS ANTI-CANCER À AJOUTER À VOTRE ALIMENTATION

Aliment	*Commentaires*
Carottes	Très riches en bêta-carotène; digérées plus facilement lorsque cuites.
Cantaloup	Excellente source de vitamine A, de bêta-carotène et de vitamine C; faible en calories et riche en fibres; aide à combattre un excès de sodium.

Chou	Crucifère; peut réduire les risques d'un cancer colorectal; on a montré que 30 mL (2 c. à soupe) de chou cuit chaque jour aide à prévenir le cancer de l'estomac.
Courge	Voir Carottes.
Ignames	Voir Carottes.
Papaye	Voir Cantaloup.
Épinards	Voir Cantaloup (*voir aussi la rubrique 374*).
Brocoli	Crucifère qui contient des indoles et des isothiocyanates (substances qui aident à réduire et à prévenir certaines tumeurs malignes); riche en caroténoïdes.
Choux de Bruxelles	Voir Brocoli et autres crucifères.
Pak choy	Voir Brocoli et autres crucifères.
Chou-fleur	Voir Brocoli et autres crucifères.
Chou fourrager	Voir Brocoli et autres crucifères.
Radis	Voir Brocoli et autres crucifères.
Raifort	Voir Brocoli et autres crucifères.
Rutabaga	Voir Brocoli et autres crucifères.

Chou-rave	Voir Brocoli et autres crucifères.
Céleri	Voir Brocoli et autres crucifères.
Oignon	Riche en quercétine (non détruite à la cuisson); peut supprimer les cellules malignes avant qu'elles ne deviennent des tumeurs.
Thon	Riche en acides gras oméga-3; aide le système immunitaire à prévenir et à inhiber la propagation d'un cancer, pouvant même interrompre une métastase lorsqu'un cancer se manifeste.
Saumon	Voir Thon.
Sardines	Voir Thon.
Maquereau	Voir Thon.
Morue	Voir Thon.
Son de blé	Contenu de fibres alimentaires aidant à prévenir le cancer colorectal (à cette fin, le National Cancer Institute recommande un apport de 35 g de fibres par jour).
Son de maïs	Offre une protection contre les carcinogènes.
Son de riz	Voir Son de blé et Son de maïs.

Son d'avoine	Voir Son de blé et Son de maïs.
Fruits et légumes riches en vitamines A, C, E et en sélénium	Voir les rubriques 29, 44, 46 et 66.
Haricots et produits de soja	Contiennent de nombreux phytochimiques alimentaires anti-cancérigènes (*voir la rubrique 133*).

ALIMENTS AUGMENTANT LES RISQUES DE CANCER À ÉLIMINER DE L'ALIMENTATION

Aliment	*Commentaires*
Bacon	Contient des nitrites, additifs qui peuvent interagir avec les substances chimiques dans les aliments ou dans l'organisme et former des nitrosamines, des substances puissantes pouvant causer le cancer.
Viandes froides (pour sandwich — transformées)	Voir Bacon.
Saucisse fumée	Voir Bacon.
Saucisse knockwurst	Voir Bacon.
Poisson fumé	Voir Bacon.
Beurre, margarine, mayonnaise, huiles	Les recommandations indiquent que les calories alimentaires provenant du gras doivent représenter entre 20 et 30 %

	des calories totales. (Les personnes dont l'alimentation contient plus de 40 % de gras, saturés et insaturés, sont plus susceptibles de développer des cancers du colon, du sein et de la prostate. Dans ces aliments, 100 % des calories sont du gras.
Café (régulier ou décaféiné)	Favorise les cancers de la vessie et du pancréas.
Foie et viande saturée de gras	Des matières contaminantes peuvent se loger dans le foie et les cellules adipeuses d'un animal.
Tabac	On a établi un lien entre cigarettes, cigares, pipes, tabac à mâcher et tabac à priser et le développement des cancers de la bouche, de la gorge, de l'œsophage, de la vessie ainsi que des poumons. (Le tabagisme ainsi que la fumée secondaire peut aussi augmenter les risques de cancer du col de l'utérus chez la femme.)
Alcool	On a trouvé qu'il est responsable du cancer du foie et qu'il peut causer des cancers de la bouche, du larynx et de l'œsophage, surtout chez les jeunes fumeurs.

Additifs alimentaires, surtout le BHA, le BHT, les colorants alimentaires Rouge FD&C n° 3, Bleu FD&C n° 2, Vert FD&C n° 3 et Rouge citrique FD&C n° 2; l'allate de propyle et le nitrite de sodium	Carcinogènes très suspects.

382. DES SOLUTIONS DE RECHANGE NATURELLES À L'HORMONOTHÉRAPIE SUBSTITUTIVE

Les chercheurs continuent de découvrir que l'hormonothérapie substitutive augmente les risques de cancer du sein chez la femme ainsi que les risques des crises cardiaques. De plus, une thérapie prolongée peut doubler les risques de maladie d'Alzheimer et d'autres maladies cognitives. Dans ce contexte, la recherche d'un substitut naturel bat son plein. Les régimes qui contiennent des composés d'œstrogène végétal sur une base régulière fournissent de l'œstrogène à l'organisme. On a montré que les plantes de la liste qui suit peuvent aider à réduire les bouffées de chaleur, l'inconfort vaginal et d'autres symptômes de la ménopause. De plus, elles peuvent réduire les risques d'ostéoporose et de maladies du cœur.

> *ATTENTION : Prenez soin d'essayer les plantes médicinales et les suppléments un à la fois plutôt qu'en combinaison. Vous saurez alors immédiatement si un nutriment produit une réaction indésirable chez vous.*

Cimicaire (*voir la rubrique 144*)
Gatillier (équilibre les hormones et aide à maîtriser la dépression; *voir la rubrique 150*)

Mouron des oiseaux (aide à soulager les bouffées de chaleur)
Damiane (antidépresseur présentant aussi des propriétés aphrodisiaques)
Pissenlit (diminue l'effort demandé au foie lorsque les hormones sont déséquilibrées)
Dong quai (riche en œstrogènes végétaux; *voir la rubrique 154*)
Huile d'onagre (*voir la rubrique 158*)
Fenugrec (*voir la rubrique 160*)
Graines de lin (aident à réduire la sécheresse vaginale)
Ginkgo (*voir la rubrique 116*)
Ginseng (*voir la rubrique 125*)
Aubépine (*voir la rubrique 168*)
Réglisse (stimulant puissant des surrénales et plante riche en œstrogènes; *voir la rubrique 173*)
Agripaume (diminue l'intensité et la durée les bouffées de chaleur; aide aussi à soulager la sécheresse vaginale et l'insomnie)
Passiflore (soulage l'insomnie; *voir la rubrique 176*)
Framboisier (plante riche en œstrogènes qui aide à tonifier les muscles utérins affaiblis)
Sauge (contient de l'œstrogène et possède de nombreuses propriétés médicinales; réduit la transpiration abondante)
Salsepareille (stimule la production de testostérone et ravive l'appétit sexuel)
Palmier nain (peut aider au traitement de l'incontinence urinaire; *voir la rubrique 183*)
Valériane (*voir la rubrique 187*)
Igname sauvage (plante oestrogénique puissante; *voir la rubrique 189*)

CHAPITRE 25

Trouver un médecin spécialiste de la nutrition

383. COMMENT S'Y PRENDRE

Les organisations qui suivent peuvent vous aider à trouver un médecin spécialiste en nutrition ou un praticien en médecine parallèle si vous n'en connaissez aucun dans votre région. Précisez si vous cherchez un docteur accrédité en médecine, car tous les spécialistes de la nutrition ne sont pas médecins.

Les organisations qui ont un site Web, et la plupart en ont un, procurent sur-le-champ de l'information quant aux diplômes et au droit de pratique desdites personnes, en plus de vous diriger le plus rapidement possible vers un médecin près de chez vous. (Si vous n'avez pas accès à Internet, rendez-vous à une bibliothèque qui dispose d'un tel service.)

Sachez que nous n'endossons d'aucune façon les spécialistes consultés grâce aux organisations nommées ici (ni leur diagnostic, les traitements proposés ou leurs compétences) et que nous n'émettons aucune opinion à leur égard, directement ou indirectement.

Si vous communiquez avec l'organisation par courrier, ayez l'obligeance d'insérer dans votre envoi une enveloppe-réponse préaffranchie portant votre adresse.

ADRESSES

American Academy of Medical Acupuncture (AAMA)
4929 Wilshire Blvd., Suite 428
Los Angeles, CA 90010
ÉTATS-UNIS
Tél. : (323) 937-5514
Site Web : *www.medicalacupuncture.org*

American Academy of Osteopathy (AAO)
3500 DePauw Blvd.,
Suite 1080
Indianapolis, IN 46268
ÉTATS-UNIS
Tél. : (317) 879-1881
Site Web : *www.academyofosteopathy.org*

American Association of Naturopathic Physicians
3201 New Mexico Avenue, #350
Washington, DC 20016
ÉTATS-UNIS
Téléc. : (202) 274-1992
Site Web : *www.naturopathic.org*

American Chiropractic Association (ACA)
1701 Clarendon Blvd.,
Suite 200
Arlington, VA 22209
ÉTATS-UNIS
Tél. : 1-800-986-4636
Site Web : *www.amerchiro.org*

American Holistic Medical Association
12101 Menaul Blvd., N.E., Suite C
Albuquerque, NM 87112
ÉTATS-UNIS
Tél. : (505) 292-7788
Site Web : *www.holisticmedicine.org*

American Holistic Nurses Association
P.O. Box 2130
Flagstaff, AZ 86003-2130
ÉTATS-UNIS
Tél. : 1-800-278-2462 ou 1-800-278-AHNA
Site Web : *www.ahna.org*

American Massage Therapy Association
820 Davis St., Suite 100
Evanston, IL 60201
ÉTATS-UNIS
Tél. : (847) 864-0123
Site Web : *www.amtamassage.org*

Council for Responsible Nutrition
1828 L St. NW, Suite 900
Washington, DC 20036
ÉTATS-UNIS
Tél. : (202) 776-7929
Site Web : *www.crnusa.org*

HEAL (Human Ecology Action League)
P.O. Box 29629
Atlanta, GA 30359
ÉTATS-UNIS
Tél. : (404) 248-1898
Site Web : *www.ecolivingcenter.com*

Herb Research Foundation
1007 Pearl Street, Suite 200
Boulder, CO 80302
ÉTATS-UNIS
Tél. : (303) 449-2265
Site Web : *www.herbs.org*

Homeopathic Academy of Naturopathic Physicians
(HANP)
1412 W. Washington Street
Boise, ID 83702
ÉTATS-UNIS
Tél. : (208) 336-3390
Site Web : *www.hanp.net*

International Foundation for Homeopathy
P.O. Box 7
Edmonds, WA 98020-0007
ÉTATS-UNIS
Tél. : (206) 776-4147
Courriel : *ifh@hwlink.com*
Site Web : *www.healthy.net*

National Center for Complementary and Alternative
Medicine (NCCAM), National Institutes of Health
9000 Rockville Pike
Bethesda, MD 20892
ÉTATS-UNIS
Tél. : (301) 496-4000
Site Web : *http://nccam.nih.gov*

National Center for Homeopathy
801 N. Fairfax, #306
Alexandria, VA 22314
ÉTATS-UNIS
Tél. : (703) 548-7790
Téléc. : (703) 548-7792
Site Web : *www.homeopathic.org*

National Health Federation
P.O. Box 688
Monrovia, CA 91017
ÉTATS-UNIS
Tél. : (626) 357-2181
Site Web : *www.thenhf.com*

Prevention Magazine Readers' Service
Emmaus, PA 18049
ÉTATS-UNIS
Tél. : 1-800-813-8070
Site Web : *www.healthyideas.com*

384. OBTENIR DE L'AIDE SPÉCIALISÉE EN NUTRITION

Insérez une enveloppe-réponse préaffranchie dans votre envoi.

Sida

The American Foundation for AIDS Research (AMFAR)
1828 L Street NW, #82
Washington, DC 20036
ÉTATS-UNIS
Tél. : (202) 331-8600
Site Web : *www.amfar.org*

Alcoolisme

Alcoholics Anonymous World Services
475 Riverside Drive
New York, NY 10115
Tél. : (212) 870-3400
Site Web : *www.alcoholicsanonymous.org*

Allergies
Asthma & Allergy Foundation of America
1125 15th Street NW, Suite 502
Washington, DC 20005
ÉTATS-UNIS
Tél. : 1-800-7ASTHMA; (202) 466-7643
Site Web : *www.aafa.org*

Maladie d'Alzheimer
Alzheimer's Disease Education and Referral Center (ADEAR)
P.O. Box 8250
Silver Spring, MD 20907-8250
ÉTATS-UNIS
Tél. : (301) 495-3311 ou 1-800-438-4380
Site Web : *www.alzheimers.org*

Arthrite
Arthritis Foundation
P.O. Box 7669
Atlanta, GA 30357
ÉTATS-UNIS
Tél. : 1-800-282-7800 ou (404) 872-7100
Site Web : *www.arthritis.org*

Allaitement
La Leche League, Int., Inc.
1400 Meacham Road
Schaumburg, IL 60173
ÉTATS-UNIS
Tél. : (847) 519-7730
Site Web : *www.lalecheleague.org*

Cancer
American Cancer Society
1599 Clifton Road NE
Atlanta, GA 30329-4251
ÉTATS-UNIS
Tél. : 1-800-ACS-2345 ou (404) 320-3333
Site Web : *www.cancer.org*

National Cancer Institute
9000 Rockville Pike
Bethesda, MD 20892
ÉTATS-UNIS
Tél. : 1-800-4-CANCER ou 1-800-422-6237
Site Web : *www.nci.nih.gov*

Maladies cardiovasculaires
American Heart Association
P.O. Box 3049
Syracuse, NY 13220-3049
ÉTATS-UNIS
Tél. : 1-800-242-8721
Site Web : *www.amhrt.org*

National Stroke Association
96 Inverness Drive East, Suite 1
Englewood, CO 80112
ÉTATS-UNIS
Tél. : 1-800-787-6537 ou (303) 649-9299
Site Web : *www.stroke.org*

Syndrome de fatigue chronique

Chronic Fatigue and Immune Dysfunction Syndrome Association of America, Inc.
P.O. Box 220398
Charlotte, NC 28222-0398
ÉTATS-UNIS
Tél. 1-800-44-CFIDS ou 1-800-442-3437
Site Web : *www.cfids.org*

Troubles de la parole et de l'ouïe

American Tinnitus Association
P.O. Box 5
Portland, OR 97207
ÉTATS-UNIS
Tél. : (503) 248-9985
Site Web : *www.ata.org*

National Center for Stuttering

200 East 33rd Street
New York, NY 10016
ÉTATS-UNIS
Tél. : 1-800-221-2483
Site Web : *www.stuttering.com*

Dépression

National Depressive and Manic-Depressive Association
730 N. Franklin, Suite 501
Chicago, IL 60610
ÉTATS-UNIS
Tél. : 1-800-826-3632 ou (312) 642-0049
Site Web : *www.ndma.org*

Diabète

American Diabetes Association
1600 Duke Street
Alexandria, VA 22314
ÉTATS-UNIS
Tél.: 1-800-232-3472 ou (703) 549-1500
Site Web : *www.diabetes.org*

International Juvenile Diabetes Foundation

120 Wall Street, 19th floor
New York, NY 10005
ÉTATS-UNIS
Tél. : 1-800-533-3873 ou 1-800-JDS-CURE
Site Web : *www.jdscure.org*

Troubles de l'alimentation

Anorexia Nervosa and Related Eating Disorders, Inc. (ANRED)
P.O. Box 5102
Eugene, OR 97405
ÉTATS-UNIS
Tél. : (541) 344-1144
Site Web : *www.anred.com*

Épilepsie

Epilepsy Foundation of America
4351 Garden City Drive
Landover, MD 20785
ÉTATS-UNIS
Tél. : (301) 459-3700
Site Web : *www.efa.org*

Stérilité
Infertility Resources for Consumers
Online directory of infertility services
Site Web : *www.ihf.com/infertility*

Resolve
1310 Broadway
Somerville, MA 02144
ÉTATS-UNIS
Tél. : (617) 623-0744 ou (617) 643-2424
Site Web : *www.resolve.org*

Ostéoporose et autres maladies des os
The Osteoporosis and Related Bone Diseases
National Resource Center
1150 17th Street NW,
Suite 500
Washington, DC 20036-4603
Tél. : (202) 223-0344 ou 1-800-624-BONE
Site Web : *www.osteo.org*

Animaux familiers
The American Holistic Veterinary Medical Association
214 Old Emmerton Road
Bel Air, MD 21015
ÉTATS-UNIS
Tél. : (410) 569-0795
Site Web : *www.altvetmed.com*

Troubles du sommeil
American Academy of Sleep Medicine
One Westbrook Corporate Center, Suite 920
Westchester, IL 60154
ÉTATS-UNIS
Tél. : (708) 492-0930
Téléc. : (708) 492-0943
Site Web : *www.aasmnet.org*

California Center for Sleep Disorders
3012 Summit Street (fifth floor)
Oakland, CA 94609
ÉTATS-UNIS
Tél. : (510) 834-8333
Téléc. : (510) 834-4728
Site Web : *www.sleepsmart.com*

Femmes
National Organization for Women (NOW)
1000 16th Street NW, Suite 700
Washington, DC 20036
ÉTATS-UNIS
Tél. : (202) 331-0066
Site Web : *www.now.org*

National Women's Health Network
514 10th Street NW,
Suite 400
Washington, DC 20004
ÉTATS-UNIS
Tél. : (202) 628-7814
Téléc. : (202) 347-1168

385. DES LIGNES SANS FRAIS POUR DES RÉPONSES RAPIDES

Le National Health Information Center des États-Unis, dirigé par le *Department of Health and Human Services* américain, peut vous fournir les numéros sans frais de plusieurs services d'information en matière de santé. Composez le 1-800-336-4797.

Voici quelques numéros sans frais :

- Acne Help Line : 1-800-222-SKIN; en Californie (ÉTATS-UNIS) : 1-800-221-SKIN
- Alzheimer's Disease and Related Disorders Association : 1-800-621-0379; dans l'Illinois (ÉTATS-UNIS) : 1-800-572-6037
- American Council for the Blind : 1-800-424-8666
- American Society for Dermatologic Surgery : 1-800-441-ASDS
- Arthritis Medical Center : 1-800-327-3027
- Bulimia and Anorexia Self-Help : 1-800-762-3334
- Cancer Information Service : 1-800-4-CANCER
- CDC National AIDS/HIV HotLine : 1-800-342-AIDS
- Consumer Product Safety Commission hotline : 1-800-638-2772
- Dial-a-Hearing Screening Test : 1-800-222-EARS
- Epilepsy Foundation of America : 1-800-EFA- 1000
- Food Allergy Network : 1-800-929-4040
- Heartlife : 1-800-241-6993
- Herbes : Penn Herb : 1-800-523-9971; Herbal Pathways : 1-800-631-3575; Green Mountain Herbs : 1-800-525-2696; Foodscience Corporation : 1-800-451-5190
- Juvenile Diabetes Foundation International : 1-800-JDF-CURE
- National AIDS HotLine : 1-800-342-AIDS
- National Center for Stuttering : 1-800-221-2483
- National Drug Abuse Treatment Referral and Information Service : 1-800-COCAINE
- National Institute on Drug Abuse : 1-800-662-4357
- National Psoriasis Hotline : 1-888-551-6700

- Second Surgical Opinion Hotline : 1-800-638-6833
- Sexually Transmitted Disease Hotline : 1-800-227-8922
- Sudden Infant Death Syndrome Hotline : 1-800-221-7437
- Temporomandibular joint disorders (TMJ) tooth and jaw problems : 1-800-822-6637
- Vegetarian Awareness Network : 1-800-872-8343
- Vegetarian Information Service (Morningstar Farms — A division of Miles Laboratories) : 1-800-243-4143
- Y-Me Breast Cancer Support Program : 1-800-221-2141

Postface

Nous acceptons maintenant qu'une nutrition optimale *peut* être garante d'un bien-être maximal. Les gens vivent de plus en plus vieux et veulent conserver une apparence jeune, attirante et saine. À ce titre, un guide pratique présentant toutes les avenues nutritionnelles et les obstacles à éviter se révèle indispensable. J'espère sincèrement que cette nouvelle édition de *La bible des vitamines* répond à ce besoin.

Que vous ayez lu ce livre d'un bout à l'autre ou que vous ayez survolé les parties qui vous intéressent, je crois que son contenu prendra de la valeur à vos yeux au fil du temps. Mon objectif premier a toujours été de produire un guide général qui donnerait non seulement l'information sur les vitamines et les suppléments dont vous avez besoin aujourd'hui, mais aussi des réponses à vos questions à venir. Avec le temps, vous ressentirez le besoin de revenir à certaines parties, notamment celles sur le ralentissement du processus de vieillissement ou l'adaptation du régime à un état de santé donné ou à un mode de vie. Ce guide inclut des renseignements durables et pas seulement ponctuels, qui garantiront un avenir heureux et en santé.

Dr Earl L. Mindell (R.Ph., Ph.D.)
Beverly Hills, Californie, États-Unis
Le 1er mars 2004

Glossaire

Absorption : processus par lequel les nutriments sont acheminés dans le sang.

Acétate : un dérivé de l'acide acétique

Acétone : solvant incolore utilisé avec le gras, les huiles et les cires, obtenu par fermentation (son inhalation peut irriter les poumons; il peut aussi avoir un effet narcotique si pris en grande quantité).

Acide acétique : l'un des premiers additifs alimentaires (le vinaigre contient entre 4 et 6 % d'acide acétique); utilisé comme aromatisant synthétique. Il se trouve à l'état naturel dans le fromage, le café, le raisin, les pêches, les framboises et les fraises. Généralement reconnu inoffensif (GRAS) lorsque utilisé seulement dans l'emballage.

Acide chlorhydrique : portion toujours acide des sucs gastriques.

Acide glutamique : acide aminé présent dans toutes les protéines complètes; habituellement fabriqué à partir de protéines végétales; sert de substitut au sel ou d'exhausteur de goût.

Acide linoléique : l'un des gras polyinsaturés, un composant de la lécithine; reconnu comme la vitamine F; principal membre de la famille des oméga-6; cet acide essentiel à la vie se trouve dans les aliments.

Acide : substance hydrosoluble au goût aigre.

Acides aminés chélatés : minéraux chélatés produits selon des processus semblables aux processus naturels de l'organisme; dans le tube digestif, les acides aminés entourent naturellement les minéraux élémentaires, leur permettant de pénétrer dans la circulation sanguine.

Acides aminés : composés organiques qui servent à la production de protéines. Il y a 23 acides aminés connus, mais seulement 9 d'entre eux sont indispensables à l'être humain : l'histidine, l'isoleucine, la leucine, la lysine, tous les acides aminés soufrés, tous les acides aminés aromatiques, la thréonine, le tryptophane et la valine.

Acides gras non saturés : très souvent sous forme liquide à la température de la pièce; se trouvent surtout dans les gras végétaux.

Acides gras saturés : habituellement à l'état solide à la température de la pièce; davantage présents dans les aliments d'origine animale; ont tendance à faire augmenter les taux de cholestérol.

Acides gras trans : acides gras artificiels produit par hydrogénation; bien que non saturés, ils agissent comme des gras saturés et sont mauvais pour la santé.

ADN : acide désoxyribonucléique; l'acide nucléique présent dans les chromosomes qui fait partie de la base biochimique des caractéristiques d'hérédité.

Agent stabilisant l'humidité : substance utilisée pour préserver la teneur en eau d'un matériel.

AGL : acide gammalinolénique; membre de la famille des oméga-6; produit dans l'organisme à partir de l'acide linoléique.

Alcalin : substance qui neutralise les acides (le bicarbonate de soude est un alcalin qui élimine le surplus d'acide dans les aliments).

Allergène : substance qui déclenche une réaction allergique.

Alzheimer (maladie d') : maladie dégénérative progressive caractérisée par la perte de la mémoire. Des recherches récentes indiquent qu'un apport supplémentaire de choline peut aider.

Anorexie : perte de l'appétit.

Antibiotique : toute substance efficace pour inhiber ou détruire des bactéries.

Anticoagulant : substance qui ralentit ou qui prévient la coagulation sanguine.

Antigène : toute substance habituellement absente de l'organisme qui stimule la production d'anticorps.

Antihistaminique : substance qui contrecarre les effets de la production d'histamine lors d'allergies et de rhumes.

Antioxydant : substance qui en protège une autre contre l'oxydation; on l'ajoute aux aliments pour empêcher l'oxygène de les décolorer.

Antitoxine : anticorps produit en réaction à un poison d'origine biologique et ayant la capacité de le neutraliser.

ARN : acide ribonucléique.

Assimilation : processus par lequel l'organisme synthétise les nutriments, puis les transforme en tissus vivants.

Ataxie : perte de la coordination du mouvement engendrée par des troubles du système nerveux.

ATP : molécule appelée adénosine triphosphate, un carburant vital; un nucléotide (élément constitutif de l'acide nucléique) qui fournit l'énergie biologique de pair avec les B1, B2, B3 et l'acide pantothénique.

Avidine : protéine présente dans le blanc d'œuf pouvant inhiber l'action de la biotine.

B.H.A. : hydroxyanisol butylé; agent préservateur et antioxydant utilisé dans de nombreux produits; non soluble dans l'eau; peut s'avérer toxique pour les reins.

Bactériophage : un virus qui infecte les bactéries.

BHT : butylhydroxytoluène; antioxydant blanc sous forme de cristaux solides servant à ralentir l'altération de plusieurs aliments; peut s'avérer plus toxique pour les reins que son cousin presque identique sur le plan chimique, le B.H.A.

Bioflavonoïdes : composés aux parfums d'agrumes, habituellement tirés des zestes d'orange et de citron, essentiels au maintien de la santé des parois des vaisseaux sanguins. On les trouve en abondance dans les plantes, les agrumes et le fruit du rosier; aussi appelés complexe vitaminique P.

Calciférol : substance cristalline incolore et inodore, non soluble dans l'eau, mais soluble dans les gras ; forme synthétique de vitamine D obtenue par l'irradiation de l'ergostérol sous des rayons ultraviolets.

Capillaires : vaisseaux sanguins très fins qui relient les artérioles aux veinules.

Carcinogène : substance pouvant induire un cancer.

Carotène : pigment jaune orange présent dans de nombreux végétaux et qui peut se transformer en vitamine A dans l'organisme.

Caséine : la protéine du lait qui est aujourd'hui la norme de mesure de qualité d'une protéine.

Catabolisme : transformation métabolique des nutriments ou des substances complexes en des composés plus simples, entraînant une libération d'énergie.

Catalyseur : substance qui modifie et notamment augmente la vitesse d'une réaction chimique tout en demeurant inchangée durant le processus.

Chélate de protéine hydrolysée : substance hydrosoluble et chélatée en vue de faciliter l'assimilation.

Chélation : processus par lequel des substances minérales sont converties sous une forme assimilable.

Chronique : de longue durée; continuel; constant.

Coenzyme : partie principale, mais non protéinique, de l'enzyme; habituellement une vitamine B.

Collagène : principal constituant organique des os, des cartilages et des tissus conjonctifs; devient gélatineux au point d'ébullition.

Congénital : se dit d'un caractère présent à la naissance, mais non héréditaire.

Dermatite : inflammation de la peau; irritation cutanée.

Déshydratation : condition résultant d'une perte d'eau excessive par l'organisme.

Déshydraté : desséché; dont on a retiré l'eau pour la conservation.

DHA : déhydroépiandrostérone; membre de la famille oméga-3 des acides gras essentiels; produite dans l'organisme à partir de l'acide alphalinolénique; présent surtout dans les poissons d'eaux froides.

Diluants : agents de remplissage; substances inertes ajoutées aux comprimés pour leur donner une taille facilitant la compression.

Diurétique : substance qui favorise ou stimule l'excrétion urinaire.

Endogène : qui se développe à l'intérieur de l'organisme.

Entéro-soluble : se dit d'un comprimé enduit d'une couche qui se dissout dans l'intestin plutôt que dans l'estomac (lequel contient des acides).

Énurésie : miction involontaire au lit.

Enzyme : substance protéique des cellules vivantes qui entraîne des changements biochimiques; essentielle à la digestion des aliments.

EPA : acide eicosapentanoïque; membre de la famille des oméga-3 des acides gras essentiels.

EPA : Environmental Protection Agency (aux États-Unis).

Étude de l'obésité : partie de la médecine qui s'intéresse à l'étude, à la prévention et au traitement de l'excès de poids.

Excipient : toute substance neutre qui sert à la fabrication et à l'absorption d'un médicament.

Exogène : qui dérive ou provient de causes externes.

FDA : Food and Drug Administration (aux États-Unis).

Fibrine : protéine insoluble qui génère le réseau fibreux essentiel à la coagulation sanguine.

Fructose : sucre naturel présent dans les fruits et dans le miel; utilisé comme agent de conservation alimentaire et de nutriment par voie intraveineuse.

Fruit du rosier : riche source de vitamine C; on extrait la vitamine du réceptacle qui pousse sous le bourgeon de la rose et qui est appelé fruit.

Galactosémie : trouble héréditaire par lequel le lait devient un aliment toxique.

Gamma oryzanol : sous-produit du son de riz qui favorise l'édification de la masse maigre tout en réduisant les tissus adipeux.

Gluconate de calcium : une forme organique de calcium.

Glucose : sucre sanguin; produit de l'assimilation des glucides par l'organisme et principale source d'énergie.

Glutamine : acide aminé qui constitue, avec le glucose, le principal nutriment du système nerveux.

Gluten : mélange de deux protéines, soit la gliadine et la gluténine, présent dans le blé, le seigle, l'avoine et l'orge.

Glycogène : glucide emmagasiné dans l'organisme, en particulier dans le foie.

Gras polyinsaturés : gras fortement non saturés de sources végétales; tend à réduire le cholestérol.

GRAS : aux États-Unis, désigne les substances généralement reconnues comme inoffensives; une liste des additifs alimentaires autorisés par le Congrès américain.

HDL : lipoprotéines de haute densité; acheminent le gras et le cholestérol dans la circulation sanguine; surnommées « bon cholestérol ».

Hespéridine : composante du complexe C.

Homéostasie : équilibre physiologique de l'organisme.

Hormone : substance générée dans les glandes endocrines et transportée par les fluides de l'organisme pour activer d'autres organes récepteurs précis.

Hydrogénation : procédé chimique commercial de solidification des huiles (margarines et shortenings); les acides gras *trans* ainsi formés peuvent causer une hausse du cholestérol.

Hydrolysé : sous forme hydrosoluble.

Hypervitaminose : état provoqué par l'ingestion de quantités excessives de vitamines.

Hypoglycémie : état causé par un taux de glycémie anormalement bas.

Hypovitaminose : état causé par une carence en vitamines dans l'alimentation.

Ichthyose : maladie de la peau cutanée caractérisée par un épiderme squameux.

Idiopathique : se dit d'une maladie dont la cause reste inconnue.

Immunitaire : qui protège contre la maladie.

Insuline : hormone sécrétée par le pancréas qui agit sur le métabolisme du glucose dans l'organisme.

Lactation : production de lait.

Laxatif : substance qui facilite l'évacuation des selles.

LDL : lipoprotéines de basse densité; communément appelées le « mauvais » cholestérol, car elles s'agglutinent sur les parois artérielles après leur oxydation.

Lipide : gras ou substance grasse.

Lipofuscine : pigment lié à l'âge dans les cellules.

Lipoprotéine: agent de transport des substances lipidiques (gras, huile et cholestérol); achemine les gras de l'intestin, au foie et aux cellules; caractérisée par sa masse (haute densité, basse densité, etc.).

Lipotropique : qui prévient une accumulation anormale ou excessive de gras dans le foie.

Lymphocytes T : leucocytes ou globules blancs générés par le thymus, qui protègent l'organisme contre les bactéries, les virus et les agents cancérigènes, tout en régulant la production de lymphocytes B, lesquels fabriquent les anticorps, et la production indésirable de lymphocytes T potentiellement dangereux.

Lymphocytes B : leucocytes ou globules blancs, générés dans la moelle osseuse, qui produisent des anticorps en réponse au signal des lymphocytes T (leucocytes ou globules blancs produits dans le thymus).

Métaboliser : transformer par des procédés biophysiques et chimiques.

Mucopolysaccharide : substance épaisse et gélatineuse qui se trouve à plusieurs endroits dans le corps; lie les cellules et lubrifie les articulations.

Nitrite : substance qui sert de fixateur dans les viandes transformées; peut se lier à des substances chimiques naturelles de l'estomac et des aliments pour former des nitrosamines (agents cancérigènes).

Oméga-3 : famille d'acides gras essentiels pas assez présents dans l'alimentation moderne; l'acide alphalinolénique est le principal oméga-3.

Oméga-6 : famille d'acides gras essentiels abondants dans l'alimentation moderne. L'acide linoléique est le principal oméga-6.

Orthomoléculaire : qualifie une molécule biologiquement correcte pour traiter l'organisme; la médecine préventive qui a aussi recours aux traitements par les vitamines est appelée médecine orthomoléculaire.

OSHA : Occupational Safety and Health Administration, aux États-Unis.

Oxalate : substance chimique organique trouvée dans certains aliments, surtout les épinards, qui peut se lier au calcium pour former de l'oxalate calcique, une substance chimique non soluble inutilisable par le corps.

PABA : acide paraminobenzoïque; membre du complexe vitaminique B.

Palmitate : vitamine A rendue hydrosoluble.

Phénylcétonurie : maladie héréditaire causée par une carence de l'enzyme nécessaire à la conversion d'un acide aminé essentiel (phénylalanine) en une substance utilisable par l'organisme; peut causer une arriération mentale si elle n'est pas dépistée tôt.

Phosphate dicalcique : agent de remplissage des pilules, dérivé de roches minérales purifiées qui constitue aussi une excellente source de calcium et de phosphore.

Phospholipides : catégorie de composés de gras qui se trouvent dans les membranes cellulaires; la lécithine est la plus connue.

Pourcentage (%) de la valeur quotidienne : nombre indiqué sur les étiquettes nutritionnelles des aliments; représente la fraction de l'apport quotidien recommandé, en pourcentage, fournie par l'aliment sans égard à l'âge ou au sexe.

Proprioception : habileté du cerveau à reconnaître les processus courants de l'organisme.

Prostaglandines : substances de type hormonal qui favorisent la régulation du système immunitaire.

Protéine prédigérée : protéine transformée pour permettre une assimilation rapide et un passage direct dans la circulation sanguine.

Provitamine : précurseur de la vitamine; substance chimique essentielle à la production d'une vitamine.

Radicaux libres : substances chimiques très sensibles qui peuvent irriter les parois artérielles, voire déclencher l'artériosclérose en l'absence de vitamine E; généralement *nocifs*.

Recommandation RDA : aux États-Unis, *Recommended Dietary Allowance*; rations alimentaires recommandées établies par le Food and Nutrition Board, la National Academy of Sciences et le National Research Council.

Recommandation RDI : aux États-Unis, *Reference Daily Intake*; apport quotidien recommandé; basé sur les RDA, rations alimentaires recommandées; quantité de nutriments qu'il est recommandé de prendre chaque jour, sans égard à l'âge ou au sexe; apparaît sur les étiquettes nutritionnelles des aliments comme pourcentage (%) de la valeur quotidienne.

Rutine : substance extraite du sarrasin; fait partie du complexe vitaminique C.

Séquestrant : substance qui absorbe les ions et prévient les transformations qui affecteraient la saveur, la texture et la couleur des aliments; utilisé pour adoucir l'eau.

SNC : système nerveux central.

Surrénales : glandes situées au-dessus de chaque rein, qui produisent l'adrénaline.

Syncope : bref évanouissement ou perte de conscience.

Synergétique : action de deux substances ou plus en vue de produire un effet qui serait impossible à atteindre autrement.

Synthétique : produit artificiellement.

Systémique : qui a la possibilité de se répandre dans tout le corps.

Tamponné : auquel on a ajouté un antiacide pour protéger l'estomac et favoriser la dissolution.

Tératologie : étude des malformations chez les animaux ou les plantes.

Thérapie mégavitamine : traitement d'une maladie à l'aide de doses massives de vitamines.

Tocophérols : groupe de composés (alpha, bêta, delta, epsilon, êta, gamma et zêta) qui constituent la vitamine E; produits suivant un procédé de distillation sous vide d'huiles végétales comestibles.

Toxicité : état ou condition d'un élément dit empoisonné, nocif ou nuisible.

Toxine : poison organique produit chez des organismes vivants ou morts.

Traitement holistique : traitement de la personne dans sa totalité.

Triglycérides : substances lipidiques dans le sang.

UI : unité internationale.

USAN (United States Adopted Names Council); coparrainé par l'American Pharmaceutical Association (APhA), l'American Medical Association (AMA) et la United States Pharmacopeia (USP); son rôle consiste à trouver des noms convenables, acceptables et non exclusifs aux médicaments.

Xérose : état de sécheresse.

Zéine : matière protéique du maïs.

Index